UMA OUTRA IGUALDADE

teoria da antissubordinação e o potencial transformador do Direito

CONTRA CORRENTE
10 ANOS

Owen Fiss

UMA OUTRA IGUALDADE

teoria da antissubordinação e o potencial transformador do Direito

Organização, edição, comentários
e tradução: Taís Penteado

AVARÉ
2025

CONTRA
CORRENTE
10 ANOS

Travessa Vergílio de Araújo Valim, 167
Avaré – SP – Brasil | CEP 18707 815
www.editoracontracorrente.com.br
contato@editoracontracorrente.com.br

EDITORES
Camila Almeida Janela Valim
Gustavo Marinho de Carvalho
Rafael Valim
Walfrido Warde
Silvio Almeida

EQUIPE EDITORIAL
COORDENAÇÃO DE PROJETO: Erick Facioli
PREPARAÇÃO DE TEXTO: Amanda Dorth
REVISÃO: Douglas de Magalhães
REVISÃO TÉCNICA: Beatriz Duarte Lopes
DIAGRAMAÇÃO: Pablo Madeira
CAPA: Giovani Castelucci e Guilherme Vieira (Estúdio Daó)

EQUIPE DE APOIO
Carla Vasconcelos
Regina Gomes
Geovanna Sales
Julia Falanghe

Dados Internacionais de Catalogação na Publicação (CIP)
(Câmara Brasileira do Livro, SP, Brasil)

Fiss, Owen
Uma outra igualdade : teoria da antissubordinação e o potencial transformador do direito / Owen Fiss ; organização, edição, comentários e tradução Tais Penteado. Contracorrente, 2025.

Bibliografia.
ISBN 978-65-5396-286-6

1. Direito 2. Ativismo 3. Direito constitucional 4. Direitos fundamentais I. Penteado, Tais. II. Título.

25-273299.1 CDU-342

Índices para catálogo sistemático:

1. Direito constitucional 342
Eliete Marques da Silva - Bibliotecária - CRB-8/9380

@editoracontracorrente_
Editora Contracorrente
@ContraEditora
Editora Contracorrente

SUMÁRIO

PREFÁCIO

OWEN FISS: O DIREITO COMO MECANISMO DE TRANSFORMAÇÃO SOCIAL

A vida acadêmica pode guardar inúmeras surpresas. Algumas delas desestruturam convicções intelectuais, outras abrem caminhos para uma compreensão diferente da realidade na qual estamos inseridos. Eu passei por um processo de reestruturação completa da forma como eu pensava o Direito depois que tive contato com a obra do professor Owen Fiss. Acompanhei sua disciplina sobre teoria constitucional e justiça social durante minha estada na Faculdade de Direito da Universidade de Yale. Esse fato teve um efeito transformador na minha vida. Novos horizontes se abriram ao longo das várias leituras. Foram momentos de grande inquietação, uma vez que elas causaram um reposicionamento da forma como eu conduzia minhas reflexões jurídicas sobre a situação de grupos minoritários até aquele momento. Mais do que isso, a leitura de seus textos contribuiu para a reconstrução da minha identidade intelectual e dos meus propósitos profissionais. Pude perceber naquele momento os caminhos que poderia seguir para articular minha identidade profissional como acadêmico e minhas ações como um ativista social. Aquele foi um momento no qual foi possível criar novos caminhos para uma nova elaboração de diferentes dimensões da minha identidade social, seja minha atividade como pesquisador, seja minha experiência como um homem negro periférico.

O impacto de seus escritos na minha vida pode ser explicado em função de sua relevância para o debate sobre justiça social em sociedades estruturadas em torno de disparidades raciais. O consenso político sobre a necessidade de criação de mecanismos para a superação dos efeitos do regime de segregação teve uma duração muito breve na sociedade norte-americana. Diversos segmentos do grupo racial dominante, temerosos de uma possível desestabilização completa das diversas hierarquias entre negros e brancos, começaram a elaborar uma narrativa cultural baseada na defesa da neutralidade racial como forma de justiça social. Seus articuladores definiam o racismo como um comportamento individual e a discriminação apenas como tratamento desvantajoso legalmente sancionado. Muitos deles também argumentavam que a eliminação do sistema legalizado de segregação racial promoveu uma transformação coletiva na atitude de pessoas brancas em relação a negros. Eles reconheciam a importância do movimento pelos direitos civis e diziam que seus objetivos já tinham sido plenamente realizados com a eliminação de leis discriminatórias, motivo pelo qual a expansão de seus propósitos poderia comprometer os resultados alcançados. Esse discurso também estava construído em torno da ideia de que os Estados Unidos pode ser caracterizado como uma nação de minorias, uma sociedade na qual todos os grupos passaram por um processo inicial de discriminação, mas foram gradualmente reconhecidos como cidadãos. Por esse motivo, medidas racialmente conscientes não seriam mais necessárias, uma vez que negros e negras não tinham uma trajetória distinta de outros grupos raciais. Dentro desse discurso, a experiência social dos negros poderia ser comparada com a de poloneses, italianos, russos ou chineses.

Surgiu então um discurso baseado na premissa segundo a qual o racismo tem uma dimensão exclusivamente individual, ele não regula a operação das instituições, sua existência ao longo do tempo não cria obstáculos para a ascensão de pessoas negras, ele não se manifesta no âmbito cultural e intelectual, ele não designa uma tendência comportamental coletiva de um grupo em relação a outro. Como ele tem um caráter estritamente individual e intencional, pois expressa uma compreensão equivocada de uma pessoa em relação a outra, as normas jurídicas existentes são suficientes para corrigir suas consequências. Afinal, ele impacta apenas a vida de pessoas que deixam de exercer direitos em função da ação de alguns indivíduos específicos cujo comportamento destoa do consenso sobre a necessidade de tratamento igualitário entre todas as pessoas.

Essa representação inteiramente fantasiosa da realidade daquele país, narrativa que possui os mesmos elementos do mito da cordialidade racial brasileira, rapidamente se tornou um elemento central dos discursos de pessoas e instituições de diferentes orientações políticas, mas especialmente de grupos conservadores. Mais problemático, ele começou a estruturar narrativas jurídicas utilizadas para questionar a constitucionalidade de decisões judiciais que instituíram medidas para eliminar práticas discriminatórias que procuravam impedir ou dificultar o exercício de direito ao voto, o acesso à educação de qualidade, a possibilidade de aquisição de imóveis em áreas afluentes ou o direito ao exercício de atividades profissionais. Se algumas delas tinham uma natureza negativa por proibirem certas práticas discriminatórias, outras tinham um aspecto positivo, pois exigiam a implementação de ações voltadas para a integração de negros e negras, o caso de ações afirmativas no acesso às universidades e a empregos nos setores público e privado. Os críticos dessas medidas iniciaram uma série de processos judiciais que tinham o objetivo específico de transformar a perspectiva progressista seguida por cortes estaduais e federais na luta contra a segregação racial. A ideia de neutralidade racial como justiça social acabou sendo institucionalizada em algumas decisões da Suprema Corte que incorporam a perspectiva interpretativa de inspiração liberal-individualista que sustenta essa narrativa cultural. Começava então o desmonte dos avanços realizados pela luta dos negros norte-americanos com o intuito de manter o sistema de subordinação racial que sempre estruturou a vida social daquele país.[1]

A intervenção de Owen Fiss nesse debate estabeleceu parâmetros essenciais para a compreensão do papel da interpretação constitucional em uma sociedade comprometida com a construção de uma democracia substantiva. Crítico de uma perspectiva que entende esse processo como algo voltado para a identificação de normas jurídicas que utilizam critérios de tratamento diferenciado de forma injustificada, esse autor argumenta que a interpretação do princípio da igualdade tem propósitos muito mais amplos. Eles não se resumem à identificação de tipos de irracionalidade na formação e aplicação de normas jurídicas: eles também procuram promover a integração de membros de grupos tradicionalmente discriminados. Esse raciocínio parte da distinção entre a dimensão negativa e a dimensão positiva da igualdade, posição rejeitada por uma cultura jurídica fortemente influenciada pela noção de que as pessoas existem na sociedade como indivíduos e não como membros de grupos. De acordo com Fiss, a defesa da dimensão exclusivamente negativa da igualdade, aliada ao discurso liberal-individualista, restringe o potencial emancipatório do texto constitucional, o que teria sido o objetivo central daqueles que incluíram a cláusula do tratamento igualitário na Constituição norte-americana.[2]

Esse extraordinário autor elabora um argumento de central relevância para a interpretação do princípio constitucional da igualdade: este preceito não existe apenas para proteger indivíduos; ele procura especialmente promover a integração de grupos subalternizados. Tendo em vista esse propósito, o intérprete deve levar em

---

1 Cf. LÓPEZ, Ian F. Haney. "'A nation of minorities': race, ethnicity, and reactionary colorblindness". *Stanford Law Review*, vol. 59, 2006, pp. 985-1064.

2 Cf. FISS, Owen. "Groups and the equal protection". *Philosophy and Public Affairs*, vol. 5, nº 2, 1976, pp. 107-177.

consideração o pertencimento a um grupo e o seu *status* social no processo interpretativo. Considerar o pertencimento do indivíduo a coletividade implica uma série de questões relevantes para a interpretação da igualdade. Primeiro, essa preocupação nos obriga a examinar o contexto social e histórico no qual as pessoas vivem. Esse é um aspecto importante em uma cultura jurídica na qual o texto constitucional atribui funções transformadoras às instituições estatais. Segundo, a legalidade de normas jurídicas deve ser analisada a partir do impacto que elas terão no *status* coletivo dos membros do segmento social que elas pretendem atingir. Fiss inaugura então uma tradição de reflexão que enfatiza o caráter emancipatório do princípio da igualdade ao pensar esse preceito como algo que pretende atingir a equidade de *status* entre grupos raciais. Como eu afirmei em um de meus escritos, seguindo diretamente as teses desse autor, a interpretação do princípio da igualdade possui uma dimensão política constitucionalmente instituída: desestabilizar formas de sistêmicas de subordinação.[3]

A perspectiva antissubordinátoria defendida por Fiss abriu espaço para uma longa reflexão sobre o papel do Direito nos processos de emancipação social na academia norte-americana. Alguns autores e autoras negras reconheceram na sua proposta um ponto de partida relevante para a construção de um movimento intelectual voltado para o estudo da centralidade da raça como categoria de pensamento jurídico; certos teóricos encontraram inspiração na sua teoria para formular princípios interpretativos voltados para a análise de outras categorias de tratamento diferenciado; outros expandiram suas teses para formular propostas hermenêuticas que podem ser aplicadas à diferentes princípios constitucionais e direitos fundamentais. Sua produção intelectual tem influenciado diversas reflexões no campo do Direito Antidiscriminatório, disciplina jurídica que ele ajudou a sistematizar no

---

3 Cf. MOREIRA, Adilson José. *Pensando como um negro*: ensaio de hermenêutica jurídica. 2ª ed. São Paulo: Contracorrente, 2024.

contexto norte-americano com sua vasta produção. Sua perspectiva antissubordinátoria abre espaço para uma postura hermenêutica progressista de diferentes categorias de direitos, caminho seguido por ele para examinar uma série de problemas enfrentados pela população negra norte-americana, entre eles o encarceramento em massa e o acesso à moradia.[4]

A tradução de textos de Owen Fiss para a língua portuguesa não poderia ser mais oportuna. Ela dialoga com tradições influentes na cultura jurídica brasileira como as noções de constituição dirigente, com as reflexões sobre a força normativa da constituição, com leituras emancipatórias do texto constitucional, com pressupostos do neoconstitucionalismo, além de vários estudos recentes voltados para o desenvolvimento do constitucionalismo negro. É especialmente importante observar a relevância de suas teses em uma cultura jurídica que estabelece propósitos emancipatórios para instituições estatais, o que está presente em diversos artigos de nosso texto constitucional. Seus argumentos são relevantes em um momento no qual propostas neoliberais procuram restringir os propósitos emancipatórios da nossa Constituição Federal. Vemos uma repetição do mesmo processo histórico e cultural ocorrido nos Estados Unidos com a implementação de programas de ações afirmativas nas nossas instituições públicas: a articulação de argumentos sociológicos e jurídicos para defender uma interpretação restritiva do princípio da igualdade. O pensamento de Fiss nos permite entender de forma objetiva os problemas relacionados com perspectivas interpretativas que utilizam o individualismo liberal como referência para a interpretação de um texto constitucional que tem uma natureza progressista e emancipatória. Seus trabalhos

4 Cf. COLKER, Ruth. "Anti-subordination above all: sex, race, and equal protection". *New York University Law Review*, vol. 61, nº 6, 1986, pp. 1003-1066; FARBER, Daniel; SHERRY, Suzanna. "The pariah principle". *Constitutional Comment*, vol. 13, nº 1, 1996, pp. 257-284; KARST, Kenneth. "Equal citizenship under the fourteenth amendment". *Harvard Law Review*, vol. 91, nº 1, 1977, pp. 1-68.

são parâmetros de grande importância para o combate de posturas jurídicas que insistem em negar a natureza estrutural do racismo, o quanto esse sistema de dominação afeta o *status* coletivo de negros e negras e o quanto precisamos pensar a igualdade como um preceito que procura eliminar hierarquias arbitrárias entre os diversos grupos sociais.

Incorporei muitas premissas de seus trabalhos na construção de um projeto intelectual que examina os princípios estruturantes do nosso sistema jurídico a partir da noção de justiça racial. A noção de igualdade de *status* fundamenta todos os argumentos desenvolvidos nos livros que publiquei nos últimos cinco anos. Minhas análises sobre os princípios da igualdade, da liberdade, da solidariedade, da dignidade e da cidadania estão construídas em torno da noção de que o sistema jurídico pode ter um papel especial no processo de transformação social, desde que certas narrativas que estruturam nossa cultura sejam afastadas. Mais do que isso, tenho seguido a tese segundo a qual práticas discriminatórias afetam diferentes dimensões da vida dos indivíduos, seja no plano das relações interpessoais, nas chances de ascensão social, na possibilidade de construção de relações familiares e na estruturação psíquica dos indivíduos. Classifico a publicação da presente obra como um evento de tremenda importância para a cultura jurídica brasileira. Seus leitores e leitoras terão acesso à uma série de argumentos de extrema relevância para a defesa do caráter protetivo de nosso texto constitucional. Estou certo de que a divulgação do pensamento desse autor em língua portuguesa impactará de forma indelével a discussão sobre direitos fundamentais na nossa sociedade.

ADILSON JOSÉ MOREIRA

INTRODUÇÃO

REVOLUÇÃO ATRAVÉS DO DIREITO

Na obra *Pillars of Justice* (*Pilares da Justiça*), publicada em 2017, Owen Fiss conta uma anedota sobre um livro, planejado por ele e alguns colegas, que nunca foi publicado. *Revolution by Law* (*Revolução através do Direito*) seria uma coleção de fotografias tiradas durante os protestos e marchas que ocorreram ao longo da Era dos Direitos Civis nos Estados Unidos. A ideia era disponibilizar as fotos para uma nova geração de advogadas/os. Mas ia além disso: era uma tentativa de contar a história das mudanças radicais que aconteceram "através do Direito e como uma resposta ao Direito"[5] naquela época. Por muitas razões, o projeto foi interrompido. No entanto, a celebração e apreciação da ironia envolvida no uso de um instrumento geralmente mobilizado como um meio de preservar o *status quo* para promover mudanças radicais é um tema central no trabalho de Fiss. Essa ironia é o objeto do presente livro.

---

5 FISS, Owen. *Pillars of Justice*: lawyers and the liberal tradition. Cambridge: Harvard University Press, 2017, p. 74.

Este livro nasceu como uma *coleção* de ensaios traduzidos. Mais especificamente, os ensaios de Owen Fiss sobre o princípio da antissubordinação – ou o mandato de que o princípio da igualdade deve se preocupar com o desmantelamento de hierarquias sociais, não apenas com atos esporádicos irracionais de diferenciação por medidas estatais. Com o tempo, no entanto, o projeto mudou: ficou claro que os ensaios, quando lidos dentro do contexto mais amplo do trabalho de Fiss, contam uma história maior sobre a transformação social progressista e o papel do Direito nesse esforço. O livro, então, se tornou uma *constelação*. Ou seja, um conjunto de ideias (cada uma valiosa por si só) que, juntas, formam um argumento mais abrangente.

Esta breve introdução fornece uma visão geral deste argumento: a antissubordinação pode ser lida como um princípio jurídico – e foi originalmente formulada como tal. Mas é muito mais do que isso; é um empreendimento que envolve não só uma análise principiológica do Direito, mas também ideias específicas sobre interpretação jurídica, a relação entre Direito e adjudicação, a própria possibilidade do Direito e o papel que ele deve ter em nossa sociedade. Na verdade, vai ainda mais fundo: exige que reflitamos sobre o que nos une (e deveria nos unir) como comunidade. Nesse contexto, a antissubordinação parece menos um princípio e mais uma teoria. Uma teoria sobre quem somos, quem deveríamos ser e como chegar lá.

A perspectiva que apresento é extraída não apenas dos escritos de Fiss, mas também dos eventos e experiências que moldaram seu pensamento. A teoria da antissubordinação é um reflexo de sua jornada, das pessoas que cruzaram o seu caminho e das lições que ele absorveu ao longo de sua trajetória. É claro que isso poderia ser dito de muitas/os acadêmicas/os e seus trabalhos, mas no caso de Fiss, a conexão é particularmente marcante, pois sua teoria está enraizada na realidade, na experiência e na prática voltadas à busca pela igualdade e procura ativamente moldá-las em troca.

Da antidiscriminação à antissubordinação

A primeira característica da teoria da antissubordinação é a substância que ela confere ao princípio da igualdade, que, como entendo, foi marcada por duas transformações principais ao longo do tempo: primeiro, uma mudança da adoção de uma compreensão da igualdade focada no tratamento igual/diferenciado entre indivíduos (a abordagem da "antidiscriminação") para uma focada no *status* de grupos (a abordagem da "antissubordinação"); segundo, a mudança de uma visão centrada em medidas do Estado para uma perspectiva mais expansiva e inclusiva do que está em jogo quando adotamos a perspectiva da antissubordinação – ou, relações sociais, em geral.

Fiss começou a escrever sobre igualdade em meados da década de 1960, ainda como aluno na Faculdade de Direito da Universidade de Harvard. O interesse incorporou o espírito e a energia da agitação política de uma época em que o Movimento dos Direitos Civis estava a todo vapor. No entanto, o envolvimento de Fiss com a busca pela igualdade racial começou – por acaso – alguns anos antes, quando, em uma viagem a Washington, D.C., como estudante do ensino médio, "tropeçou" na arguição oral do caso *Brown vs. Board of Education*. Os argumentos, apresentados pelo grande advogado de direitos civis Thurgood Marshall, culminaram na decisão que declarou a ilegalidade da segregação escolar nos Estados Unidos. *Brown* se tornaria, com o tempo, uma espécie de espinha dorsal da teorização da antissubordinação de Fiss, servindo para fundamentar seus argumentos jurídicos na jurisprudência da Suprema Corte, defender o lugar da adjudicação em uma democracia e ilustrar o papel do Direito no fortalecimento dos valores sociais.

O Direito era, é claro, apenas uma parte da luta. A década de 1960 nos Estados Unidos testemunhou momentos históricos como o Freedom Summer e a Grande Marcha de Washington, em que milhares se uniram para protestar contra hierarquias raciais arraigadas. Nesta última, Martin Luther King proferiu o famoso discurso "*I Have a Dream*", que enviava uma mensagem clara de crítica e esperança, servindo como um chamado para ação. Crítica, esperança e ação: esses são os princípios que, eventualmente, viriam a se tornar a alma da prática e produção acadêmica de Fiss sobre igualdade.

É nesse contexto que o envolvimento acadêmico de Fiss com o direito da igualdade começou. Como aluno de Harvard, ele escreveu o artigo "Desequilíbrio Racial em Escolas Públicas: Conceitos Constitucionais", publicado em 1965. O artigo fornece respostas para problemas jurídicos muito concretos: os conselhos escolares têm permissão constitucional para adotar medidas voltadas à criação de equilíbrio racial na composição do corpo discente em escolas? A Constituição exige que o façam? Nesse ensaio, Fiss não rompe com o princípio da antidiscriminação – a conceituação de igualdade que se concentra no tratamento diferenciado. Mas ele acrescenta uma dimensão estrutural ao princípio, ao argumentar que o desmantelamento de estruturas sociais de casta seria uma razão legítima para tratar pessoas diferentemente situadas de forma diferente. Para ele, igualdade não poderia significar que "um órgão governamental não pode reconhecer que existem diferenças raciais entre indivíduos (...)" e que

> embora a visão final da sociedade possa prometer que as diferenças raciais entre indivíduos serão ignoradas, isso não significa que o governo deva, agora, se cegar para uma realidade fática que desempenha um papel enorme na vida de uma pessoa e em suas relações sociais.

Em outras palavras, Fiss desafia a noção de que a Constituição dos Estados Unidos deveria ser cega a cor, ou, para adotar o termo oficial, ser "daltônica" (*color blind*).

"Desequilíbrio Racial em Escolas Públicas" não abandona o princípio antidiscriminação, mas abala um pouco as coisas. Em vez de questionar de modo abstrato se leis e políticas tratam as pessoas de forma diferente, Fiss traz questões mais profundas sobre hierarquias sociais para a análise. Foi um movimento ousado – e, na época, radical. Embora as ideias de Fiss estivessem apenas engatinhando, elas já eram provocadoras, e a veia rebelde do artigo foi o suficiente para deixar algumas mentes jurídicas inquietas. Um exemplo: quando Fiss o apresentou o artigo em um seminário, um colega, surpreso com sua audácia, brincou: "Você ao menos obteve uma autorização de segurança antes de ser contratado como assessor judicial?" Questionar o *status quo* era, em alguns círculos, tão perigoso quanto lidar com segredos de Estado.

A década seguinte foi marcada pelo crescente afastamento de Fiss da ideia de antidiscriminação, principalmente devido ao caminho tomado pela doutrina nos tribunais, que Fiss via como completamente separada da experiência vivida por pessoas Negras na época. No verão de 1966, Fiss começou a trabalhar na Divisão de Direitos Civis do Departamento de Justiça (DOJ). Ele estava baseado em Washington, D.C., mas passava grande parte de seu tempo nas comunidades marginalizadas cujos direitos o DOJ tentava promover. Ver em primeira mão como o sistema de segregação funcionava moldou profundamente as visões de Fiss sobre como as desigualdades operam na vida real e como a doutrina da antidiscriminação era incapaz de compreendê-las e lidar com elas. Em particular, ele percebeu que (i) a desigualdade era essencialmente uma questão de grupo, o que era diferente da perspectiva individualista que permeava a doutrinada da antidiscriminação; (ii) a subordinação era tão arraigada que mesmo critérios aparentemente neutros para tratamento diferenciado frequentemente ocultavam a perpetuação da dinâmica hierárquica; e (iii) a desigualdade racial só poderia ser superada adequadamente por meio da ação positiva do Estado. Em outras palavras, limitar o tratamento diferenciado por medidas estatais não era suficiente.

As ideias que emergiram da prática de Fiss foram finalmente cristalizadas em "Grupos e a Cláusula de Proteção Igualitária", publicado em 1976. Após terminar seu mandato no DOJ, Fiss entrou para a academia, lecionando por seis anos na Faculdade de Direito da Universidade de Chicago e depois se mudando para a Faculdade de Direito de Yale, em 1974. Esse movimento teve um grande impacto sobre o seu pensamento; a Faculdade de Direito de Yale é, em suas palavras, uma instituição louca, no melhor dos sentidos: "intelectualmente inquieta; não disposta a aceitar relatos convencionais de nada; disposta a cruzar corajosa e desafiadoramente todos os limites disciplinares; e determinada a empurrar o Direito, às vezes até além de todos os limites sensatos".[6] Essa comunidade forneceu o espaço de que Fiss precisava para fazer suas ideias florescerem: após anos de envolvimento implacável com o direito da igualdade e litígios, Fiss percebeu que o princípio da antidiscriminação era um relato convencional de igualdade que ele não estava mais disposto a aceitar; o direito da igualdade, para ele, não poderia ser abstraído da realidade social – era necessária uma visão sociológica desafiadora de como desigualdades operam no mundo real.

A consequência: "Grupos", que ofereceu um empurrão no Direito com a introdução do princípio da antissubordinação – um empurrão frequentemente considerado como indo além dos limites sensatos, é claro. Esse ensaio foi publicado inicialmente no periódico *Philosophy and Public Affairs*. Alguns de seus colegas do corpo docente questionaram a escolha de Fiss de publicar um artigo jurídico em um periódico de filosofia. Mas a escolha foi deliberada: Fiss, afinal, acreditava que outras disciplinas deveriam informar o raciocínio jurídico e deveriam ser informadas por ele em troca.

"Grupos" desnaturaliza a ideia de que o princípio da igualdade tenha uma conexão necessária com a ideia de consistência de tratamento e articula um princípio alternativo, originalmente chamado de "princípio de desvantagem de grupo". O princípio da

6 FISS, Owen. *Pillars of Justice*: lawyers and the liberal tradition. Cambridge: Harvard University Press, 2017, p. 190.

antissubordinação (como veio a ser popularmente conhecido mais tarde), na conceituação de Fiss, é o postulado de que medidas e normas que perpetuam o *status* subordinado de grupos violam a igualdade. Afastando-se da abstração da antidiscriminação, o princípio da antissubordinação privilegia um olhar sobre a realidade por meio de uma análise sócio-histórica contextualizada, capaz de identificar hierarquias.

Um dos principais desvios do artigo da doutrina predominante foi a introdução de "grupos" como ponto focal para análise de igualdade. Para Fiss, grupos sociais são o ponto de partida de qualquer análise baseada em igualdade, em oposição ao caráter individualista do princípio da antidiscriminação. Grupos sociais são caracterizados pela presença de alguns elementos: eles são vistos como um grupo por outros e por si mesmos, a identidade de seus membros individuais é amplamente determinada por sua filiação ao grupo e membros individuais também têm seu *status* social conectado ao *status* do grupo. Os grupos relevantes para a teoria da antissubordinação são aqueles que estão "muito mal localizados" e que, historicamente, ocuparam o "degrau mais baixo da sociedade". Fiss deriva sua conceituação de grupos sociais de um grupo específico: pessoas Negras. Mas ele admite que há outros grupos que compartilham as mesmas características e, portanto, têm direito a proteções semelhantes. A própria ideia de grupos foi recebida de forma controversa. O artigo foi apresentado pela primeira vez no Institute for Advanced Studies e na Society for Ethical and Legal Philosophy, e filósofos aderentes à tradição liberal ficaram intrigados com a possibilidade de descentralizar o indivíduo em reflexões sobre a moralidade do Direito. No outro extremo do espectro, alguns acadêmicos criticaram a ideia de grupos por seu potencial de essencializar membros de determinados grupos e, consequentemente, reforçar seu *status* subordinado.

Em termos práticos, "Grupos" pretendia mostrar que os princípios delineados em *Brown vs. Board of Education* deveriam ser aplicados a todo o país, não apenas aos Estados (geralmente do

Sul) onde práticas de diferenciação racial ainda eram comuns. Isso porque, para Fiss, a dessegregação exigia mais do que o desafio a algumas leis consideradas "irracionais"; exigia uma ação positiva voltada para o desmantelamento de estruturas sociais.

Para surpresa de ninguém, a conceituação de Fiss do princípio da antissubordinação foi frequentemente considerada radical demais e, ainda mais do que antes, digna da necessidade de obter autorização de segurança. Lawrence Alexander, escrevendo de uma perspectiva mais conservadora, criticou a teoria de Fiss por seu "radicalismo não intencional".[7] Ele argumentou que o princípio é excessivamente amplo, estendendo-se muito além da intenção original de Fiss – tanto que exigiria o escrutínio da inação do Estado tanto quanto da ação, algo dificilmente imaginável para constitucionalistas estadunidenses mais tradicionais.

Em nítido contraste com a recepção de "Desequilíbrio Racial em Escolas Públicas", "Grupos" também foi considerado como não sendo radical o suficiente. Essa visão foi expressa, por exemplo, por Kenneth Karst, um distinto acadêmico de uma geração anterior. Ele expressamente endossou o princípio de desvantagem do grupo, mas tentou ir além (em suas palavras, tentou "superar Fiss") do que foi originalmente pretendido por Fiss, para defender a necessidade de abordar não apenas a conduta pública, mas também a privada considerada subordinativa De acordo com Karst, se a substância do princípio é reverter a subordinação, então, somente aplicando-o também à conduta privada, ele cumpriria seu verdadeiro potencial.[8]

Mark Tushnet (um dos fundadores do movimento Critical Legal Studies), por sua vez, argumentou que a concepção de desvantagem de Fiss exigiria desafiar não apenas as ações do Estado,

7 ALEXANDER, Lawrence A. "Equal protection and the irrelevance of 'groups'". *Issues in Legal Scholarship*, vol. 2, nº 1, 12 ago. 2002.

8 KARST, Kenneth. "Sources of status-harm and group disadvantage in private behavior". *Issues in Legal Scholarship*, vol. 2, nº 8, 2002.

mas também as regras de fundo que criam subordinação em primeiro lugar, como regras relativas a propriedade e contratos que mantêm o sistema econômico excludente funcionando.[9] Robin West (acadêmica profundamente associada à Teoria Feminista do Direito) compartilhou do mesmo desconforto. De acordo com West, "grande parte da desvantagem de grupos que preocupa Fiss, e a todos nós, ocorre como resultado da inação do Estado, não como resultado da irracionalidade do Estado".[10]

"Grupos" estabeleceu uma gramática composta de seu método atento a relações sociais concretas, sua substância atenta à subordinação e seu foco em grupos. Muitos autores adotaram a gramática e deram contribuições especiais sobre o significado específico que cada um desses elementos deveria ter. Afinal, a teorização de Fiss em "Grupos" surgiu de um problema específico com o qual ele estava tentando lidar: ações afirmativas – ou o tratamento diferenciado pelo Estado que realmente melhora o *status* dos grupos. Isso não significava, no entanto, que as reflexões propostas ali fossem incompatíveis com um entendimento mais amplo. Ao longo dos anos, Fiss acolheu desenvolvimentos e críticas e os abraçou em um esforço para tornar seu entendimento de igualdade mais forte. Aqui vem a segunda mudança significativa: a aceitação da ideia de que, de fato, a inação do Estado pode equivaler tanto à subordinação quanto à sua ação.[11]

Em "Liberdade de Expressão e Estrutura Social", por exemplo, Fiss desafia a visão liberal tradicional da liberdade de expressão, que enfatiza a não interferência do governo, argumentando que a verdadeira liberdade de expressão requer atenção a estrutura sociais

---

9 TUSHNET, Mark. "The return of the repressed: groups, social welfare rights, and the equal protection clause". *Issues in Legal Scholarship*, vol. 2, nº 2, 2002.

10 WEST, Robin. "Groups, equal protection and law". *Issues in Legal Scholarship*, vol. 2, nº 8, 2002.

11 FISS, Owen. "Another equality". *Issues in Legal Scholarship*, vol. 2, nº 1, 2002, pp. 12-13.

hierárquicas. Ele argumenta que as proteções legais formais, por si só, são insuficientes para garantir um discurso público vibrante, porque as desigualdades sociais e econômicas podem distorcer o mercado de ideias. Fiss criticou a suposição de que menos restrições governamentais levariam, automaticamente, a uma democracia mais saudável. Em vez disso, argumentou que o poder privado concentrado – como conglomerados de mídia e disparidades de riqueza – poderia suprimir vozes marginalizadas tão efetivamente quanto a censura estatal. Por isso, ele propôs uma abordagem mais intervencionista, em que o Estado deveria promover uma esfera pública diversa e inclusiva, garantindo que todas as vozes, não apenas as mais poderosas, tivessem a oportunidade de serem ouvidas. Seu argumento reformula fundamentalmente a liberdade de expressão não apenas como uma liberdade negativa (liberdade de restrição governamental), mas como uma liberdade positiva que às vezes requer que a ação estatal contrabalanceie o poder privado para promover a deliberação democrática.

O mesmo padrão argumentativo aparece em "Contra Acordos" ("Against Settlement"), em que Fiss, no início dos anos 1980, criticou a prática de barganha/acordo por ser alheia a como o consentimento é frequentemente influenciado por assimetrias de poder entre as partes.[12] Assim como seu trabalho sobre antissubordinação, a visão de Fiss sobre liberdade de expressão e acordos é sustentada por uma teoria política que leva em conta realidades sociológicas, reflete ceticismo quanto à justiça do *status quo* e defende um uso afirmativo do poder governamental.[13]

---

12 FISS, Owen. "Against settlement". *In*: ______. *The Law as it could be*. Nova York: New York University Press, 2003, p. 94.

13 FISS, Owen. "As bases políticas e sociais da adjudicação". *In*: ______. *Um novo processo civil*: estudos norte-americanos sobre jurisdição, Constituição e sociedade. Trad. Daniel Porto Godinho da Silva e Melina de Medeiros Rós. São Paulo: Revista dos Tribunais, 2004, p. XX.

Embora o princípio da antissubordinação tenha sido inicialmente enquadrado como uma lente para examinar leis e políticas e, posteriormente, tenha sido estendido para examinar relações sociais, ainda há mais uma maneira pela qual sua expansão aconteceu. Originalmente, Fiss desenvolveu sua teoria colocando o princípio da antissubordinação em oposição ao princípio da antidiscriminação. No entanto, ao longo dos anos, ficou claro que, na realidade, a antissubordinação pode ser utilizada para conferir significado ao princípio da antidiscriminação,[14] bem como a outros princípios, direitos e normas[15] que muitas vezes parecem, ao menos à primeira vista, não ter nada a ver com desigualdades.[16] Isso mostra que a antissubordinação opera em um nível diferente de outros princípios. É, por assim dizer, uma espécie de "alma". A diferença de níveis se torna evidente, por exemplo, em trabalhos sobre o Direito Antidiscriminatório que adotam a presença de relações de poder e desigualdade estrutural como critérios para identificar a existência de discriminação.[17] Nesses trabalhos, o princípio da antissubordinação orienta a aplicação do princípio da antidiscriminação. Curiosamente, isso é evidente no trabalho

---

14 SIEGEL, Reva B. "Equality talk: antisubordination and anticlassification values in constitutional struggles over Brown". *Harvard Law Review*, vol. 117, 2004, pp. 1470-1477.

15 Um exemplo é o direito à saúde. KAPCZYNSKI, Amy. "The right to medicine in the age of neoliberalism". *Humanity*: An International Journal of Human Rights, Humanitarianism, and Development, vol. 10, 2019; PENTEADO, Taís. "Antisubordination as Bundle: Retheorizing the Principle From the Brazilian Equality Jurisprudence and Practice". São Paulo: Fundação Getulio Vargas, Escola de Direito de São Paulo, 2024. Disponível em: https://repositorio.fgv.br/items/97752fff-caea-4285-b009-506ea57ed618/full. Acessado em: 18.06.2025. (Tese de Doutorado).

16 GARCÍA, Helena Alviar; SIERRA, Isabel C. Jaramillo. *Feminismo y critica jurídica*: el análisis distributivo como alternativa al legalismo liberal. Bogotá: Universidad de los Andes, 2012, p. 175.

17 MOREIRA, Adilson José. *Tratado de Direito Antidiscriminatório*. São Paulo: Contracorrente, 2020; DIMOULIS, Dimitri. *Direito de igualdade*: antidiscriminação, minorias sociais, remédios constitucionais. São Paulo: Alameda, 2021.

anterior de Fiss sobre a dessegregação escolar – mesmo que, naquele momento, o princípio da antissubordinação não tivesse sido devidamente conceituado.

Tornando o princípio uma verdade viva

A segunda característica da teorização de Fiss sobre igualdade que eu gostaria de destacar aqui é a natureza concreta do princípio da antissubordinação, que se manifesta de três maneiras.

Primeiro, como o princípio foi construído. O princípio foi conceptualizado "de baixo para cima" – a partir de sua experiência vivida –, tornando-o uma ferramenta excepcionalmente poderosa para enfrentar a desigualdade em termos concretos. Essa abordagem "de baixo para cima" molda não apenas como Fiss define desvantagem, mas também como ele imagina a própria justiça. Ao refletir sobre seu antigo chefe na Divisão de Direitos Civis do Departamento de Justiça, John Doar, Fiss inadvertidamente captura seu próprio método de teorização:

> A maneira de John descobrir o significado da justiça não era a de Platão. Ele não gostava de reflexão abstrata. Em vez disso, se concentrava em uma situação específica e concreta e procurava encontrar os princípios de justiça imanentes a ela.

Essa mesma lógica sustenta tanto a construção quanto a aplicação do princípio de desvantagem do grupo: a justiça não é um ideal abstrato, mas, sim, algo revelado por meio de lutas que acontecem no mundo real.

Segundo, como o princípio é aplicado. O princípio da antissubordinação serve como uma lente para examinar as relações sociais. É somente pensando o Direito em contexto, com atenção a como as desigualdades se manifestam concretamente, que a promessa do princípio pode ser cumprida. O método de raciocínio jurídico por trás do princípio da antissubordinação de Fiss se tornou uma das bases da teoria jurídica crítica nos anos seguintes à sua publicação. A ideia de "olhar para baixo" ("*look to the bottom*")[18] em análises jurídicas não apenas ganhou tração na academia crítica (como na Teoria Crítica Racial, por exemplo), mas também evoluiu de maneiras muito mais radicais do que Fiss havia previsto.

Alguns argumentaram que o método de Fiss desafia as "normas centrais do legalismo liberal" de uma forma "ambígua". Ele aborda a subordinação de uma perspectiva externa, particularmente em relação às comunidades Negras. Para eles, algumas/ns autoras/es associados à Teoria Crítica Racial, o verdadeiro envolvimento com a opressão exige um ponto de vista interno enraizado nas experiências vividas de grupos subordinados. Essa crítica se alinha com acadêmicas/os focados nas dimensões epistemológicas da opressão que defendem métodos legais centrados em narrativas pessoais, como a contação de histórias, para capturar completamente as realidades da desigualdade.[19] Esses desenvolvimentos adicionam camadas extras ao princípio, mas não o implodem de forma alguma.

Terceiro, o princípio da antissubordinação é concreto em seu *propósito*. A teoria da antissubordinação não foi desenvolvida por uma questão de curiosidade teórica; longe disso: trata-se de um meio para a promoção da transformação social, oferecendo uma lente jurídica para escanear a realidade pensando sobre hierarquias e um guia para desenvolver remédios capazes de lidar com os aspectos estruturais da desigualdade e, consequentemente, de fazer da antissubordinação uma "verdade viva". A concretude do princípio – olhar para a realidade e mudar a realidade – não é uma coincidência. É como Fiss, o *acadêmico*, desenvolveu os *insights*

18 MATSUDA, Mari J. "Looking to the bottom: critical legal studies and reparations". *Harvard Civil Rights-Civil Liberties Law Review*, vol. 22, 1987, p. 323.

19 MOREIRA, Adilson José. *Pensando como um negro*: ensaio de hermenêutica jurídica. São Paulo: Contracorrente, 2019.

que surgiram das experiências de Fiss, o *clerk*,[20] e Fiss, o *advogado*. Na época em que "Grupos" foi publicado, Fiss havia terminado seu trabalho na assessoria de uma Corte Distrital e da Suprema Corte, servido como advogado no Departamento de Justiça e trabalhado como acadêmico por alguns anos. Todas essas experiências levaram Fiss a acreditar na necessidade de "ter certeza [de que a lei] se torne uma realidade".[21] O princípio da antissubordinação incorpora esse objetivo; caso contrário, ele sucumbe precisamente ao tipo de abstração que pretende evitar.

O caráter redentor do Direito

Outra característica da teoria da antissubordinação de Fiss é sua firme confiança no Direito e, acima de tudo, em seu caráter redentor. Ou seja, a firme crença de que a mudança social pode acontecer por meio do Direito.

Para entender esse elemento, precisamos voltar ao dia em que Fiss tropeçou na arguição oral de *Brown vs. Board of Education*. Naquele dia, Fiss conheceu não apenas o caso que constituiria a base de sua teorização, mas também Thurgood Marshall, o principal advogado do Movimento dos Direitos Civis e que, ouso dizer, exerceu uma influência tão poderosa sobre ele quanto o próprio caso. Em seu último ano da Faculdade de Direito, Fiss bateu à porta de Marshall. Marshall havia se tornado juiz em uma corte distrital, e Fiss estava procurando um emprego. Ele conseguiu e, no ano seguinte, foi assessor de Marshall, trabalhando principalmente em casos envolvendo direitos de acusados em processos criminais.

Marshall – quem ele era, o que defendia e como abordava o Direito – moldou profundamente a postura de Fiss. No entanto, o

---

20 Posição competitiva para graduandos de Direito análoga a assessor judicial.

21 FISS, Owen. *Pillars of Justice*: lawyers and the liberal tradition. Cambridge: Harvard University Press, 2017, pp. 35 e 47.

que é mais importante para este livro é que Marshall influenciou profundamente o *pensamento* de Fiss. De acordo com Fiss, como um profissional do Direito, Marshall via o Direito como tendo "possibilidades redentoras" e como sendo uma "fonte de esperança radical".[22] Como a/o leitora/o verá nas páginas seguintes, a teoria da antissubordinação é dupla. Por um lado, ela fornece uma lente para uma crítica abrangente de como o Direito cria e perpetua a subordinação – o argumento desenvolvido em "Grupos". Por outro lado, ela é baseada na visão de que o Direito pode nos ajudar a realizar a justiça como um valor social. Sem a segunda premissa, a antissubordinação seria uma contradição em termos. Seria uma promessa vazia – logicamente impossível e politicamente fraca.

Como princípio jurídico, antissubordinação incorpora uma visão específica do Direito, incluindo entendimentos sobre interpretação jurídica e sobre o que o Direito é e deve ser. Conforme desenvolvido no ensaio "A Morte do Direito?", Fiss é profundamente crítico ao Direito, mas, de forma alguma, adere à ideia de que a lei é apenas política e poder. Fiss acredita que a objetividade do Direito não é absoluta, mas é, no entanto, possível (e necessária) devido às restrições impostas à interpretação jurídica institucional. Objetividade, para Fiss, "implica que uma interpretação pode ser medida em relação a um conjunto de normas que transcendem o ponto de vista particular da pessoa que oferece a interpretação".[23] Essas restrições são compostas de regras disciplinares e da existência de uma comunidade interpretativa que dá autoridade às regras. As regras disciplinares na interpretação legal são os conceitos básicos da lei, circunstâncias processuais e expectativas e possibilidades institucionais. Elas são uma "gramática profissional" que permite julgar os usos da lei. Essa gramática é autoritativa, de acordo com

22 FISS, Owen. *Pillars of Justice*: lawyers and the liberal tradition. Cambridge: Harvard University Press, 2017, p. 22.

23 FISS, Owen. "Objectivity and interpretation". *Stanford Law Review*, vol. 34, 1982, pp. 739-744.

Fiss, devido ao seu reconhecimento por uma comunidade.[24] Como tal, da perspectiva de Fiss, não há incompatibilidade entre o caráter aberto do Direito e a necessidade de princípios mediadores para conferir significado à Cláusula de Proteção Igualitária e, consequentemente, seu caráter jurídico e não meramente político. A Cláusula pode ser aberta, mas isso não significa a impossibilidade de interpretá-la de forma objetiva.

A posição de Fiss sobre a relação entre Direito, objetividade e transformação social é muito bem ilustrada no ensaio "Feminismo e antissubordinação". O ensaio é dividido em duas partes. Na primeira parte, Fiss examina diferentes ramos do pensamento feminista e suas implicações para a doutrina jurídica, com o interesse específico de mostrar como o feminismo – em particular o feminismo radical, defendido por sua ex-aluna e interlocutora de longa data Catharine MacKinnon[25] – desafia as noções liberais tradicionais de igualdade, que se concentram em proteções jurídicas formais e ignoram desigualdades estruturais. Ou seja, Fiss mostra como o feminismo abraçou e desenvolveu ainda mais a ideia de antissubordinação. Na segunda parte do ensaio, Fiss critica os ramos feministas que rejeitam a possibilidade de objetividade no Direito. O Direito, para Fiss, pode e deve se esforçar para obter objetividade, de forma a criar uma adjudicação justa e baseada em princípios. Essa objetividade, ele argumenta, não é absoluta, mas é possível, se vista dentro de um contexto sócio-histórico determinado. A rejeição dessa objetividade minaria a legitimidade do raciocinio jurídico, mas, principalmente, a capacidade de fazer as reivindicações substantivas sobre justiça e igualdade que o feminismo exige.

Promover a justiça social requer, ele argumenta, o reconhecimento da possibilidade de objetividade. Caso contrário, a teoria

---

24 FISS, Owen. "Objectivity and interpretation". *Stanford Law Review*, vol. 34, 1982, pp. 739-745.

25 FISS, Owen. *Pillars of Justice*: lawyers and the liberal tradition. Cambridge: Harvard University Press, 2017, p. 121.

se torna uma contradição em termos. Embora reconheça que as instituições jurídicas – incluindo a lei – são influenciadas por forças sociais moldadas por assimetrias de poder, a resposta não deve abandonar o ideal de objetividade, mas refinar os princípios legais para serem mais inclusivos e equitativos. Ele vê a objetividade como uma ferramenta crucial para atingir a meta feminista de igualdade de gênero, em vez de um obstáculo a ela. Em última análise, Fiss vê a objetividade não apenas como uma possibilidade, mas como uma aspiração para aqueles que buscam igualdade.[26]

Realizando o princípio: antissubordinação e adjudicação

A característica final da teoria da antissubordinação de Fiss é a profunda conexão dela com sua compreensão sobre adjudicação. Para Fiss, a adjudicação é o meio pelo qual o princípio é aplicado e recebe efeitos tangíveis. Ou, para usar a linguagem de *Cooper vs. Aaron*, fixada pelo Ministro Brennan, é o meio pelo qual o princípio se torna uma "verdade viva". Assim como Marshall, Brennan, para quem Fiss trabalhou em seu período como *clerk* na Suprema Corte, também exerceu um papel fundamental no pensamento de Fiss.

Fiss estava, desde muito cedo, perfeitamente ciente das complicações envolvidas em transformar o princípio em realidade. O ensaio "Dessegregação de Escolas: O Caminho Incerto do Direito", por exemplo, examina a evolução dos esforços legais e judiciais para dessegregar as escolas públicas dos EUA e os desafios enfrentados pelos tribunais envolvidos nesse processo. Fiss atribui o "caminho hesitante, incerto e às vezes ilógico" da doutrina da Suprema Corte a (i) complexidades envolvidas na tradução dos ideais apresentados em *Brown* em soluções práticas; (ii) questões sobre a legitimidade

---

26 FISS, Owen. *Pillars of Justice*: lawyers and the liberal tradition. Cambridge: Harvard University Press, 2017, p. 125.

dos tribunais, que surgem de seu envolvimento na formulação de políticas; e (iii) incertezas relacionadas ao esforço de abordar as desigualdades sistêmicas.

"O Caminho Incerto do Direito" marca uma mudança no tom de Fiss – seu otimismo habitual dá lugar a um reconhecimento sóbrio das limitações que os tribunais podem enfrentar. Em certo sentido, o ensaio serve como um desafio autoimposto: um chamado para desenvolver argumentos robustos sobre a legitimidade dos tribunais para intervir (sua função) e a maneira adequada de fazê-lo (a forma de adjudicação) em casos de transformação social emancipatória. Fiss assume esse desafio em "As Formas da Justiça" e "As Bases Sociais e Políticas da Adjudicação", em que aprofunda sua exploração dessas questões críticas.[27]

O ponto de partida da teoria de adjudicação de Fiss é a ideia de que os princípios constitucionais são de natureza aberta, o que inevitavelmente exige conferir-lhes significado, conteúdo e definição de prioridades. Isso é feito por meio da adjudicação – ou "o processo pelo qual os valores incorporados em um texto legal autoritativo, como a Constituição, recebem significado e expressão concretos".[28] Para Fiss, a atribuição de significado aos valores é uma atividade coletiva empreendida por indivíduos e atores institucionais, pois os valores "pertencem verdadeiramente ao público".[29] No entanto, os tribunais são particularmente adequados para dar a última

---

27 Argumentos são desenvolvidos de maneira abrangente em FISS, Owen. "Foreword: the forms of justice". *Harvard Law Review*, vol. 93, nº 1, 1979, mas, as ideias gerais são apresentadas em FISS, Owen. "As bases políticas e sociais da adjudicação". *In*: ______. *Um novo processo civil*: estudos norte-americanos sobre jurisdição, Constituição e sociedade. Trad. Daniel Porto Godinho da Silva e Melina de Medeiros Rós. São Paulo: Revista dos Tribunais, 2004, republicado aqui.

28 FISS, Owen. "The Social and political foundations of adjudication". *Law and Human Behavior*, vol. 6, 1982, p. 121.

29 FISS, Owen. "Foreword: the forms of justice". *Harvard Law Review*, vol. 93, nº 1, 1979.

palavra devido às regras que limitam o exercício de seu papel: sua independência, a necessidade de ouvir as partes e a necessidade de justificar suas decisões.

Fiss está mais interessado em um tipo específico de adjudicação, que ele chama de reforma estrutural.[30] A reforma estrutural, ao contrário de outras formas de adjudicação, é distinguida por uma etapa de interpretação constitucional e o encontro entre o Judiciário e as burocracias estatais envolvidas na violação/promoção de direitos. A tarefa do juiz em tais processos não é apenas interpretar a lei, mas também reestruturar arranjos institucionais para eliminar a ameaça aos valores em jogo. Fiss entende que o alvo da reforma estrutural não é uma ocorrência específica (como a exclusão de uma criança Negra de uma escola branca), mas, sim, uma "condição social que ameaça valores constitucionais importantes e a dinâmica organizacional que cria e perpetua essa condição".[31]

Fiss também decompõe a estrutura partidária do processo nessa forma de adjudicação. O autor, em tais processos, não é um indivíduo – como seria em uma disputa envolvendo uma quebra de contrato, por exemplo – mas, sim, um grupo social. Mesmo que uma pessoa atue como porta-voz do caso, o grupo é o beneficiário do processo – mesmo que não exclusivamente.[32] A parte ré, por sua vez, não é uma "infratora" individual, mas, sim, uma organização burocrática estatal que precisa ser reformada para remover uma ameaça aos valores constitucionais.[33] O papel de juízas/es também é diferente nesse tipo de processo, principalmente devido ao caráter

30 FISS, Owen. "Foreword: the forms of justice". *Harvard Law Review*, vol. 93, nº 1, 1979, p. 2.

31 FISS, Owen. "Foreword: the forms of justice". *Harvard Law Review*, vol. 93, nº 1, 1979, p. 18.

32 FISS, Owen. "Foreword: the forms of justice". *Harvard Law Review*, vol. 93, nº 1, 1979, p. 19.

33 FISS, Owen. "Foreword: the forms of justice". *Harvard Law Review*, vol. 93, nº 1, 1979, p. 22.

pulverizado das outras partes. Em tais processos, juízas/es devem ter um papel mais ativo na investigação de se o grupo está sendo bem representado – algo que pode ter impacto em eventuais erros nas decisões – o que às vezes exige entrar em contato com fontes externas e convidá-las a participar dos procedimentos.[34]

Além disso, nessa forma de adjudicação, os remédios são influenciados por outras características – notavelmente, o esforço reconstrutivo. Tais esforços não podem ser alcançados por remédios convencionais, como responsabilização civil ou criminal, e, como tal, injunções (ou, ordens determinando a ação do Estado) são favorecidas. Resumindo, a "tríade" – autora/autor, ré/u, juíza/juiz – é dissolvida na adjudicação de reforma estrutural. Esse tipo de processo é composto por múltiplas partes (grupos, organizações), frequentemente, internamente divididas, interrompendo o caráter binário do antagonismo litigioso. Há "uma série de interesses e perspectivas concorrentes organizados em torno de uma série de questões e uma única agência decisória, o juiz".

O princípio da antissubordinação e a reforma estrutural compartilham as mesmas características principais. Isso não é coincidência, já que ambos emergiram da mesma fonte: um olhar fundamentado sobre litígios de igualdade, em geral, e litígios de dessegregação, escolar em particular. Ambos têm grupos como pontos focais e têm como alvo condições sociais que perpetuam a subordinação desses grupos. Ambos estão preocupados não com ocorrências esporádicas e atos isolados de irregularidades (como diferenciação irracional), mas com um estado de coisas considerado injusto, com distribuição assimétrica de poder e privilégio.[35] Ambos buscam ganhos coletivos e, indo ainda mais fundo, a antissubordinação e a reforma estrutural assumem a existência e a importância de valores públicos e

---

34 FISS, Owen. "Foreword: the forms of justice". *Harvard Law Review*, vol. 93, nº 1, 1979, pp. 24-26.

35 FISS, Owen. "The Social and political foundations of adjudication". *Law and Human Behavior*, vol. 6, 1982, p. 124.

reconhecem a necessidade de "traduzir esses valores em realidade social por meio do uso do poder governamental".[36] Se a antissubordinação é a interpretação jurídica do princípio da igualdade, a reforma estrutural é o meio pelo qual esse princípio – pelo menos na conceituação de Fiss – é aplicado. Ambos são codependentes e mutuamente constitutivos. Para que a antissubordinação de Fiss seja promovida, há necessidade de mudança concreta por meio de reforma estrutural. A reforma estrutural, por sua vez, é moldada pelo que é exigido pelo princípio da antissubordinação.

Assim como acontece com o princípio da antissubordinação, a teoria de adjudicação de Fiss pode ser levada mais além. E, de fato, a versão expandida do princípio realmente exige isso. Sua estrutura surgiu de um desafio concreto – a necessidade de reestruturar instituições como escolas, prisões e sistemas de saúde. Mas a antissubordinação exige mais: demanda uma reimaginação da própria sociedade. Isso requer uma concepção mais ampla de adjudicação, que vá além das instituições individuais para confrontar os sistemas interconectados de opressão que as moldam.

A força da antissubordinação

Nos EUA, a tradição da antissubordinação começou com o Movimento dos Direitos Civis e foi cristalizada em *Brown vs. Board of Education* e outros esforços liderados por tribunais para promover a igualdade. Esse esforço inspirou uma geração inteira (na verdade, gerações) de ativistas, advogadas/os e, mais notavelmente, acadêmicas/os.

Jack Balkin e Reva Siegel afirmam que a publicação de "Grupos" "inaugurou a tradição da antissubordinação na academia

36 FISS, Owen. "As bases políticas e sociais da adjudicação". *In*: ______. *Um novo processo civil*: estudos norte-americanos sobre jurisdição, Constituição e sociedade. Trad. Daniel Porto Godinho da Silva e Melina de Medeiros Rós. São Paulo: Revista dos Tribunais, 2004, p. XX.

jurídica" e explicam que o denominador comum que une tal tradição é a ideia de que a cidadania igualitária exige a reforma de instituições e práticas que perpetuam o *status* social subordinador de grupos desfavorecidos.[37] A teoria da antissubordinação está profundamente associada à "jurisprudência do oprimido" ("OutCrit"), ou o conjunto de teorias jurídicas formuladas por autoras/es de grupos minoritários.[38] Em 2021, Francisco Valdes e Steven W. Bender, por exemplo, declararam que o princípio subjacente do movimento LatCrit (que questiona a subordinação da comunidade Latina) é a antissubordinação.[39] Os autores observam que a antissubordinação se originou com o trabalho de Owen Fiss, mas foi posteriormente sujeita à elaboração OutCrit.[40]

A Teoria Crítica Racial ("Critical Race Theory") é particularmente comumente associada à tradição da antissubordinação. Ao discutir "Grupos", Mari Matsuda, uma das líderes do movimento, afirmou que "ao reconhecer a desvantagem do grupo como um

---

37 Ver BALKIN, Jack M.; SIEGEL, Reva B. "The American Civil Rights tradition: anticlassification or antisubordination". *Issues in Legal Scholarship*, vol. 2, nº 1, 2002. Para um compilado de trabalhos que compõem a tradição, ver PENTEADO, Taís. *Antisubordination as bundle*: retheorizing the principle from the Brazilian jurisprudence and practice. São Paulo: FGV, 2025. (Tese de Doutorado em Direito).

38 OutCrit é o guarda-chuva que engloba diferentes campos de trabalho crítico, como Teoria Crítica Racial e Teoria Feminista do Direito (COOMBS, Mary I. "Outsider scholarship: the law review stories". *University of Colorado Law Review*, vol. 63, 1992, p. 683).

39 LatCrit é o ramo do OutCrit que trata de questões envolvendo comunidades Latinas.

40 VALDES, Francisco; BENDER, Steven W. *LatCrit*: from critical legal theory to academic activism. Nova York: New York University Press, 2021, citando: HARRIS, Angela P. "Race and essentialism in Feminist Legal Theory". *Stanford Law Review*, vol. 42, nº 3, 1990 p. 581; CRENSHAW, Kimberlé. "Demarginalizing the intersection of race and sex: a black feminist critique of antidiscrimination theory, feminist theory and antiracist politics". *University of Chicago Legal Forum*, 1989, p. 139; e CRENSHAW, Kimberlé. "Mapping the margins: intersectionality, identity politics, and violence against women of color". *Stanford Law Review*, vol. 43, nº 6, 1991, p. 1241.

desafio social e político à análise de proteção igualitária, o Professor Fiss mudou a direção de uma longa conversa no Estados Unidos".[41] Robin West, por sua vez, argumentou que o trabalho de Fiss sobre igualdade "veio para definir a geração fundadora da Teoria Crítica Racial".[42] Esse movimento jurídico trouxe, por sua vez, grandes contribuições à teoria da antissubordinação. Entre outras, a ideia de que a subordinação tem uma natureza interseccional.[43]

Mais recentemente, a ideia da antissubordinação também floresceu no movimento Direito e Economia Política ("Law and Political Economy"), que se interessa por como o Direito é condicionado por hierarquias sociais e econômicas e as condiciona em troca, particularmente por meio da divisão artificial que ele cria entre o domínio público da política e o domínio privado do mercado.[44] O Direito, para acadêmicas/os e advogadas/os afiliadas/os ao campo, está "relacionado à dominação e à subordinação: quem governa quem, quem obtém o quê, o que é criado e o que é destruído". Também adepta da ideia de antissubordinação e poder econômico está uma escola relacionada de pensamento crítico: o movimento Crítico da Classe (ClassCrit), que tem como ponto de partida a ideia de que a subordinação surge da maneira como as relações de classe são estruturadas.[45]

Grandes contribuições à antissubordinação vieram de acadêmicas feministas associadas à Teoria Feminista do Direito.

---

41 MATSUDA, Mari J. "I Thou and the way to peace". *Issues in Legal Scholarship*, article 6, 2002.

42 WEST, Robin. "Groups, equal protection and law". *Issues in Legal Scholarship*. vol. 2, nº 8, 2002.

43 CULP JUNIOR, Jerome M.; HARRIS Angela P.; VALDES, Francisco. "Subject unrest". *Stanford Law Review*, vol. 55, 2003, pp. 2435-2436.

44 BRITTON-PURDY, Jedediah; KAPCZYNSKI, Amy; GREWAL, David Singh. "Law and political economy: toward a manifesto". *LPE Blog*, 6 nov. 2017.

45 HARRIS, Angela P. "From precarity to positive freedom: ClassCrits at seven". *Southwestern Law Review*, vol. 44, nº 4, 2015, pp. 621 e 624.

Talvez mais proeminentemente, Catharine MacKinnon apresentou uma conceituação completa do princípio da antissubordinação. Por conceituação completa, quero dizer a apresentação de um princípio que abrange dimensões substantivas, metodológicas e doutrinárias, equiparando-se à abordagem de Fiss. Entre outras coisas, a autora desenvolveu ainda mais a análise de hierarquias sociais, para explorar em mais detalhes o que a subordinação efetivamente significa e, a partir daí, propôs sua própria conceituação do princípio, afastando-se de sua formulação como postulado, para enquadrá-lo como uma estrutura para escanear conceitos jurídicos fundamentais.[46]

Este livro inclui ensaios nos quais Fiss aplica o princípio para defender os direitos dos imigrantes ("O Imigrante como Pária") e a ação afirmativa racial ("Ação Afirmativa como Estratégia para a Justiça"). No entanto, a ideia de que as hierarquias constituem a fonte das desigualdades tem sido usada por outras/os acadêmicas/os para analisar as mais diversas questões sociais, como direitos reprodutivos,[47] direitos trabalhistas[48] e direito à saúde.[49] O uso da formulação de Fiss não se limita à academia dos Estados Unidos. Roberto Saba, por exemplo, defende que a interpretação da igualdade na Argentina deve ser dar de acordo com os ditames

---

46 MacKINNON, Catharine A. "Substantive equality: a perspective". *Minnesota Law Review*, vol. 96, 2011, pp. 1-11.

47 SIEGEL, Reva B. "Reasoning from the body: a historical perspective on abortion regulation and questions of equal protection". *Stanford Law Review*, vol. 44, 1992, p. 261.

48 PENTEADO, Taís. "Undoing gender equality doctrine in Brazilian labor jurisprudence". (No prelo) *Journal of Law and Political Economy*, 2025; PENTEADO, Taís. "Terceirizadas, Centered: A Critical Analysis of Outsourcing and Gender and Racial Hierarchies in Brazil". *Yale Journal of Law and Feminism*, v. 34, p. 246, 2022.

49 HARRIS, Angela P.; PAMUCKU, Aysha. "The Civil Rights of health: a new approach to challenging structural inequality". *UCLA Law Review*, vol. 67, 2020, p. 758.

da antissubordinação.[50] O mesmo argumento foi feito em relação à disposição constitucional de igualdade do Chile.[51] No Brasil, Adilson Moreira adotou o mesmo preceito para defender a ação afirmativa e desafiar o discurso de ódio, dentre outros mecanismos de subordinação.[52]

O princípio também foi adotado por tribunais. De especial importância para o Brasil, é a adoção da abordagem pelo Supremo Tribunal Federal. Nos últimos dez anos, o STF assumiu um papel de liderança na tentativa de promover alguns direitos fundamentais no Brasil, ainda que de forma seletiva e contraditória. Exemplos dessas tentativas são as decisões sobre direitos reprodutivos – criação de uma excludente de ilicitude da interrupção da gravidez em casos de anencefalia fetal (ADPF 54) e a declaração, incidental e monocrática, da inconstitucionalidade da criminalização do aborto até a 12ª semana de gestação (HC 124.306) –; direitos LGBTQ+ – autorização de uniões civis entre pessoas do mesmo sexo (ADI 4277 e ADPF 132), criminalização da homofobia (ADO 26) e proibição de restrições à doação de sangue por homens homossexuais e bissexuais (ADI 5543) –; e igualdade racial – declaração da constitucionalidade de ações afirmativas baseadas em raça (ADPF 186). O Supremo Tribunal Federal adotou a ideia de antissubordinação em algumas ocasiões. Exemplos incluem a ADPF 186, que declarou a constitucionalidade das cotas raciais, e a ADI 5543, que declarou a inconstitucionalidade da proibição

---

50 SABA, Roberto. *Más allá de la igualdad formal ante la ley*: ¿qué les debe el Estado a los grupos desavantajados? Madrid: Siglo XXI, 2016.

51 REYES, Estefanía Esparza. *La igualdad como no subordinación*: una propuesta de interpretación constitucional. Cidade do México: Tirant lo Blanch, 2018; REYES, Estefanía Esparza. "Algunas reflexiones críticas sobre el derecho a la igualdad como no discriminación em Chile". *Revista Mexicana de Derecho Constitucional*, vol. 40, 2019, pp. 3 e 9.

52 MOREIRA, Adilson José. *Pensando como um negro*: ensaio de hermenêutica jurídica. São Paulo: Contracorrente, 2019; MOREIRA, Adilson José. *Racismo recreativo*. São Paulo: Sueli Carneiro; Polén, 2019b.

de doação de sangue por homens homossexuais e bissexuais. No primeiro caso, um dos votos reconheceu que o discurso de "democracia racial", que sustenta ataques às ações afirmativas, é uma forma de dominação racial e adotou a visão de que tais programas "constituem uma forma importante de mitigar as consequências da discriminação, que é culturalmente enraizada e muitas vezes praticada de forma inconsciente".[53] No segundo, um dos votos declarou inconstitucional a restrição à doação de sangue por homens homossexuais ou bissexuais, em razão de sua sexualidade, por ser "(...) extremamente estigmatizante para uma comunidade que tradicionalmente tem sido vítima de preconceito e abuso".[54]

Essa viagem das ideias de Fiss ao Brasil e outras partes do mundo faz deste livro uma obra relevante, destinada a orientar ativistas, tribunais, advogadas/os e acadêmicas/os comprometidas/os com a ideia de igualdade e transformação social.

A idealização deste livro, assim como sua estrutura, foram frutos de um esforço de equipe; foram o produto de muitas (muitas) reuniões com o Professor Fiss e de um processo valioso. O Professor Fiss foi generoso com seu tempo, revisou cada versão e discutiu o papel de cada ensaio que faz parte do livro. Algo que chamou minha atenção durante nossas reuniões foi o quanto ele pensou nos títulos do livro e das subseções. A princípio, pensei que era uma peculiaridade idiossincrática, mas então percebi que, muito mais do que um capricho, este era um exercício para transmitir (grandes) ideias em apenas algumas palavras, não apenas por uma questão de simplicidade e clareza, mas em um esforço real para reafirmá-las de uma forma eloquente, o que aprofunda a compreensão e encoraja mais investigação e comentários.[55] Meu título favorito é

53 Supremo Tribunal Federal, ADPF 186, p. 66.

54 Supremo Tribunal Federal, ADI 5543, p. 6.

55 Ao elogiar as habilidades de ensino de Harry Kalven (um de seus colegas e mentores na Chicago Law School), Fiss afirma que "seu método era a conversa. Ele conseguia encontrar nas palavras do aprendiz vislumbres de

"Antissubordinação Sem limites", que captura muito do espírito do livro, ao mostrar a irradiação da visão de Fiss sobre igualdade em seu trabalho mais amplo e, portanto, seu papel como – por assim dizer – um fio condutor.

Tivemos muitas idas e vindas e algumas discussões acaloradas. A beleza dessas trocas está encapsulada em como ambos mudamos de ideia durante o processo. O foco do livro é, claro, os ensaios do Professor Fiss. Mas ele constantemente me encorajou a fazer do livro minha leitura do material, em vez do material apenas. Esta é uma verdadeira demonstração de *Fiss, o Professor*, em ação.[56]

TAÍS PENTEADO

percepção, que ele então reafirmava em termos tão eloquentes e profundos que aprofundavam a compreensão e encorajavam mais investigação e comentários" (FISS, Owen. *Pillars of Justice*: lawyers and the liberal tradition. Cambridge: Harvard University Press, 2017, p. 81). O que é um bom título senão este?

56 FISS, Owen. *Pillars of Justice*: lawyers and the liberal tradition. Cambridge: Harvard University Press, 2017, p. 75.

PARTE I

TEORIA GERAL

A presente seção é composta pelos dois artigos nos quais Owen Fiss trata de maneira direta e abrangente do princípio da antissubordinação. O primeiro, "Grupos e a Cláusula da Igualdade", é o núcleo da teorização de Fiss sobre igualdade; é ali que o autor desenvolve de maneira aprofundada a ideia de que o princípio da igualdade deve se preocupar com hierarquias sociais e não apenas com tratamento diferenciado. A implicação dessa visão é a de que leis e políticas estatais que diferenciam grupos são juridicamente problemáticas quando causam ou perpetuam a subordinação de grupos, mas não quando são voltadas à emancipação de grupos (como é o caso de ações afirmativas, por exemplo). Em 2002, foi organizado um simpósio intitulado "A Origem e o Destino da Antissubordinação"[57] e voltado à reflexão sobre os desenvolvimentos do princípio da antissubordinação. Em "Uma Outra Igualdade", Fiss responde aos comentários e críticas levantados por outras/os juristas no simpósio, expondo como suas ideias evoluíram ao longo do tempo.

57 Disponível em: https://www.degruyterbrill.com/journal/key/ils/2/1/html?srsltid=AfmBOop0KAMSa6hlARFIfyB-YXYQGS-ZLl97mNaLPZXX-CAh16ywcHuda. Acessado em: 19.05.2025.

I

GRUPOS E A CLÁUSULA DE PROTEÇÃO IGUALITÁRIA[58]

Este é um ensaio sobre a estrutura e as limitações do princípio da antidiscriminação – o princípio que controla a interpretação da Cláusula de Proteção Igualitária. Para entender a importância desse princípio na adjudicação constitucional, uma distinção deve ser feita entre dois modos diferentes de interpretação.

Na primeira interpretação, o texto constitucional é tomado de maneira pura – a base decisória primária é a linguagem "real" da Constituição. O texto da Constituição é visto como fornecendo uma regra inteligível para tomada de decisão e esse texto é o referente primário; no máximo, pode surgir desacordo sobre qual o peso a ser dado a uma ou duas palavras e sobre o significado das palavras. Esta é uma abordagem plausível – discutível, embora longe de ser persuasiva – à Cláusula de Liberdade de Expressão. É a abordagem associada ao Ministro Black da Suprema Corte.

58 FISS, Owen. "Groups and the equal protection clause". *Philosophy & Public Affairs*, vol. 5, nº 2, 1976, pp. 107-177.

O segundo modo de interpretação constitucional retira a ênfase do texto. A base interpretativa é um conjunto de princípios – que eu chamo de mediadores porque eles funcionam como ponte entre os tribunais e a Constituição – para dar significado e conteúdo a um ideal incorporado no texto. Esses princípios são oferecidos como uma paráfrase da disposição textual específica, mas, na verdade, o relacionamento é muito mais fundamental. Eles conferem ao dispositivo seu único significado como um guia para decisão. Tanto é assim que, com o tempo, muitas vezes perdemos de vista o *status* artificial desses princípios – eles não são "parte" da Constituição, mas, em vez disso, apenas uma interpretação oficial, aberta à reavaliação e redefinição, ao contrário do texto da Constituição.

A Cláusula de Proteção Igualitária tem sido geralmente vista dessa segunda maneira. As palavras – nenhum Estado deve "negar a qualquer pessoa dentro de sua jurisdição a proteção igualitária das leis" – não declaram uma regra de decisão inteligível. Nesse sentido, o texto por si só não tem significado. A cláusula contém a palavra "igualitária" e, portanto, dá *status* constitucional ao ideal de igualdade, mas esse ideal é capaz de uma ampla gama de significados. Essa ambiguidade criou a necessidade de um princípio mediador, e o escolhido pelos tribunais e comentadores é o princípio da antidiscriminação. Quando perguntado sobre o que a Cláusula de Proteção Igualitária significa, um/a advogado/a informado/a – mesmo um/a comprometido/a com a abordagem textual do Ministro Black à Primeira Emenda – não repete as palavras da cláusula – uma negação de proteção igualitária. Em vez disso, ele/a provavelmente responderá que a cláusula proíbe a discriminação.

Um dos objetivos deste ensaio é simplesmente ressaltar o fato de que o princípio da antidiscriminação não é a Cláusula de Proteção Igualitária. Ele nada mais é do que um princípio mediador, e eu gostaria de pôr fim à identificação da cláusula com o princípio da antidiscriminação. Mas também tenho ambições maiores. Quero sugerir que o princípio da antidiscriminação incorpora uma concepção muito limitada de igualdade, uma que é altamente individualista e confinada a avaliar a racionalidade dos meios adequados para o alcance de certos fins. Como alternativa, quero delinear outro princípio mediador – o princípio da desvantagem do grupo. Tal princípio consegue traduzir tão bem quanto – ou até melhor – o ideal da igualdade. Isso porque leva em consideração a realidade social, jogando luz de maneira mais clara às questões que devem ser decididas em casos envolvendo a proteção igualitária.

I. A estrutura do princípio da antidiscriminação

A construção do princípio da antidiscriminação ocorre em três etapas. A primeira é reduzir o ideal de igualdade ao princípio de tratamento igualitário – pessoas semelhantes devem ser tratadas de forma semelhante. O segundo passo é levar em conta o fato de que mesmo um Estado justo deve fazer distinções, tratando algumas situações de forma diferente de outras; por exemplo, mesmo o estatuto criminal mais incontroverso distingue entre as pessoas com base em sua conduta. O reconhecimento da inevitabilidade e, inclusive, da justiça de algumas diferenciações torna a determinação de quais distinções são permitidas a tarefa central da teorização da proteção igualitária.

Nem todas as diferenciações podem ser proibidas; a palavra "discriminar", uma vez despida de sua conotação emocional, significa simplesmente distinguir ou traçar uma linha. O princípio mediador da Cláusula de Proteção Igualitária, portanto, deve ser aquele que proíbe apenas a discriminação "arbitrária".[59] A Cláusula em si

59 Às vezes, a palavra "injusta" é usada alternadamente com "arbitrária" para descrever o universo de discriminações inadmissíveis, embora com pouca atenção às conotações especiais da palavra "injusta" – "tendendo a causar má vontade, animosidade ou ressentimento". O Professor Kenneth Karst, em um artigo valioso, revela uma sensibilidade à diferença entre os dois termos. Ele, no entanto, usa o termo "discriminação injusta" em um sentido

não nos diz quais distinções são arbitrárias. O terceiro passo nesse processo é, então, a proposta de um método geral para determinar a racionalidade e, portanto, a permissibilidade das linhas traçadas.

O método escolhido pela Suprema Corte, e aquele que geralmente se enquadra na rubrica do princípio da antidiscriminação, tem duas facetas: (a) a identidade da discriminação é determinada pelo critério em que se baseia; e (b) a discriminação é arbitrária se o critério em que se baseia não estiver relacionado com o propósito do Estado.

Para ilustrar o método para determinação do caráter arbitrário de uma discriminação, vamos supor que o Estado deseje escolher as/os melhores funcionárias/os ou alunas/os para um número limitado de vagas. Esse processo inevitavelmente envolve escolhas. O Estado deve, invariavelmente, discriminar. Suponhamos também que a escolha seja feita com base no desempenho em um teste escrito projetado para escolher as/os trabalhadoras/es mais produtivas/os ou as/os alunas/os mais brilhantes. A discriminação estatal seria baseada em resultados acadêmicos. Presumivelmente, não seria arbitrária, já que o critério está relacionado ao propósito do Estado. Isso seria verdade mesmo se descobríssemos que as/os únicas/os candidatas/os selecionadas/os fossem brancas/os. Mas suponhamos que o critério para seleção seja racial: o Estado concede a posição às pessoas brancas e a nega às pessoas Negras, com base em sua raça. Isso tornaria a discriminação racial e arbitrária porque o critério não está relacionado ao propósito do Estado de selecionar as pessoas mais brilhantes ou produtivas.

Nesse exemplo, o critério racial foi considerado arbitrário porque não está relacionado com o propósito do Estado. Entretanto,

---

conclusivo, desprovido de significado descritivo. O termo é usado "para descrever a conclusão final do Tribunal sobre a questão de uma violação da proteção igualitária" (KARST, Kenneth. "Invidious discrimination: Justice Douglas and the return of the 'Natural-Law-Due-Process Formula'". *UCLA Law Review*, vol. 16, 1969, pp. 716, 732-734 e 740).

Tussman e tenBroek, em um artigo agora clássico do final da década de 1940,[60] apontam que a falta de relação entre critério e propósito não é uma qualidade dicotômica. Na maioria dos casos, não é uma questão de se o critério e o propósito estão relacionados ou não, mas uma questão de quão bem eles estão relacionados. Um critério pode ser considerado arbitrário mesmo se estiver relacionado ao propósito de maneira insuficiente. Tussman e tenBroek explicam que, dado o propósito, um critério poderia ser inadequado de duas maneiras diferentes: poderia ser superinclusivo (englobaria mais pessoas do que deveria) ou subinclusivo (excluiria pessoas que não deveriam ser excluídas). Essas disfunções podem ser descritas, para usar o jargão dos comentadores contemporâneos, como sendo inadequadas.[61]

Esta é a ideia central – o conceito fundamental – do princípio da antidiscriminação, um de racionalidade entre meios-fins. Mas também deve ser reconhecido que o princípio contempla uma série de investigações adicionais que produzem uma superestrutura. Primeiro, o princípio exige que o Tribunal identifique o critério subjacente. Isso significa que uma distinção deve ser traçada entre o critério declarado e o critério real. Se o desafio for a um estatuto em todas as suas aplicações, então o critério declarado pode ser tomado pelo valor de face. Mas se o desafio se dirige à forma de aplicação do estatuto, ou à ação administrativa, então não há razão

---

60 TUSSMAN, Joseph; TenBROEK, Jacobus. "The equal protection of the laws". *California Law Review*, vol. 37, 1949, p. 341.

61 Tussman e tenBroek não usam o termo "inadequadas". Eles, no entanto, fazem os pontos sobre super e subinclusão (palavras que eles realmente usam e introduzem no discurso jurídico) pelo uso de diagramas: P é o universo da pessoa que deve ser selecionada dado o propósito, e C é o universo da pessoa realmente selecionada pelo critério. O diagrama onde P é um subconjunto de C é usado por eles para representar superinclusão, e o diagrama onde C é um subconjunto de P é usado para representar subinclusão. O termo "adequado" é sugerido por esses diagramas e talvez por essa razão seja usado pelos comentadores contemporâneos, como ELY, John Hart. "The constitutionality of reverse racial discrimination". *University of Chicago Law Review*, vol 41, nº 4, 1974, pp. 723-727, fn. 26.

para que o critério declarado seja tratado como o critério real. A/o administradora/r pode dizer que está selecionando alunas/os com base no desempenho acadêmico, quando na verdade está ignorando suas notas nos testes e tomando sua decisão com base na raça.

Segundo, o Tribunal deve identificar o propósito do Estado e determinar se ele é legítimo. Por exemplo, suponha que o propósito do Estado seja subordinar pessoas Negras em vez de escolher as/os melhores alunas/os ou funcionárias/os. Então, a raça seria adequada para determinar quem deveria ser excluída/o das faculdades ou empregos estaduais, e sob um teste consistindo exclusivamente de racionalidade de meios-fins, esse uso do critério racial seria permissível. A Cláusula de Proteção Igualitária seria, nesse caso, transformada em uma proteção baixa contra o descuido do Estado, permitindo a intervenção somente quando estivesse claro que o Estado não sabia como melhor atingir seus fins.[62] Consequentemente, pareceu necessário ir além do conceito de inadequação, e o princípio da antidiscriminação foi modificado para exigir que o propósito do Estado contra o qual o critério é medido seja legítimo (ou permissível).

Essa forma de entender o processo de investigação sobre o propósito sugere duas etapas: primeiro, identificar o propósito do Estado e, segundo, determinar se o propósito é legítimo. Mas se o Tribunal não precisa tomar o propósito professado pelo Estado como aquele contra o qual o critério deve ser medido, então os dois passos se fundem em um. O Tribunal fixa o propósito do Estado pelo processo da imaginação: apenas propósitos legítimos seriam imaginados, e a mente do/a juiz/a examinaria o universo de propósitos legítimos até que fosse identificado o propósito legítimo do Estado que seria mais bem atendido pelo critério, aquele que deixaria as menores margens de super e subinclusão. O universo

---

62 Ver, em geral, NAGEL, Robert F. "Legislative purpose, rationality, and equal protection". *Yale Law Journal*, vol. 82, 1972, p. 123.

de propósitos imagináveis não conteria aqueles propósitos rejeitados pelo Estado, e a rejeição poderia ocorrer implicitamente, por exemplo, sendo implícita na estrutura estatutária geral do Estado.[63]

Alguns argumentam que o critério deveria ser medido em relação ao propósito declarado. Tal restrição poderia aumentar o poder invalidante da Cláusula de Proteção Igualitária, uma vez que sempre foi assumido – talvez por simples justiça – que o processo de imaginação produziria o melhor propósito, o mais favorável ao Estado. Essa restrição também reduziria a manobrabilidade judicial. E alguns levantam ainda a hipótese de que uma exigência de propósito declarado revigoraria o processo político, pois "incentivaria a divulgação e a crítica dessas razões [que justificam os meios legislativos] no processo político do Estado".[64] Essa hipótese parece postular uma concepção um tanto ingênua do processo político do Estado e do que poderia revigorá-lo. Mas, mais importante, a restrição é inconsistente com a prática judicial em outras áreas (como determinar se a legislação é autorizada pelos poderes enumerados), e seria difícil de aplicar. O Estado raramente identifica seu propósito com qualquer grau de precisão, e a restrição seria virtualmente sem sentido se, como um proponente dessa ideia sugere, "a descrição do propósito de um Tribunal Estadual ou do gabinete do Procurador-Geral fosse aceitável".[65] Por essas razões, o requisito de propósito declarado não criou raízes e, provavelmente, não deve ser visto como uma característica importante ou permanente do princípio da antidiscriminação.

---

63 Ver, por exemplo, *Eisenstadt vs. Baird*, 405 U.S. 438 (1972).

64 GUNTHER, Gerald. "Foreword: in search of evolving doctrine on a changing Court – a model for a newer equal protection". *Harvard Law Review*, vol. 86, nº 1, 1972, p. 47. Ver também GREENAWALT, Kent. "Judicial scrutiny of 'benign' racial preference in Law School admissions". *Columbia Law School*, vol. 75, 1975, pp. 559-600.

65 GUNTHER, Gerald. "Foreword: in search of evolving doctrine on a changing Court – a model for a newer equal protection". *Harvard Law Review*, vol. 86, nº 1, 1972, p. 47.

Um terceiro conjunto de conceitos auxiliares responde a dois fatos – que a investigação crítica da inadequação, conforme modulada por Tussman e tenBroek, é de grau e que alguma margem de super e subinclusão sempre pode ser descoberta. Portanto, devem ser definidos padrões para determinar quão inadequado deve ser o relacionamento entre critério e propósito antes que seja considerado arbitrário – ou, para usar o jargão dos comentadores contemporâneos, devemos nos perguntar: o quão justa deve ser a adequação? As doutrinas de "classificação suspeita" e "direito fundamental" buscam responder a essa pergunta. Elas são essencialmente padrões para determinar o grau de adequação necessário. Em contraste com o padrão mais permissivo chamado "relação meramente racional" ou "escrutínio mínimo", que tolera amplas margens de super e subinclusão, essas doutrinas desencadeiam um escrutínio rigoroso, que exige um alto grau de adequação.

Se o critério for "suspeito" (o exemplo paradigmático sendo raça) ou o "direito" afetado "fundamental" (o exemplo paradigmático sendo o direito de votar),[66] deve haver um alto grau de adequação – qualquer grau de superinclusão ou subinclusão evitável

---

[66] Ver, por exemplo, *Carrington vs. Rash*, 380 U.S. 89 (1965) (negando o direito de votar àqueles que servem nas forças armadas). Conforme concebido originalmente, o "direito fundamental" não precisava ter estatura constitucional. O *status* constitucional do direito de votar está envolto em controvérsia, mas o escrutínio rigoroso parece também ter sido aplicado a leis que restringem direitos claramente de estatura não constitucional, como o direito de procriar. *Skinner vs. Oklahoma*, 316 U.S. 535 (1952). Em 1973, a maioria da Suprema Corte disse que o direito tinha que ter estatura constitucional – embora, para prestar respeito ao precedente – eles reconhecessem que o direito constitucional pode ser implícito. *San Antonio Ind. School District vs. Rodriguez*, 411 U.S. I (1973). Também pode ser notado que ambos os gatilhos de escrutínio rigoroso – classificação suspeita e direito fundamental – podem estar presentes ao mesmo tempo (por exemplo, um Estado negando a algum grupo étnico o direito de procriar). O significado operativo desse gatilho duplo não é claro. Um gatilho sozinho pode ser suficiente para resultar na invalidação da lei e, nesse caso, o segundo seria supérfluo – apenas a cobertura do bolo.

seria considerado "demais".[67] O uso do termo "evitável" dá ao Estado uma saída: a inadequação seria aceita se não houvesse uma maneira mais adequada de satisfazer seu propósito. Assumindo um propósito legítimo e nenhuma alternativa melhor, o critério discriminatório, por mais "suspeito" que fosse, pareceria necessário e, portanto, aceitável sob a Cláusula de Proteção Igualitária.

O entendimento de que o princípio da antidiscriminação demanda escrutínio rigoroso exige o estabelecimento de métodos para determinar quais critérios são "suspeitos" e quais direitos são "fundamentais". Também exige, como a quarta característica da superestrutura, a introdução de doutrinas defensivas – aquelas que permitem a validação de leis e práticas que de outra forma pareceriam inválidas. Não há razão analítica para que essas doutrinas defensivas não possam ser aplicadas no contexto de escrutínio mínimo (e em algumas ocasiões elas foram); o ponto é simplesmente que há menos necessidade delas lá. No contexto de escrutínio mínimo, o impulso em direção à validação poderia ser facilmente acomodado no julgamento de que as margens de super e subinclusão não são "excessivas". No contexto de escrutínio rigoroso, por outro lado, esse método de anulação não está disponível, pois, por definição, qualquer margem de super ou subinclusão é "excessiva".

Uma doutrina defensiva permite que o Estado tome um passo de cada vez. É uma defesa que visa desculpar a subinclusão. Por exemplo, suponha que haja um requisito de alfabetização para votar no tempo-1. Mais tarde, no tempo-2, o Estado decide

---

67 Nesses casos, muitas vezes é difícil descrever a discriminação como "arbitrária" dentro do significado comum dessa palavra. Mas se perde de vista a necessidade de fazer esse julgamento. O conceito de arbitrariedade entra apenas no estabelecimento do método geral, como um conceito fundamental, e outros fatores são responsáveis pelas camadas adicionais. Para uma conscientização de como o ramo de classificação de suspeitos do princípio da antidiscriminação causa esse afastamento do teste de racionalidade, veja a dissidência do Ministro Harlan em *Harper vs. Virginia Bd. of Elections*, 383 U.S. 663, 682, n. 3 (1966).

aprovar uma lei estabelecendo que a conclusão da sexta série em uma escola onde as disciplinas são ensinadas principalmente em inglês ou espanhol (incluindo escolas em Porto Rico ou México) é prova suficiente de alfabetização. Uma pessoa que concluiu a sexta série na França (ou Polônia) reclama que a mudança provocada pela nova lei é subinclusiva – dado o propósito do Estado, não há razão para a diferenciação. O Estado poderia se defender com base no fato de que está simplesmente dando um passo de cada vez, e a defesa seria permitida.[68]

Tal defesa obviamente tem a capacidade de minar completamente o argumento da subinclusão – cada instância de subinclusão poderia ser explicada como uma instância na qual o Legislativo escolheu dar um passo de cada vez. Tussman e tenBroek, totalmente cientes desse risco, buscam limitar a defesa traçando uma distinção entre as razões que explicam por que o Estado deu apenas um passo de cada vez. Se o alcance da lei fosse limitado por considerações administrativas (por exemplo, complicações adicionais seriam introduzidas) em oposição a considerações políticas (por exemplo, os proponentes não conseguiram reunir votos suficientes para estender a lei a outros), então, a defesa de um passo de cada vez seria permitida. A Suprema Corte, por outro lado, em pelo menos uma ocasião tentou usar o conceito de "reforma" como o limitante: o Estado teria permissão para dar um passo de cada vez quando a lei fosse uma medida de "reforma" – uma lei que melhora (em vez de piorar) o *status quo*.

Outra doutrina defensiva exige que o Tribunal classifique os propósitos legítimos do Estado – para fazer uma distinção entre propósitos estatais comuns e especiais. Daí o conceito de "interesse estatal convincente": a obtenção de tal interesse ou propósito é tão

68 Ver *Katzenbach vs. Morgan*, 384 U.S. 641 (1966) (envolvendo bandeira americana em escolas). Em *Williamson vs. Lee Optical Co.*, 348 U.S. 483, 489 (1955), a Corte disse: "A reforma pode dar um passo de cada vez, abordando a fase do problema que parece mais aguda para a mente legislativa".

importante que desculpa meios imperfeitos. Essa doutrina parece ter suas raízes nos casos de realocação de japoneses/as em que a Suprema Corte permitiu o uso de um critério racial ou de origem nacional (claramente suspeito) para determinar quem deveria ser realocado e, de outra forma, confinado, durante a Segunda Guerra Mundial.[69] O propósito do Estado – autopreservação da nação em tempos de guerra – foi considerado de importância suficiente para desculpar a superinclusão (nem todas/os as/os japonesas/es eram riscos à segurança) e a subinclusão (aquelas/es de origem alemã poderiam ser um risco à segurança).

Esse apelo a um interesse estatal convincente deve ser cuidadosamente delineado. Nos casos de realocação de japonesas/es, o conceito foi usado defensivamente, para desculpar o que de outra forma seria inadmissível, e não havia dúvida de que o mal a ser desculpado era a sobre e subinclusão inadequadas. Não fazia parte de um teste de equilíbrio geral. Um pequeno debate surgiu recentemente, no entanto, sobre se o foco exclusivo deveria permanecer na inadequação, ou se poderia haver, em um caso em que há, reconhecidamente, uma adequação perfeita entre meios e fins, uma "ponderação de fins" – um equilíbrio entre o dano aos indivíduos sujeitos à lei e o bem a ser alcançado.[70]

---

69 *Korematsu vs. United States*, 323 U.S. 214 (1944) (realocação); ver também *Hirabayashi vs. United States*, 320 U.S. 8i (1943) (toque de recolher).

70 Comparar, por exemplo, ELY, John Hart. "The constitutionality of reverse racial discrimination". *University of Chicago Law Review*, vol. 41, nº 4, 1974, p. 727, fn. 26 ("Eu argumentei que, apesar da retórica em contrário, o escrutínio especial no contexto da classificação de suspeitos consistiu, de fato, não em ponderar os fins, mas, sim, em insistir que a classificação em questão se encaixasse em uma meta constitucionalmente permitida do Estado com maior precisão do que qualquer alternativa disponível") com GREENAWALT, Kent. "Judicial scrutiny of 'benign' racial preference in Law School admissions". *Columbia Law School*, vol. 75, 1975, p. 565, fn. 41 ("Está claro, no entanto, que em alguns casos de classificação de suspeitos, o Tribunal ponderou os fins, embora não tenha sido explícito sobre o que está fazendo").

O Professor Brest levanta a questão em seu caso hipotético: "Como um tribunal deve tratar a decisão de um diretor de escola, baseada apenas na estética, de ter alunas/os Negras/os e brancas/os sentadas/os em lados opostos do palco na cerimônia de formatura?"[71]

Não tenho dúvidas sobre como um tribunal decidiria ou deveria decidir o caso: a prática é uma violação da Cláusula de Proteção Igualitária. Mas essa não é a questão. A questão é se é possível chegar a esse resultado (ou chegar lá tão facilmente quanto se deveria) a partir do princípio da antidiscriminação – tomado como princípio mediador da Cláusula de Proteção Igualitária. Acredito que não. Se o Tribunal encontrasse um propósito estatal que não permitisse o menor grau de super ou subinclusão, como é de fato sugerido pela hipótese do Professor Brest, então o estatuto ou prática seria válido sob o princípio da antidiscriminação. Isso seria verdade mesmo que o critério fosse "suspeito", por exemplo, raça. Não seria permitido, dentro da estrutura do princípio da antidiscriminação, decidir a questão "equilibrando" ou "sopesando" o dano causado pela prática estatal (por exemplo, Negras/os são estigmatizadas/os) contra os interesses (não convincentes) a serem atendidos pela prática estatal (por exemplo, satisfação estética). O princípio da antidiscriminação – como eu o entendo, como Tussman e tenBroek o projetaram e como a Suprema Corte geralmente o utiliza – é uma teoria sobre inadequação, não sobre ponderação de vantagens.[72]

---

71 BREST, Paul. *Processes of constitutional decisionmaking*: cases and materials. Boston: Little, Brown, 1975, p. 489. A estranheza do exemplo é importante: é um testemunho de quão longe se deve ir para encontrar uma situação em que a queixa de inadequação não possa ser feita e assim revela o alcance potencial do princípio da antidiscriminação, mesmo como uma ferramenta focada em meios. É sempre possível encontrar inadequação. Eu também poderia acrescentar que o exemplo serve apenas para revelar a estrutura do princípio da antidiscriminação e pode cumprir esse propósito mesmo que seja um caso improvável.

72 Eu sei que é difícil documentar essa afirmação (ou talvez qualquer afirmação sobre um chamado princípio mediador). O significado da palavra

II. O apelo do princípio da antidiscriminação

A antidiscriminação tem sido a interpretação predominante da Cláusula de Proteção Igualitária. Os exemplos que dei se aplicam principalmente a raça, mas o princípio também guia casos que não envolvem raça. É a interpretação geral da Cláusula de Proteção Igualitária; e, de fato, é vista como tendo efeito preventivo – se o estatuto ou prática estadual passar no teste de meios-fins, então não viola a cláusula. Houve exceções, mas elas foram criticadas precisamente por serem desvios do princípio. Foi o caráter substantivo do padrão de "uma pessoa, um voto" de *Reynolds vs. Sims*[73] que motivou a forte discordância do Ministro Harlan. A crítica

---

"discriminação" em seu uso comum ou no uso dos dicionários dificilmente é decisivo. A palavra apenas requer que uma distinção esteja envolvida na análise – talvez seja o gatilho do escrutínio. Ela não define o limite ou os termos do escrutínio. Nem há um texto autoritativo (oficial) para o qual eu possa apontar e dizer, aqui está a declaração completa e definitiva do princípio da antidiscriminação. Mesmo se houvesse, alguém poderia argumentar (como aqueles que tomam lados opostos na questão fazem) que a retórica não é decisiva – o que é importante não é o que os tribunais dizem, mas o que eles fazem. Mas deixe-me dizer, a título de defesa, que é importante ser claro sobre o que está em jogo – estou apenas tentando construir um protótipo para fins de análise e exposição. No final, argumentarei que esse protótipo é muito limitado e tentarei complementá-lo. Claro, pode-se argumentar que minha concepção do princípio da antidiscriminação é muito restrita e que o princípio suplementar poderia ser visto apenas como uma ligeira modificação do que chamo de princípio da antidiscriminação, por exemplo, que poderia ser chamado de "princípio da antidiscriminação 2". A força dessa alegação depende do grau de semelhança – se o princípio suplementar é um parente próximo do princípio da antidiscriminação ou, melhor dizendo, o membro de uma nova família completamente. Para decidir essa questão, é importante entender as raízes intelectuais do que pode ser considerado a versão primária do princípio da antidiscriminação, e não há dúvida de que a versão com foco nos meios – aquela que concebe o mal como inadequado e não sopesa os fins – é a primária. No máximo, comentadores como Brest ou Greenawalt argumentam que o princípio deve ser estendido o suficiente para abranger uma ponderação de fins e admitir que ele é predominantemente expressivo de uma concepção de racionalidade de meios-fins.

73 377 U.S. 533, 615-624 (1964). Ver também a divergência do Ministro Harlan em *Harper vs. Virginia Bd. of Elections*, 383 U.S. 663, 682 (1966).

padrão dessa decisão invoca o princípio da antidiscriminação, que teria permitido distinções entre eleitoras/es se, por exemplo, essas diferenças de tratamento estivessem relacionadas a interesses legítimos, como preservar a integridade das subdivisões governamentais.

Por que, poderíamos perguntar, o princípio da antidiscriminação recebeu essa posição de preeminência? A Cláusula de Proteção Igualitária precisa de algum princípio mediador, mas por que este? Uma resposta expressa em termos de texto e história não é suficiente. O princípio da antidiscriminação não é compelido ou mesmo sugerido pela linguagem da cláusula. Essa linguagem contrasta fortemente com a da Décima Quinta Emenda, que fala em termos de discriminação – o direito de votar não será negado por conta de raça. Nem a interpretação da igualdade como antidiscriminação está firmemente enraizada na história legislativa da cláusula. Os debates que precederam a adoção da Cláusula de Proteção Igualitária, até onde pude verificar, não justificam essa escolha.[74] Nem há qualquer

---

74 Os materiais que foram examinados, incluindo os debates sobre a Décima Quarta Emenda em si, não são reveladores e, obviamente, não são decisivos sobre um princípio mediador pretendido. Ver, por exemplo, FLACK, Horace E. *The adoption of the Fourteenth Amendment*. Gloucester: Mass., 1908; FRANK, John P.; MUNRO, Robert F. "The original understanding of 'equal protection of the laws'". *Columbia Law Review*, vol. 50, 1950, p. 131; JAMES, Joseph B. *The Framing of the Fourteenth Amendment*. Champaign: University of Illinois Press, 1956; TenBROEK, Jacobus. *Equal under law*. Nova York: Collier Books, 1965. Para ser justo, devo relatar que a pesquisa de tenBroek o levou a concluir que "igual" era de importância secundária para "proteção" na Décima Quarta Emenda. Ele escreveu: "Foi porque a proteção das leis foi negada a alguns homens que a palavra 'igual' foi usada. A palavra 'pleno' também teria sido usada" (p. 237). Não examinei a história de todos os debates sobre direitos civis durante o Trigésimo nono Congresso. Como fontes secundárias sobre esses debates, ver FAIRMAN, Charles. *Oliver Wendell Holmes Devise History of The Supreme Court*. vol 4: Reconstruction and Reunion 1864-1888, part one. Nova York: [s.n.], 1971; BICKEL, Alexander M. "The original understanding and the segregation decision". *Harvard Law Review*, vol. 69, nº 1, 1955; e CASPER, Gehard. "Jones vs. Mayer: Clio, bemused and confused muse". *Supreme Court Law Review*, 1968. Mas as disposições do Civil Rights Act de 1866 que ainda estão conosco, 42 U.S.C. 1981 e 1982, não falam em termos de

razão para acreditar que a antidiscriminação foi escolhida pelo Tribunal como a interpretação por causa de alguma visão especial da história legislativa. No entanto, mesmo colocando a história e o texto de lado, é importante notar que a predominância do princípio da antidiscriminação pode, em grande parte, ser atribuída a considerações que são particularmente atraentes para um tribunal.

Primeiro, o princípio da antidiscriminação incorpora uma concepção de igualdade que corresponde aproximadamente à concepção de igualdade que governa o processo judicial. Quando falamos de "justiça igualitária", temos em mente uma norma que proíbe a/o adjudicadora/r de levar em conta certas características irrelevantes das/os litigantes – sua raça, riqueza e assim por diante. O princípio da antidiscriminação também invoca a metáfora da cegueira – ou "daltonismo".[75] A obrigação primordial é tratar pessoas semelhantes de forma semelhante, declarando certas características individuais, como a raça, irrelevantes.

É natural que as/os Ministras/os se apoderem do ideal de seu ofício ao estabelecer normas. Seu ofício estabelece limites para seus horizontes, influencia sua escolha entre os muitos significados de igualdade. Esse limite de visão pode ter sido reforçado pelo fato de alguns dos primeiros casos de proteção igualitária terem desafiado conduta excludente ocorrendo no curso do processo judicial.[76]

Além disso, as palavras "proteção das leis" na cláusula podem ter levado os Ministros a pensarem principalmente na administração da justiça e no conceito de igualdade que governa a atividade judicial em geral (justiça igualitária). Em algum momento da história,

---

discriminação. Em vez disso, elas dizem que todas as pessoas "devem ter o mesmo direito (...) que é desfrutado pelos cidadãos brancos (...)".

75 Esta metáfora surgiu pela primeira vez na dissidência do Ministro Harlan em *Plessy vs. Ferguson*, 163 U.S. 537, 559 (1896) ("nossa Constituição é daltônica").

76 Por exemplo, *Strauder vs. West Virginia*, 100 U.S. 303 (1880); *Virginia vs. Rives*, 100 U.S. 313 (1880) (ambos envolvem a exclusão de pessoas Negras de júris).

a palavra "igual" muda o seu sentido para tirar a ênfase da palavra "proteção"; mas as implicações da versão original ainda perduram.[77]

Em segundo lugar, o princípio da antidiscriminação parece promover outra suposta norma da neutralidade – que as/os juízas/es não substituam suas preferências pelas do povo. O princípio da antidiscriminação parece derivar de uma aspiração por uma "jurisprudência mecânica" – para usar a frase de Roscoe Pound – ao fazer a intervenção parecer tecnocrática. O princípio da antidiscriminação parece não pedir mais do Judiciário do que se envolver no que pode parecer, a princípio, ser uma tarefa quase matemática de determinar se há, nos termos de Tussman e tenBroek, "superinclusão" ou "subinclusão," ou, nos termos dos comentadores contemporâneos, se há a adequação correta entre meios e fins. Os termos utilizados têm um toque quantitativamente atraente. Eles fazem a tarefa de julgamento judicial parecer envolver tão pouca discricionariedade quanto quando um vendedor aconselha um cliente se um par de sapatos serve ou não. Além disso, sob o princípio da antidiscriminação, qualquer julgamento pareceria ser sobre meios, não fins, isolando, assim, tribunais da acusação de substituir seus julgamentos pelos do Legislativo. O Tribunal poderia invalidar a ação do Estado sem julgar o mérito ou a importância do fim – uma tarefa, pode-se argumentar, que seria dos ramos mais representativos do governo.[78]

---

77 TUSSMAN, Joseph; TenBROEK, Jacobus. "The Equal Protection of the Laws". *California Law Review*, vol. 37, 1949, p. 342.

78 Ver GUNTHER, Gerald. "Foreword: in search of evolving doctrine on a changing Court – a model for a newer equal protection". *Harvard Law Review*, vol. 86, nº 1, 1972, pp. 21, 23, 28 e 43, que ecoa o sentimento expresso na concordância do Ministro Jackson em *Railway Express Agency vs. New York*, 336 U.S. 106, III-13 (1949). O Professor Gunther faz o argumento como parte de seu apelo para abandonar o ramo de Direito fundamental do método do escrutínio estrito e, assim, tornar o princípio da antidiscriminação mais focado nos meios.

A crença de que a objeção contramajoritária ao controle de constitucionalidade possa ser evitada por uma "jurisprudência mecânica" é falsa. A intervenção judicial não é menos controversa porque apenas os meios estão sendo atacados. Eles também foram escolhidos pelo povo. E não há nada de mecânico sobre o princípio da antidiscriminação. A promessa de neutralidade de valor é apenas uma ilusão. No nível explícito, o Tribunal deve determinar se o fim do Estado é legítimo, quais classificações são suspeitas, quais direitos são fundamentais, quais interesses legítimos do Estado são convincentes e se a ocasião é adequada para invocar a defesa da atuação incremental (um passo de cada vez). No nível implícito, as preferências de um tribunal entram no processo judicial quando formulam os propósitos imagináveis do Estado e escolhem entre eles, e também quando decidem se o critério é suficientemente inadequado para justificar a invalidação – se o grau certo de adequação está presente. Em contraste com o caso dos sapatos, o conceito de adequação aqui não tem conteúdo quantitativo. Parece apenas quantitativo – assim como a palavra "quanto" quando usada para descrever a intensidade de afeto.

Uma terceira explicação para a predominância do princípio da antidiscriminação pode ser encontrada em outro suposto ideal do Direito – a objetividade. Nesse caso, a aspiração é por regras com três características: (a) as regras podem ser declaradas com alguma certeza; (b) elas não são fortemente dependentes de investigações factuais ou julgamentos de grau; e (c) elas não são limitadas pelo tempo. Considera-se que regras desse tipo são mais "administráveis"[79] e estão em conformidade com alguma visão abstrata sobre os atributos necessários das "regras jurídicas" – uma visão que provavelmente será compartilhada por aqueles que buscam uma "jurisprudência mecânica" e uma neutralidade de valores. Mais

79 GUNTHER, Gerald. "Foreword: in search of evolving doctrine on a changing Court – a model for a newer equal protection". *Harvard Law Review*, vol. 86, nº 1, 1972, p. 24.

uma vez, eu duvido da validade do suposto ideal de objetividade,[80] mas não se pode negar que o princípio da antidiscriminação faz alguma contribuição para a satisfação desse ideal, talvez em um grau maior do que para o ideal de neutralidade de valor. Com a possível exceção das investigações necessárias para identificar o verdadeiro critério, uma investigação que precisa ser feita apenas quando uma ação administrativa está sendo desafiada, o princípio da antidiscriminação não é especialmente orientado para fatos. Mais frequentemente do que não, a super e a subinclusão são estabelecidas não por uma apresentação de evidências, mas, sim, pelo processo de imaginação – imaginando se, dado o propósito do Estado, outras pessoas poderiam ser incluídas na cobertura do estatuto ou se as pessoas que foram incluídas poderiam ter sido adequadamente excluídas. Pouco depende dos números reais envolvidos. Além disso, embora a incerteza e as gradações possam ser introduzidas por certos julgamentos críticos exigidos pelo princípio, por exemplo, julgamentos sobre quais propósitos são legítimos e qual é o grau de adequação necessário, é inteiramente possível que esses julgamentos possam ser feitos com um alto grau de generalidade. Uma vez que a Suprema Corte decidiu sobre uma questão – por exemplo, uma vez que declarou um certo critério (como raça) como suspeito –, uma regra clara (nenhuma discriminação racial) que poderia ser facilmente aplicada pelos tribunais inferiores surgiria. De fato, quando o princípio da antidiscriminação foi adotado pelo Poder Legislativo e se tornou o dispositivo regulatório central dos Atos dos Direitos Civis de 1964 e 1968, ele foi expresso de uma forma que satisfazia o ideal da objetividade. Os estatutos especificavam os critérios (como raça, sexo, religião e origem nacional) que não poderiam ser base para discriminação.[81]

---

80 FISS, Owen. "The jurisprudence of busing". *Law and Contemporary Problems*, vol. 39, 1975, p. 194.

81 Alguns estatutos fazem exceções para certos critérios: sob o Ato de Direitos Civis de 1968, a religião é um critério permissível para alocar moradias de propriedade de uma sociedade religiosa, e sob o Ato de Direitos Civis de 1964,

Quarto, o apelo do princípio da antidiscriminação pode derivar do fato de ele parecer altamente individualista. O método para determinar a permissibilidade de classificações não depende, conforme argumentam Tussman e tenBroek, do conceito de uma "classe natural" (em que "natural" não se refere às origens biológicas do grupo, mas, sim, ao fato de ela não ser formalmente criada pela lei em questão). Eles reconhecem que um julgamento sobre a arbitrariedade de uma classificação pode concebivelmente depender de se ela "coincide com" grupos sociais considerados apropriados; nesse caso, a investigação central em um caso de proteção igualitária seria "se, ao definir uma classe, o Legislativo esculpiu o universo em uma articulação natural".[82] Tussman e tenBroek buscam evitar essa investigação, a qual declaram ser "infrutífera", e o justificam fazendo a permissibilidade da classificação girar exclusivamente na relação entre meios e fins. Portanto, o princípio da antidiscriminação pareceria individualista em um sentido negativo – não é de forma alguma dependente de um reconhecimento de classes ou grupos sociais. De fato, é por isso que a racionalidade de meios-fins é um conceito tão atraente: evita a necessidade de fazer qualquer declaração sobre as unidades sociais básicas.

Até certo ponto, essa aparência é enganosa. O conceito fundamental – racionalidade meio-fim – é individualista. Não depende do reconhecimento de grupos sociais. Por outro lado, elementos relacionados a grupos aparecem à medida que se sobe

---

a discriminação com base no sexo é permitida no emprego quando o sexo é um "critério ocupacional de boa-fé". Além disso, os tribunais permitiram o uso corretivo de um critério que parecia ser terminantemente proibido (por exemplo, o emprego consciente da cor é frequentemente decretado para corrigir os efeitos da discriminação passada) – uma improvisação judicial que foi ratificada pelo Congresso no curso de repromulgação (Lei de Igualdade de Oportunidade no Trabalho de 1972). Dessa perspectiva, apesar da diferença marcante na linguagem, os estatutos de direitos civis foram tratados como minicláusulas de proteção igual.

82 TUSSMAN, Joseph; TenBROEK, Jacobus. "The Equal Protection of the Laws". *California Law Review*, vol. 37, 1949, p. 346.

na superestrutura. Por um lado, o reconhecimento e a proteção de grupos sociais podem ser necessários para determinar quais propósitos estatais são legítimos, ou mesmo para classificar propósitos estatais para aplicar a doutrina do interesse estatal convincente. O paradigma de um propósito estatal que é ilegítimo é expresso em termos de um grupo: "O desejo de manter pessoas Negras em uma posição de subordinação é um propósito estatal ilegítimo". E o *standard* de ilegitimidade é construído pela atribuição do que pode ser visto como um propósito orientado para o grupo à Cláusula de Proteção Igualitária – proteger pessoas Negras da ação hostil do Estado.[83] É certo que o paradigma de um "interesse estatal convincente" não é frequentemente expresso em termos de grupo. Essa doutrina surgiu nos casos de realocação de japonesas/es da década de 1940, e ali o interesse estatal considerado "convincente" era a "autopreservação de uma nação em tempos de guerra". Mas, como o Ministro Brennan percebeu recentemente, o conceito de um interesse estatal convincente pode ser ampliado para abranger a proteção de certos grupos. No contexto de um estatuto que incorporava uma classificação que favorecia mulheres, ele escreveu:

> Concordo que, ao fornecer um benefício especial para um segmento necessitado da sociedade, há muito vítima de discriminação e negligência propositais, o estatuto atende ao interesse estatal convincente de alcançar a igualdade para tais grupos.[84]

---

83 Acredito que isso pode – para ser um tanto cínico – explicar por que Tussman e tenBroek tentam falar em termos de dois princípios diferentes, o da "classificação razoável" e o da "legislação discriminatória", embora percebam as interconexões entre os princípios e o fato de que eles poderiam ser abrangidos por um princípio – o que chamei de princípio da antidiscriminação.

84 *Kahn vs. Shevin*, 416 U.S. 351, 358-359 (1974) (opinião divergente, seguida pelo Ministro Marshall). Suspeito que o reconhecimento de grupo também possa aparecer em considerações envolvendo a defesa de "um passo de cada vez". Ver *Katzenbach vs. Morgan*, referido em nota de rodapé acima, outra opinião escrita pelo Ministro Brennan.

A doutrina da classificação suspeita também concede algum reconhecimento ao papel ou importância de grupos sociais ou classes naturais. Isso é aparente no estabelecimento original e clássico da doutrina pelo Ministro Black: "Deve-se notar, para começar, que todas as restrições legais que restringem os direitos civis de um único grupo racial são imediatamente suspeitas".[85] Tussman e tenBroek, com a intenção de manter grupos fora de sua explicação da Cláusula de Proteção Igualitária, citam essa passagem do Ministro Black, mas são cuidadosos ao acrescentar que "classificação suspeita" não deve ser considerada coextensiva a um "único grupo racial". A próxima pergunta óbvia é se há alguma "classificação suspeita" que não identifique uma classe natural ou grupo social. A isso, eles simplesmente respondem: "[U]ma tentativa de criar uma lista exaustiva de classificações suspeitas seria inútil. Basta dizer que esta é, necessariamente, uma categoria bastante frouxa".[86] Nos últimos vinte e cinco anos, a categoria foi mantida "ampla"; mas o fato importante a ser notado é que quase todos os candidatos sérios para o *status* de classificação suspeita são aqueles que coincidem com o que pode ser concebido como classes naturais – por exemplo, pessoas Negras, chicanas, mulheres e talvez até pobres. Além disso, embora Tussman e ten-Broek nem tenham tentado explicar por que certas classificações eram suspeitas, não está claro para mim que uma explicação adequada possa ser dada sem reconhecer o papel e a importância dos grupos sociais.

Alguns podem explicar o caráter suspeito da "raça" enquanto critério, para usar o exemplo de uma classificação suspeita, em termos da história especial da Cláusula de Proteção Igualitária.[87]

---

85 *Korematsu vs. United States*, 323 U.S. 214, 216 (1944).

86 TUSSMAN, Joseph; TenBROEK, Jacobus. "The Equal Protection of the Laws". *California Law Review*, vol. 37, 1949, p. 356.

87 Em sua divergência em *Harper vs. Virginia Bd. of Elections*, 383 U.S. 663, 682, fn. 3 (1966), o Ministro Harlan argumentou que "na medida em que essa Cláusula pode incorporar um valor particular além da racionalidade, as

Mas essa explicação não evita completamente a referência a grupos, pois é possível argumentar que a cláusula não tinha a intenção de proibir a classificação racial, mas, sim, proteger as pessoas Negras – como um grupo – de ações hostis do Estado. E, em qualquer caso, essa explicação pode ser muito restritiva. Ela ancora a categoria de classificação suspeita em fatos históricos, sem espaço para o tipo de generalidade esperada de doutrinas constitucionais, uma generalidade que pode ser suficiente para abraçar novas situações (por exemplo, a demanda das mulheres de que o gênero seja tratado como uma classificação suspeita).[88] Outros podem tentar explicar o caráter suspeito de classificações raciais apenas com base na imutabilidade.[89] Isso evitaria a referência a grupos, mas seria uma explicação inadequada, pois também tornaria suspeitas classificações como "altura", "boa audição", "boa visão" ou "inteligência" – um resultado que o teórico da antidiscriminação sem dúvida negaria. Uma explicação final para o caráter suspeito da classificação racial que pode evitar a referência a grupos, e que, de fato, tem uma conexão com o conceito fundamental de racionalidade de meios-fins, afirma que raça é "geralmente (...) irrelevante para qualquer propósito público legítimo".[90] Isso tornaria o individualismo da estratégia da antidiscriminação puro. Mas não consigo entender como uma alegação sobre práticas gerais (raça geralmente não é relacionada) pode produzir um padrão especial sobre o grau de adequação (ou parentesco) a ser exigido – e essa é precisamente a função da doutrina de classificação suspeita – para desencadear um escrutínio rigoroso, tornando qualquer super ou subinclusão evitável inadmissível.

---

origens históricas das Emendas da Guerra Civil podem atribuir à igualdade racial esse *status* especial".

88 Ver GETMAN, Julius G. "The emerging constitutional principle of sexual equality". *Supreme Court Law Review*, 1972, p. 157.

89 Ver, por exemplo, *Frontiero vs. Richardson*, 411 U.S. 677, 686 (1973).

90 "Developments in the law-equal protection". *Harvard Law Review*, vol. 82, 1969, pp. 1065-1108.

Mais uma vez, o que nos resta é uma ilusão: a de que o princípio da antidiscriminação não precisa depender do reconhecimento de "classes naturais". Essa ilusão de individualismo só pode ser mantida ignorando ou deixando de justificar alguns dos elementos-chave da estratégia da antidiscriminação – elementos que podem ser considerados parte da superestrutura, mas que são essenciais, pois nos fizeram querer viver com essa estratégia.

Totalmente à parte da questão de se todos os elementos do princípio da antidiscriminação – a superestrutura, bem como a base – são explicáveis em premissas individualistas, devemos notar que o princípio da antidiscriminação promove o ideal do individualismo mais sutilmente ao tornar a classificação o foco da Cláusula de Proteção Igualitária. A classificação é o mecanismo de gatilho e o objeto de investigação. Novamente, nem todas as classificações são proibidas, apenas aquelas que são imprecisas. No entanto, a demanda por maior precisão na classificação tem o efeito inevitável de desqualificar uma classificação atrás da outra, e essa demanda é consistente com o ideal de tratar as pessoas como "indivíduos" (e de fato o promove) – reconhecendo a posição única de cada pessoa no tempo e no espaço, sua combinação única de talento, habilidade e caráter e sua conduta particular. A difusão desse ideal na sociedade não pode ser negada, nem é provável que tribunais sejam insensíveis a ele.

O vínculo entre o individualismo e o princípio da antidiscriminação também pode advir do fato de que ele produz uma concepção altamente individualizada de direitos. Sob o princípio da antidiscriminação, a falha constitucional é inerente à estrutura do estatuto ou à conduta do Estado, não ao seu impacto sobre qualquer grupo ou classe. Qualquer indivíduo que por acaso esteja sobrecarregado por um estatuto ou prática, ou qualquer indivíduo excluído dos benefícios, pode reclamar do erro. É verdade que outras pessoas – ou seja, todas aquelas dentro da classificação legal – podem fazer uma reclamação semelhante; e, em certo sentido, o indivíduo está fazendo a reivindicação como parte de um grupo ou classe (a classe jurídica). Mas o direito do indivíduo à reparação não depende dos interesses ou desejos de outros igualmente sujeitos ou excluídos do estatuto ou prática.

Tal concepção individualizada de direitos coincide com uma visão forte do que queremos dizer com o termo "direito constitucional" – a reivindicação depende do julgamento de um tribunal, não das opiniões ou ações de terceiros. Considerações institucionais também tornam atraente a concepção individualizada de direitos. A Cláusula de Proteção Igualitária é aplicada principalmente por meio de litígio, e é especialmente difícil encaixar a reivindicação de direitos de grupo no molde do processo judicial. Não há como ter certeza de que o autor é o representante apropriado do grupo e, mais ainda, não há mecanismo para resolver conflitos intraclasse – diferenças entre os membros de um grupo quanto ao que é do seu melhor interesse.[91]

Finalmente, sob o princípio da antidiscriminação, direitos de proteção igualitária não são apenas individualizados, mas também universalizados, e esta é outra fonte de seu apelo. Todas/os são protegidas/os. Pode haver uma limitação nas leis trazidas dentro de seu escopo – elas devem conter uma discriminação ou classificação. Mas uma vez que uma distinção entre pessoas é feita por

---

91 Tais diferenças surgem frequentemente e não são de forma alguma resolvidas pelo dispositivo de ação coletiva. Esse dispositivo processual (visto do lado do autor) apenas legitima o conceito do representante autonomeado e, então, busca proteger salvaguardas – como notificação – para limitar, na medida do possível, o risco de abuso decorrente desse poder de autonomeação. Mas os fatores que tendem a legitimar o mecanismo de autonomeação também tendem a minar a eficácia das salvaguardas – cada indivíduo tem muito pouco a ganhar. Quando os riscos são pequenos, não faz sentido para um indivíduo iniciar um processo judicial, e pela mesma razão não faz sentido para o indivíduo responder à notificação para examinar a adequação de seu representante autonomeado. E sem tal resposta, não há maneira confiável de julgar a adequação da representação. Há um vazio adversarial – nem o réu nem o representante autonomeado têm interesse em contestar a adequação. De fato, da perspectiva dos réus, o melhor representante é um inadequado (pelo menos se a adequação for julgada da perspectiva da eficácia).

um estatuto estadual ou prática, essa medida pode ser testada por qualquer um/a que esteja sendo prejudicado por ela. Até mesmo a doutrina da classificação suspeita pode ser construída em termos universalistas – qualquer classificação racial é suspeita. Em contraste, um princípio mediador que seja, por exemplo, construído sobre o conceito de grupos sociais pode não ser tão universal em escopo, uma vez que é concebível que algum indivíduo adversamente afetado pelo Estado possa não ser um membro de um dos grupos protegidos.

A tendência universalizante do princípio da antidiscriminação, sem dúvida, é responsável por seu apelo popular – nenhuma pessoa parece receber mais proteção do que outra. Essa tendência universalizante também tem apelo aos tribunais. Ela alivia o Judiciário do fardo de decidir quem receberá a proteção (no sentido jurisdicional) de uma disposição constitucional e, então, explicar por que alguns são deixados de fora. Ela também cria uma vantagem estratégica para um tribunal – permite que este use a Cláusula de Proteção Igualitária para preencher algumas das lacunas criadas pelo afastamento (temporário?) do devido processo legal substantivo. O princípio da antidiscriminação pode ser usado tão confortavelmente para desafiar um estatuto que faz uma distinção entre oftalmologistas e optometristas, ou entre leite e margarina, como para desafiar um estatuto que faz uma distinção entre brancas/os e Negras/os.[92] O resultado pode ser diferente, e isso não se deve a nenhuma mudança fundamental na teoria, mas apenas a uma diferença no grau de adequação necessário.

III. As limitações do princípio da antidiscriminação

O apelo do princípio da antidiscriminação é infundado. Os ideais servidos pelo princípio não têm nenhum mérito intrínseco e a conexão entre esses ideais e o princípio não é nada mais do que

---

92 Ver, por exemplo, *Williamson vs. Lee Optical Co.*, 348 U.S. 483 (1955).

uma ilusão. Como vimos, o princípio da antidiscriminação pode ser criticado nesse nível. Mas acredito que a crítica é mais profunda. O princípio da antidiscriminação tem limitações estruturais que o impedem de resolver adequadamente ou mesmo abordar certas reivindicações centrais de igualdade que estão sendo desafiadas agora. Para essas reivindicações, o princípio da antidiscriminação não fornece nenhuma estrutura de análise ou, pior ainda, fornece a estrutura errada. Razoavelmente, o princípio pode ser ajustado fazendo certas modificações estruturais; e de fato, ocasionalmente, ao longo dos últimos vinte e cinco anos, isso ocorreu, embora em uma base *ad hoc* e incremental, e à custa de separar o princípio de seus fundamentos teóricos e ampliar a lacuna entre o princípio e os ideais aos quais ele supostamente serve.

A permissibilidade do tratamento preferencial

Uma deficiência do princípio da antidiscriminação está relacionada ao problema do tratamento preferencial para Negras/os. Esta é uma questão difícil, mas o princípio da antidiscriminação a torna mais difícil do que é: a permissibilidade do tratamento preferencial está vinculada à permissibilidade do tratamento hostil contra essas pessoas. O princípio da antidiscriminação não reconhece formalmente grupos sociais; nem oferece qualquer dispensa especial para conduta que beneficie um grupo desfavorecido. Ele só conhece critérios ou classificações; e a raça Negra é um critério racial tanto quanto a raça branca. O regime que ele introduz é simétrico ("daltonismo"), tornando o critério de raça, qualquer raça, presumivelmente inadmissível. A discriminação reversa, conforme se coloca, é considerada uma forma de discriminação e é igualmente arbitrária, pois se baseia na raça.

A defesa do tratamento preferencial sob o regime da antidiscriminação começa com a busca por um propósito com o qual o critério racial (a cor Negra) se encaixaria perfeitamente. Esta não é uma tarefa fácil. Para ilustrar a dificuldade, vamos supor que a política em questão é uma que dá prioridade a pessoas Negras/ para admissão na faculdade de Direito.[93] O primeiro impulso é identificar o propósito como um de aumentar o número de advogadas/os Negras/os. Certamente, se esse for o propósito, há uma adequação perfeita entre critério e propósito – sem margens de super ou subinclusão. Mas o que parece ser um propósito a princípio parece ser nada mais do que uma reafirmação da prática. Por que o Estado quer aumentar o número de advogadas/os Negras/os? A resposta a essa pergunta produz o que pode ser mais apropriadamente considerado um propósito.

Uma resposta dada em termos do interesse próprio da classe ou em termos das preferências daqueles no poder (por exemplo, eles gostam de pessoas Negras) não seria adequada. Respostas desse tipo não produziriam um propósito estatal legítimo. Mas uma série de propósitos seriam atendidos pelo tratamento preferencial que poderia ser considerado permissível. Aqui estão alguns exemplos: elevar o *status* de uma subclasse (perpetuada no tempo) dando a certos membros do grupo posições de poder e prestígio (na teoria de que a elevação de alguns membros do grupo aumentará a autoimagem e as aspirações de todos os membros do grupo); isolar a minoria de futuras ações hostis colocando estrategicamente membros do grupo em posições de poder; diversificar o corpo estudantil intelectualmente e culturalmente e, assim, enriquecer a experiência educacional de todas/os; ou, finalmente, mitigar danos passados cometidos contra o grupo. A dificuldade com cada um desses propósitos é, no entanto, que uma vez que a perspectiva muda de grupos para indivíduos, como o princípio da antidiscriminação requer, as margens de sub e/ou superinclusão se tornam aparentes e de fato pronunciadas. A adequação entre critério (raça) e propósito não é perfeita – talvez tão imperfeita quanto a adequação entre critério e propósito quando a ação é hostil. A superinclusão decorre do fato de que há pessoas Negras/ que não

---

93 *DeFunis vs. Odegaard*, 416 U.S. 312 (1974). Ver também dois simpósios: "DeFunis: the road not taken". *Virginia Law Review*, vol. 60, 1974; e "DeFunis Symposium". *Columbia Law Review*, vol. 75, 1975.

têm direito ao tratamento preferencial se qualquer um desses fosse o propósito do Estado (o exemplo comum é a pessoa Negra de classe alta, que não sofreu discriminação passada e/ou, independentemente da admissão preferencial na faculdade de Direito, obteria "sucesso"). A subinclusão decorre do fato de que há outras pessoas que não são Negras e que, no entanto, têm tanto direito ao tratamento preferencial quanto pessoas Negras se o propósito do Estado for o que imaginei (por exemplo, chicanos, asiáticos, pessoas pobres).

O próximo passo na defesa do tratamento preferencial sob o princípio da antidiscriminação é descobrir maneiras de tolerar essas margens de inadequação. A defesa da superinclusão provavelmente será formulada em termos de conveniência administrativa.[94] É verdade que nem todas a pessoas Negras têm direito ao tratamento preferencial, mas seria extremamente difícil e custoso tentar escolher aquelas/es que não merecem o tratamento preferencial, e os custos não valeriam os ganhos. A conveniência administrativa também pode ser usada para justificar a subinclusão, particularmente no que se refere aos pobres. Seria difícil, assim diz o argumento, escolher aquelas pessoas não Negras que têm o mesmo *status* social ou econômico das pessoas Negras e, portanto, sob os propósitos estipulados, são tão merecedoras de tratamento preferencial quanto as pessoas Negras. O critério racial é fácil de se trabalhar e, embora possa haver erros, eles são pequenos comparados aos custos inerentes ao uso de critérios alternativos ("pobre" ou "baixo *status* socioeconômico"). A dificuldade com esse argumento de conveniência administrativa é que é prática padrão rejeitar tal defesa quando brancos, em vez de Negros, são a raça preferida. Por que essa defesa deve ser aceita em um contexto e não em outro?

A análise "nós-eles" do Professor Ely pode ser considerada responsiva a esse dilema. Ele argumenta que, quando o grupo

---

94 Ver NICKEL, James W. "Preferential policies in hiring and admissions: a jurisprudential approach". *Columbia Law Review*, vol. 75, 1975, pp. 534 e 550-553.

dominante (brancas/os) usa o critério racial para conferir benefícios à minoria (tratamento preferencial para pessoas Negras), há menos razão para suspeitar do que quando eles usam o critério racial para conferir benefícios à sua própria classe (tratamento preferencial para brancas/os). Quando os benefícios são conferidos por uma classe a seus próprios membros, o risco é alto de que os argumentos sobre conveniência administrativa sejam uma farsa: é como votar para si mesmo um aumento de salário. O risco é alto de que você acredite em qualquer argumento a favor da decisão, independentemente dos méritos. Mas quando um sacrifício está envolvido, o argumento continua, como quando membros de um grupo (nós) conferem um benefício a outro grupo (eles) às suas próprias (nossas) despesas, então, há menos razão para suspeitar dos argumentos usados para defender essa ação.

Tenho alguma dificuldade com o modelo psicológico sobre o qual a análise "nós-eles" se baseia. Ele é incompleto. O único fator motivacional refletido é o interesse próprio (elaborado em termos de associação ao grupo). Mas, é claro, como parece particularmente verdadeiro no caso da admissão preferencial de pessoas Negras na faculdade de Direito, pode haver outros fatores motivacionais que tornam os argumentos sobre conveniência administrativa especialmente suspeitos. O órgão que toma a decisão pode tender a supervalorizar argumentos sobre conveniência administrativa por um sentimento de culpa ou medo (por exemplo, de tumulto na universidade) e pode haver pouco para verificar esses impulsos, uma vez que os custos da política preferencial são principalmente suportados por "outros" (não professoras/es ou administradoras/es que decidem sobre a política de admissão, mas por alguns/mas dos/as candidatos/as não Negros/as rejeitados/as – não os/as *superstars*, mas, sim, por aqueles que estão no final da fila meritocrática).[95]

95 BURT. "Helping suspect groups disappear" (unpublished manuscript, 1975); GREENAWALT, Kent. "Judicial scrutiny of 'benign' racial preference in Law School admissions". *Columbia Law School*, vol. 75, 1975, pp. 573-574.

A principal dificuldade com essa análise "nós-eles" não é, no entanto, a incompletude do modelo psicológico; pois é concebível que isso possa ser corrigido. Em vez disso, a principal dificuldade decorre do que esse modelo (ou talvez qualquer modelo com foco na psicologia de quem discrimina) produz. Como o Professor Ely reconhece, a análise "nós-eles" pode apenas fornecer bases para suspeita (assimétrica) e, ainda assim, isso não parece suficiente.[96] Pois mesmo que a suspeita se revele errada, e o argumento da conveniência administrativa seja considerado meritório, sincero e bem fundamentado, o argumento ainda seria rejeitado como justificação para inadequação quando tratamento preferencial é conferido a pessoas brancas.

Por exemplo, imagine que estamos na década de 1940, o eleitorado estadual é predominantemente branco e a legislatura estadual orienta a faculdade de Direito a adotar uma política de admissão preferencial em favor de pessoas brancas.[97] Suponha também que essa política seja justificada com base no fato de pessoas brancas serem mais bem preparadas academicamente (dado o sistema escolar segregado) e que o Estado deseja ter as pessoas

---

96 Acho que Ely errou ao interpretar a doutrina da classificação suspeita em sua forma fraca. Quando a Suprema Corte e comentadores, como Tussman e tenBroek, falam de classificação suspeita, eles estão tentando expressar um julgamento substantivo, não apenas probatório – de que, na generalidade dos casos, certos tipos de classificação serão inválidos. A doutrina da classificação suspeita é simplesmente uma maneira de evitar uma regra de não exceção por si só – uma doutrina de classificações proibidas (nenhuma classificação racial). Quando rejeita a doutrina da classificação proibida, a Corte pode ter olhado para o problema do tratamento preferencial e, por essa razão, rejeita a doutrina da classificação proibida. Mas a discussão dessa questão em Tussman e tenBroek e o fato de que a doutrina se origina nos casos de realocação de japoneses me levam a outras explicações: uma doutrina de classificação proibida seria difícil de conciliar com a generalidade da linguagem da Cláusula de Proteção Igualitária; e teria amarrado demais as mãos dos legisladores e administradores, impedindo o uso da classificação até mesmo em casos extraordinários, como aqueles envolvendo a realocação dos japoneses.

97 Ver *Sweatt vs. Painter*, 339 U.S. 629 (1950).

mais brilhantes como membros da ordem dos advogados. A raça é usada por conveniência administrativa. Sob a análise "nós-eles", há razão para suspeitar dessa explicação do uso da raça; a política, na verdade, atende ao interesse de classe das pessoas brancas, e é provável que um Legislativo branco subestime os custos para as pessoas Negras de uma adequação imprecisa e acredite erroneamente apenas nos "mitos negativos" sobre elas. Mas me parece que mesmo se essa suspeita fosse refutada, mesmo se fosse (de alguma forma) demonstrado que o argumento sobre a conveniência administrativa fosse sincero e bem fundamentado e, em certo sentido, preciso, o resultado ainda seria inaceitável sob a Cláusula de Proteção Igualitária. Aqueles que estão comprometidos com o princípio da antidiscriminação podem chegar a esse resultado apenas insistindo que os argumentos de conveniência administrativa não são defesa para a inadequação, mesmo assumindo que sejam sinceros e bem fundamentados. É desse movimento, acima de tudo, que lançam mão aquelas/es que desejam atacar o tratamento preferencial em favor das pessoas Negras: por que, elas/es perguntariam, a conveniência administrativa deveria ser permitida para justificar a inadequação quando a ação estatal é benéfica para a minoria, mas não quando é hostil à minoria?

A análise "nós-eles" não pode resolver esse dilema porque é apenas uma abordagem probatória, e não substantiva. Há, no entanto, duas outras estratégias empregadas dentro do contexto do princípio da antidiscriminação para justificar o tratamento preferencial, e estas parecem mais substantivas. Uma dessas estratégias muda a definição do dano – as classificações não devem ser julgadas em termos da relação meio-fim (adequação), mas, sim, em termos de resultarem em estigmatização.[98] Uma classificação excludente

---

98 Ver BREST, Paul. "Palmer vs. Thompson: an approach to the problem of unconstitutional legislative motive". *Supreme Court Review*, 1971, pp. 95-116, nota de rodapé 109; e BREST, Paul. *Processes of constitutional decisionmaking*. Boston: Little, Brown & Co., 1975, p. 481. Ver também

voltada para pessoas Negras estigmatiza o grupo de uma forma que o tratamento preferencial não estigmatiza pessoas brancas; a conveniência administrativa não pode justificar ou compensar o dano estigmatizante causado pela política excludente, e a política preferencial não estigmatizante não exige uma justificativa (ou se exigir uma, precisaria ser apenas uma justificativa fraca, para a qual a conveniência administrativa será suficiente). Estou disposto a assumir que a política preferencial não estigmatiza as/os candidatas/os rejeitadas/os;[99] ainda assim, essa estratégia parece insatisfatória. Ela vai além da estrutura do princípio da antidiscriminação em que (a) o mal se torna a estigmatização ao invés da inadequação e (b) contempla uma ponderação de fins – um julgamento sobre se o interesse do Estado é de importância suficiente para compensar o dano. Uma conexão com o princípio da antidiscriminação original permanece: o gatilho continua o mesmo – classificação. Mas isso parece ser uma conexão trivial. O vínculo com o conceito fundamental – racionalidade meio-fim – é rompido. E uma vez que esse passo é dado, é difícil limitar a modificação. É difícil explicar por que a classificação deve ser o único gatilho para a Cláusula de Proteção Igualitária e, mesmo que seja, o motivo de essa cláusula dever se preocupar apenas com dano que estigmatiza (ou o motivo de o dano estigmático sozinho ser capaz de anular uma defesa de conveniência administrativa). A/o candidata/o branca/o rejeitada/o pode não ser estigmatizada/o, mas está sendo prejudicada/o de outras maneiras; e não há nada na teoria subjacente ao princípio da antidiscriminação que sugira por que o dano não estigmatizante deve receber um *status* mais fraco. E se não receber esse *status*,

---

GREENAWALT, Kent. "Judicial scrutiny of 'benign' racial preference in Law School admissions". *Columbia Law School*, vol. 75, 1975, p. 566.

99 FISS, Owen. "School desegregation: the uncertain path of the law". *Philosophy & Public Affairs*, vol. 4, 1974, pp. 3-13. Alguns argumentam que uma política de admissão preferencial estigmatiza pessoas Negras admitidas sob a égide de políticas que criam diferenciações. Ver Burt, nota de rodapé acima.

então, voltamos ao mesmo dilema de simetria: por que rejeitar a conveniência administrativa em um contexto e não no outro?

O movimento final em defesa do tratamento preferencial sob o princípio da antidiscriminação é invocar um ou ambos os argumentos de defesa padrão. A acusação de subinclusão pode ser defendida na teoria da reforma incremental (um passo de cada vez) – dessa vez, a faculdade de Direito cria uma preferência por pessoas Negras, da próxima vez, pessoas chicanas, e assim por diante. Isso seria considerado uma medida de "reforma", enquanto a política excludente seria apenas uma "regressão". A defesa do interesse estatal convincente também pode ser aplicada: os propósitos atendidos pelo programa de admissão preferencial são especialmente desejáveis ou importantes, enquanto aqueles atendidos pelo excludente (ter a barra composta por academicamente superiores) são comuns. O resultado de ambas as defesas é que a inadequação (a super e a subinclusão) é permissível em um caso (a preferência por pessoas Negras), mas não no outro (a exclusão de pessoas Negras).

O problema com ambos os movimentos defensivos é que eles são desprovidos de quaisquer fundamentos teóricos. Na análise final, eles são resolução por decreto; pois o princípio da antidiscriminação não fornece nenhuma base ou padrão para determinar o que é "reforma" e o que é "regressão", o que é um propósito estatal "comum" e o que é um "especial". Essas distinções só podem ser feitas se o Tribunal tiver alguma noção do que é "bom" ou "desejável", apenas se o Tribunal identificar certos fins substantivos como aqueles a serem favorecidos sob a Cláusula de Proteção Igualitária. Como um feito intelectual, isso pode ser possível, mas não dentro dos limites do princípio da antidiscriminação. Esse princípio rejeita qualquer dependência de fins substantivos.[100] De fato, acredito que essa seja a principal fonte de seu apelo.

---

100 Também pode ser observado que essa isenção de responsabilidade é inconsistente com a limitação de propósito legítimo.

No meu julgamento, as políticas preferenciais e excludentes devem ser vistas de forma bem diferente sob a Cláusula de Proteção Igualitária. De fato, seria uma das ironias mais estranhas e cruéis interpretar essa cláusula de tal forma que vinculasse – de alguma forma estreita e inextricável – os julgamentos sobre as políticas preferenciais e políticas excludentes. Esse dilema só pode ser evitado se o princípio mediador da cláusula for clara e explicitamente assimétrico, um que fale sobre fins substantivos, e não sobre adequação, e um que reconheça a existência e a importância de grupos, não apenas de indivíduos. Só então seria possível acreditar que, quando rejeitamos a alegação contra o tratamento preferencial para pessoas Negras, não estamos ao mesmo tempo minando a base constitucional para protegê-las. Claro, mesmo que o princípio da antidiscriminação não fosse a interpretação predominante da cláusula, ainda seria possível formular uma alegação contra o tratamento preferencial. O elemento de injustiça individual para as/os candidatas/os rejeitadas/os inerente ao tratamento preferencial poderia ser considerado um custo na avaliação da ação do Estado da mesma forma que uma perda de liberdade ou um dano à dignidade. A falha do Estado em incluir outros grupos desfavorecidos, como chicanas/os, também pode se tornar significativa. Mas a barreira impenetrável colocada pelo princípio da antidiscriminação aparentemente simétrico desapareceria. Os riscos não seriam tão altos.

Ação estatal não discriminatória

O princípio da antidiscriminação criou várias lacunas na cobertura da Cláusula de Proteção Igualitária. O princípio pretende ser universalista em termos das pessoas protegidas; ainda assim, acaba por estar longe de ser universalista em termos das práticas estatais proibidas. As lacunas na cobertura surgem do fato de que nem toda conduta estatal questionável é discriminatória. A discriminação envolve uma escolha entre pessoas e, como eu disse, o princípio da antidiscriminação opera proibindo o governo de fazer essa escolha arbitrária. Mas existem decretos ou práticas governamentais em que nenhuma escolha é feita entre as pessoas e, dessas, não faz sentido perguntar se há discriminação "arbitrária". Não estou reclamando do fato de que o princípio da antidiscriminação deixa de pé condutas estatais que deveriam ser invalidadas, mas, sim, de que ele não fornece nenhuma estrutura de referência para avaliar certos tipos de conduta estatal e, por essa razão, é incompleto.

Essa lacuna explica em parte a dificuldade que a Suprema Corte teve com alguns dos casos clássicos de ação estatal. Um desses casos é *Shelley vs. Kraemer*.[101] A corte invalidou uma política estadual de executar contratos racialmente restritivos e, embora esse resultado pareça correto, em um nível analítico, *Shelley vs. Kraemer* é geralmente considerado um caso extraordinariamente difícil – o *Finnegans Wake* do Direito Constitucional.[102] A questão difícil não era, no meu julgamento, se tribunais estaduais que validaram o acordo restritivo estavam agindo como representantes do "Estado". É verdade que essa questão foi discutida pela corte, mas não pareceu. Em vez disso, a questão problemática surgiu ao tentar determinar se a ação do Estado era o tipo de "ação" proibida pela Cláusula de Proteção Igualitária. A cláusula foi vista como proibindo a discriminação (racial), e somente isso. O Estado afirmou que sua política não era de forma alguma discriminatória e que acordos restritivos seriam aplicados contra pessoas Negras e brancas.

A base da rejeição dessa defesa pelo Tribunal continua sendo um mistério para mim até hoje. Apenas algumas frases na opinião pretendem ser responsivas. Em uma delas, o Tribunal menciona as afirmações factuais dos demandantes de que, em geral, esses acordos racialmente restritivos são usados contra pessoas Negras,

---

101 334 U.S. 1 (1948).

102 KURLAND, Philip B. "Foreward: equal in origin and equal in title to the legislative and executive branches of the government". *Harvard Law Review*, vol. 78, 1964, pp. 143-148.

em vez de brancas. O Tribunal parecia disposto a assumir a veracidade dessa afirmação como uma questão factual, mas hesitou em concluir muito a partir dela. Isso parecia um instinto sólido, desde que o Tribunal estivesse confinado ao princípio da antidiscriminação e quisesse invalidar a política, em vez de sua aplicação; enquanto o Estado estiver pronto para impor (e de fato o fizesse) um acordo racialmente restritivo contra pessoas brancas, essa política estadual não poderia ser considerada uma forma de discriminação racial. A outra resposta é a passagem bem conhecida de *Shelley vs. Kraemer* declarando que a Cláusula de Proteção Igualitária protege os direitos individuais.[103] Mas não consigo ver por que isso é responsivo à defesa do Estado – não há discriminação pelo Estado. A resposta mais apropriada ao Estado seria rejeitar sua premissa quanto ao tipo de ação estatal proibida pela cláusula. Por que, eu perguntaria, a ação do Estado deve ser discriminatória antes de ser considerada uma violação da Cláusula de Proteção Igualitária?

Recentemente, o Tribunal se deparou com outro caso de ação estatal que apresentou um problema semelhante e, dado o enquadramento falho, o resultado não foi tão fortuito. Em *Moose Lodge*,[104] o Estado da Pensilvânia concedeu uma licença para bebidas alcoólicas a um clube privado que discriminava com base na raça. O clube se recusou a servir a pessoas Negras. A licença para bebidas alcoólicas não conferia poder de monopólio, mas era de grande benefício para o clube e, ainda mais importante, tinha o efeito de limitar os lugares disponíveis na localidade para pessoas Negras comprarem bebidas alcoólicas. Apenas um número limitado de licenças para bebidas alcoólicas foi disponibilizado em cada área, e uma licença era necessária antes que as bebidas alcoólicas pudessem ser vendidas. Mais uma vez, a defesa do Estado foi a de

103 O texto diz: "Os direitos criados pela primeira seção da Décima Quarta Emenda são garantidos ao indivíduo. Os direitos estabelecidos são direitos pessoais" (334 U.S., em 22).

104 *Moose Lodge No. 107 vs. Irvis*, 407 U.S. 163 (1972).

que ele não discriminava com base na raça: o Estado não excluiu pessoas Negras do Lodge, nem concedeu a licença porque o Lodge estava discriminando com base na raça. O Estado simplesmente considerou a prática de admissão do clube irrelevante. O Tribunal argumentou que deveria haver vinculação do Estado à recusa discriminatória de servir. De acordo com o Ministro Rhenquist, o requerente Negro estava alegando que "a recusa em o servir era uma 'ação estatal' para os propósitos da Cláusula de Proteção Igualitária".[105] É claro que, sob esta formulação, a pessoa não poderia vencer, e a medida protetiva foi de fato negada.[106]

Tanto o resultado de *Moose Lodge* quanto o modo de análise parecem errados. A Cláusula de Proteção Igualitária não rege o comportamento de clubes privados, mas rege a conduta do Estado. O Estado não estava discriminando, racialmente ou de outra forma, mas estava se envolvendo em conduta – a concessão de licenças para bebidas alcoólicas (sem levar em conta as políticas de admissão) – e essa ação poderia ser avaliada em termos da Cláusula de Proteção Igualitária. O Moose Lodge pode ser livre para discriminar, mas isso não torna correto que o Estado confira uma licença escassa ao clube, fechando assim oportunidades para pessoas Negras. Foi a premissa do Tribunal de que o único tipo de ação negada ao Estado é a ação discriminatória que o impediu de se concentrar nessa exclusão de oportunidades para pessoas Negras.

Nos casos de ação estatal, como em *Shelley vs. Kraemer* e *Moose Lodge*, houve claramente atos de discriminação – acordos restritivos ou a recusa do clube em servir a pessoas Negras. Esses atos discriminatórios não foram realizados pelo Estado, e o Tribunal formulou a questão como sendo se os atos discriminatórios

---

105 407 U.S., em 165.

106 Com um aceno para *Shelley vs. Kraemer*, o Tribunal proibiu o Estado de direcionar o clube a cumprir as regras nacionais da Supreme Lodge, que incorporavam a política racial. O local foi autorizado a decidir por si mesmo.

poderiam ser imputados ou não ao Estado.[107] Em um outro grupo de casos, também colocados fora do escopo da Cláusula de Proteção Igualitária pela interpretação da antidiscriminação, não houve nenhum ato claro de discriminação, racial ou de outra natureza, que pudesse ser facilmente imputado ao Estado. Os atos em questão pertenciam claramente ao Estado, mas não eram discriminatórios. O princípio da antidiscriminação deixou o Tribunal ainda mais perdido. Aqui, tenho em mente as decisões intermitentes do governo – a decisão de ter ou não uma instalação pública, como uma piscina[108] ou um projeto de habitação pública.[109]

O principal desafio a essas decisões focou a atenção na base da decisão estatal: por que a cidade fechou as piscinas? Por que a cidade se recusou a construir um projeto de habitação pública? Essas perguntas parecem semelhantes à investigação exigida pelo princípio da antidiscriminação, mas essa aparência é enganosa. O tipo de decisão mais passível de uma análise baseada no princípio da antidiscriminação é uma escolha entre pessoas, uma decisão estadual, por exemplo, sobre quem será admitido na piscina ou no projeto de habitação pública. Com decisões desse tipo, a pergunta sobre o "porquê" pede uma identificação do critério de seleção: por que esses indivíduos e não outros foram autorizados a entrar na piscina ou no projeto de habitação? Resposta: por causa de sua raça. Uma vez identificado, o critério de seleção pode ser julgado sob o princípio da antidiscriminação em termos de sua relação com

---

107 Acho que essa imputação ocorre no caso da Proposição 14, *Reitman vs. Mulkey*, 387 U.S. 369 (1967). O Tribunal pensou que tinha que imputar a discriminação (a recusa de vender) ao Estado, e tentou criar a ligação dizendo que a Proposição 14 tinha o efeito de "encorajar" a discriminação. Essa conceituação provavelmente impediu o Tribunal de confiar na justificativa vinculada ao nome de BLACK, Charles L. "Prefácio: 'ação do estado', proteção igualitária e Proposição 14 da Califórnia". *Harvard Law Review*, vol. 81, 1967 (um obstáculo adicional foi criado para os Negros em seu esforço para obter legislação protetiva).

108 *Palmer vs. Thompson*, 403 U.S. 217 (971).

109 *James vs. Valtierra*, 402 U.S. 137 (1971).

o propósito do Estado. Com uma decisão intermitente, como uma decisão de fornecer ou não um serviço público, a pergunta "do porquê" demanda não o encontro do critério, mas uma reflexão sobre motivo ou propósito em si: por que a cidade fechou a piscina? Resposta: para economizar dinheiro ou para evitar a integração. Por que a cidade se recusou a construir um projeto de habitação pública? Resposta: para economizar dinheiro ou para limitar o número de pessoas pobres na comunidade. Consequentemente, nesse contexto, não há critério de seleção que possa ser avaliado quanto à sua adequação.[110] Utilizando apenas o princípio da antidiscriminação como guia dificilmente se sabe por onde começar a analisar essas decisões governamentais, e acho que isso explica a dificuldade que o Tribunal tem enfrentado com elas. Pode-se concluir que essas decisões não são inválidas, ou que a medida não deve ser fornecida porque é impossível elaborar um remédio judicial apropriado. Mas a dificuldade com a interpretação da antidiscriminação é que ela coloca essas decisões intermitentes além do escopo da Cláusula de Proteção Igualitária.

O problema dos critérios facialmente neutros

Os casos clássicos de ação estatal e aqueles casos envolvendo decisões intermitentes revelam a incapacidade do princípio da antidiscriminação de lidar adequadamente com a conduta estatal que não discrimina entre pessoas. Outra área problemática surge

---

110 Em algumas situações, pode ser possível reformular a decisão pela intermitência como uma escolha entre várias atividades públicas: por que a cidade decidiu fechar a piscina em vez de parar os ônibus? Essa pergunta do tipo "por que" produz um critério de seleção, mas um tipo diferente de critério – não uma característica individual (como raça ou desempenho em um teste), mas, sim, objetivos comunitários (promover o pleno emprego). E é o primeiro tipo de critério de seleção que permite que um tribunal faça a pergunta fundamental do princípio da antidiscriminação – uma de super e subinclusão de pessoas. O leitor deve consultar o artigo do Professor Brest sobre *Palmer vs. Thompson* (veja nota acima), pois ele vê a análise motivacional como um parente muito mais próximo da análise de antidiscriminação do que eu.

da conduta estatal que de fato discrimina entre pessoas, mas não com base em um critério suspeito. A discriminação é baseada em um critério que parece inocente à primeira vista e, ainda assim, tem o efeito de prejudicar pessoas Negras (ou outras minorias). Por exemplo, quando o Estado pretende escolher funcionárias/os ou estudantes universitárias/os com base no desempenho em testes padronizados, e acontece que as únicas pessoas admitidas ou contratadas são brancas.

Conforme concebido originalmente – tanto por Tussman e tenBroek quanto pela Suprema Corte no importante período formativo das décadas de 1940 e 1950 –, o princípio da antidiscriminação prometia desenvolver uma pequena lista finita de critérios suspeitos, como raça, religião, nacionalidade, riqueza, gênero. Estes seriam presumivelmente inadmissíveis. A maior parte de outros critérios poderia, em última análise, ser considerada arbitrária em alguns casos particulares devido à inadequação, mas eles seriam presumivelmente válidos. Para estes critérios – que chamo de *aparentemente inocentes* –, o mero teste de relação racional seria suficiente, e a probabilidade seria muito alta de que o estatuto ou a ação administrativa incorporando ou utilizando tais critérios fossem mantidos.

Em alguns casos, a presunção de validade pode ser dissolvida, e a presunção contrária, criada, por meio do uso do conceito do critério *real*. As demandantes podem acusar a existência de trapaça: enquanto o Estado diz que está selecionando com base em um critério inocente (como desempenho em um teste escrito), na verdade, a seleção está sendo feita com base em um critério suspeito (raça). A comprovação dessa acusação confronta as demandantes com enormes ônus probatórios. Não se pode esperar que ninguém admita acusações de trapaça, e raramente o resultado é tão marcante (por exemplo, o distrito eleitoral de *Gomillion vs. Lightfoot*[111] ou

111 364 U.S. 339 (1960).

nenhuma pessoa Negra na força de trabalho) a ponto de permitir apenas uma inferência-discriminação com base em um critério suspeito. Mas se a acusação pudesse ser substanciada (talvez com a ajuda da realocação dos ônus da prova quando o critério tivesse quase o mesmo efeito que um suspeito), então, não haveria problema em usar o ramo de escrutínio estrito do princípio da antidiscriminação: o critério real, em oposição ao critério declarado, é suspeito, e aí o Tribunal deveria insistir em um ajuste muito estrito entre propósito e critério. Os casos problemáticos surgem, no entanto, quando a acusação de trapaça não pode ser substanciada, em que, por exemplo, o Tribunal descobre que, na verdade, os empregos foram alocados ou as/os alunas/os selecionadas/os com base no desempenho acadêmico. E então, como devemos proceder?

Uma resposta possível é, claro, aplicar o mero teste de relação racional e validar a prática: certamente há alguma conexão entre os propósitos do Estado e esses critérios. A adequação pode não ser perfeita, mas a perfeição não é necessária. Acontece, entretanto, que os tribunais têm se recusado a fazer isso. Eles têm ficado incomodados com o fato de que a prática é particularmente prejudicial a um grupo desfavorecido e, por essa razão, têm examinado a conduta do Estado com o maior cuidado. A inclinação judicial é toda em direção à invalidação. Esse impulso parece correto como uma questão de justiça substantiva e, ainda assim, é difícil conciliar o tratamento dos critérios aparentemente inocentes com a concepção original e modesta do princípio da antidiscriminação.

Uma resposta – a que emergiu mais claramente durante a fase de meados da década de 1960 da Corte Warren – foi postular um segundo gatilho para o escrutínio rigoroso – a violação de um direito fundamental. Isso, é claro, constituiu uma modificação radical do princípio da antidiscriminação, pois introduziu uma análise de fins ou propósitos, e fez com que o princípio da antidiscriminação não pudesse mais ser justificado exclusivamente em termos de racionalidade entre meios e fins. A pretensão de neutralidade não poderia ser facilmente mantida. É por isso que

Tussman e tenBroek não anteciparam a doutrina,[112] e que o Professor Gunther, que escreveu nos primeiros dias da Corte Burger e parece comprometido em devolver a Cláusula de Proteção Igualitária à sua antiga glória como uma investigação focada em meios, rejeita o gatilho de direito fundamental da investigação de escrutínio estrito.[113] Mas, mesmo que essa modificação do princípio da antidiscriminação fosse aceita, e os fins fossem classificados e analisados, o problema de justificar o tratamento judicial de critérios aparentemente inocentes que especialmente desfavorecem pessoas Negras não poderia ser resolvido. É certo que, em alguns casos, os critérios de fato invalidados interfeririam no que poderia ser considerado um interesse fundamental; o teste de alfabetização para votar poderia ser um desses casos. Por outro lado, é marcante que a Suprema Corte tenha concedido escrutínio rigoroso a critérios aparentemente inocentes que não afetam interesses fundamentais – por exemplo, notas de testes como critério para empregos[114] e residência como critério para alocação em escolas.[115] Embora "empregos" e "escolas" possam, a partir de alguns pontos de vista, ser considerados direitos fundamentais certamente tão importantes quanto direitos reprodutivos (que fizeram parte da primeira leva de direitos considerados "fundamentais"), essa extensão do teste

---

112 Ver TUSSMAN, Joseph; TenBROEK, Jacobus. "The equal protection of the laws". *California Law Review*, vol. 37, 1949.

113 GUNTHER, Gerald. "Foreword: in search of evolving doctrine on a changing Court – a model for a newer equal protection". *Harvard Law Review*, vol. 86, nº 1, 1972, p. 24. O Professor Gunther mantém o ramo de classificação suspeita da análise tradicional de proteção igualitária.

114 *Griggs vs. Duke Power Co.*, 401 U.S. 424 (1971). Embora esse caso envolvesse uma alegação de discriminação estatutária (Título VII do Ato de Direitos Civis de 1964), casos recentes ilustram o uso do mesmo princípio fora do contexto estatutário, e.g., *Bridgeport Guardians, Inc. vs. Bridgeport Civil Serv. Comm'n.*, 482 F. 2d 1333 (2d Cir. 1973), certiorari negado 421 U.S. 991 (1975); *Carter vs. Gallagher*, 452 F. 2d 315, 327 (8th Cir. 1972), certiorari negado, 406 U.S. 950 (1972).

115 *Keyes vs. School Dist. No. I, Denver, Colo.*, 413 U.S. 189 (1973). Mas, ver também, *Milliken vs. Bradley*, 418 U.S. 717 (1974).

de direito fundamental tornaria o que a princípio poderia parecer uma exceção muito maior do que a regra.

Uma segunda e, aparentemente, mais modesta maneira de racionalizar o tratamento judicial de critérios aparentemente inocentes é introduzir o conceito de "discriminação passada". Um escrutínio rigoroso deve ser levado a cabo, argumenta-se, quando uma conduta perpetua os efeitos de conduta anterior (pode ser estatal ou privada), baseada no uso de uma classificação suspeita. Condutas que perpetuam os efeitos de discriminação passada (uso de critérios suspeitos) são tão presumivelmente inválidas quanto o uso atual de critérios suspeitos. Um teste objetivo é presumivelmente inadmissível sempre que perpetua a discriminação passada do sistema escolar segregado (o sistema escolar segregado coloca pessoas Negras em desvantagem competitiva e o teste perpetua essa desvantagem). O uso de proximidade geográfica é um critério inadmissível de designação escolar sempre que perpetua a discriminação passada do sistema escolar segregado. As atribuições raciais desse sistema escolar levaram à atual segregação residencial e são responsáveis pela localização e qualidade de prédios escolares, e ambos os fatores, por sua vez, explicam o motivo de o uso da proximidade geográfica como critério de atribuição resultar em padrões segregados de frequência escolar hoje.

Uma proibição da "perpetuação de discriminação arbitrária passada" parece uma prima próxima da proibição da "discriminação arbitrária". Mas esse vínculo só pode ser mantido a um grande custo para valores institucionais importantes – aqueles que se agrupam em torno do ideal de objetividade, um ideal a que o princípio da antidiscriminação supostamente serve. Uma investigação verdadeira sobre discriminação passada necessita de julgamentos probatórios que provavelmente sobrecarregarão o sistema judicial – consumirão recursos escassos e produzirão resultados insatisfatórios. Esse tipo de análise exigiria que os tribunais construíssem conexões causais que abrangessem períodos significativos, períodos maiores do que aqueles permitidos por qualquer regra geral de preclusão (dispositivos comuns utilizados para impedir que o Judiciário empreenda investigações nas quais a evidência provavelmente seja obsoleta, fragmentária e geralmente não confiável). As dificuldades dessas investigações retrospectivas são agravadas, porque o Tribunal deveria, invariavelmente, determinar a explicação causal para os padrões residenciais de uma comunidade inteira ou os níveis de habilidade de todas as pessoas Negras.

Existem técnicas para reduzir essas tensões. O Tribunal poderia criar presunções para limitar as investigações probatórias ou dispensar a necessidade de demonstração de identidade entre vítima e beneficiário, ou entre perpetrador passado e portador de custos atual. Mas essas técnicas têm seus próprios custos. O uso de presunções demanda que o Tribunal se envolva em ficcionalizações, prejudicando sua credibilidade. E, mais importante, uma vez que as conexões entre vítima e beneficiário e entre perpetrador passado e portador de custos atual são rompidas, paramos de falar sobre a perpetuação da discriminação passada em qualquer sentido individualizado. A discriminação passada de que estamos falando é de um caráter mais global – por exemplo, que o grupo foi escravizado por um século e sujeito às leis de segregação. O significado ético dessa discriminação passada global não pode ser negado; ela dá ao grupo uma identidade e pode explicar por que estamos especialmente preocupados com seu bem-estar. Mas, ao mesmo tempo, devemos entender que, uma vez que começamos a falar de discriminação global do passado, o elo entre o princípio da antidiscriminação proposto e o princípio da antidiscriminação original se torna altamente atenuado. Embarcamos em outra jornada completamente diferente, uma que decididamente não é individualista – e, como resultado, uma importante fonte de apelo do princípio da antidiscriminação se perde.

O terceiro movimento projetado para lidar com o problema de critérios aparentemente inocentes – a introdução do conceito de discriminação de fato (ou efeito discriminatório) – não se concentra no passado. Em vez disso, ele desloca o gatilho para a necessidade de escrutínio rigoroso do critério de seleção para o resultado do processo de seleção, e o resultado é declarado em termos coletivos, em vez de individuais. O que dispara o escrutínio rigoroso não é o critério de seleção em si, mas, sim, o resultado – o fato de que um grupo minoritário foi especialmente prejudicado. (Este dano especial é às vezes descrito como um "impacto diferenciado").

Esse conceito de discriminação de fato também envolve uma modificação básica do princípio da antidiscriminação. O gatilho não é mais a classificação, mas, sim, o impacto no grupo. Essa modificação ameaça profundamente dois objetivos supostamente atendidos pelo princípio da antidiscriminação – objetividade e individualismo. Claro, mesmo quando o impacto no grupo é o gatilho, ainda é possível fazer a pergunta final do princípio da antidiscriminação – existem margens (excessivas) de super e subinclusão? Mas a modificação revela a pobreza básica da teoria da antidiscriminação. Ela expõe a falha em explicar (a) por que essa lista finita de critérios considerados suspeitos deveria desencadear a demanda por um escrutínio mais rigoroso e (b) por qual motivo o escrutínio deveria se limitar a determinar a adequação do critério ao propósito. A preocupação com o resultado revela que o que está em questão, em última análise, é o bem-estar de certos grupos desfavorecidos, não apenas o uso de um critério, e se isso está em questão, não há razão para que a intervenção judicial em nome desse grupo deva ser limitada a uma investigação sobre o grau de adequação entre um critério e um propósito.

IV. O princípio da desvantagem de grupo

Da classificação à classe: integrando o conceito de grupo desfavorecido no Direito

Ao tentar formular outra teoria da igualdade, vi a Cláusula de Proteção Igualitária principalmente, mas não exclusivamente, como uma proteção para pessoas Negras. Em parte, essa perspectiva decorre da intenção original – o fato de tal cláusula ser vista como um meio de salvaguardar pessoas Negras de ações estatais hostis. A Cláusula de Proteção Igualitária (seguindo o padrão de escrita evasiva das cláusulas protetivas do sistema da Constituição pré-Guerra Civil) usa a palavra "pessoa" em vez de "Negras/os". A generalidade da palavra escolhida para descrever os protegidos permite que outros grupos invoquem sua proteção; e estou disposto a admitir que isso também foi provavelmente intencional. Mas essa generalidade de cobertura não impede uma teoria de referência primária – que a pessoas Negras eram as beneficiárias primárias pretendidas, e que foi uma preocupação com seu bem-estar que motivou a Cláusula de Proteção Igualitária.

Não é apenas a intenção original que explica meu ponto de partida. É também a maneira como os tribunais usaram a Cláusula de Proteção Igualitária. O grau mais intenso de proteção foi de fato dado às pessoas Negras; elas receberam um grau de proteção que nenhum outro grupo recebeu. Elas são as tuteladas da cláusula, e qualquer nova teoria formulada deve refletir essa prática. Também estou disposto a especular que, como uma questão de fato psicológico, a raça fornece o paradigma para a decisão judicial. Suspeito que, nos casos em que uma reivindicação de escrutínio rigoroso foi ou poderia ter sido razoavelmente feita, é comum para o Judiciário raciocinar sobre um caso de proteção igualitária pensando sobre o significado da Cláusula no contexto racial e comparando o caso diante dele com um comparável na área racial. Além disso, as limitações ou inadequações do princípio da antidiscriminação surgem mais nitidamente quando ele é usado para avaliar práticas estatais que afetam pessoas Negras.

Partindo dessa perspectiva distintamente racial, me parece estranho construir uma interpretação geral da Cláusula de Proteção Igualitária, como Tussman e tenBroek fazem, na rejeição da ideia de que há classes naturais, isto é, grupos que têm uma identidade e existência totalmente à parte do estatuto ou prática do Estado desafiado. Há classes naturais, ou grupos sociais, na sociedade estadunidense, e pessoas Negras são um desses grupos. As pessoas Negras são vistas como um grupo; elas se veem como um grupo; sua identidade é em grande parte determinada pela filiação ao grupo; seu *status* social está vinculado ao *status* do grupo; e grande parte de nossa ação, institucional e pessoal, é baseada nessas perspectivas.

Eu uso o termo "grupo" para me referir a um grupo social, e para mim, um grupo social é mais do que uma coleção de indivíduos, todos os quais, para usar um exemplo banal, chegam à mesma esquina ao mesmo momento. Um grupo social, como eu uso o termo, tem duas outras características. (1) Trata-se de uma entidade (embora não uma que tenha um corpo físico). Isso significa que o grupo tem uma existência distinta, além de seus membros, e que tem uma identidade. Faz sentido falar sobre o grupo (em vários pontos do tempo) e saber que você está falando sobre o mesmo grupo. Você pode falar sobre o grupo sem referência aos indivíduos específicos que, por acaso, são seus membros em qualquer momento. (2) Há uma condição de interdependência. A identidade e o bem-estar dos membros do grupo e a identidade e o bem-estar do grupo estão vinculados. Os membros do grupo se identificam – explicam quem são – por referência à sua filiação ao grupo; e seu bem-estar ou *status* é, em parte, determinado pelo bem-estar ou *status* do grupo. É por isso que pessoas Negras livres do período anterior à Guerra Civil – os Dred Scotts – não eram realmente livres e nunca poderiam ser enquanto a instituição da escravização ainda existisse.[116] Da mesma forma, o bem-estar e o *status* do grupo são determinados por referência ao bem-estar e *status* dos membros do grupo. A emancipação de uma pessoa escravizada – a presença de um Frederick Douglass – pode não

116 Sobre a difícil situação das pessoas Negras livres, ver BERLIN, Ira. *Slaves without masters*: the free Negro in the Antebellum South. Nova York: Pantheon Books, 1974; FRANKLIN, John Hope. *From slavery to freedom*: a history of Negro Americans. 3ª ed. Nova York: Alfred A Knopf, 1967; *Dred Scott vs. Sandford*, 60 U.S. (19 How.) 393 (1857).

alterar substancialmente o bem-estar ou o *status* do grupo; mas se houvesse Frederick Douglas suficientes, ou se a maioria das pessoas Negras tivessem seu *status*, então, certamente, o *status* das pessoas Negras como um grupo social seria alterado. É por isso que a pessoa Negra livre representava uma ameaça tão grande à instituição da escravização. Além disso, a identidade e a existência do grupo como uma entidade discreta são, em parte, determinadas pelo fato de os indivíduos se identificarem por filiação ao grupo. Se indivíduos suficientes deixarem de se identificar em termos de filiação a um grupo específico (como ocorre no processo de assimilação), então a própria identidade e existência separada do grupo – como uma entidade distinta – chegará ao fim.

Eu seria o primeiro a admitir que trabalhar com o conceito de um grupo é problemático, muito mais do que trabalhar com o conceito de um indivíduo ou critério.[117] Ele é uma "bagunça".

---

117 Para uma discussão sensível sobre todas as dificuldades de trabalhar com o conceito de grupo, ver BITTKER, Boris I. *The case for Black reparations*. New York: Random House, 1973, particularmente os capítulos 8, 9 e 10. Deve-se notar que o contexto corretivo peculiar dessa discussão – o pagamento de dinheiro – acentua as dificuldades; algumas dessas dificuldades podem ser moduladas no contexto injuntivo, em que o foco em erros individuais de classificação é menor. Para uma literatura jurídica anterior sobre grupos, ver REISMAN, David. "Democracy and defamation: control of group libel". *Columbia Law Review*, vol. 42, 1942, p. 727; PEKELIS, Alexander. "Full equality in a free society: a program for Jewish action". *In*: KONVITZ, Milton (Coord.). *Law and social action*. Ithaca, N.Y.: Cornell University Press, 1950, pp. 187-218. A literatura comparada inclui os trabalhos de Galanter sobre a Índia: GALANTER, Marc. "Equality and 'protective discrimination' in India". *Rutgers Law Review*, vol. 16, 1962, p. 421; e "The Problem of group membership: some reflections on the judicial view of Indian society". *Journal of the Indian Law Institute*, vol. 4, 1962, p. 331. Para uma discussão sobre grupos no trabalho de John Rawls, *A theory of justice*, ver NOZICK, Robert. *Anarchy, State, and utopia*. Oxford: Basil Blackwell, 1974, p. 190; VAN DYKE, Vernon. "Justice as fairness: for groups?" *American Political Science Review*, vol. 69, 1975, p. 607. E para a literatura sociológica e psicológica, ver DAHRENDORF, Ralf. *Class and class conflict in industrial society*. Stanford: Stanford University Press, 1959; GORDON, Miton M. *Assimilation in American life*: the role of race,

Por exemplo, em alguns casos, pode ser extremamente difícil determinar se indivíduos específicos são membros do grupo; ou se uma coleção específica de pessoas constitui um grupo social. Também admito que minha definição de um grupo social e, em particular, a condição de interdependência compõem, em vez de reduzir, essas disputas classificatórias. Mas essas disputas não demonstram a ilegitimidade dessa categoria de entidade social nem negam a validade ou importância da ideia. Elas apenas borram as fronteiras. Da mesma forma, a realidade atual dos grupos sociais não deve ser obscurecida por um compromisso com o ideal de uma "sociedade sem classes" ou a ética individualista – o ideal de tratar as pessoas como indivíduos em vez de como membros de grupos. Mesmo que a Cláusula de Proteção Igualitária seja vista como um meio para promover ou alcançar esses ideais individualistas (e não tenho certeza do porquê deveria ser), não há razão para que ela – como um instrumento para criar uma "boa sociedade" – deva ser interpretada como se ela própria fosse governada por esse ideal. Ainda, não há motivo necessário para presumirmos que a "boa sociedade" tenha sido alcançada em 1868, ou o seja agora.

A concepção das pessoas Negras como um grupo social é apenas o primeiro passo na construção de um novo princípio mediador. Também devemos perceber que elas são um tipo muito especial de grupo social. Elas têm duas outras características como um grupo que são críticas para entender a função e o alcance da Cláusula de Proteção Igualitária. Uma é que as pessoas Negras enfrentam, em geral, más condições, sendo provavelmente a nossa classe mais pobre (em termos de bem-estar material, perdendo apenas para os indígenas norte-americanos); além disso, elas ocuparam o "degrau mais baixo" por vários séculos. Em certo sentido, elas são a subclasse perpétua

---

religion, and national origins. Nova York: Oxford University Press, 1964; GLAZER, Nathan; MOYNIHAN, Daniel (Coord.). *Ethnicity*: theory and practice. Cambridge: Harvard University Press, 1975; SENNETT, Richard; COBB, Jonathan. *The hidden injuries of class*. Nova York: Knopf, 1972.

dos Estados Unidos. São ambas as características – a posição relativa do grupo e a duração da posição no tempo – que tornam os esforços para melhorar o *status* do grupo defensáveis. Essa redistribuição pode estar enraizada em uma teoria de compensação – pessoas Negras como um grupo foram colocadas nessa posição por outro e as medidas redistributivas são devidas ao grupo como uma forma de compensação. A dívida seria vista como devida pela sociedade, mais uma vez vista como uma coletividade.[118]

Mas uma estratégia redistributiva não precisa se basear nessa ideia de compensação, ela não precisa ser retrospectiva (embora a discriminação passada possa ser relevante para explicar a identidade e o *status* das pessoas Negras como um grupo social). A estratégia redistributiva poderia dar expressão a uma visão ética contra uma sociedade de castas, uma que tornaria indesejável para qualquer grupo social ocupar uma posição de subordinação por qualquer período prolongado.[119] Qual, podemos nos perguntar, é a justificativa para essa visão? Não tenho certeza se é apropriado fazer essa pergunta, levar a investigação um passo adiante e buscar

---

118 Ver, em geral, BAYLES, Michael D. "Reparations to wronged groups". *Analysis*, vol. 33, 1973, p. 177; COWAN, J. L. "Inverse discrimination". *Analysis*, vol. 33, 1973, p. 10; SHINER, Roger A. "Individuals, groups and inverse discrimination". *Analysis*, vol. 33, 1973, p. 182; TAYLOR, Paul W. "Reverse discrimination and compensatory justice". *Analysis*, vol. 33, 1973, p. 185; SHER, George. "Justifying reverse discrimination in employment". *Philosophy & Public Affairs*, vol. 4, 1975, p. 159.

119 A questão temporal crítica é de duração, não se a subordinação ocorreu no passado ou no futuro. O passado tem apenas uma relevância probatória; ele nos permite fazer julgamentos sobre quanto tempo o grupo ocupará a posição de subordinação. Se o grupo ocupou a posição de subordinação nos últimos dois séculos, certamente é provável que ocupem essa posição por um longo tempo no futuro, a menos que medidas corretivas sejam tomadas. Por outro lado, se tivéssemos de alguma forma a certeza de que, apesar da história passada, a subordinação terminará amanhã, não haveria ocasião para uma estratégia redistributiva em nome desse grupo. Da mesma forma, se nos disserem que hoje um período de subordinação perpétua está prestes a começar para outro grupo, deveríamos estar tão preocupados com o *status* desse grupo quanto estamos com as pessoas.

a justificativa dessa ética; visões sobre como a sociedade deve ser estruturada podem ser tão irredutíveis quanto visões sobre como os indivíduos devem ser tratados – por exemplo, com dignidade. Mas se essa investigação de segunda ordem for apropriada, uma variedade de justificativas pode ser oferecida e elas não precisam incorporar a noção de compensação. Mudanças na estrutura hierárquica da sociedade – a eliminação de castas – podem ser justificadas como um meio de (a) preservar a paz social; (b) manter a comunidade como uma comunidade, isto é, como um todo coeso; ou (c) permitir o desenvolvimento mais completo dos membros individuais do grupo subordinado que, de outra forma, poderiam considerar o baixo *status* do grupo como um teto para suas aspirações e realizações.

Não é apenas o *status* socioeconômico das pessoas Negras como um grupo que explica sua posição especial na teoria da proteção igualitária. É também seu *status* político. O poder das pessoas Negras na arena política é severamente limitado. Nos últimos dois séculos, o poder político desse grupo foi circunscrito da forma mais direta – privação de direitos. A força eleitoral das pessoas Negras não era igual aos seus números. Isso mudou após a emancipação massiva do Ato de Direitos Eleitorais de 1965, mas as limitações estruturais ao poder político das pessoas Negras ainda persistem. Essas limitações surgem de três fontes diferentes que podem atuar alternativamente ou cumulativamente e que, em qualquer caso, estão todas inter-relacionadas. Uma fonte de fraqueza são seus números, o fato de serem uma minoria numérica; a segunda é seu *status* econômico, sua posição como a subclasse perpétua; e a terceira é que, como uma minoria "discreta e insular", elas são objeto de preconceito – isto é, alvo de medo e ódio que tornam particularmente difícil para elas a formação de coligações com outros grupos (como os brancos pobres) e que tornam vantajoso para os partidos políticos dominantes prejudicá-las – usá-las como bode expiatório.

Recentemente, em algumas localidades, como grandes cidades, a fraqueza do grupo derivada de seu número foi eliminada;

de fato, em certas dessas localidades, pessoas Negras podem não ser mais uma minoria numérica. As pessoas Negras podem ter a maioria de um conselho municipal, ou pode até haver um/a prefeita/o Negra/o. Seria errado, no entanto, tirar conclusões generalizadas a partir dessas situações. Elas são a exceção, não a regra, e, portanto, não devem controlar a formulação de uma teoria geral da Cláusula de Proteção Igualitária. Além disso, essas agências políticas comandadas por pessoas Negras – o conselho municipal ou a prefeitura, por exemplo – devem ser colocadas em contexto. Uma faceta de seu contexto é a dominação branca de outras agências, como bancos, fábricas e polícia, que circunscrevem severamente o poder das agências políticas formais. Outra faceta é a persistente dominação branca das agências políticas nacionais, como o Congresso e a Presidência, agências que se tornaram o centro do poder político na sociedade americana.

Portanto, apesar das recentes mudanças demográficas em várias grandes cidades, acho apropriado ver pessoas Negras como um grupo relativamente sem poder na arena política e, no meu julgamento, esse *status* político do grupo justifica uma solicitude judicial especial em seu nome. Quando o produto de um processo político é uma lei que fere esse grupo, a objeção contramajoritária usual à invalidação judicial – a objeção que nega a esses "nove homens" na Suprema Corte o direito de substituir sua visão pela do "povo" – tem pouca força. Pois o Judiciário pode ser visto como amplificador da voz da minoria sem poder; o Judiciário está tentando retificar a injustiça do processo político como um método de ajustar reivindicações concorrentes. A necessidade dessa retificação depende de a lei ser considerada uma que prejudica as pessoas Negras – um julgamento que é reconhecidamente difícil de fazer quando a perspectiva se torna de grupo, pois isso requer a agregação de interesses e pontos de vista, muitos dos quais estão em conflito. É importante enfatizar, no entanto, que a necessidade dessa retificação não depende de a lei incorporar uma classificação, racial ou não; é suficiente se a lei estadual simplesmente tiver o efeito de prejudicar as pessoas Negras. Nem a retificação, uma vez desencadeada por uma lei prejudicial, deve ser confinada a questões de adequação – a responsabilidade judicial é mais extensa do que simplesmente proteger contra o risco de classificações imprecisas pelas agências políticas.

A relativa impotência das pessoas Negras também exige que o Judiciário examine rigorosamente a escolha dos fins; pois é igualmente provável que os interesses das pessoas Negras como um grupo não sejam adequadamente levados em conta na escolha de fins ou propósitos. Maximizar objetivos como reduzir os custos de transporte (um objetivo que pode ser responsável pelo plano de escola de bairro) ou ter as/os alunas/os de Direito mais brilhantes (um objetivo que pode ser responsável pela exigência de notas altas no vestibular) são objetivos constitucionalmente permissíveis no sentido de que não há nenhuma disposição constitucional substancial (ou propósito implícito por trás de alguma disposição) que os negue ao Estado. Por outro lado, esses objetivos maximizadores obviamente não são, em nenhum sentido, objetivos constitucionalmente obrigatórios e há uma chance – uma das mais substanciais – de que eles não seriam escolhidos como *os* objetivos (sem nenhuma modificação) se os interesses das pessoas Negras como um grupo fossem adequadamente levados em conta – se os que escolhem os objetivos prestassem atenção suficiente às necessidades, desejos e visões especiais desse grupo sem poder.

A injustiça do processo político deve ser corrigida e, talvez como último recurso, essa tarefa caiba ao Judiciário. Mas essa alegação não produz nenhuma base para especificar como seria o processo corrigido, ou o que um tribunal deveria dizer quando amplificasse a voz da minoria impotente. Um processo político justo seria aquele em que as pessoas Negras teriam "mais" voz do que de fato têm, mas não necessariamente um em que elas "venceriam". Em certo sentido, há uma lacuna corretiva; uma alegação de processo puro não pode determinar resultados substantivos. (No máximo, poderia produzir aqueles resultados substantivos que tenderiam a melhorar a posição desse grupo no processo político – como favorecer um aumento no número de advogadas/os Negras/os, dado o papel fundamental que essas/es profissionais desempenham no processo político ou favorecer o distrito eleitoral que aumenta o poder de pessoas Negras como um grupo.) Mas essa teoria processual com foco na relativa impotência de pessoas Negras na arena política não precisa ser independente. Os padrões substantivos podem ser fornecidos por outras características críticas desse grupo social – subordinação perpétua. O *status* político do grupo justifica as alocações institucionais – nossa disposição de permitir que esses "nove homens" substituam seu julgamento (sobre fins e meios) pelo do "povo". A posição socioeconômica do grupo fornece uma razão adicional para o ativismo judicial e determina o conteúdo da intervenção – melhoria do *status* desse grupo.

Eu argumentaria, portanto, que as pessoas Negras devem ser vistas como tendo três características que são relevantes na formulação da teoria da proteção igualitária: (a) elas são um grupo social; (b) o grupo tem estado em uma posição de subordinação perpétua; e (c) o poder político do grupo é severamente circunscrito. As pessoas Negras são o que pode ser chamado de um grupo especialmente desfavorecido, e eu veria a Cláusula de Proteção Igualitária como uma proteção para tais grupos. As pessoas Negras são o protótipo do grupo protegido, mas não são o único grupo com direito à proteção. Existem outros grupos sociais e estes têm as mesmas características que as pessoas Negras subordinação perpétua e poder político circunscrito. Portanto, eles devem ser considerados especialmente desfavorecidos e receber o mesmo grau de proteção. O que a Cláusula de Proteção Igualitária protege são grupos especialmente desfavorecidos, não apenas as pessoas Negras. Uma preocupação com tratamento igualitário e a palavra "pessoa" que aparece na cláusula permitem e provavelmente exigem essa generalidade de cobertura.

Alguns desses grupos especialmente desfavorecidos podem ser definidos em termos de características que não têm raízes biológicas e que não são imutáveis; a Cláusula de Proteção Igualitária pode proteger certos grupos linguísticos e estrangeiros. Além disso, ao analisar uma reivindicação para ser considerado um grupo especialmente desfavorecido, um tribunal pode tratar uma das características que dão direito às pessoas Negras a esse *status* como uma condição suficiente, mas não necessária; na verdade, pode até desenvolver padrões variáveis de proteção – pode tolerar práticas desfavoráveis que não seriam toleradas se o grupo fosse um grupo especialmente desfavorecido "puro". Pessoas da religião judaica ou mulheres podem ter direito a menos proteção do que os indígenas norte-americanos, embora, no entanto, tenham direito a alguma proteção. Finalmente, esses julgamentos judiciais podem ser limitados no tempo. Por meio do processo de assimilação, o grupo pode deixar de existir ou, mesmo se o grupo continuar a manter sua identidade, suas posições socioeconômicas e políticas podem melhorar de modo a pôr fim ao seu *status* de especialmente desfavorecido.

Tudo isso significa que os tribunais terão alguma margem de manobra para identificar os grupos protegidos pela Cláusula de Proteção Igualitária. Acho, no entanto, que seria um erro usar essa flexibilidade para estender a proteção ao que pode ser considerado classes artificiais, aquelas criadas por uma classificação ou critério incorporado em uma prática ou estatuto estadual, por exemplo, aquelas classes criadas por categorias de impostos (aqueles que têm renda entre $ 27.000 e $ 30.000, ou entre $ 8.000 e $ 10.000) ou estatutos de licenciamento (fabricantes de leite envasado). Por definição, essas classes não têm identidade social independente e existência, ou se as têm, a condição de interdependência está ausente. É difícil, se não impossível, fazer uma avaliação de seu *status* socioeconômico ou de seu poder político (além de terem perdido uma batalha legislativa). E, se isso for verdade, nem a redistribuição nem intervenção judicial rigorosa em seu nome poderiam ser justificadas. Não é que tais argumentos não sejam persuasivos; eles são quase ininteligíveis. Assim, em apenas um sentido, a estratégia de desvantagem de grupo deve ser vista como propícia a "mais igualdade": ela obterá mais por menos. Ela obterá mais para os grupos especialmente desfavorecidos, mas não fornecerá nenhuma proteção para classes artificiais, aquelas exclusivamente criadas por estatuto ou uma prática estatal. Claro, essa perda pode ser mais formal do que real. Classes artificiais constituem parte do universo que o princípio da antidiscriminação pretende proteger, mas, na verdade, quase nunca protege, dada a permissibilidade da investigação de escrutínio mínimo.

A natureza das ações proibidas

O conceito de uma prática desvantajosa para grupos. Algumas leis ou práticas estaduais podem ser apenas um erro – elas pioram a situação de todos os grupos e todas as pessoas, e igualmente. Essas não parecem ser a preocupação de uma disposição constitucional expressa em termos de igualdade. A igualdade é uma ideia relativista. A preocupação deve ser com aquelas leis ou práticas que particularmente prejudicam um grupo desfavorecido. Tais leis podem aumentar o bem-estar da sociedade (ou das classes mais abastadas) ou deixá-lo igual; o que é crítico, no entanto, é que a lei ou prática estadual agrave (ou perpetue?) a posição subordinada de um grupo especialmente desfavorecido. É isso que a Cláusula de Proteção Igualitária proíbe.

Implícita nessa formulação da proibição da Cláusula de Proteção Igualitária está uma visão de que certas práticas estatais podem ser prejudiciais aos membros de um grupo especialmente desfavorecido e, ainda assim, não prejudicar, ameaçar ou agravar o *status* ou posição do grupo. Por exemplo, é concebível que um imposto sobre vendas seja prejudicial às pessoas Negras e que, ainda assim, devido a vários fatores – como a difusão do impacto e a natureza da privação –, não precise ser visto como uma prática que agrava o *status* subordinado de pessoas Negras como um grupo. O que é necessário para trazer uma prática estatal para dentro da proibição de proteção igualitária é uma teoria de dano ao *status*, uma que mostre como a prática desafiada tem esse efeito no *status* do grupo.

É a partir dessa perspectiva – uma de proibição contra dano de *status* – que a ação discriminatória do Estado deve ser vista. Tal ação é uma forma de conduta do Estado que prejudica o *status* de um grupo especialmente desfavorecido. A Cláusula de Proteção Igualitária proíbe o Estado, por exemplo, de usar raça como critério de admissão a uma piscina ou a um projeto de habitação pública, porque essa prática tende a agravar a posição subordinada de pessoas Negras ao excluí-las de uma instalação estadual. Isso também é verdade para o sistema escolar segregado – a prática de designar alunas/os para escolas (ou outras instalações públicas), com base na raça, para separá-las/os. Mais uma vez, essa ação estatal é proibida pela Cláusula de Proteção Igualitária porque agrava a posição subordinada de pessoas Negras, não porque a classificação seja "não adequada" ou apenas "pouco adequada" a um propósito estatal (permitido).

Reconheço que nesses exemplos a ação do Estado também pode ser vista como "discriminação arbitrária". No entanto, é importante enfatizar que "discriminação arbitrária" é a espécie, não o gênero. Discriminação, arbitrária ou não, é apenas uma forma – uma forma entre muitas – de conduta que prejudica um grupo. Pode haver conduta desfavorável ao grupo que não seja discriminatória. Isso seria verdade para a conduta do Estado que parecia além do alcance da Cláusula de Proteção Igualitária sob o princípio da antidiscriminação porque não incorporava nenhuma discriminação, racial ou de outra natureza; por exemplo, as políticas estaduais de validar contratos racialmente restritivos, alocar o escasso suprimento de licenças para bebidas alcoólicas sem considerar se os destinatários atenderão pessoas Negras, fechar uma piscina municipal ou outras instalações públicas para evitar a integração e se recusar a construir um projeto de habitação pública para limitar o número de pessoas Negras pobres na comunidade. Da mesma forma, a conduta que discriminou, mas com base em critérios aparentemente inocentes, como desempenho em um teste padronizado para emprego ou admissão em faculdade, ou proximidade geográfica para designação de aluno, poderia ser avaliada perguntando-se se teve o efeito de prejudicar o *status* de um grupo especialmente desfavorecido. Não haveria necessidade de tentar forçá-lo a entrar no nicho da "discriminação arbitrária". A necessidade, em vez disso, seria formular uma teoria que ligasse a prática ao *status* do grupo. Certamente, tal teoria pode ser altamente problemática, pois pode muito bem exigir algo mais do que uma demonstração estatística de que, em geral, a prática prejudica mais as pessoas Negras do que qualquer outro grupo (o impacto diferencial). Para dar um exemplo central, no contexto da determinação de se é permitido usar o desempenho em um teste padronizado como um critério de emprego, uma teoria completa de dano de *status* pode ter que incluir uma avaliação de (a) *status* (determinado em várias escalas, como renda e prestígio) do trabalho em si (professor/a *versus* coletor/a de rua, por exemplo); (b) visibilidade pública da posição (um juiz/a *versus* um química/o); (c) difusão do impacto excludente (se as pessoas Negras são o grupo predominante excluído); e (d) força das razões que justificam o uso do critério (quão preciso foi o teste e quão significativas foram as diferenças).

É certo que a conduta racialmente discriminatória não precisa ser vista dessa perspectiva – como uma espécie do gênero de conduta desfavorável ao grupo. Ela poderia ser vista como membro de outro gênero, o do tratamento injusto: o que está errado, pode-se argumentar, em usar a raça como critério para admissão em uma piscina ou em um projeto de habitação pública, é que se trata de uma forma de tratamento injusto – um indivíduo está sendo julgado (com o propósito de alocar o recurso escasso) com base em uma característica irrelevante. O problema, no entanto, é de dupla natureza: a discriminação arbitrária é um membro do gênero de tratamento injusto, bem como do de conduta desfavorável ao grupo. A dupla filiação é possível devido a uma área de sobreposição dos dois gêneros (tratamento injusto e conduta desfavorável ao grupo), embora, com certeza, os gêneros não sejam coextensivos, nem um seja abarcado pelo outro.

Essa distinção analítica entre os dois gêneros é importante. Ela preserva a possibilidade de que a conduta possa ser injusta e, ainda assim, não ser uma prática desfavorável ao grupo. O tratamento preferencial em favor de um dos grupos especialmente desfavorecidos seria uma instância de tal conduta. A requerente branca/o que é rejeitada/o por causa da preferência por pessoas Negras pode ter sido tratada/o injustamente – pode alegar que está sendo tratada/o injustamente porque está sendo julgada/o com base em um critério inapropriado (sua raça) e porque os custos de uma política social estão sendo localizados nela/e.[120] A injustiça individual para com a/o requerente membro de um grupo privilegiado rejeitada/o é relevante na avaliação da justificativa da recusa do Estado em instituir a prática de tratamento preferencial; pode ser relevante na formulação de uma solução, ou pode até mesmo dar origem à violação de outra disposição constitucional, como a Cláusula do Devido Processo Legal. Mas eu nego que tratamento injusto – como ser julgado com base em um critério inapropriado – seja o cerne da Cláusula de Proteção Igualitária –, mesmo que tal tratamento injusto possa ser visto da perspectiva individual como uma forma de tratamento desigual. Como uma proteção para grupos especialmente desfavorecidos, a Cláusula de Proteção Igualitária deve ser vista como uma proibição contra práticas desfavoráveis ao grupo, não tratamento injusto.

Mesmo que a alegação de injustiça individual seja posta de lado, e a Cláusula de Proteção Igualitária seja vista como uma proteção para grupos especialmente desfavorecidos, uma política estadual de tratamento preferencial para pessoas Negras pode ser, no entanto, constitucionalmente vulnerável. Por um lado, ainda não se sabe se essa política de fato melhora a posição do grupo desfavorecido. Um programa preferencial de admissão em faculdades de Direito para pessoas Negras, para dar um exemplo familiar, pode

120 Ver FISS, Owen. "School desegregation: the uncertain path of the law". *Philosophy & Public Affairs*, vol. 4, 1974, pp. 3 e 7-11, traduzido neste livro.

ser justificado com base no fato de que ele distribui posições de poder, prestígio e influência a membros do grupo racial, posições que membros do grupo não alcançariam de outra forma no futuro imediato, e que a aquisição dessas posições será uma vantagem tanto para as pessoas Negras individualmente admitidas quanto, mais importante, para o grupo. A teoria é a de que um aumento no número de advogadas/os Negras/os dispersará os membros do grupo racial pelos estratos econômicos e sociais mais altos, aumentará as aspirações de todos os membros do grupo e criará um dispositivo de proteção autogerado para o grupo – fornecendo a alguns membros do grupo o poder e a alavancagem necessários para proteger o grupo de ataques hostis no futuro. O *status* do grupo será melhorado. Essa é a teoria, mas, é claro, essas afirmações de benefício ao grupo não estão totalmente livres de dúvidas; na verdade, alguns programas podem levantar a alegação de contraprodutividade – um regime de tratamento preferencial lança dúvidas sobre a capacidade de todos os membros do grupo, pois dá expressão à crença de que o grupo não teria sucesso por si só.

Se um tribunal realmente acreditasse que uma política estadual – mesmo que chamada de "benigna" – prejudicasse o *status* das pessoas Negras, então, a política seria inválida. Mas duvido que alguém acredite que admissões preferenciais em faculdades de Direito para pessoas Negras prejudiquem o *status* do grupo; aquelas/es que argumentam que a política é contraproducente hoje o fazem com o propósito mais limitado de lançar dúvidas sobre a verdade das afirmações que apoiam a política. Elas/es desejam tornar as afirmações factuais que justificam a política abertas à controvérsia. E se for assim, é importante delinear o papel de tribunais em tal disputa. A disputa é simplesmente sobre a permissibilidade constitucional da política preferencial, e, dessa perspectiva, a questão para o Judiciário é se há alguma base racional para acreditar que uma política preferencial beneficiaria o grupo. O padrão apropriado para visualizar uma política que parece ao Tribunal beneficiar um grupo especialmente desfavorecido deve ser um padrão de base racional. O ativismo judicial autorizado pela Cláusula de Proteção Igualitária é, sob o princípio de desvantagem do grupo, assimétrico.

Outra possível objeção a uma política de admissão preferencial sob o princípio da desvantagem de grupo busca expandir o universo de beneficiárias/os – o grupo relevante preferido não deve ser o de pessoas Negras, mas, sim, o de pessoas pobres. A resolução dessa objeção pode ser pensada como um chamado para uma investigação judicial sobre quais são os grupos "verdadeiros" na sociedade estadunidense hoje – uma investigação sobre quais identidades são as mais importantes para indivíduos, seja em um nível psicológico, político, econômico ou sociológico, ou quais devem ser encorajadas. No entanto, mais uma vez, acredito que a investigação judicial deva ser muito mais modesta. Tribunais devem perguntar se há alguma base racional para a/o legisladora/r ou administradora/ escolher a delimitação de grupo que fez. Haveria pouca dúvida de que uma estratégia antipobreza – uma política de admissão preferindo pessoas pobres – seria constitucionalmente permissível. Mas essa não é a questão. Essa objeção particular ao tratamento preferencial para pessoas Negras – aquela que exige que o grupo preferido seja o das pessoas pobres em vez de pessoas Negras – busca fazer de uma estratégia antipobreza a única estratégia redistributiva constitucionalmente permissível. É essa camisa de força constitucional que considero preocupante e sem base na Cláusula de Proteção Igualitária.

O fato de que algumas pessoas Negras possam, individualmente, se identificar em termos de sua posição econômica ("pobres") não nega – pelo menos hoje – a realidade da identificação racial – que esses indivíduos também se identificam como pessoas Negras ou que as pessoas Negras são um grupo social. Reconhecer a multiplicidade de identificações de grupo não é abraçar um reducionismo que nega a realidade de alguns dos grupos. Nem o reducionismo pode ser justificado com base no fato de que a política preferencial busca melhorar o *status* socioeconômico das pessoas

Negras. O foco nas pessoas Negras (em oposição a pessoas que, por acaso, têm o mesmo *status* econômico) deve ser visto como uma questão de prerrogativa legislativa ou administrativa – uma questão de definição de prioridades. A situação das pessoas pobres pode ser ruim, mas, deve ser permitido ao Estado dizer que não é tão ruim quanto a de pessoas Negras.[121] Tal julgamento sobre a urgência da situação das pessoas Negras pode estar enraizado em duas considerações. A primeira é a qualidade de casta de *status* baixo do grupo – o fato de as pessoas Negras terem ocupado o nível socioeconômico mais baixo nos Estados Unidos durante pelo menos dois séculos e de que a situação continuará assim, a menos que sejam instituídas medidas redistributivas. É verdade que sempre tivemos e talvez sempre tenhamos pessoas chamadas de "pobres", mas isso é confundir um estrato com o ocupante de um estrato. A segunda consideração é que as pessoas Negras enfrentam dificuldades não encontradas pelas pessoas pobres (mesmo concebidas como um grupo). Essas dificuldades se manifestam em todas as esferas da vida – econômica, social e política – e derivam do fato de indivíduos serem membros do grupo racial. Essas são dificuldades que não sobrecarregam as pessoas que são pobres. De fato, para se elevarem, pessoas pobres brancas têm incentivos para se desassociar de pessoas Negras e acentuar a distinção racial. Elas têm incentivos para piorar o *status* de pessoas Negras enquanto grupo, pois, necessariamente, é um *status* no qual elas não podem ser alocadas.

Da mesma forma, há razões – boas, embora não necessariamente convincentes – para que o Estado trate pessoas Negras como um único grupo sem tentar separar as pessoas Negras ricas e sem tentar fracionar o grupo. Uma razão é a conveniência administrativa – o

---

121 Veja o artigo penetrante de DUNCAN, Otis Dudley. "Inheritance of poverty or inheritance of race". *In*: MOYNIHAN, Daniel P. (Coord.). *On understanding poverty*: perspectives from the social sciences. Nova York: Basic Books, 1968.

número provável de pessoas Negras ricas é tão pequeno, e os custos dos mecanismos necessários para identificá-las são tão altos, que a classificação não vale o esforço. Sob o princípio da antidiscriminação, o mal a ser combatido é a inadequação entre meios e fins e todos os argumentos de conveniência administrativa são suspeitos; mas, sob o princípio de desvantagem do grupo, a imprecisão não é, em si, um vício constitucional. A imprecisão pode ser tolerada quando a lei ou prática estadual busca melhorar a posição de um grupo desfavorecido e está de fato relacionada a esse fim. Além disso, totalmente à parte de considerações de conveniência administrativa, a decisão de não excluir pessoas Negras ricas (mesmo que assim identificadas) pode ser justificada. O argumento não é que pessoas Negras ricas, enquanto indivíduos, têm tanto direito (no sentido compensatório) a uma assistência tão grande quanto as pessoas que são pobres (embora isso possa ser inteiramente possível, pois mesmo que essas pessoas sejam ricas, eles ainda são Negras e ser uma pessoa Negra pode ter sido uma desvantagem tão severa em nossa sociedade quanto ser pobre, se não maior). Em vez disso, a alegação é que a preferência a pessoas Negras ricas pode ser justificada em termos de melhorar a posição do grupo. Mesmo que as pessoas Negras preferidas sejam ricas, um benefício abunda para o grupo como um todo. Os membros desse grupo obtiveram essas posições de poder, prestígio e influência que de outra forma não teriam e, nessa medida, o *status* desse grupo é melhorado. Por outro lado, não está claro que preferir uma pessoa pobre confere um benefício aos pobres concebidos como um grupo – o indivíduo preferido apenas deixa o grupo; e mesmo que houvesse benefícios de grupo implicados em uma preferência pelas pessoas pobres, certamente oficiais governamentais teriam o direito de classificar a melhoria das condições de pessoas Negras como um grupo como uma meta social de primeira importância, mais importante do que elevar pessoas pobres concebidas como um grupo social.

Finalmente, o programa de admissão preferencial para pessoas Negras (ou qualquer outro grupo desfavorecido) pode ser considerado vulnerável devido ao seu impacto em outros grupos desfavorecidos, sejam eles pessoas indígenas, chicanas etc. O impacto adverso nesses grupos aparece em duas etapas e é, em última análise, rastreável à existência de escassez: começando com um número fixo de vagas, a preferência por pessoas Negras diminui o número de lugares disponíveis para os membros desses outros grupos. O que é dado a um grupo não pode ser dado a outro.

Há várias linhas de resposta a essa objeção em particular. É possível argumentar, por exemplo, que o grupo não preferido não está tão mal quanto o grupo preferido (por exemplo, as pessoas chicanas não estão tão mal quanto as pessoas Negras). Outro pode enfatizar a qualidade indireta da exclusão (a exclusão ocorre porque as pessoas Negras são preferidas e as vagas são limitadas), um fator que tem uma influência importante na questão de saber se o tratamento preferencial dá origem a um dano de *status* ao grupo desfavorecido não preferido. Preferir pessoas Negras pode limitar o número de vagas abertas a outros grupos desfavorecidos, mas não está claro que isso prejudica seu *status*. Finalmente, a objeção pode ser respondida invocando a defesa *standard* ao argumento da subinclusão – a defesa de "um passo de cada vez". Sob o princípio da antidiscriminação, essa defesa era preocupante porque parecia ameaçar a alegação de subinclusão; a defesa poderia ser levantada para cada instância de subinclusão. Com o princípio da desvantagem de grupo, nenhuma importância particular é atribuída à alegação de subinclusão em si e, portanto, a defesa é menos ameaçadora; e, em qualquer caso, é concebível que padrões substantivos possam ser desenvolvidos para limitar a defesa e, assim, manter o máximo de pressão sobre as agências políticas para que permaneçam receptivas às demandas de todos os grupos particularmente desfavorecidos.

Tendo identificado essas possíveis linhas de defesa para essa objeção específica ao tratamento preferencial para pessoas Negras, não quero obscurecer sua força. O dano a outros grupos desfavorecidos que surge da escassez seria um ponto significativo de vulnerabilidade constitucional para uma política preferencial restrita. Ela invoca a proibição contra práticas desfavoráveis ao grupo e, ao responder a essa objeção, diferentemente das outras, nenhuma ajuda pode ser derivada da qualidade assimétrica do ativismo judicial. A alegação é que grupos especialmente desfavorecidos estão sendo prejudicados, e o princípio desfavorável ao grupo exige que tribunais estejam particularmente atentos a tais alegações. Mas talvez seja correto que uma política preferencial restrita deva ser constitucionalmente vulnerável; e que ela deva ser vulnerável precisamente por esse motivo – por causa de seu impacto em outros grupos desfavorecidos, e não por causa de seu impacto no grupo dominante – os homens brancos rejeitados. Isto é mais do que um ponto puramente analítico, pois indica o que deve ser feito para salvar a política constitucionalmente: estendê-la aos grupos especialmente desfavorecidos que têm tanto direito ao tratamento preferencial quanto as pessoas Negras.

A acomodação de considerações sobre o bem-estar geral. A preocupação predominante é com o *status* dos grupos especialmente desfavorecidos, e qualquer prática estatal que agrave sua posição subordinada seria presumivelmente inválida sob o princípio da desvantagem de grupo. Há, no entanto, um elemento de restrição, e isso surge do fato de que certas práticas desfavoráveis ao grupo promovem os interesses da política como um todo, alguns dos quais são materiais (por exemplo, aumento da produtividade) e outros, não materiais (por exemplo, aumento da liberdade individual). Deve haver alguma acomodação de outros interesses concorrentes. Duvido, por exemplo, que a Cláusula de Proteção Igualitária deva ser interpretada de forma tão rigorosa a ponto de negar ao Estado o direito de insistir em certos níveis mínimos de proficiência ou competência para suas/eus funcionárias/os ou alunas/os, mesmo que tal insistência agrave (ou pelo menos perpetue) a posição subordinada de pessoas Negras. O problema, é claro, é que se for dado um papel muito grande a essas considerações de bem-estar geral, o lado protecionista da Cláusula de Proteção Igualitária seria severamente enfraquecido: o Estado sempre poderia se defender contra uma reivindicação de proteção igualitária com base no fato de que, mesmo que um grupo desfavorecido seja especialmente prejudicado, o bem-estar geral está sendo maximizado.

Duas ferramentas analíticas devem ser introduzidas para evitar esse dilema. A primeira é o conceito de um interesse não permitido. Um exemplo seria o interesse de pessoas brancas em manter pessoas em uma posição subordinada. Esse interesse não deve ter peso algum para determinar se a prática desfavorável ao grupo é justificada. Nesse sentido, não tem peso normativo, embora possa ter que ser levado em consideração por pura necessidade. Não deve ser levado em consideração, mas pode ter que ser porque um tribunal não tem escolha. Por exemplo, a resistência ao decreto de ônibus pode ser tão intensa a ponto de ser expressa em rebelião aberta e, nesse caso, determinado tribunal pode ter que proceder mais lentamente. A resistência é um obstáculo a ser considerado, embora haja limites para o que pode ser feito.

O conceito de um interesse não permitido corresponde aproximadamente ao conceito de um propósito estatal ilegítimo sob o princípio da antidiscriminação. A diferença não se relaciona tanto com o conteúdo do que é permitido ou ilegítimo; em vez disso, o padrão de legitimidade ou permissibilidade está diretamente ancorado no princípio governante. O princípio da antidiscriminação fala em termos de adequação, em termos de super e subinclusão, e tal princípio não pode fornecer nenhum padrão para determinar a legitimidade dos propósitos estatais; o princípio da antidiscriminação teve que ir além de si mesmo e, nesse sentido, é incompleto. Ou seja, não é totalmente inteligível em si mesmo. O princípio da desvantagem de grupo, por outro lado, fornece um padrão de legitimidade ou permissibilidade. Os interesses não devem ser permitidos quando efetivamente derem ao grupo dominante um poder de veto sobre a elevação de *status* do grupo especialmente desfavorecido. Tal veto seria inconsistente com o que percebo ser o próprio propósito da Cláusula de Proteção Igualitária e com a noção de uma restrição constitucional.

A segunda ferramenta analítica que deve ser introduzida para evitar que o processo de ponderação degenere em não proteção é o conceito de um benefício convincente. Este conceito estrutura a relação entre o dano ao *status* do grupo e o benefício à comunidade política. Se algum benefício convincente for obtido pela prática ou estatuto, seja pela importância do interesse atendido ou pelo tamanho do benefício, a prática será permitida, não obstante o dano ao *status* do grupo especialmente desfavorecido. O benefício necessário está vinculado ao dano: quanto mais grave a desvantagem, mais convincente o benefício deve ser. Mas, ao vincular os dois, é importante enfatizar que o dano causado à classe desfavorecida pela prática não precisa ser maior do que o benefício à comunidade política. É por isso que, ao pensar na Cláusula de Proteção Igualitária como um dispositivo redistributivo, a metáfora de equilíbrio parece inadequada: a medida seria concedida mesmo que o dano ao grupo fosse menor do que o benefício à sociedade. A metáfora mais apropriada seria aquela que concebe o dano de *status* ao grupo desfavorecido como o gatilho do esforço corretivo com os interesses legítimos da política servindo como força restritiva. A restrição começa quando o benefício é maior que o dano, mas somente quando atinge certa quantidade e intensidade – denotada pelo termo "compulsivo" – é que o esforço corretivo seria interrompido.

Em primeira instância, o conceito de benefício obrigatório exigirá que um tribunal pergunte se há maneiras alternativas disponíveis para a sociedade promover seus interesses, e se essas alternativas são menos prejudiciais ao grupo desfavorecido. Se sim, a prática será invalidada, pois a prática estatal não é, no sentido comum dessa palavra, obrigatória. Se, no entanto, não houver alternativas que sejam menos desfavoráveis, então o referido tribunal deve passar para uma investigação de segunda ordem: ele deve avaliar o dano de *status* ao grupo desfavorecido e o benefício à sociedade e, na análise final, determinar se o benefício é de uma qualidade obrigatória.

É possível notar que o primeiro passo desta investigação é semelhante ao exigido pelo ramo de escrutínio rigoroso do princípio da antidiscriminação: o escrutínio rigoroso requer uma busca por melhores alternativas. Mas a diferença é quádrupla. Primeiro, temos uma explicação para o rigor do escrutínio, e uma que está contida dentro do princípio – o escrutínio é rigoroso porque o *status* de um grupo já subordinado está sendo ameaçado. Sob o princípio da antidiscriminação, o rigor do escrutínio depende de um julgamento sobre quais interesses são fundamentais e quais critérios são suspeitos; embora possa ser possível explicar e justificar essas escolhas, a explicação levaria o Tribunal muito além do conceito fundamental do princípio da antidiscriminação – racionalidade entre meios e fins – e, assim, transformaria o princípio da antidiscriminação de modo a torná-lo inconsistente com os ideais a que ele supostamente serve. Segundo, a ação que desencadeia a investigação é diferente. Sob o princípio de desvantagem de grupo, é o dano a um grupo especialmente desfavorecido, não o uso de um critério (de alguma forma) considerado "suspeito" ou o impacto em um interesse considerado "fundamental". Terceiro, há uma diferença no padrão do que seria uma alternativa "melhor". Sob o princípio da desvantagem de grupo, a alternativa é julgada não em termos de adequação (redução de sub e superinclusão), mas, sim, em termos de seu dano ao *status* do grupo desfavorecido. Quarto, a investigação passa para um segundo nível, caso não haja alternativa melhor. Sob o princípio da antidiscriminação, a investigação termina quando é determinado que não há um critério mais adequado ou mais preciso; o estatuto ou prática é validado. Mas, sob o princípio de desvantagem do grupo, mesmo que um tribunal determine que não há maneira menos prejudicial de satisfazer o propósito, ele ainda deve avaliar o dano ao grupo e o benefício à sociedade. Deve determinar se o benefício à sociedade é tão importante ou tão grande a ponto de tornar o dano de *status* ao grupo especialmente desfavorecido tolerável – uma investigação que não tem sentido sob o princípio da antidiscriminação e que é inconsistente com a garantia de que o princípio repousa exclusivamente na concepção modesta de racionalidade entre meios e fins.

O requisito de ação estatal. O requisito de ação estatal da Décima Quarta Emenda é uma das fontes persistentes de dificuldade com o princípio da antidiscriminação. O problema para mim, parece derivar não tanto do componente "Estado", mas do componente "ação", ou mais especificamente, do requisito de que a "ação" seja uma forma de "discriminação" proibida. Essa concepção artificial do requisito "ação" impediu que os tribunais rastreassem os efeitos da lei ou prática do Estado sobre o *status* de vários grupos desfavorecidos na sociedade, como as pessoas Negras. Sob o princípio da desvantagem de grupo, no entanto, essa limitação artificial é eliminada.

Ao remover essa limitação, não pretendo sugerir um abandono da visão tradicional de que a proibição da Cláusula de Proteção Igualitária se aplica apenas à conduta – as leis e práticas – do Estado. Essa visão foi devidamente levada em conta. É o Estado que está proibido de agravar a posição subordinada de grupos especialmente desfavorecidos. Há um requisito de ação do Estado. A questão mais problemática que provavelmente surgirá é se a "inação" do Estado deve ser tratada como "ação". A falha do Estado em propor medidas redistributivas em nome de grupos especialmente desfavorecidos – para neutralizar as desigualdades impostas pela atividade privada – deve ser vista como uma prática que agrava a posição de subordinação e, portanto, como uma violação da Cláusula de Proteção Igualitária? Como uma questão puramente analítica, é possível responder a essa pergunta afirmativamente. Mas, por outro lado, há três fatores que argumentam a favor de uma resposta negativa, para preservar a distinção entre ação e inação. Uma é uma preocupação com o texto. Foi argumentado que as palavras "negação" e "proteção" sugerem uma obrigação afirmativa, uma obrigação de lançar um salva-vidas. Por outro lado, sem a distinção entre ação e inação, as palavras "Estado" e "leis" na cláusula se tornariam supérfluas. A linha entre ação individual e ação governamental seria obliterada; a cláusula obrigaria o Estado a promulgar leis que neutralizassem práticas privadas desfavoráveis a grupos e, portanto, nesse sentido, a ação privada seria coberta pela cláusula.

A concepção de proibições constitucionais como restrições ao uso do poder governamental é um segundo fator que sugere que a distinção entre ação e inação seja preservada. Essa concepção negativa tem raízes históricas. Suspeito que é provavelmente assim que os constituintes viam sua tarefa ao redigir a primeira seção da Décima Quarta Emenda (em contraste com as disposições da Constituição que estabelecem a estrutura do governo). Também acho que a concepção negativa seria a mais consistente com o objetivo – de alguma validade inegável – de minimizar a intervenção do Judiciário (a agência principalmente encarregada de fazer cumprir a Cláusula de Proteção Igualitária). Se a inação fosse vista como ação, a intervenção do Judiciário seria enormemente aumentada, se não infinita. Esse grau de intervenção pode estar em desacordo com nossas tradições democráticas, mesmo considerando a preocupação com os direitos das minorias, e poderia levar o Judiciário além dos limites de sua competência. Há alguma estranheza em ter o Judiciário agindo como a agência redistributiva primária, em grande parte porque ele não define sua própria agenda e, portanto, não pode ordenar racionalmente suas prioridades: deveria ser pão em vez de moradia?

Os problemas de criar uma reparação apropriada também afetam a questão da ação/inação. Claro, mesmo que a limitação da ação do Estado seja levada a sério, e a distinção entre ação e inação seja preservada, problemas agudos de remediação podem surgir. São esses fatores, acima de tudo, que podem persuadir um tribunal a não intervir quando, por exemplo, uma cidade decide fechar a piscina ou fechar suas escolas públicas para evitar a integração. Tenho poucas dúvidas de que tal ação prejudica as pessoas Negras, e, ainda assim, a dificuldade de criar um decreto efetivo pode ser tão grande a ponto de levar tribunais a negarem uma medida liminar (embora talvez não declaratória). Essas decisões negativas do Estado chegam muito perto de nenhuma decisão (a categoria de inação pura do Estado), mas, uma vez que a linha é cruzada, e tribunais passam da ação para a inação, esses problemas envolvidos na criação de remédios eficazes são agravados. Tribunais teriam que imaginar um universo de medidas possíveis que poderiam ser tomadas (pelo Legislativo) em nome do grupo desfavorecido, fazer uma escolha entre as permitidas, obrigar sua promulgação e, então, fiscalizar a polícia. Esta não é uma tarefa impossível, mas é extremamente traiçoeira e talvez mais uma razão para limitar o princípio de desvantagem do grupo às ações do Estado.

V. A escolha do princípio

Em muitas situações, não fará muita diferença se um tribunal opera sob o princípio da antidiscriminação ou da desvantagem de grupo. Um exemplo de tal situação – que eu gostaria de chamar de "primeira ordem" – seria uma em que o Estado exclui pessoas Negras de instituições públicas. Nessas situações de primeira ordem, que foram o foco da atenção judicial até ao final da década de 1940 e nas duas décadas seguintes, é provável que o mesmo resultado decorra de qualquer um dos princípios. Eu ainda preferiria o princípio da desvantagem de grupo com base na franqueza – ele captura com mais precisão o processo intelectual que deve ocorrer na mente de quem julga. No entanto, é difícil acreditar que muita coisa dependa da escolha do princípio.

Hoje, no entanto, nos encontramos além dessas situações de primeira ordem. Uma nova situação surge quando tribunais são confrontados com desafios à ação estatal não discriminatória (como conferir licenças para bebidas alcoólicas sem levar em conta práticas de admissão ou fechar instalações públicas) e com desafios ao uso estatal de critérios aparentemente inocentes (como desempenho em testes para alocação de empregos ou vagas em faculdades). Com essas situações de segunda ordem, a recomendação do princípio de desvantagem do grupo é justificada por mais do que uma valorização da franqueza. Acredito que esse princípio enquadra as questões de forma a expor as questões reais e, portanto, tem mais probabilidade de levar à decisão correta de invalidação das práticas estatais que agravam a posição subordinada dos grupos especialmente desfavorecidos. É possível, é claro, que sob o princípio da antidiscriminação, um tribunal disposto a se esforçar possa chegar ao mesmo resultado que chegaria sob o princípio da desvantagem de grupo; mas isso parece ser uma acaso fortuito e requer uma modificação do princípio da antidiscriminação – como evidenciado pelos desdobramentos de "discriminação passada", "discriminação de fato" ou "direito fundamental" – que priva o princípio de qualquer coerência intelectual, transformando-o em algo que nunca pretendeu ser. Nessas situações, o princípio da desvantagem de grupo deve ser preferido porque tem um grau de coerência e completude que não pode ser alcançado pelo princípio da antidiscriminação.

Há, com certeza, uma situação de terceira ordem – como exemplificado pelo tratamento preferencial do Estado a pessoas Negras. Nesse caso, a escolha por determinado princípio implica mais do que franqueza, maior probabilidade do resultado certo ou elegância formal. Com esses problemas de terceira ordem, há um conflito genuíno de princípios. O princípio da antidiscriminação, com seu caráter individualista, focado em meios e simetria, tenderia a proibir tal tratamento preferencial; o princípio da desvantagem de grupo, por outro lado, tenderia a permiti-lo (e, de fato, poderia até mesmo fornecer a base para a reivindicação de quarta ordem – a exigência do tratamento preferencial). Acredito que esse conflito deva ser resolvido em favor do princípio da desvantagem de grupo, mas, concebivelmente, essa preferência não precisa ser uma que tenha efeito preventivo. O princípio da antidiscriminação coexistiu com pelo menos um outro princípio de proteção igualitária: o princípio da igualdade numérica de pessoas de *Reynolds vs. Sims*; e, da mesma forma, o princípio da desvantagem de grupo pode coexistir com outros princípios.[122] Se

---

122 Se o princípio de desvantagem de grupo tivesse um efeito preventivo (em toda a escala), derrubaria o princípio da antidiscriminação como ele existe

for assim, então o princípio da desvantagem de grupo pode ser visto como um princípio suplementar: o uso do princípio se torna mais importante à medida que se move da primeira ordem para a segunda e depois para a terceira; e quando se chega à terceira ordem, uma hierarquia dos princípios deve ser construída; e quando há um conflito de princípios, o princípio da primeira prioridade tem precedência. Eu argumentaria que, nessa hierarquia, o princípio da desvantagem de grupo deveria ser o de primeira prioridade, sendo colocado à frente do princípio da antidiscriminação. Mas eu também seria o primeiro a reconhecer que essa escolha não é fácil.

Parte da dificuldade de fazer a escolha decorre do fato de que o material usual de decisões judiciais – história legislativa e texto – não fornece orientação. A história indica que a cláusula foi estendida para proteger pessoas Negras. Mas ela não nos diz se pessoas Negras deveriam ser vistas como um grupo ou como indivíduos, nem diz muito sobre a intensidade ou grau de proteção que deve ser oferecido. Da mesma forma, o texto faz pouco mais do

---

agora, isto é, com sua superestrutura elaborada. Pode, no entanto, ser possível encontrar um lugar na Constituição – seja na Cláusula de Proteção Igualitária ou talvez mais apropriadamente na Cláusula do Devido Processo Legal – para uma versão simplificada do princípio da antidiscriminação – isto é, simplesmente uma garantia de racionalidade entre meios e fins. Uma lei que não tivesse relação (ou muito pouca relação) com um fim seria considerada "arbitrária". (Pode até ser possível anexar a essa garantia básica de racionalidade entre meios e fins uma exigência de que o fim seja constitucionalmente permissível, embora o padrão de permissibilidade derivasse de outras disposições, como a Primeira Emenda, em vez da própria Cláusula de Proteção Igualitária – agora vista como uma proteção para grupos especialmente desfavorecidos). Essa garantia básica de racionalidade entre meios e fins às vezes permitiria que um tribunal invalidasse uma lei estadual que, por exemplo, restringisse de forma notavelmente pouco inclusiva o privilégio de falar de algum indivíduo ou indivíduos em particular que não são membros de um grupo desfavorecido. O Tribunal poderia chegar a esse resultado sob um teste de meios-fins sem passar adiante a validade geral do fim específico escolhido (por exemplo, para evitar incitação), como poderia ter que fazer se a confiança exclusiva fosse colocada em uma disposição constitucional substantiva (como a Primeira Emenda).

que dar ao ideal de igualdade *status* constitucional e circunscrevê-lo com uma exigência de ação estatal. É difícil acreditar que o uso da palavra "pessoa" tenha a intenção de impedir o reconhecimento da importância e *status* de grupos. Em essência, o texto reveste o Tribunal com a autoridade para dar significado específico ao ideal de igualdade – escolher entre os vários subobjetivos contidos no ideal. Um juiz deve se tornar um advogado natural por padrão. A questão ética é se a posição de subordinação perpétua vai acabar para os grupos desfavorecidos e, se sim, em que velocidade e a que custo.

O princípio da antidiscriminação corresponde aproximadamente ao conceito leigo de tratamento igualitário, e alguns podem argumentar que o princípio da antidiscriminação deve receber prioridade (e talvez efeito preventivo), porque o tratamento igualitário é um objetivo mais amplamente aceito de ação pessoal e social (ou mais de acordo com valores estadunidenses tradicionais, como o individualismo). Mas esse argumento parece errado. Não é função do oráculo dizer às pessoas – sejam elas pessoas na rua ou moralistas críticos – o que elas já acreditam.

Por um lado, a moralidade pública pode ser apenas um eco: o conceito de tratamento igualitário pode ser o subobjetivo mais amplamente aceito do ideal de igualdade porque ele está mais de acordo com o conceito de igualdade proposto anteriormente pela Suprema Corte e porque é aquele incorporado na lei. A Cláusula de Proteção Igualitária fornece à Corte uma plataforma textual a partir da qual ela pode fazer pronunciamentos quanto ao significado de igualdade; ela molda o ideal. Esses pronunciamentos são vistos como autoritativos, parte da "lei", e desempenham um papel importante – embora de forma alguma decisivo – na formação da moralidade popular.[123] O Direito é um determinante,

123 O impacto de *Brown vs. Board of Education* na moralidade popular, especialmente daqueles que cresceram nas décadas de 1950 e 1960, é um amplo testemunho desse fenômeno. Assim como a espera na primavera de 1974 pela decisão da Suprema Corte em *DeFunis*. Mais parecia estar em jogo do que

não apenas um instrumento, para a igualdade. Claro, essa relação entre o Direito (visto como pronunciamento em vez de diretriz) e a moralidade popular não nega a existência desta última; um eco ainda é um som. Mas isso significa que o princípio da desvantagem de grupo também pode ser amplamente aceito, se proposto como estratégia escolhida pela Suprema Corte e uma vez que o Judiciário diga que esse princípio e o conceito de *status* igual importam ao ideal constitucional de igualdade.

Além disso, a deferência à moralidade popular predominante parece particularmente inapropriada quando o que está sendo interpretado é uma proteção constitucional para minorias. Nosso compromisso com a democracia pode ditar uma referência ao povo para a adoção e emenda da Constituição, mas, uma vez que esses processos estejam completos, uma segunda referência ao eleitorado para elaborar o conteúdo do ideal incorporado na Constituição parece inconsistente com a própria ideia de uma restrição constitucional. Isso é particularmente verdadeiro para uma emenda que foi em grande parte destinada a proteger uma minoria racial. Todas as restrições constitucionais devem ser contramajoritárias, e esta, particularmente.

É possível argumentar que a prioridade entre os dois princípios deva ser definida não com base em texto, história ou um senso grosseiro de moralidade popular, mas, sim, com base em certos valores institucionais – qual estratégia promoveria melhor os ideais do ofício. Como vimos, a predominância da estratégia da antidiscriminação poderia ser explicada em parte em termos de suas supostas vantagens institucionais, como objetividade e neutralidade de valores. Supostamente, tribunais não são chamados

---

uma diretiva contra a Faculdade de Direito da Universidade de Washington, ou, nesse caso, todas as outras escolas estaduais. As pessoas buscavam no Tribunal alguma orientação para a solução de um problema moral intratável, e essa orientação deveria emergir da decisão do Tribunal sobre o significado da Cláusula de Proteção Igualitária.

a fazer julgamentos sobre fins. As linhas que surgirem são nítidas. As decisões não são fortemente impregnadas de investigações factuais. Em contraste, sob o princípio da desvantagem de grupo, os tribunais devem lidar com entidades altamente especulativas – grupos sociais. Investigações factuais sutis são necessárias para definirmos os contornos e *status* do grupo e o impacto de práticas desafiadas. Invariavelmente, julgamentos de valor teriam que ser feitos quanto aos custos e benefícios da prática para o grupo desfavorecido e para a política.

Estou disposto a assumir que a estratégia de desvantagem de grupo vai forçar os recursos, a imaginação e até mesmo a paciência do Judiciário. Da perspectiva da "jurisprudência mecânica", o princípio da desvantagem de grupo não oferece vantagens. Mas duvido que essas considerações institucionais devam ser as bases para a escolha entre princípios. Por um lado, como vimos, essa imagem do que é a vida judicial sob o princípio da antidiscriminação – sem julgamentos de valor, linhas nítidas e sem julgamentos factuais – é amplamente ilusória. O Tribunal deve fazer determinações sobre se o propósito atendido pela classificação é "legítimo", quais classificações são "suspeitas", quais direitos são "fundamentais", quais propósitos são especiais ou comuns, se é permitido dar um passo de cada vez e se a "adequação" é suficiente. O caráter quantitativo para os termos "adequação", "superinclusão" e "subinclusão" é decididamente uma ilusão. Além disso, uma vez que a estratégia da antidiscriminação é modificada para abraçar "a perpetuação de discriminações passadas" ou "discriminação de fato", como acredito que deve, as investigações factuais se tornam esmagadoras e os julgamentos de valor usados (por exemplo, para determinar quais efeitos da discriminação passada devem ser eliminados) se tornam comuns.

Em qualquer caso, mesmo que possa (de alguma forma) ser demonstrado que o princípio da antidiscriminação é mais propício aos ideais tradicionais do ofício, ainda resta ver por que esses ideais – os ideais da "jurisprudência mecânica" – devem ser preservados ou pelo menos às custas de resultados substantivos considerados justos. É compreensível que tribunais entendam essa estratégia como estando mais de acordo com o ideal de seu ofício, mas isso dificilmente a torna justa, e nem para o tribunal autoconsciente, inevitável. Os objetivos redistributivos atendidos pelo princípio da desvantagem de grupo – a elevação de pelo menos um grupo que passou dois séculos neste país em uma posição de subordinação – podem simplesmente anular essas supostas vantagens institucionais.

Finalmente, mesmo que esses argumentos institucionais forneçam uma base para preferir o princípio da antidiscriminação, devemos lembrar que, na melhor das hipóteses, eles ditam uma escolha da estratégia judicial. Esses argumentos não podem ser usados por todos. Uma linha nítida deve ser traçada entre os princípios que regem o processo judicial e aqueles que regem os processos não judiciais, alguns legislativos, alguns privados. Este é um sentido em que o Direito e a moral devem ser separados. Pois as considerações institucionais têm pouca relevância para aqueles que não atuam como juízes, mas, mesmo assim, devem lutar com a tarefa de dar significado ao ideal de igualdade – por exemplo, cidadãs/os decidindo sobre políticas de admissão em uma faculdade de Direito. Nem se deve permitir que essas considerações institucionais operem nas sombras em esferas não judiciais, um perigo criado quando a cidadania dá deferência excessiva ao pronunciamento judicial quanto ao significado de igualdade – quando se perde de vista a razão da escolha da estratégia, e a cidadania adia o pronunciamento judicial quanto ao significado de "igualdade" simplesmente porque é "O Direito", ou pior ainda, "A Constituição".

As raízes dessa deferência excessiva são profundas. Ela pode refletir a necessidade psicológica de uma agência autoritária de decidir questões de moralidade individual. A necessidade se torna particularmente aguda quando, como é verdade aqui, as questões éticas se tornam mais difíceis, os argumentos de cada lado mais equilibrados e quando não é apenas um conflito entre liberdade e igualdade, mas, em essência, um conflito entre dois importantes sentidos de igualdade – tratamento igual e *status* igual. Além disso, quando o que é exigido é uma moralidade nacional, uma que poderia subordinar a moralidade de uma região específica, como tem sido verdade em questões raciais, a Suprema Corte está particularmente bem-posicionada para desempenhar a função de uma agência de tomada de decisão autoritária. O impacto do pronunciamento judicial na moralidade positiva também pode ser rastreado até a posição estratégica de advogadas/os em nossa sociedade, como gerentes de importantes instituições não jurídicas e como formuladores de opinião. A Corte é "sua" instituição e eles são obrigados a recorrer a ela ao formular sua concepção de igualdade.

Mas quaisquer que sejam as razões para essa deferência, e independentemente de quão compreensível ela possa ser, o que me parece importante é que devemos nos tornar cada vez mais conscientes do papel do pronunciamento judicial na tradução do ideal de igualdade, da natureza das escolhas que os tribunais fazem e da explicação para as escolhas. Devemos nos tornar conscientes do fato de que o princípio da antidiscriminação não é inevitável e, de fato, que sua predominância pode ser rastreável a valores institucionais que têm pouca relevância para a moralidade individual ou política legislativa. Na melhor das hipóteses, eles explicam a escolha da estratégia judicial. Essa consciência aumentada não significa necessariamente que o princípio da desvantagem de grupo deva ser adotado como uma questão de moralidade individual ou política legislativa. De fato, considerações que podem ter dado pouco peso na determinação do que deve ser a interpretação correta da Cláusula de Proteção Igualitária – como a consideração da justiça individual – podem desempenhar um papel maior na determinação do que é certo para um cidadão ou legislador. Velhos dilemas podem aparecer em novas roupagens.

II

UMA OUTRA IGUALDADE[124]

"Grupos e a Cláusula de Proteção Igualitária" (daqui em diante, "Grupos") foi uma "estação de passagem". Percebi a inadequação do princípio da antidiscriminação e procurei articular outro princípio que responderia mais completamente aos ditames da justiça. Ali, me referi a ele como "princípio da desvantagem de grupo", embora nas décadas seguintes tenha sido chamado de princípio da anticasta, princípio da antissubjugação e, mais geralmente, princípio da antissubordinação.

A antidiscriminação é focada em transações. Ela se concentra no processo pelo qual uma oportunidade escassa é alocada ou um fardo imposto a um indivíduo e busca regular os critérios que podem ser usados nesse processo. Ela assume uma lista finita de critérios desfavoráveis – raça, religião, gênero etc. – e proíbe que a alocação ou decisão seja baseada nesses critérios. Embora a regra contra a discriminação seja às vezes lançada em termos do "propósito" ou "fim" do tomador de decisão, ela pode ser mais apropriadamente

124 FISS, Owen. "Another equality". *Issues in Legal Scholarship*, vol. 2, 2004.

entendida como regulando o critério, fundamento ou base da decisão – o que pode, em um sentido objetivo, justificar a decisão.

Como um dispositivo regulatório, a proibição da discriminação busca promover a justiça de tratamento. Ela busca garantir que os indivíduos sejam tratados de forma justa no processo de seleção (isso explica por que as leis de antidiscriminação são frequentemente chamadas de "Leis de Emprego Justo" ou "Leis de Moradia Justa"). Rejeitar um/a candidata/o Negra/o para um emprego com base na raça é tratá-la/o injustamente. A premissa crucial subjacente a esse julgamento é que a cor do indivíduo não tem relação com seu desempenho no trabalho.

A antidiscriminação pode, portanto, ser vista como uma expressão da racionalidade instrumental, pois a permissibilidade de uma prática não depende do mérito do fim perseguido ou da gravidade do dano causado, mas, sim, da relação entre meios e fins. Nessa explicação, devemos assumir que o propósito escolhido, por exemplo, a produtividade, é permissível ou legítimo, embora, como explicado em "Grupos", o padrão para fazer tais julgamentos substantivos seja estranho ao próprio princípio da antidiscriminação e uma indicação de sua incompletude.

Como uma questão teórica, a proibição da antidiscriminação deve ser relaxada sempre que o uso do critério for funcionalmente relacionado a algum fim permissível. Consequentemente, a proibição de discriminação de gênero no Título VII do Ato de Direitos Civis de 1964 é flexibilizada para permitir o uso do gênero como um critério de emprego quando for uma qualificação ocupacional genuína (QOG). Foi assumido pelos proponentes da legislação que seria perfeitamente permissível para uma paciente em um hospital insistir em uma enfermeira ao invés de um enfermeiro, e a QOG foi criada para acomodar tais preferências. No caso da raça, no entanto, a proibição da discriminação contra pessoas Negras é absoluta, embora haja situações em que o uso da raça possa ser funcionalmente relacionado a um fim – eficiência, por exemplo, é presumivelmente permissível.

A título de exemplo, imagine um ambiente social em que potenciais clientes tinham uma antipatia por pessoas Negras e uma forte preferência por atendentes brancas/os. O Título VII proibiria o dono do restaurante de acomodar essas preferências, mesmo que o proprietário do estabelecimento pudesse ter agido sem nenhum outro propósito além de maximizar os lucros. É claro, diante de uma escolha entre acomodar as preferências dos clientes e aumentar as oportunidades de emprego das pessoas Negras, nós prontamente favoreceríamos o último. Mas nada dentro da teoria da antidiscriminação, focando como faz em tratamentos isoladas e na adequação entre meios e fins, nos dá o material para fazer essa escolha.

De mesma forma, há situações em que a raça, embora não relacionada a nenhum propósito legítimo, é usada como um *proxy* para um critério que é funcionalmente relacionado a tal fim. Por si só, a raça não está relacionada à produtividade, mas há situações em que o nível educacional é uma indicação importante de desempenho e em que, devido às notórias desigualdades das escolas segregadas, o nível educacional de pessoas Negras pode ser menor do que o de pessoas brancas. Seria permitido usar raça como *proxy* para o nível educacional? Certamente não, mas, assim como na decisão de negar preferências sobre a raça de atendentes, é difícil derivar essa resposta apenas do princípio da antidiscriminação. O uso de *proxies* minimiza os custos de determinações mais particularizadas e, portanto, pode ser racional da perspectiva de quem toma decisões comerciais. Então, por que proibiríamos o uso de raça como *proxy* em tais casos?

O problema para o princípio da antidiscriminação decorrente do uso da raça como *proxy* não é apenas um artefato da era da segregação, mas, como David Strauss aponta, é de grande importância hoje. Está no cerne do debate sobre "perfil racial", no qual o uso da raça é considerado racional porque é estatisticamente relacionado a outro critério reconhecido como um propósito apropriado para tomada de decisão. A título de ilustração, o Professor

Strauss fala da decisão da Suprema Corte em *Estados Unidos vs. Martinez-Fuerte* (1978), que permitiu que autoridades de imigração – posicionadas em um ponto fixo na rodovia interestadual entre San Diego e Los Angeles – parassem motoristas de "aparente ascendência mexicana" para questionamentos sobre seu *status* no país. "Aparente ascendência mexicana" foi utilizada como *proxy* para aqueles que provavelmente fossem imigrantes ilegais. Embora essa relação tenha sido mantida em apenas 20 de 100 casos, para o Tribunal, isso foi suficiente, dadas as alternativas disponíveis e a intrusão mínima (uma parada momentânea em uma rodovia), para dotar a prática de racionalidade.

Nos anos seguintes a *Martinez-Fuerte*, a decisão e a prática de usar raça como base para supor que um indivíduo teria se envolvido em uma atividade ilegal foi alvo de crescentes críticas. Essas críticas diminuíram apenas um pouco na era pós-11 de setembro, na qual o Departamento de Justiça usou "ascendência árabe" ou "ascendência aparente do Oriente Médio" como um *proxy* para periculosidade. Aqueles que protestam contra o perfil racial enquanto critério para diferenciação invocam a linguagem da antidiscriminação, mas transcendem sua lógica subjacente, porque essas práticas não podem ser criticadas por serem irracionais. Qual é, então, a base para a objeção?

Confrontado com tais quebra-cabeças, Michael Dorf sensatamente nos convida a explorar a teoria da antidiscriminação e a ver se esse princípio poderia ser ajustado para acomodar nossas intuições de que há um problema no uso da raça como critério para diferenciação. Tal ajuste evitaria a necessidade de recorrer ao princípio da antissubordinação e, portanto, preservaria a utilidade do princípio da antidiscriminação. Nesse espírito, alguns sugeriram que o princípio da antidiscriminação fosse ajustado para condenar não apenas a discriminação presente, mas também a passada. O argumento seria o de que a regra contra a discriminação busca não apenas proteger contra a injustiça nas diferenciações específicas sob análise, por exemplo, a recusa em contratar pessoas

Negras, mas, sim, a injustiça inerente ao sistema educacional que dá origem às diferenças factuais ou na própria formação das preferências que potencialmente tornariam a discriminação atual "racional". O apelo de tal argumento é claro, mas não há nada inerente e necessário no princípio da antidiscriminação que justifique que se olhe para o passado ou a ênfase nas condições gerais de fundo que moldam a diferenciação.

Um defensor do princípio da antidiscriminação, como o Professor Dorf, também pode criticar *Martinez-Fuerte* com base no fato de que os fins promovidos pela prática das autoridades de imigração não são suficientemente convincentes para justificar o dano. Tal argumento nos move além da racionalidade instrumental da antidiscriminação – o critério (raça) está funcionalmente relacionado ao fim (aplicação da lei)? – para uma concepção mais substantiva de racionalidade – quão importantes são os fins atendidos em comparação ao dano infligido? Também implica inevitavelmente uma consideração das consequências da prática para um grupo. O dano em *Martinez-Fuerte*, considerado a cada tratamento diferenciado e medido em termos dos indivíduos envolvidos, é relativamente trivial. Consiste em uma parada momentânea na rodovia. O dano real é muito mais substancial, mas tal avaliação necessariamente introduz uma dimensão de grupo: a política de policiamento nos leva a pensar em pessoas de "aparente ascendência mexicana" como não cidadã/os. Conceber os danos de *Martinez-Fuerte* e outros casos de discriminação racial em termos de grupo e se envolver em julgamentos normativos substantivos necessariamente modifica o princípio da antidiscriminação em aspectos cruciais e nos aponta para o princípio da antissubordinação.

Às vezes, a raça é utilizada como um *proxy* positivo em vez de negativo, como em ações afirmativas. Nesses casos, os defensores do princípio da antidiscriminação ficam novamente constrangidos, agora por conta do fato de que nossa atitude em relação ao uso do critério supostamente proibido muda. Podemos protestar contra o uso da raça em *Martinez-Fuerte* como um *proxy* para criminalidade ou periculosidade, mas não quando é utilizado como base para preferir pessoas Negras para admissão em universidade ou para a concessão de licenças de rádio e TV – uma prática que tem sido defendida com base no fato aumentar a diversidade de opinião na sala de aula ou nos meios de comunicação. É certo que a inclusão de pessoas Negras é diferente da exclusão, mas o princípio da antidiscriminação, focando como faz na racionalidade de meios-fins, não pode acomodar essa diferença e explicar por que a inclusão é um objetivo permissível e a exclusão não. O princípio da antidiscriminação também não pode explicar por que a diversidade de opinião é muito mais convincente do que os fins atendidos por *proxies* negativos, como eficiência ou aplicação da lei. O Professor Dorf praticamente reconhece a incompletude do princípio da antidiscriminação em tais casos quando ele diz, em referência à decisão de 1979 do caso *United Steelworkers vs. Weber* – que combinou o tratamento preferencial para pessoas Negras com um programa de treinamento no trabalho com o que parecia ser uma proibição absoluta da discriminação racial –, que ela foi "baseada na história legislativa do estatuto e no contexto em que ele surgiu". O que havia na história e no contexto legislativo que estava guiando o Tribunal?

O princípio da antissubordinação não é insensível à injustiça de certas diferenciações, seja no contexto de ação afirmativa ou no cenário mais tradicional da segregação, em que, por exemplo, pessoas Negras são excluídas com base em sua raça. Mas é fundado em uma preocupação completamente diferente – o problema da estratificação social. A lógica subjacente é substantiva e, como uma preocupação com a estratificação social necessariamente envolve, orientada para o grupo, não para o indivíduo. A ideia geral do princípio da antissubordinação é a de que certas práticas sociais, incluindo, mas não se limitando à discriminação, devem ser condenadas não por causa de qualquer injustiça na diferenciação e de adequação ruim entre critérios e propósitos, mas, sim, porque tais práticas criam ou perpetuam a subordinação do grupo do qual o indivíduo excluído ou rejeitado é um membro. No desenvolvimento desse princípio, a situação de pessoas Negras foi central, o que não é de todo surpreendente, dada sua condição social atual totalmente deplorável e a intenção dos criadores da Cláusula de Proteção Igualitária e dos estatutos de direitos civis – eliminar práticas que mantêm ou agravam o sistema de castas raciais que tanto marcou a história dos Estados Unidos.

Entendido nesses termos, o princípio da antissubordinação pode ser visto, como Jack Balkin e Reva Siegel corretamente observam, como um suplemento indispensável ao princípio da antidiscriminação. A antissubordinação resolve muitos dos enigmas da antidiscriminação e preenche muitas das lacunas explicativas. A antissubordinação ajuda a explicar por que certas classificações ou critérios (raça) são fortemente desfavorecidos, enquanto outros são um tanto desfavorecidos (gênero) e outros nem um pouco desfavorecidos (cor dos olhos). Mesmo dentro do domínio da raça, ela ajuda a explicar a assimetria introduzida pela ação afirmativa – por que uma política que desfavorece pessoas brancas é menos desfavorecida do que uma que desfavorece pessoas Negras? A antissubordinação explica por que uma prática é rotulada como "discriminação reversa" enquanto a outra é rotulada simplesmente como "discriminação". A antissubordinação também explica por que certos grupos raciais (pessoas Negras e hispânicas) recebem tratamento preferencial e outras (pessoas asiáticas) normalmente não.

A antissubordinação também explica por que a acomodação de preferências raciais não pode ser tolerada, mesmo que o único interesse de certo negócio que discrimina seja a maximização de lucros. Tal acomodação apenas perpetuaria a subjugação de pessoas Negras. Da mesma forma, a antissubordinação explica a postura do Direito em relação a *proxies*. Ela explica por que certos usos de raça como *proxy* – a raça de pessoas Negras como *proxy* para baixo nível educacional ou periculosidade, por exemplo – são proibidos, independentemente de quão "precisos" ou "racionais" esses usos de raça possam ser considerados por quem toma decisões. A antissubordinação também explica a postura diferencial da antidiscriminação em relação a *proxies* positivos e negativos – ser uma pessoa Negra é um *proxy* aceitável para inclusão, mas não para exclusão ou imposição de outras desvantagens – independentemente da margem de erro nas generalizações estatísticas. E, indo mais além, a antissubordinação explica por que podemos proibir o uso direto de raça enquanto critério, mesmo quando o uso de raça está funcionalmente relacionado a um fim legítimo.

"Grupos" foi escrito em 1975-1976, e naquela época havia poucos casos em que o uso de raça era proibido, mesmo quando estava funcionalmente relacionado em algum sentido direto a um fim legítimo. Utilizei, à época, como ilustração, a hipótese de Paul Brest sobre o diretor que segrega alunas/os Negras/os e brancas/os por razões puramente estéticas. Este foi, como o Professor Strauss e eu concordamos, um exemplo trivial, mas isso não poderia ser dito da decisão de 1984 da Suprema Corte destacada pelo Professor Strauss, *Palmore vs. Sidoti*, em que uma concessão de custódia baseada em raça foi anulada, embora o Tribunal estivesse preparado para aceitar a conclusão abaixo de que a concessão serviria ao melhor interesse da criança. O caso surgiu na Flórida. A mãe e o homem que foi seu primeiro marido e o pai biológico da criança eram brancos. Após o divórcio, a mãe se casou novamente com um homem Negro, e o Tribunal da Flórida baseou sua decisão de conceder a custódia ao pai biológico na preocupação com o preconceito que uma criança sofreria por crescer em um lar inter-racial (a mãe biológica e seu novo marido). A Suprema Corte, em *Palmore*, não usou a linguagem da antissubordinação, mas o que mais ela poderia ter em mente quando anulou a concessão de custódia pelo Tribunal da Flórida e disse: "Preconceitos privados podem estar fora do alcance da lei, mas a lei não pode, direta ou indiretamente, dar-lhes efeito".

Esses usos intersticiais ou suplementares do princípio da antissubordinação delineados pelos Professores Balkin e Siegel são importantes. De fato, as sementes para "Grupos" podem ter sido plantadas quando, em meu trabalho anterior, comecei a me perguntar sobre as deficiências do princípio da antidiscriminação e procurei estender esse princípio além de seus limites lógicos para atender às dificuldades percebidas. Quando escrevi "Grupos", no entanto, compreendi mais completamente as inadequações do princípio da antidiscriminação e tentei formular outra teoria da igualdade. O resultado – o princípio da desvantagem de grupo – foi apresentado não como um suplemento ao princípio da antidiscriminação, mas, sim, como um princípio independente para governar a interpretação da Cláusula de Proteção Igualitária e dos atos de direitos civis. No período da dessegregação, nenhuma escolha teve que ser feita entre antidiscriminação e antissubordinação. Excluir pessoas Negras de uma empresa ou universidade, ou negar a elas o direito ao voto ou empregos, ou segregar pessoas Negras na alocação de escolas ofendia tanto a antidiscriminação quanto a antissubordinação. No entanto, conforme o combate à desigualdade racial se desenvolveu e o Direito começou a encontrar novos e diferentes desafios, me pareceu cada vez mais importante marcar a diferença entre esses dois princípios e estabelecer uma prioridade entre eles.

Um desses desafios foi a ação afirmativa, que ganhou crescente destaque durante o início dos anos 1970. A antissubordinação, ou o princípio da desvantagem de grupo, foi de fato oferecido em "Grupos" como uma forma de sustentar a prática de dar preferência a pessoas Negras na alocação de oportunidades escassas. Em *Regents of the University of California vs. Bakke* (1978), proferido dois anos após a publicação de "Grupos", a Suprema Corte sustentou a política de preferência para pessoas Negras na admissão à universidade, mas sem uma justificativa clara – a maioria estava dividida. Pelos próximos vinte e cinco anos, conforme a composição da Corte mudou, a constitucionalidade de ações afirmativas permaneceu contestada. Embora a ação afirmativa continuasse a se espalhar e se tornar cada vez mais arraigada em indústrias, no governo e no ensino superior, decisões importantes, mais notavelmente *City of Richmond vs. J. A. Croson Co.* (1989) e *Adarand*

Constructors, Inc. vs. Pena (1995), indicaram hostilidade contra a prática de maneira incisiva.

Eventualmente, na decisão de junho de 2003 sobre a Faculdade de Direito da Universidade de Michigan (*Grutter vs. Bollinger*), a prática de ação afirmativa foi mantida pelo Tribunal no contexto universitário sob uma justificativa – o enriquecimento do ambiente educacional, pela apresentação de diversos pontos de vista – que, à primeira vista, pode parecer mais reflexivo de antidiscriminação do que de antissubordinação: a Ministra O'Connor escreveu a opinião do Tribunal e sua decisão foi baseada na visão de que as classificações raciais são suspeitas e podem ser sustentadas apenas se servirem a um propósito convincente e se forem estritamente adequadas para servir a tal propósito. Ela baseou seu julgamento na visão de que criar diversidade no ambiente educacional é um propósito convincente e de que um potencial ganho indeterminado e não necessariamente decisivo para pessoas Negras, hispânicas e indígenas é estritamente adequado para promover esse fim.

A opinião de O'Connor no caso de Michigan utiliza a linguagem da antidiscriminação, mas podemos ver a substância do princípio da antissubordinação em ação – em outras palavras, o princípio ofereceu um guia para o julgamento. A preocupação com a estratificação social explica por que a raça tradicionalmente tem sido tratada como suspeita, por que a diversidade é considerada suficientemente convincente e por que O'Connor está preparada para dizer que a adequação entre meios e fins é suficiente. Além disso, a antissubordinação fornece uma justificativa mais forte e melhor para a prática mantida e confere à decisão do Tribunal maior força do que aquela fornecida pela justificativa adotada. A antissubordinação funciona nos casos de Michigan como uma justificativa oculta, compensando a fraqueza da diversidade entendida nos termos originalmente oferecidos pelo Ministro Powell em *Bakke*, ou seja, como uma forma de enriquecer o ambiente educacional.

A fraqueza da justificativa da diversidade é manifesta. Nenhuma explicação é dada sobre o motivo de a diversidade intelectual fornecida pelo aumento do número de alunos de vários grupos raciais ou étnicos ser favorecida em relação à diversidade de opinião que seria aumentada pelo favorecimento de grupos religiosos, econômicos, políticos ou geográficos. É verdade que os agentes de admissão podem levar em conta a diversidade oferecida pelo pertencimento a esses outros grupos, mas os membros desses grupos não recebem a vantagem automática que os membros de grupos étnicos ou raciais recebem. A diversidade também não explica por que pessoas Negras, hispânicas e indígenas recebem tal vantagem, mas membros de outros grupos raciais ou étnicos, por exemplo, como pessoas asiáticas, não, embora tenham tanto a oferecer em termos de diversidade intelectual. Além disso, é difícil imaginar que a diversidade, concebida puramente como um meio de enriquecer o ambiente educacional – quase como uma técnica pedagógica – tenha a força normativa para justificar ou superar as alegações de injustiça expressas por aqueles que não recebem a vantagem, alguns dos quais são, inclusive, membros de outras minorias.

Embora O'Connor fale em termos de diversidade, há indicações dispersas de que ela tem algo mais em mente do que a diversidade como era entendida por Powell. Indiscutivelmente, para O'Connor, a diversidade não é apenas uma técnica para melhorar o ambiente educacional; também e, talvez mais fundamentalmente, visa dar aos membros dos grupos mais desfavorecidos uma parcela maior das posições privilegiadas na sociedade, cujo acesso é controlado pela admissão em várias instituições de elite como a Faculdade de Direito da Universidade de Michigan. "A participação efetiva de membros de todos os grupos raciais e étnicos na vida cívica de nossa Nação", declara O'Connor, "é essencial para que o sonho de uma Nação indivisível seja realizado", e ela continua explicando por que o acesso às principais faculdades de Direito é necessário para esse propósito. Nessa leitura, O'Connor busca não apenas, como Powell fez, uma diversificação de opiniões, mas também uma diversificação dentro das estruturas de poder. Consequentemente, não deveríamos nos surpreender ao ver o Tribunal sustentar ações afirmativas para além do contexto universitário e aplicar a chamada lógica da diversidade em contextos comerciais e de emprego, por exemplo, para a contratação e promoção de funcionárias/os públicas/os, como policiais e bombeiros. Tal entendimento da decisão de Michigan não apenas amplia seu alcance, mas também produz um relato mais atraente da ação afirmativa e, ao fazê-lo, se baseia mais no princípio da antissubordinação do que no da antidiscriminação.

O princípio da antissubordinação concebe a ação afirmativa não como um meio de enriquecer o ambiente educacional, mas, sim, como uma estratégia para acabar com a subordinação de grupos desfavorecidos. Ela dá aos membros individuais desses grupos uma parcela maior das posições de poder e prestígio na sociedade do que eles poderiam receber de outra forma. Isso não apenas melhora as posições dos indivíduos que são os beneficiários específicos do programa, mas altera a posição relativa do próprio grupo porque mais membros desse grupo têm posições que antes pertenciam exclusivamente aos grupos mais privilegiados da sociedade. Uma vez que as posições de um bom número de membros do grupo subordinado começam a mudar, então, a posição desse próprio grupo e de todos aqueles identificados com ele – não apenas aqueles que recebem as posições de prestígio – mudará. O perigo de que esses indivíduos se vejam como inferiores simplesmente em virtude de seu pertencimento ao grupo será minimizado. Mais significativamente ainda, as atitudes dos outros também mudarão. A ação afirmativa para pessoas Negras pode ser vista, como Daniel Sabbagh elabora e como uma segunda leitura da opinião de O'Connor sugere, como parte do processo de alteração das expectativas e da compreensão das pessoas sobre o que significa ser uma pessoa Negra. Apenas iguais serão tratados como iguais.

Para alcançar esse objetivo – o que Sabbagh chama de "desierarquização racial" e outros podem chamar de erradicação de casta –, as instituições nas quais os membros do grupo desfavorecido são admitidos devem manter seu prestígio e poder. Essa é uma das razões pelas quais as universidades que buscam ação afirmativa não podem abandonar toda pretensão de seletividade e simplesmente admitir alunos do modo aleatório. É verdade que há o perigo de que a admissão de pessoas Negras ou membros de outros grupos desfavorecidos nessas instituições selecionadas não altere as posições desses grupos. Por exemplo, as conquistas de todas as pessoas Negras, mesmo aquelas que não precisam da vantagem, podem ser questionadas com base na teoria de que elas só são admitidas nessas instituições de elite por causa da vantagem extra que receberam por conta de sua raça. A suposição subjacente à ação afirmativa é a de que essas dúvidas serão dissipadas pelo desempenho das pessoas Negras na escola e pela importância crítica, aos olhos de muitos, de simplesmente ter o diploma em mãos. Um/a graduado/a de Michigan é um/a graduado/a de Michigan.

Pessoas brancas que poderiam ser admitidas, não fosse pelo tratamento preferencial a pessoas Negras, hispânicas, indígenas ou membros de outros grupos desfavorecidos, têm uma queixa. Elas podem alegar que estão sendo tratadas injustamente quando sua posição competitiva é prejudicada por causa de sua raça ou origem nacional. Tal alegação pressupõe a vitalidade contínua de critérios meritocráticos no processo de admissão, como de fato deve ser o caso se a universidade quiser manter seu *status* de elite. O sentimento de "dano" expresso por aqueles que não são preferidos é real e persistirá, não importa se o princípio governante é o da antidiscriminação ou da antissubordinação. Uma diferença importante surge, no entanto, sobre como o Direito vê esse dano. O princípio da antidiscriminação concede ao dano *status* constitucional e dá força à alegação de que a universidade está violando a Cláusula de Proteção Igualitária; não há como negar que o tratamento preferencial é uma forma de discriminação com base na raça. Sob o princípio da antissubordinação, no entanto, a injustiça pode ser reconhecida sem que se confira a ela um *status* constitucional.

Além disso, o princípio da antissubordinação nos permite defender a ação afirmativa como um meio para um fim que é altamente favorecido, se não exigido, pela Cláusula de Proteção Igualitária. Como resultado, a injustiça experimentada por aqueles que são desfavorecidos no processo competitivo pode ser justificada como um sacrifício incorrido para atingir um objetivo transcendente, acelerando o processo pelo qual a casta e seus cognatos são eliminados. A antissubordinação, portanto, opera como a justificativa para o tratamento preferencial e fornece a força normativa necessária para justificar o sacrifício ou sofrimento infligido pela busca dessa política. Criar diversidade de opinião e outras justificativas oferecidas para a ação afirmativa (fornecer modelos; garantir que haja advogadas/os e médicas/os Negras/os etc.) é digno e importante e, portanto, suficiente para tornar a ação afirmativa racional, mas não é suficiente para justificar os sacrifícios que ela acarreta. Em contraste, erradicar estruturas de subordinação é um imperativo de justiça.

Dessa forma, a antissubordinação torna o tratamento preferencial – dando aos grupos desfavorecidos racialmente definidos uma vantagem em um processo competitivo – legalmente permissível. Ela também tem um papel na definição do que é exigido pela Cláusula de Proteção Igualitária e por estatutos de direitos civis. Especificamente, o princípio da antissubordinação condena práticas que sistematicamente prejudicam pessoas Negras e outros grupos desfavorecidos, mas que escapam da antidiscriminação porque não implicam o uso de um critério proibido ou incorporam uma classificação proibida. A antissubordinação pode desafiar critérios aparentemente inocentes, como desempenho em testes padronizados para contratação, que têm um impacto díspar, enquanto a antidiscriminação, não.

Alguns desses testes podem não ter nenhuma relação com o desempenho. Um exemplo seria um teste de latim para seleção de trabalhadoras/es de fábricas, que pode de fato dar uma vantagem a pessoas brancas na suposição de que o latim é ensinado em escolas predominantemente brancas. Nesse caso, o teste pode ser visto como um subterfúgio ou o equivalente funcional de raça: não há relação entre meios e fins e, portanto, o teste é irracional. Existem, no entanto, muitos testes que são de fato preditivos de desempenho, mas ainda têm um efeito adverso maior sobre pessoas Negras enquanto grupo do que sobre os brancos devido, por exemplo, às desigualdades no sistema educacional. Com esses testes, não há um elemento de irracionalidade instrumental nem uma alegação de que a seleção é feita com base na raça ou seu equivalente. Por essa razão, o potencial do princípio da antidiscriminação é esgotado, o que não se aplica à antissubordinação.

A antissubordinação não proíbe necessariamente o uso de tais testes. Em vez disso, pressiona o empregador a empreender o que pode ser visto como outra forma de ação afirmativa – desenvolver novos testes que diminuam o impacto excludente sobre pessoas Negras. O teste eventualmente desenvolvido pode realmente ser um melhor preditor de desempenho e, portanto, economicamente racional para a empresa adotar por conta própria. A parte sensível da antissubordinação, no entanto, não surge quando um/a empregador/a é compelido/a a promover seu interesse econômico próprio, mas, sim, quando um sacrifício econômico é necessário. Tal sacrifício seria necessário mesmo quando o teste que minimiza o impacto adverso sobre pessoas Negras não fosse um melhor preditor de desempenho, ou mesmo quando os custos de desenvolvimento ou administração do teste excedessem os ganhos de seu poder preditivo aprimorado.

Dessa forma, a antissubordinação pode exigir um sacrifício da eficiência produtiva de uma forma que a antidiscriminação não exige. Na minha suposição de que o impacto diferencial do teste desafiado é rastreável à discriminação no sistema de educação pública, é possível argumentar que, embora o teste em si não seja discriminatório, ele perpetua a discriminação. Ainda assim, a antidiscriminação não explica por que o desempenho da empresa deve ser julgado com base na discriminação que perpetua em oposição aos interesses econômicos que atualmente promove. Nem explica por que a empresa, que, afinal, pode ter acabado de se mudar do exterior para a comunidade e, portanto, não está de forma alguma implicada no sistema educacional existente, deva ser responsabilizada pelo impacto diferencial. São os efeitos atuais do teste – a subordinação das pessoas Negras – que constituem o erro e exigem um sacrifício de eficiência para evitar o dano.

Aqueles que concebem o Direito como um meio de maximizar o bem-estar geral em um sentido econômico podem muito bem se opor a tais sacrifícios. No entanto, esses sacrifícios podem ser justificados como um incidente de cidadania, muito parecido com os sacrifícios – desordem e comprometimento da reputação – impostos a/os cidadã/os para cumprir o propósito maior da Primeira Emenda, ou seja, preservar a vitalidade do debate público. Os sacrifícios de proteção igualitária, muito parecidos com aqueles exigidos pela liberdade de expressão, devem ser razoáveis ou proporcionais aos ganhos alcançados. Na linguagem do Ato sobre Americanos com Deficiências de 1990, os empregadores devem fazer uma "acomodação razoável". Ou para usar a linguagem de *Griggs vs. Duke Power Co.* (1971), os empregadores não podem usar um teste de emprego que tenha um impacto diferencial sobre as pessoas Negras, a menos que seja julgado uma questão de "necessidade comercial".

A diferença entre antissubordinação e antidiscriminação também é sentida no contexto da dessegregação escolar. A antissubordinação pode atingir a chamada segregação de fato, enquanto a antidiscriminação não pode. A segregação de fato surge quando o conselho escolar aloca alunos a escolas não com base na raça, mas, sim, de acordo com um critério como proximidade geográfica que pode muito bem ter uma justificativa independente e não racial, como minimizar custos de transporte ou facilitar o envolvimento dos pais na escola. Dados os padrões generalizados de segregação residencial, o uso desse critério aparentemente inocente produz virtualmente os mesmos padrões demográficos de um sistema da segregação – pessoas brancas em uma escola, pessoas Negras em outra.

No contexto do emprego, o dano às pessoas Negras ou a outros grupos desfavorecidos proveniente do impacto do teste padronizado – o critério aparentemente inocente – é claro: pessoas Negras são excluídas de oportunidades escassas de emprego. No contexto educacional, podemos ainda levantar uma questão sobre se o padrão racialmente segregado de frequência escolar perpetua a subordinação das pessoas Negras. Se não há dano decorrente apenas do padrão segregado, não há, assim, subordinação, e mesmo sob o princípio da antissubordinação, não há negação de proteção igualitária. A antissubordinação e a antidiscriminação produziriam o mesmo resultado. Uma diferença surgiria, no entanto, se uma teoria pudesse ser formulada – como acredito que pode – mostrando que as pessoas Negras são, de fato, prejudicadas pelo padrão segregado.

Em *Brown vs. Board of Education* (1954), a Suprema Corte declarou que escolas segregadas são inerentemente desiguais, o que significa que escolas segregadas prejudicam as oportunidades educacionais das pessoas Negras. Certamente, como Rogers Smith enfatiza, a segregação prejudica a todos, pessoas brancas e Negras, mas tem um efeito especialmente pernicioso sobre as pessoas Negras. É por isso que não é apenas uma política educacional ruim, beirando a irracionalidade, mas, mais especificamente, uma negação de proteção igualitária. É certo que a avaliação de *Brown* foi realizada no contexto em que as designações foram feitas abertamente com base na raça, e parte do dano – a estigmatização das pessoas Negras – pode ser atribuído a essa prática. No entanto, há motivos para acreditar que o padrão segregado atribuível ao plano escolar do bairro também é prejudicial às pessoas Negras, especialmente onde os alunos e alunas são pobres. A segregação em uma escola do centro da cidade, mesmo que baseada no plano escolar do bairro, pode prejudicar a qualidade da educação recebida pelos alunos e alunas designados para essa escola porque prejudica as redes sociais, reduz a motivação e as aspirações e diminui a qualidade do que os alunos e alunas inevitavelmente aprendem uns com os outros. A desvantagem histórica é levada para a sala de aula. Além disso, alunas e alunos designados para tal escola, sabendo que o conselho escolar não está disposto a gastar os recursos necessários para atingir a integração, mesmo que isso melhore sua educação, podem sentir um estigma semelhante ao experimentado por alunas e alunos Negras/os designadas/os para escolas com base na raça.

Essa teoria sobre o dano parece a mim, e a maioria dos cientistas sociais que analisaram o assunto nos últimos trinta anos, como inteiramente plausível. Ela pode ser usada em conjunto com o princípio da antissubordinação, embora não o da antidiscriminação, para colocar o plano escolar do bairro e seu uso da proximidade geográfica sob escrutínio e exigir que o conselho escolar tome medidas para eliminar os padrões de frequência segregados. O mundo não precisa ser virado de cabeça para baixo, mas, mais uma vez, sacrifícios razoáveis teriam que ser feitos para evitar o dano. Nas palavras do Tribunal em *Swann vs. Charlotte-Mecklenburg Board of Education* (1971), todo esforço deve ser feito "para atingir o maior grau possível de dessegregação real". Ao exigir esse sacrifício, a antissubordinação não confiaria no fato de que em algum momento no passado recente a escola designou alunos com base na raça (o que pode, como o Ministro Powell disse em sua concordância em *Keyes vs. Denver School District No. 1* (1973), produzir uma regra para o Sul, outra para o Norte). Nem o julgamento se voltaria para estabelecer a cumplicidade do Estado na criação do problema de moradia segregada. A negação de proteção igualitária deriva imediata e diretamente do traçado da linha de padrão demográfico de tal forma que produz escolas racialmente segregadas, alunas/os brancas/os em um conjunto de escolas, alunas/os Negras/os em outro, o que prejudica as oportunidades educacionais destas/es últimas/os e, portanto, perpetua sua subordinação.

A segregação de fato e o impacto desigual causados por testes padronizados podem ser vistos como problemas da segunda geração. Assim como a ação afirmativa, essas questões se tornaram salientes no final dos anos 1960 e início dos anos 1970, quando a maré virou contra Jim Crow e novas formas de subjugação se tornaram o centro das preocupações judiciais. Como os Professores Balkin e Siegel observam, a mudança na agenda dos direitos civis nesse momento histórico revelou os limites do princípio da antidiscriminação e me ajudou a formular e sugerir o princípio da antissubordinação. No entanto, ao formular o princípio da desvantagem de grupo, também tentei falar sobre um problema que estava conosco desde o início – como reconciliar a decisão de 1948 de *Shelley vs. Kraemer* com o requisito de ação estatal da Décima Quarta Emenda.

Shelley vs. Kraemer envolveu disposições em escrituras imobiliárias que proibiam vendas a ou ocupação por pessoas Negras. Obviamente, as partes contratantes que criaram tal acordo estavam discriminando com base na raça. As partes privadas confiaram no Tribunal estadual para fazer cumprir o acordo, mas não havia nada de discriminatório nessa ação do Estado. O Tribunal estadual se colocou à disposição para fazer cumprir o acordo independentemente da exclusão de pessoas Negras ou brancas. A política de execução do Estado não se baseava em um critério racial nem incluía uma classificação racial. A amplitude ou aparente neutralidade da política de execução do Estado não tem consequências, no entanto, da perspectiva da antissubordinação. A antissubordinação atinge a ação discriminatória do Estado, mas também vai além dela. Qualquer ação do Estado que sistematicamente crie, agrave ou perpetue a subjugação de pessoas Negras – certamente uma consequência da execução do Estado de acordos racialmente restritivos que invariavelmente excluíam pessoas Negras/os – constituiria uma violação da proteção igualitária.

Ao declarar essa conclusão em "Grupos", restringi o argumento mais do que deveria, como alguns dos comentadores neste simpósio enfatizaram, mais notavelmente Kenneth Karst e Robin West. Reafirmei a exigência de ação do Estado de uma forma que negava que a inação pudesse ser uma forma de ação e, portanto, removi do escopo da Décima Quarta Emenda muitas das práticas que subjugam pessoas Negras e outros grupos desfavorecidos. Isso foi um erro, como posteriormente reconheci em meus trabalhos sobre a Primeira Emenda (*Liberalism Divided* e *The Irony of Free Speech*, ambos de 1996). A falha do Estado em fazer tudo o que podia para impedir que uma multidão atacasse e brutalizasse pessoas Negras, para usar o exemplo do Professor West, certamente seria uma instância paradigmática de uma negação de proteção igualitária. É claro, a inação se torna ação apenas quando o Estado tem o dever de agir, como no exemplo da multidão linchadora. Esse dever não precisa ser explícito na Constituição – no caso da multidão linchadora, não é. Em vez disso, pode surgir de uma ponderação dos interesses constitucionais em jogo, e das opções disponíveis ao Estado para proteger esses interesses.

Ao escrever "Grupos", minha principal preocupação não era a distinção ação/inação, mas, sim, o enigma elementar de *Shelley vs. Kraemer* em si – como pode haver uma violação da proteção igualitária quando o Estado não discriminou? *Em Moose Lodge No. 107 vs. Irvis* (1972), em uma opinião de William Rehnquist, então um Ministro Associado recém-nomeado, a Suprema Corte decidiu que a concessão estadual de uma licença para bebidas alcoólicas a um clube privado que discriminava com base na raça não era uma violação da proteção igualitária. Foi o clube, não o Estado, que discriminou, e a ação do Estado exige um nexo, então Rehnquist raciocinou, entre o Estado e a discriminação. Ou seja, o Estado tinha que exigir ou encorajar a discriminação. Essa decisão colocou *Shelley vs. Kraemer* – assumida como direito válido durante toda a era dos direitos civis – em perigo.

Eu estava muito ciente dessa ameaça ao escrever "Grupos" e procurei me proteger contra ela. Não só a antissubordinação, assim presumi, forneceria uma base sólida para sustentar a ação afirmativa e a então emergente abordagem de impacto diferenciado para proteção igualitária, mas também reforçaria *Shelley vs.*

Kraemer e minaria *Moose Lodge*. A antissubordinação não exige que o Estado discrimine para perpetrar uma violação da proteção igualitária, mas apenas que se envolva em uma prática que crie ou perpetue a subordinação de um grupo desfavorecido. Certamente isso poderia ser dito da prática estadual de impor acordos racialmente restritivos e conceder licenças de bebidas alcoólicas a clubes que excluem abertamente pessoas Negras, como membros ou convidados. Mal sabia eu, no entanto, que *Moose Lodge* não apenas buscava reverter o entendimento predominante sobre ação estatal, mas também era uma rejeição incipiente da antissubordinação em sua totalidade, embora, apenas um ano antes, esse princípio em vigor tivesse sido endossado pelo Tribunal em *Swann* e *Griggs*.

O ataque à antissubordinação lançado por *Moose Lodge* tornou-se ainda mais aparente na decisão de *Milliken vs. Bradley* de 1974. Para refletirmos completamente sobre essa decisão, ela deve ser colocada no contexto de uma série de casos de dessegregação escolar que começaram com *Green vs. New Kent County School Board* (1968), continuaram com *Swann vs. Charlotte-Mecklenburg Board of Education* (1971) e alcançaram maior desenvolvimento em *Keyes vs. Denver School District No. 1* (1973). Nesses casos, o Tribunal trouxe cada vez mais a segregação de fato para dentro do escopo da Cláusula de Proteção Igualitária. Em *Green*, o Tribunal falou metaforicamente; tomando emprestada a linguagem do Ministro Wisdom, o Tribunal declarou que o objetivo da dessegregação era um sistema escolar unitário não racializado, em que não há escolas para alunas/os Negras/os, nem escolas para alunas/os brancas/os – apenas escolas. Desautorizando um plano particularmente nocivo de "liberdade de escolha" (as designações iniciais eram feitas com base na raça, e então as crianças podiam optar por sair da escola designada), o Tribunal não especificou o que atenderia a esse padrão de "escolas justas". Em *Swann* e *Keyes*, o Tribunal se recusou a cumprir o plano de escola de bairro e manteve decretos exigindo transporte extensivo. Mais uma vez, o Tribunal não se baseou explicitamente na antissubordinação. Em vez disso, invocou a obrigação do Estado de corrigir a discriminação passada e manteve os planos de transporte elaborados como uma forma de eliminar a segregação atribuível à discriminação passada. No entanto, como expliquei logo após essas decisões serem proferidas (em "Dessegregação de Escolas: o Caminho Incerto do Direito", de 1974), as cadeias causais que supostamente ligavam a segregação atual sob o plano de escola de bairro à discriminação passada não eram confiáveis e, portanto, os decretos não poderiam ser plausivelmente considerados como projetados para erradicar os vestígios de discriminação passada. Havia razões para acreditar que uma teoria mais poderosa – a da antissubordinação – estava em ação.

Milliken vs. Bradley andou lado a lado com *Moose Lodge*. A opinião majoritária foi escrita pelo Ministro Presidente Warren Burger (que, estranhamente, apenas três anos antes havia escrito a opinião do Tribunal em *Swann* e *Griggs*). O caso *Milliken* surgiu em Detroit e envolveu a validade de um plano de dessegregação que previa o transporte de estudantes além dos limites da cidade para os subúrbios predominantemente brancos. Tecnicamente, o caso levantou a questão de uma solução para a área metropolitana, não o plano escolar do bairro em si, entretanto, as implicações para toda a teoria da segregação de fato eram inconfundíveis. Ao declarar que "na ausência de uma violação interdistrital, não há base para uma solução interdistrital" e insistir que qualquer violação exigiria o que chamou de "propósito segregativo", o Tribunal em *Milliken* deixou claro que o padrão demográfico no cerne da antissubordinação – alunas/os brancas/os em uma escola (subúrbios), alunas/os Negras/os em outra (cidade) – não era suficiente por si só para constituir uma violação de proteção igualitária.

Como de costume, houve algumas ambiguidades. O Ministro Stewart, que proferiu o quinto voto para formar a maioria, escreveu separadamente para dizer que o caso não envolvia doutrina de proteção igualitária substantiva, mas apenas uma questão de reparação. Outra ambiguidade surgiu no que se refere a uma diferença nos interesses atendidos pelo plano escolar do bairro e aqueles atendidos pela concessão de uma medida de autonomia a entidades políticas separadas. Embora o plano escolar do bairro fosse amplamente defendido com base no fato de que minimizaria os custos de transporte, os interesses democráticos poderiam fundamentar o respeito pela autonomia local que Burger exigiu. Na realidade, a reparação de dessegregação metropolitana aprovada pelo Tribunal Distrital em *Milliken*, mas desaprovada pela Suprema Corte, teria sido menos dispendiosa do que uma reparação de dessegregação confinada à cidade.

"Grupos" foi escrito na sombra de *Moose Lodge* e *Milliken* e tentou mover o Direito em uma direção diferente. Foi publicado pouco antes de o Tribunal proferir *Washington vs. Davis* (1976), caso no qual indicou que tinha uma opinião completamente diferente. O Tribunal se esforçou para rejeitar a antissubordinação como uma gramática sobre proteção igualitária e, ao fazê-lo, repudiou a teoria que condenava a segregação escolar de fato – que tinha suas raízes em *Green*, *Swann* e *Keyes*. Nominalmente, *Washington vs. Davis* foi um caso de oportunidade de emprego, envolvendo testes para policiais pelo Distrito de Columbia, mas teve seu maior impacto em escolas. Na época da decisão, as práticas de emprego do Distrito de Columbia eram cobertas pelo Título VII do Ato de Direitos Civis de 1964, que havia sido interpretada em *Griggs* para atingir reivindicações de impacto díspar e, portanto, para abraçar o princípio da antissubordinação. O Título VII foi alterado em 1972 para cobrir práticas relacionadas a oportunidade de emprego de vários Estados e do Distrito de Columbia. O Tribunal observou, no entanto, que o processo foi aberto em 1970, pouco antes das alterações ao Título VII, e usou isso como base – uma base bem tênue, na minha opinião – para falar com autoridade sobre o que a Cláusula de Proteção Igualitária exigia.

O significado particular da decisão do Tribunal para a educação decorreu do fato de que praticamente todas as outras atividades, incluindo emprego, eram cobertas por algum estatuto de direitos civis. Para entender como isso aconteceu e, de forma mais geral, como a Cláusula de Proteção Igualitária e o Título VII estão relacionados, a legislação da Segunda Reconstrução precisa ser colocada em contexto histórico. Especificamente, devemos lembrar que, embora o Ato de Direitos Civis de 1964 e o Ato de Direitos Civis de 1968 tenham sido iniciativas ousadas, ao promulgar essas medidas, o Congresso não se viu principalmente como criador de novas normas substantivas, mas apenas como extensão do princípio estabelecido em *Brown vs. Board of Education* a partes privadas. O Título II do Ato de 1964 estendeu *Brown* a restaurantes, hotéis e outros locais de acomodação pública. O Título VII daquele Ato proibia a discriminação com base na raça por empregadores privados (e estendia a mesma proteção às mulheres). O Título II do Ato de 1968, promulgado após o assassinato de Martin Luther King Jr., atingiu a violência baseada na raça infligida por pessoas que não eram oficiais do Estado. O Título VIII daquele mesmo estatuto cobria moradias privadas. A educação pública, o assunto preciso de *Brown*, já estava coberta pela própria Cláusula de Proteção Igualitária, então não havia necessidade de promulgar uma norma substantiva para regular esse domínio.

Para a educação pública, o Congresso apenas buscou fortalecer os mecanismos de execução. Especificamente, o Ato de 1964 autorizou o Procurador-Geral a iniciar processos de dessegregação escolar e a intervir em quaisquer processos de proteção igualitária movidos por partes privadas. O Título VI do Ato exigia que o governo negasse assistência financeira federal a qualquer programa ou atividade que discriminasse com base na raça. A princípio, a execução do Título VI estava inteiramente nas mãos da agência de financiamento, mas, na década de 1970, foi estabelecida uma prática de permitir que processos fossem movidos para obrigar os beneficiários de assistência financeira federal a cumprir a regra de não discriminação contida no Título VI (que, como o Título VII, foi interpretado para incorporar a antissubordinação). Essa prática estendeu a cobertura estatutária a um número enorme de atividades, incluindo educação, porque muitas instituições recebem assistência financeira federal. No entanto, na recente decisão *Alexander vs. Sandoval* (2001), o Tribunal negou que o Título VI fosse exequível por meio de processo privado.

Dado que a legislação de direitos civis da década de 1960 foi entendida como tendo adicionado mecanismos de execução à proteção igualitária e teve estendida sua cobertura a atividades privadas, incluindo emprego, parecia ser uma conclusão natural que o mesmo princípio devesse governar tanto a Cláusula de Proteção Igualitária quanto o Título VII. Em *Washington vs. Davis*, no entanto, a Corte adotou uma abordagem bifurcada: antidiscriminação para proteção igualitária e antissubordinação para o Título VII. À primeira vista, a disposição da Corte em aceitar a antissubordinação como um guia para o Título VII parece estranha: a redação precisa do Título VII, que especificamente proíbe a discriminação com base na raça, é menos congenial à antissubordinação do que a Cláusula de Proteção Igualitária. No entanto, a posição da Corte pode ter refletido um respeito ao precedente. A decisão de 1971 em *Griggs* adotou a antissubordinação para o Título VII sob a rubrica de impacto desigual, embora a Corte tenha se baseado fortemente em interpretações constitucionais para apoiar sua compreensão do Título VII. Ou a abordagem bifurcada pode ter resultado de uma devida consideração pela distribuição de poderes entre os vários ramos do governo: quando a antissubordinação é tratada como um princípio estatutário, o Legislativo compartilha a responsabilidade por ela e pelos sacrifícios envolvidos, pois o Congresso sempre poderia modificar o estatuto se assim o desejasse.

Em qualquer caso, devido ao propósito comum subjacente ao Título VII e à Cláusula de Proteção Igualitária, a distinção traçada entre os dois e o esquema bifurcado ao qual deu origem era e continua sendo inerentemente instável. De tempos em tempos, a distinção provavelmente entrará em colapso. No final da década de 1980, por exemplo, o Tribunal colocou o estatuto em conformidade com seu próprio entendimento da Constituição. Em *Wards Cove Packing Co. vs. Atonio* (1989), o Tribunal decidiu que nenhum sacrifício seria exigido dos empregadores para acabar com a subjugação de grupos desfavorecidos. Não a necessidade empresarial, mas a racionalidade econômica – a marca registrada da antidiscriminação – seria o teste de legalidade. Juristas viram *Wards Cove* como um ataque a *Griggs* e à antissubordinação. O Congresso respondeu no Ato de Direitos Civis de 1991 reafirmando *Griggs*. Como resultado, a antissubordinação mais uma vez governa os casos de emprego, enquanto escolas e outros domínios não cobertos por estatuto são governados pela antidiscriminação.

O Ato de 1991 foi parte de um movimento mais amplo. Em *Moose Lodge* (1972), em *Milliken vs. Bradley* (1974) e, ainda mais enfaticamente, em *Washington vs. Davis* (1976), a Corte declarou sua hostilidade à antissubordinação e insistiu em um retorno à antidiscriminação. Isso marcou o início de uma nova fase da Segunda Reconstrução na qual a Suprema Corte, outrora líder do empreendimento de reforma, se voltou contra ela. O ônus de defender as conquistas da Corte Warren recaiu principalmente sobre o Congresso. Começando em meados da década de 1970, aproximadamente na época de *Washington vs. Davis*, o Congresso manteve a agenda dos direitos civis e, com efeito, defendeu o princípio da antissubordinação. O Congresso não tinha inclinação para assumir a segregação escolar, mas, assim como no Ato de Direitos Civis de 1991, a antissubordinação pode ser encontrada no Ato de Discriminação Contra a Gravidez de 1978 e no Ato de Direitos ao Voto de 1982 – ambos alterando interpretações estatutárias pela Suprema Corte, uma do Título VII do Ato de Direitos Civis de 1964, a outra do Ato de Direitos ao Voto de 1965. Como observado anteriormente, o Ato de Americanos com Deficiências de 1990, exigindo que empregadores e outras partes sujeitas ao ato fizessem acomodações razoáveis para aqueles com deficiências, também expressou uma preocupação com a subordinação. O Ato de Americanos com Deficiências passou pelo Congresso, com pouca ou nenhuma resistência, talvez porque o grupo desfavorecido é, ao contrário de pessoas Negras ou mulheres, um dos quais qualquer um pode se tornar membro. O Ato de Direitos Civis de 1991 foi duramente disputado, mas nas horas finais, a linguagem usada no Ato de Americanos com Deficiências foi incorporada ao Ato de 1991 e a promulgação se tornou possível.

Essa divisão institucional de trabalho – antissubordinação para estatutos, antidiscriminação para a Constituição – não é absoluta. Há exceções. Como já observado, a antissubordinação teve um importante papel suplementar na formulação da doutrina de proteção igualitária. As recentes decisões da Universidade de Michigan sustentando a ação afirmativa são abundantes testemunhos desse fato, assim como as muitas estranhezas da doutrina da antidiscriminação – desautorizando certos proxies negativos, permitindo os positivos – descritas acima. Além disso, o Tribunal, de vez em quando, usou a teoria da antissubordinação como um princípio independente na especificação dos requisitos da Constituição. Um exemplo notável é a famosa decisão *Hills vs. Gautreaux* de 1976, na qual a Suprema Corte manteve uma ordem exigindo que a agência federal de habitação fornecesse aos moradores de moradias públicas em Chicago os meios para se mudarem de guetos para moradias dispersas nos subúrbios. Outra é a decisão *Plyler vs. Doe* de 1982, na qual o Tribunal anulou uma lei do Texas que negava admissão em escolas públicas a crianças que se encontravam nos Estados Unidos ilegalmente. Falando pela Corte, o Ministro Brennan temia que a lei criasse uma "subclasse" ou uma "subclasse de pessoas não alfabetizadas". Acho justo dizer, no entanto, embora eu desejasse que fosse diferente, que decisões como *Gautreaux* e *Plyler* são excepcionais. Como Samuel Issacharoff e Pamela Karlan enfatizam em suas contribuições para este simpósio, durante os estágios posteriores da Segunda Reconstrução, foi o Legislativo que principalmente tornou o princípio antissubordinação em lei.

O motivo disso dever ser assim não está totalmente claro para mim. "Grupos" explica que a antissubordinação pode ser mais atraente para o Legislativo do que para o Judiciário, simplesmente porque o Legislativo não é prejudicado por normas de ofício que tornam a definição de contornos exigida pela antissubordinação mais difícil. Mas esta foi uma concessão menor, e eu nunca antecipei o padrão gritante e bifurcado que eventualmente surgiu. Esse padrão não pode ser explicado nos termos que apresentei. Na verdade, às vezes, os tribunais são chamados a aplicar a antissubordinação como um princípio estatutário e, portanto, encontram as mesmas dificuldades de aplicação que provavelmente seriam encontradas se a antissubordinação fosse tratada como o princípio mediador da Cláusula de Proteção Igualitária.

O padrão bifurcado pode, é claro, ser um acaso da política. Os Professores Issacharoff e Karlan enfatizam adequadamente as enormes mudanças no processo eleitoral que ocorreram durante a Segunda Reconstrução, em grande parte devido ao Ato de Direitos ao Voto de 1965. A privação massiva de direitos de pessoas Negras, que era uma parte tão integral de Jim Crow, chegou ao fim, e o poder eleitoral das pessoas Negras tem, hoje, mais impacto no processo político. Os Professores Issacharoff e Karlan apontam para essas mudanças para explicar por que a hostilidade do Tribunal à antissubordinação foi mais efetivamente combatida no fórum legislativo. É certo que o Ato de Discriminação Contra a Gravidez de 1978, o Ato de Direitos ao Voto de 1982 e o Ato de Direitos Civis de 1991 apoiam sua tese. No entanto, o fracasso do Congresso em assumir a dessegregação escolar de forma construtiva, ou em abordar adequadamente os muitos abusos que as pessoas Negras sofrem no sistema de justiça criminal evidenciam o contrário. As coisas pioraram em 1994, com a instalação do Congresso Newt Gingrich, que foi responsável pela Lei de Reforma do Bem-Estar Social de 1996 e pela Lei de Litígios da Reforma Prisional do mesmo ano – dificilmente resultantes do recém-adquirido poder político das pessoas Negras.

Roberto Gargarella aponta para um déficit estrutural do Judiciário – a ausência de quaisquer incentivos que motivem juízas/es a protegerem os desfavorecidos. Ele olha para a democratização do Judiciário, isto é, uma inclusão dos desfavorecidos, como uma solução para esse problema motivacional. Essa teoria pode muito bem explicar por que o Congresso é mais receptivo à antissubordinação, uma vez que é mais inclusivo – os desfavorecidos têm a própria presença ou voz na legislatura que falta no Judiciário. Ainda assim, uma vez reconhecido que os grupos que a antissubordinação busca proteger detêm, geralmente, baixos níveis de poder social e econômico e são, numericamente, menos presentes, a diferença entre a representação de minorias no Legislativo nacional e no Judiciário federal não tem grande importância. O Black Caucus consiste em 39 congressistas de 435; não tem nenhum membro no Senado. O problema motivacional do qual Gargarella fala não se limita ao Judiciário; está sempre presente no Legislativo. Em ambos os ramos, os desfavorecidos devem confiar, não na representação de interesses ou na presença ou ausência dos desfavorecidos, mas no compromisso constitucional com a justiça e na dedicação à razão pública como uma forma de descobrir o que é justo. Essa dedicação é mais forte no Judiciário do que no Legislativo simplesmente em virtude das normas processuais – independência política e a necessidade de justificar ações – que limitam o exercício do poder judicial.

Robin West também busca formular uma teoria que possa explicar a hostilidade do Judiciário à antissubordinação. Para ela, essa explicação pode ser encontrada na autocompreensão do Judiciário quanto à sua função. O próprio ponto da adjudicação, argumenta a Professora West, é proteger contra a injustiça individual ou contra o tipo de irracionalidade proibida pelo princípio da antidiscriminação. No entanto, começo de outra perspectiva: para mim, a função judicial não é eliminar a injustiça ou irracionalidade individual, mas declarar o que a justiça exige e transformar a realidade para que ela se conforme a esse padrão. A justiça prestada pode ser atomística, no sentido contemplado por West, mas também pode ser estrutural e deve ser assim quando a queixa subjacente é estrutural.

Em uma série de ensaios escritos quase contemporaneamente a "Grupos", mais notavelmente, "The Civil Rights Injunction", de 1976, e "The Forms of Justice", de 1978, desenvolvi a noção de injunção estrutural e uma teoria de adjudicação totalmente adequada à antissubordinação e outros princípios de justiça que têm um caráter mais estrutural. Ao fazê-lo, me baseei nos esforços do Judiciário federal durante os anos 1960 e início dos anos 1970 para implementar o que determinou *Brown vs. Board of Education*. A maioria desses casos surgiu no contexto escolar, mas alguns envolveram a proteção de valores constitucionais em prisões, hospitais psiquiátricos, departamentos de polícia e outros ramos do Estado burocrático.

No exato momento em que a Suprema Corte declarou guerra ao princípio antissubordinação, lançou um ataque à injunção estrutural. *Rizzo vs. Goode* (1976) foi a contrapartida processual de *Washington vs. Davis*. Os casos foram julgados em um lapso de poucos meses. Assim como o ataque à antissubordinação, o ataque à injunção estrutural não foi incondicional; a injunção estrutural foi adotada pelo Tribunal às vezes, em casos envolvendo prisões, moradias públicas e até mesmo de vez em quando na dessegregação escolar. No entanto, a posição geral é inconfundível e é derivada mais da visão substantiva do Tribunal – uma disposição de manter o *status quo*, incluindo a estratificação que ele implica – do que de uma avaliação sóbria da função judicial. Os juízes de primeira instância que embarcaram na reforma estrutural em uma era anterior – figuras como Frank Johnson, Jack Weinstein, Henly Smith e Wayne Justice – viam essa atividade como inteiramente consistente com sua compreensão de seu trabalho e muitas das normas de seu ofício, como "tratar os semelhantes de forma semelhante", conforme enfatizado pela Professora West. Ainda mais, esses juízes estavam orgulhosos de tudo o que realizaram. Ao avaliar o apontamento da Professora West, devemos levar em consideração também o fato de que, nas décadas de 1980 e 1990, a antissubordinação encontrou um lar confortável e seguro na jurisprudência de outros tribunais constitucionais, mais significativamente na Suprema Corte do Canadá, cujas/os juízas/es geralmente têm o mesmo entendimento de sua função que os nossos.

No esquema bifurcado introduzido por *Washington vs. Davis* – antidiscriminação para proteção igualitária, antissubordinação para o Título VII –, o Tribunal implicitamente confiou no princípio de *Katzenbach vs. Morgan* (1966). A Seção 5 da Décima Quarta Emenda dá ao Congresso o poder de aplicar a Cláusula de Proteção Igualitária, e *Katzenbach vs. Morgan* permitiu com que o Congresso usasse esse poder para combater uma prática que o Tribunal não havia considerado uma violação da proteção igualitária: a aplicação de um teste de alfabetização em inglês para participação em eleições de Nova York, o que efetivamente limitou o poder político de um grande segmento da comunidade porto-riquenha no Estado.

Em termos gerais, *Katzenbach vs. Morgan* e a era da qual fazia parte enfatizavam a coordenação, em vez da separação de Poderes, e buscavam alistar todos os ramos do governo no esforço reconstrutivo então em andamento. Como uma questão puramente técnica, o Tribunal confirmou o Título II e, por implicação necessária, o Título VII, do Ato de Direitos Civis de 1964 sob a Cláusula de Comércio do Artigo I, imediatamente após o estatuto ter sido promulgado; ambas as disposições eram aplicáveis somente àqueles envolvidos no comércio interestadual. No entanto, o julgamento do Tribunal refletiu os princípios subjacentes de *Katzenbach vs. Morgan.*

Esse princípio fundamenta a posição de comentadores, como as/os Professoras/es Young, West, Issacharoff e Karlan, que conferem *status* especial ao Legislativo para dar expressão à antissubordinação. Acredito, talvez até mais fortemente do que quando escrevi "Grupos", que a antissubordinação está totalmente dentro da competência do Judiciário. No entanto, diante do ressurgimento da antidiscriminação na doutrina da Suprema Corte, é importante reconhecer o poder do Congresso de promulgar a antissubordinação como um guia para proteção igualitária, mesmo que o Tribunal não esteja disposto a interpretar a Cláusula de Proteção Igualitária em tais termos. Consequentemente, o princípio *Katzenbach vs. Morgan* deve ser defendido, em termos mais explícitos do que aqueles oferecidos por West, Young, Issacharoff e Karlan, contra uma série de desenvolvimentos recentes que colocaram sua vitalidade contínua em questão.

Buscando promover a autonomia dos Estados, a Corte Rehnquist sustentou que o Congresso havia excedido os limites desse poder ao fornecer uma reparação de danos para vítimas de violência motivada por gênero. O ataque mais direto ao princípio *Katzenbach vs. Morgan* ocorreu, no entanto, quando o Tribunal considerou recentemente a legislação que havia sido promulgada sob a Seção 5 da Décima Quarta Emenda. Em uma decisão que anulou uma disposição do Ato da Discriminação Baseada em Idade, o Tribunal indicou que não sustentaria um exercício de poder do Congresso sob a Seção 5, a menos que ele próprio estivesse preparado para considerar a conduta proibida pelo Congresso uma violação da proteção igualitária.

Em sua aplicação mais recente dessa regra, o Tribunal confirmou o Ato de Licença Médica e Familiar, mas sem qualificar o preceito geral que ele havia estabelecido anteriormente: o Congresso não pode usar a Seção 5 para promulgar uma visão de igualdade que o próprio Tribunal não estivesse preparado para endossar como uma interpretação da Seção 1. Para chegar a esse resultado – surpreendente para a maioria das/os comentadoras/es –, o Tribunal teve que estender sua visão da Seção 1 para abraçar o princípio da antissubordinação, pelo menos conforme aplicado às mulheres. O estatuto em questão garante às/os funcionárias/os licença remunerada para cuidar de membros da família. Ao promulgar essa medida, o Congresso não buscou proibir a discriminação com base no gênero, mas, sim, combater os estereótipos que desfavorecem as mulheres no local de trabalho.[125]

125 POST, Robert. "Fashioning the legal constitution: culture, courts, and law". *Harvard Law Review*, vol. 117, 2003.

Essa decisão pode ser lida como uma vitória para a antissubordinação, mas ainda deixa a vitalidade contínua do princípio *Katzenbach vs. Morgan* em dúvida. O ataque da Corte Rehnquist a esse princípio foi apresentado como necessário para proteger a supremacia judicial, mas tal visão é infundada. Mesmo sob a leitura mais robusta de *Katzenbach vs. Morgan*, o Tribunal continua sendo o árbitro final da Constituição. Não há poder no Congresso para abreviar, diluir ou interferir de outra forma em qualquer direito declarado pelo Tribunal. O poder só se move em uma direção – para expandir os direitos que o Tribunal interpretou como fluindo da Constituição. Mesmo dentro dessa esfera, a autoridade do Tribunal para decidir se a medida em questão está dentro do poder do Congresso se mantém. Em tal caso, a questão não é se o próprio Tribunal está preparado para proibir a conduta ou conferir o direito ao Congresso, mas, sim, se há base para a ação do Congresso. Tal regra concede a um ramo coordenado a deferência que ele merece.

O poder dado ao Congresso na Seção 5 da Décima Quarta Emenda é o poder de "fazer cumprir" a Seção 1 dessa Emenda, mas não há motivo para acreditar, como alguns argumentam, que a execução deve consistir apenas em criar medidas e sanções para implementar as normas substantivas criadas pelo Tribunal ou que o Tribunal estaria preparado para endossar por conta própria. A execução inclui necessariamente interpretação. Limitar a execução apenas à criação de medidas ressarcitórias seria equivalente a restringir o significado de "comércio" no Artigo I, Seção 8, ao transporte de mercadorias de um Estado para outro, uma posição que o Tribunal assumiu no notório caso de 1895 de *Estados Unidos vs. E.C. Knight Co.*, que excluiu o processo industrial previstos no Ato Sherman sob o argumento de que não era "comércio" – que o próprio Tribunal repudiou posteriormente. Uma interpretação igualmente forçada da palavra "fazer cumprir" na Seção 5 rebaixaria os poderes do Congresso e negaria a ele as prerrogativas que lhe pertencem adequadamente como um ramo coordenado do governo.

Eu, portanto, defenderia o direito do Congresso de abraçar a antissubordinação, mesmo que a Corte não esteja preparada para aceitá-la como o princípio governante da proteção igualitária. Mais fundamentalmente, acredito que precisamos confrontar o desconforto da Corte com a antissubordinação. *Washington vs. Davis*, cuja opinião foi escrita pelo Ministro White, não continha nenhum argumento fundamentado contra a antissubordinação. White reclamou do alcance aparentemente infinito do princípio, mas nunca considerou as muitas limitações que poderiam ser impostas, e que de fato foram desenvolvidas no contexto do Título VII, para limitar o princípio. Em uma visão semelhante, Lawrence Alexander e Peter Schuck reclamam das dificuldades que provavelmente serão encontradas por um tribunal na aplicação da antissubordinação. Como reconheci em "Grupos", essas dificuldades podem muito bem ser maiores do que aquelas encontradas na aplicação de uma versão simplificada do princípio da antidiscriminação, com sua orientação individualista e foco na racionalidade entre meios e fins, pois sob tal regra o Judiciário nunca precisa determinar quais grupos devem ser protegidos, o quanto eles devem ser protegidos ou quem são os membros desses grupos. No entanto, devemos reconhecer, seguindo o exemplo do Professor Dorf, que o sistema jurídico se afastou de uma concepção tão limitada de antidiscriminação, e é difícil acreditar que a implementação do princípio da antidiscriminação em sua forma atual – que exige julgamentos substantivos sobre o mérito dos fins perseguidos ou a gravidade do dano causado – seja qualitativamente mais difícil para um tribunal implementar do que o princípio da antissubordinação.

Os Professores Alexander e Schuck também precisam levar em conta o fato de que, por mais de trinta anos, os tribunais implementaram a antissubordinação no contexto estatutário, particularmente em casos envolvendo emprego e voto, e superaram quaisquer dificuldades que os tribunais pudessem encontrar ao trabalhar com tal princípio. A questão crucial não é se as dificuldades serão encontradas, mas se os julgamentos baseados no princípio da antissubordinação estão dentro da competência constitucional do Judiciário. Fazer justiça é sempre difícil. Mas as Cortes desistiriam de *Brown* por causa das dificuldades de implementação?

O Professor Alexander vai além dessa reclamação sobre as dificuldades de implementar o princípio da antissubordinação e expressa uma objeção mais filosófica. Ele vê a Constituição como um baluarte para a proteção de indivíduos e argumenta que a antissubordinação, com sua proibição de práticas que subordinam vários grupos, é inconsistente com esse espírito individualista. Essa objeção ecoa a preocupação de várias/os juízas/es que incessantemente nos lembram de que a Cláusula de Proteção Igualitária fala de pessoas ("nem qualquer Estado... negará a qualquer pessoa dentro de sua jurisdição a proteção igualitária das leis") e citam a famosa frase de *Shelley vs. Kraemer* de que "[o]s direitos criados pela primeira seção da Décima Quarta Emenda são, por seus termos, garantidos ao indivíduo". Por seus termos? A Cláusula de Proteção Igualitária se refere a "qualquer pessoa", mas essa frase pode ser entendida de várias maneiras. Não é nem um pouco inconsistente com o reconhecimento de grupos ou quaisquer outras estruturas sociais que ajudem a definir as múltiplas maneiras pelas quais as pessoas vivem suas vidas. Além disso, como uma questão puramente analítica, a alegada antinomia entre antissubordinação e o suposto espírito individualista da Constituição não tem fundamento. Mesmo o mais ardente defensor de tal leitura individualista da Constituição deve se preocupar com a ordenação de grupos dentro da sociedade porque os indivíduos não são julgados apenas por suas próprias realizações, mas também com base no *status* dos grupos com os quais são identificados. Embora nem todos os grupos estejam intimamente conectados com o *status* individual, alguns são – como de fato é o caso da raça – a preocupação central da proteção igualitária.

Em um esforço para definir o tipo de grupos com os quais a Cláusula de Proteção Igualitária se preocupa, usei a frase "classes naturais", e por isso fui criticado por Richard Ford, Rogers Smith e Iris Young, entre outros. Em retrospecto, a escolha da frase foi infeliz. Ao utilizar "classes naturais", não quis negar que os grupos que tinha em mente são socialmente construídos, nem negaria que o Direito desempenhou um papel nesse processo construtivo. Eu apenas busquei distinguir os grupos sociais que estavam no centro da minha preocupação de grupos totalmente efêmeros (um grupo de indivíduos parados em uma esquina) e daqueles grupos totalmente criados pelo Direito. Escrevi contra o pano de fundo definido pelo artigo clássico de Joseph Tussman e Jacobus tenBroek, "The Equal Protection of the Laws", de 1949. Meu principal propósito era distinguir grupos sociais, como pessoas Negras, de classificações jurídicas, que, de acordo com a estrutura oferecida por Tussman e tenBroek, também criaram grupos. Utilizei a frase "classes naturais" para marcar essa diferença, não para fazer um ponto sobre grupos serem ou não socialmente construídos.

Um reconhecimento do poder constitutivo do Direito não mitiga todas as preocupações dos críticos do princípio da antissubordinação. Pelo contrário. É precisamente esse poder constitutivo que leva alguns dos meus críticos, por exemplo, os Professores Ford e Schuck, a serem particularmente cautelosos com o princípio da antissubordinação. A sua preocupação é a de que a utilização do princípio possa acentuar a identificação de grupos nos Estados Unidos. A antissubordinação, eles afirmam, tornará o reconhecimento de grupos quase uma necessidade constitucional, institucionalizando assim as dificuldades inerentes à determinação de se um indivíduo é membro de um grupo desfavorecido. Essa objeção é central para mim, assim como já era quando escrevi "Grupos", mas não considera de maneira suficiente as realidades sociais, descritas com força pelo Professor Karst, às quais o princípio da antissubordinação responde. A antissubordinação não cria identificação de grupo; essa tem sido uma característica quase permanente da vida nos Estados Unidos. Em vez disso, a antissubordinação reconhece essa realidade e busca fornecer um guia jurídico capaz de erradicar a injustiça que surge quando a identificação de grupo é transformada em um sistema de subjugação. É certo que tal estratégia corretiva pode acentuar a identificação de grupo, mas a identificação de grupo será menos uma fonte de preocupação quando a antissubordinação tiver feito seu trabalho e a identificação de grupo deixar de ser uma fonte de injustiça. Ser uma pessoa Negra ou branca não será diferente de ser californiana/o ou nova-iorquina/o, alta/o ou baixa/o, advogada/o ou médica/o, ou qualquer uma das outras identificações de grupo.

O critério mais importante para os grupos sociais em que me concentrei é a interdependência, que se refere ao *status* dos indivíduos estar inextricavelmente ligado ao *status* dos grupos com os quais eles são identificados. Por causa desse critério, podemos ver que não há antinomia entre o princípio da desvantagem de grupo e a suposição de um espírito individualista para a Constituição – a visão de que proteger o bem-estar dos indivíduos é o fim da Constituição. O Professor Sabbagh defende esse ponto amplamente em sua defesa da ação afirmativa e da teoria antissubordinação que fundamenta essa prática. Ao proteger grupos, protegemos indivíduos, e frequentemente devemos proteger grupos para proteger indivíduos. A mesma ideia é avançada em "Grupos", embora de forma muito abreviada e com a reviravolta adicional: embora eu acredite que levar grupos em consideração seja consistente com considerações sobre o bem-estar de indivíduos, o princípio da desvantagem de grupo não precisa ser defendido apenas em termos individualistas. Uma reflexão adequada sobre a forma como se estrutura a sociedade – uma justificativa comunitária – também pode ser uma base suficiente para condenar práticas que sistematicamente desfavorecem vários grupos na sociedade.

A diferença entre os fundamentos individualistas e comunitários para a antissubordinação é manifesta nas objeções que podem ser levantadas ao sistema de escravização. Um individualista pode condenar a escravização porque ela limita as oportunidades e o bem-estar das pessoas que são escravizadas ou podem um dia vir a ser. Outros podem, no entanto, se opor à escravização por causa do que ela faz ao próprio caráter da sociedade. Ela divide a sociedade e implica a crença de que algumas pessoas não são totalmente humanas e que, portanto, podem ser adequadamente consideradas como uma espécie de propriedade ou como animais que podem ser negociados e leiloados. É claro, tal divisão tem implicações profundas para o bem-estar dos indivíduos que vivem dentro dessa sociedade, mas a nossa objeção à divisão não depende necessariamente de nossa estimativa das consequências para o bem-estar individual. Podemos nos opor à escravização simplesmente por causa de seu impacto no caráter da comunidade da qual fazemos parte. Ela desfigura a sociedade. A preocupação com essa desfiguração não precisa ser redutível a uma preocupação com o bem-estar individual, pois pode ser fundamental, assim como a alegação de que os indivíduos devem ser tratados com igual preocupação e respeito. Nessa visão, a Constituição deve ser vista não como um instrumento para maximizar o bem-estar individual, como os argumentos de outra forma diferentes dos Professores Alexander e Sabbagh pressupõem, mas como uma declaração dos princípios organizadores da comunidade que ela governa.

A preocupação com o impacto de várias práticas sociais sobre a estrutura comunitária não se limita à escravização. Qualquer arranjo social que introduza clivagens ou divisões profundas pode dar origem a problemas semelhantes. Por exemplo, o sistema racial que surgiu após a Guerra Civil era um desses arranjos. Não apenas separava pessoas Negras em acomodações públicas, escolas e empregos, mas também negava a elas o voto, limitava severamente suas oportunidades de emprego e restringia onde elas poderiam viver. Também negava a elas a oportunidade de participar das estruturas governamentais comuns da comunidade, como o júri e outros aspectos do sistema de justiça criminal. Esse sistema pode, portanto, ser visto como um esforço para manter pessoas Negras na mesma posição social que ocupavam sob a escravização – como uma subclasse. É importante entender, no entanto, que o erro desse sistema não surge do fato de que ele perpetua a subjugação implicada no relacionamento escravizador e escravizado e, portanto, é um vestígio da escravização. Em vez disso, surge do fato da própria subordinação. A história não é o erro, embora ajude a explicar por que esse grupo está sendo injustiçado. Embora chegar a um acordo com essa história seja crítico, não é isso que impulsiona a proteção igualitária. Então, no caso *Plyler*, a Suprema Corte derrubou apropriadamente uma lei do Texas que negava educação pública a crianças que são imigrantes ilegais, sob o argumento de que a lei provavelmente criaria uma casta de pessoas não alfabetizadas. Nenhuma alegação foi feita de que a lei do Texas perpetuou a escravização ou qualquer injustiça anterior. O que era preocupante era o futuro da sociedade e o que a criação de uma classe de imigrantes ilegais e pessoas não alfabetizadas significaria para o país.

Até certo ponto, não é preciso fazer uma escolha entre as justificativas individualistas e comunitárias para a preocupação com o *status* dos grupos. Em grande parte, ambas parecem apontar na mesma direção. Elas justificam uma regra condenando práticas que, sistematicamente e sem ampla justificativa, desfavorecem ou subordinam grupos. Uma diferença entre essas duas justificativas pode surgir, no entanto, no inventário de grupos protegidos. O individualista insiste em uma conexão rígida – o que chamo de interdependência – entre o *status* do grupo e o indivíduo. Essa condição é atendida no caso paradigmático das pessoas Negras e provavelmente de outros grupos, como hispânicos e mulheres, que receberam uma quantidade generosa de proteção sob a Cláusula de Proteção Igualitária e vários estatutos de direitos civis. Como Mark Tushnet reconhece, no entanto, essa condição pode não ser satisfeita no caso dos pobres.

Pessoas pobres estão em desvantagem na disputa competitiva da vida; elas não têm as vantagens que vêm, por exemplo, de escolas particulares ou de poder recorrer a redes sociais de elite. No entanto, elas não são desfavorecidas porque são membras de um grupo chamado “os pobres”. O *status* delas não depende do *status* do grupo da mesma forma que o *status* das pessoas Negras é determinado pelo *status* do grupo. É por isso que, como o Professor Tushnet detectou, eu estava relutante em estender o princípio da desvantagem de grupo do meu caso paradigmático – pessoas Negras – para pessoas pobres. Refletindo novamente, no entanto, parece que se alguém fundamenta o princípio antissubordinação ou da desvantagem de grupo em uma consideração adequada pelos valores comunitários, a ausência de interdependência não deve ser decisiva. A própria existência de um grupo de pessoas na sociedade que são desesperadamente pobres pode introduzir o tipo de divisão que, como dissemos sobre a escravização e o sistema subsequente de segregação, desfigura a sociedade: isso seria verdade mesmo se membros individuais do grupo pudessem, de uma forma que não é verdade para pessoas Negras ou mulheres, às vezes, sair do grupo. Claro, como Christopher Kutz ilustra, a antissubordinação não é a única base para estender a proteção constitucional aos pobres. Ele argumenta que o Estado nega proteção igualitária sempre que trata os interesses de alguns em benefícios estatais como menos importantes do que os interesses de outros. Ainda assim, é importante reconhecer o ponto do Professor Tushnet: livre do requisito de interdependência, a antissubordinação também pode forjar proteção igualitária em uma ferramenta poderosa para a proteção dos pobres e para exigir um sistema de direitos de bem-estar.

Na época de *Brown*, quase todas as pessoas Negras eram pobres. A raça pode ter sido a causa inicial de sua pobreza, mas seu *status* econômico reforçou e agravou as forças responsáveis por sua subordinação. Mesmo aqueles que não se distanciariam de pessoas Negras por causa da cor de sua pele o fariam por causa de sua condição econômica, ou mais precisamente, pelas características sociais associadas à pobreza. Raça e pobreza eram parte de uma dinâmica coconstitutiva. Ao longo da Segunda Reconstrução, e em parte como resultado de políticas e programas iniciados naquele período, a pobreza entre pessoas Negras foi reduzida. Quase um terço das pessoas Negras podem ser consideradas membras da classe média, definida em termos de renda, *status* ocupacional ou realização educacional. Considero esse desenvolvimento como uma realização notável da Segunda Reconstrução, talvez de proporções históricas mundiais e, ao contrário do que sugere o Professor Schuck, um fruto da teoria – antissubordinação – que deu coerência a muitas políticas e programas da Segunda Reconstrução. Quando, em "Grupos", falei sobre a subordinação de pessoas Negras como perpétua, estava falando de seu passado, não de seu futuro, que, argumentei, poderia ser mudado se estratégias mais robustas, como ações afirmativas, pudessem ser sustentadas e se toda uma série de critérios aparentemente inocentes (testes de emprego padronizados ou o plano escolar do bairro) fossem adequadamente modificados para evitar a subordinação contínua do grupo.

O surgimento da classe média Negra não torna a antissubordinação obsoleta, assim como a variação de *status* econômico entre as mulheres não tornou obsoletos os vários ramos do feminismo (por exemplo, o trabalho de Catherine MacKinnon) baseados na mesma teoria. Até mesmo pessoas Negras ricas são Negras. Elas desfrutam dos privilégios que a riqueza pode comprar, mas são sobrecarregadas por dúvidas e expectativas não vivenciadas por pessoas brancas que podem desfrutar do mesmo *status* econômico ou social. Os ganhos daqueles que tiveram sucesso não são antigos ou penetrantes o suficiente para erradicar a compreensão social de ser uma pessoa Negra que está enraizada em séculos de escravização e segregação. Também deve ser levada em conta a parcialidade do sucesso. Embora devamos celebrar a criação da classe média Negra, não devemos perder de vista o fato de que dois terços das pessoas Negras ainda vivem em pobreza abjeta, se não encarceradas, ou então concentradas e isoladas em guetos. Aqueles que vivem no gueto são pobres, sem trabalho, dependentes de assistência social, vivendo em moradias dilapidadas, vitimados por altas taxas de criminalidade e com poucas perspectivas de mobilidade social. Enquanto a maior parte de pessoas que estão nessa condição corresponde a pessoas brancas, uma porcentagem maior de pessoas Negras está nessa posição e isso desempenha um papel crucial na determinação do *status* do grupo como um todo. Outros grupos presos em centros urbanos podem sofrer o mesmo destino.

Embora a heterogeneidade nas condições materiais de vida não torne a antissubordinação obsoleta, ela complica a análise e tem implicações políticas importantes. Precisamos continuar muitas das políticas da Segunda Reconstrução, pois a posição da classe média Negra deve ser reforçada e ampliada. Isso significa, entre outras coisas, uma continuação de ações afirmativas, como recentemente sustentada pela Suprema Corte, e uma aplicação contínua do princípio de *Griggs*. Ao mesmo tempo, devemos reconhecer que essas políticas não são suficientes. Precisamos de programas voltados especificamente para aqueles que foram deixados para trás – pessoas Negras que são desesperadamente pobres. Elas provavelmente não serão admitidas na Faculdade de Direito da Universidade de Michigan. É verdade que elas se beneficiam do programa de ação afirmativa da Universidade porque esse programa altera o *status* do grupo do qual são membros e, portanto, afeta como os outros podem enxergar o grupo e como indivíduos possam se enxergar. Mas esse benefício é remoto e indireto em relação às suas necessidades. Por essa razão, a Terceira Reconstrução deve continuar não apenas as políticas do passado, mas também lançar iniciativas que falem direta e imediatamente aos "mais desfavorecidos" (para usar a frase de William Wilson). Tais políticas podem incluir reforma da educação e bem-estar, criação de empregos, mudanças na administração da justiça criminal ou, como argumentei recentemente em *A Way Out*, de 2003, estratégias para eliminar guetos como um elemento da sociedade estadunidense.

Algumas dessas medidas foram lançadas. Outras ainda serão propostas. O debate será continuado e ampliado, embora o padrão de julgamento deva ser claro: eliminar a subordinação é necessário como uma questão de justiça, não simplesmente como uma boa política ou política pública. Como último ciclo de reforma, a Terceira Reconstrução deve ser fundada em princípios de justiça – não a eliminação da injustiça no tratamento de indivíduos, mas a erradicação das estruturas de subordinação. Por essa mesma razão, a teoria da antissubordinação – o predicado indispensável para tal programa de reforma – terá que encontrar um lugar mais seguro no trabalho da Suprema Corte – um lugar tão seguro quanto o que teve em *Brown* e nas decisões dos anos 1960 e início dos anos 1970 que deram vida à Segunda Reconstrução. Embora os outros ramos do governo tenham um papel crucial a desempenhar, a Terceira Reconstrução também exigirá uma coordenação de Poderes – a Suprema Corte, por causa de seu compromisso com a razão pública, tem uma posição privilegiada em nosso sistema político para declarar com autoridade o que os ditames da justiça exigem.

Susan Sturm imagina um lugar para o Judiciário no que chamo de Terceira Reconstrução, mas o retrata em um papel diferente. Ela critica meu posicionamento por colocar o Judiciário no papel de "oráculo" e insiste que a função do deste não é declarar o que é justo, mas, sim, "estruturar o engajamento público com normas gerais em contextos institucionais específicos e, então, avaliar a adequação do processo de elaboração de normas e seus resultados substantivos". Há muita sabedoria na formulação da Professora Sturm sobre a maneira como o Judiciário pode proceder; os tribunais precisam do engajamento público e responderão a ele. No entanto, a menos que estejamos preparados para capitular à maneira como o poder é realmente distribuído na sociedade, o Judiciário deve fazer mais do que facilitar o engajamento público na construção de normas por forças em disputa; ele deve, às vezes, liderar e, se necessário, articular a própria norma. O direito do Judiciário de agir da maneira que imagino – ser o oráculo, se preferir – não deriva de qualquer perícia moral que juízas/es possam ter, mas das normas que limitam o exercício de seu poder. O direito do Judiciário de liderar no processo de articulação de normas e falar com autoridade sobre questões de justiça deriva de sua independência das partes e da política, de sua obrigação de ouvir as queixas de todas as partes, de assumir a responsabilidade por suas decisões e de justificar essas decisões em termos de razões juridicamente aceitáveis.

De forma semelhante à Professora Sturm, os Professores Issacharoff e Karlan defendem uma concepção menos robusta do Judiciário do que aquela prevista em "Grupos". Hoje, eles argumentam, é tarefa do Judiciário não tanto erradicar estruturas de subordinação, mas, sim, limpar os canais políticos – para permitir que os desfavorecidos participem livre e completamente da vida política. Sou menos otimista do que Issacharoff e Karlan sobre o poder político das pessoas Negras e de outros grupos desfavorecidos; muitos são minorias numéricas, e mesmo aqueles que têm maiorias, como as mulheres, são prejudicados por desigualdades de recursos econômicos. No entanto, nossa diferença é mais fundamental, embora eu possa tê-los enganado em "Grupos" quando, sobrecarregado demais pela tarefa de reconciliar fortes exercícios do poder judicial com nosso espírito democrático, erroneamente fiz da "impotência política" um dos critérios definidores de um grupo desfavorecido. Para mim, o dever do Judiciário não é compensar as deficiências do poder político, mas dar significado concreto aos valores constitucionais, que fornecerão a estrutura dentro da qual todas as lutas políticas ocorrerão e são necessárias, não importando como o poder político seja realmente distribuído.

Embora "Grupos" amplamente conceda lugar para os ramos políticos, em grande parte, foi, como vários comentadores observam, "uma carta aberta à Suprema Corte" (frase da Professora West). Como tal, foi um exercício de argumentação fundamentada, o que não é nada surpreendente, pois considero a razão pública o cerne do Direito e a fonte da autoridade da Corte. O argumento foi informado pela história e pela política, até mesmo pela minha própria experiência, mas essas fontes foram mantidas em segundo plano. O ensaio em si era analítico, tentando expor a estrutura interna e as deficiências de um princípio (antidiscriminação) e argumentando para mover o Direito em direção a outro (antissubordinação). Foi o trabalho de um advogado.

Kathryn Abrams comenta sobre meu método e nota o quão nitidamente ele se difere daquele de um movimento jurídico que surgiu no final dos anos 1980 – a Teoria Crítica Racial (Critical Race Theory). As acadêmicas e acadêmicos associados a esse movimento endossam a antissubordinação, mas, em contraste com a análise exemplificada por "Grupos", fazem seu ponto por meio de narrativas, algumas autobiográficas, como a contida no comentário de Mari Matsuda neste simpósio. As/os teóricas/os críticas/os da raça não apontam simplesmente para o papel das narrativas no Direito, mas, na verdade, as escrevem e as oferecem como um substituto para o argumento fundamentado tradicionalmente associado ao Direito. O pano de fundo se torna o primeiro plano. Isso, acredito, não é uma questão de estilo pessoal, mas uma maneira de subverter a autoridade de tribunais. É certo que tais táticas se tornaram especialmente atraentes quando a liderança da Corte passou de Earl Warren para Warren Burger e William Rehnquist, *Griggs* e *Swann* foram restringidos, a validade da ação afirmativa foi posta em questão e condutas subordinatórias privadas foram colocadas além do alcance da proteção igualitária. Eu também me oponho a esses desenvolvimentos, mas acredito que devemos criticar a Corte pelo que ela diz, não subverter sua autoridade de forma deliberada ou flagrante ou zombar de seu comprometimento com a razão pública respondendo a suas decisões com histórias. A Terceira Reconstrução precisará da Corte.

Ao criticar o princípio da antidiscriminação em "Grupos", reconheci que muito de seu apelo surgiu de suas qualidades aparentemente não substantivas, quase formalistas, mas insisti que tal apelo era uma ilusão. Sanford Levinson observa que essa crítica é congenial aos Estudos Jurídicos Críticos (Critical Legal Studies – CLS), um movimento que, em grande parte, tomou forma após a publicação de "Grupos" e que critiquei. Ele está se referindo especificamente a dois ensaios que escrevi na década de 1980, "Objectivity and Interpretation" e "The Death of Law?", nos quais, com um toque do excesso que vem do calor da batalha, descrevi o CLS como um novo niilismo, porque negava a possibilidade de uma moralidade pública que pudesse ser interpretada e atualizada pelo Judiciário. O ponto do Professor Levinson não é tanto o de me acusar de inconsistência (não acredito que haja alguma), mas se perguntar por que não vi o advento do CLS com mais simpatia, uma vez que, como é evidente em "Grupos", eu também rejeito o formalismo do Direito. Para mim, no entanto, há uma diferença crucial entre desmascarar o Direito e desbancá-lo; entre, por um lado, negar a lógica instrumental da antidiscriminação e insistir na necessidade de julgamentos normativos substantivos e, por outro lado, proclamar que o Direito está impregnado de uma contradição fundamental que desconstrói qualquer estrutura normativa sobre a qual ela possa se sustentar. A última posição – a do CLS – oblitera a linha entre Política e Direito, enquanto vejo a crítica não como um fim em si mesma, mas como um estágio preliminar na construção de um Direito que se aproxime mais da justiça.

Essa é a tarefa diante de nós. Precisamos reconhecer o comprometimento do Direito com a razão pública e voltar para a Corte. Precisamos pressionar a Corte, nos termos mais enfáticos possíveis, e mostrar o erro de *Moose Lodge*, *Milliken vs. Bradley* e *Washington vs. Davis*. Embarcamos em um esforço semelhante nos casos de ação afirmativa de Michigan, revertendo, ou, pelo menos, interrompendo uma trajetória que começou no caso *Richmond* no final dos anos 1980 e encontrou expressão poderosa e preocupante há apenas alguns anos em *Adarand*. Talvez um feito ainda maior tenha sido realizado em *Lawrence vs. Texas*, também proferido em junho de 2003, em que a Corte, em uma opinião do Ministro Kennedy, saiu de seu caminho para repudiar *Bowers vs. Hardwick* (1986) e introduzir uma jurisprudência de dignidade humana no Direito estadunidense. Milagres? Talvez, mas eles são os milagres da razão pública e, como tal, indicam o que é possível e necessário dentro do Direito. Embora devamos reconhecer as conquistas da Segunda Reconstrução, também devemos reconhecer que, a partir da década de 1970, *Brown* foi drenado de seu poder gerador e que, como resultado, os propósitos mais elevados da Segunda Reconstrução permanecem não cumpridos. Resquícios de casta persistem, às vezes assumindo formas novas, talvez até mais intratáveis. O desafio à frente é demonstrar, mais uma vez, o motivo de tal subordinação e de as instituições que dão origem a ela serem incompatíveis com a igualdade que a Constituição promete.

PARTE II

A TRANSFORMAÇÃO DO DIREITO DE IGUALDADE RACIAL

A presente seção é composta por ensaios que tratam, especificamente, do tema da desigualdade racial nos Estados Unidos. O primeiro artigo – "Desequilíbrio Racial em Escolas Públicas: os Conceitos Constitucionais" – foi publicado em 1965, um momento no qual o Direito parecia um caminho promissor para a busca da igualdade racial. Ali, Fiss argumenta que critérios raciais podem ser utilizados e – às vezes, devem ser utilizados – no contexto da dessegregação de escolas. O argumento avançado se baseia no princípio da antidiscriminação – afinal, naquele momento, Fiss não havia ainda formulado sua teoria da antissubordinação. Entretanto, encontramos sementes da teoria da antissubordinação na forma como Fiss argumenta que o *status* de grupos pode ser um critério legítimo para tratamento diferenciado. Em "Dessegregação de Escolas: O Caminho Incerto do Direito", Fiss trata dos desenvolvimentos então recentes da jurisprudência estadunidense sobre igualdade racial. Ele atribui tal caminho "incerto" a ambiguidades no entendimento de cortes sobre os problemas envolvidos na segregação. (Tratamento diferenciado? Existência de discriminação passada resultante na discriminação presente? A segregação em si?). Esse artigo estabelece o problema que Fiss tentará, nos anos seguintes, resolver através da teoria da antissubordinação. Enquanto os dois primeiros artigos têm uma ambição clara de expansão da jurisprudência da igualdade, o terceiro artigo desta seção – "A Doutrina da Adequação Estrita" – tem um objetivo mais modesto: limitar o alcance das restrições impostas pela Suprema Corte à proteção igualitária. Publicado originalmente em 2021, o artigo confronta o enraizamento, na jurisprudência sobre igualdade, da ideia de que remédios constitucionais deveriam ser estritamente adequados ao combate de certa violação da igualdade – ou a doutrina da "adequação estrita" – considerada, por Fiss, um claro atentado aos esforços necessários para a erradicação de desigualdades estruturais. O artigo seguinte, intitulado "O Acúmulo de Desvantagens", foi publicado em 2018. Ali, Fiss discute outra doutrina associada a casos de igualdade: a doutrina do impacto diferenciado, desenvolvida, principalmente, no âmbito do trabalho, refletindo sobre o seu impacto positivo em outras áreas (como direito a voto e moradia). Essa doutrina, segundo Fiss, é permeada pelo que chama de "teoria da responsabilidade cumulativa", que reconhece o caráter interconectado da vida social (por exemplo, educação de baixa qualidade tem impactos em oportunidades de emprego etc.) e o traduz na linguagem do Direito. Apesar dos ganhos da implementação da doutrina do impacto diferenciado, Fiss critica os desenvolvimentos jurisprudenciais que a confinaram ao Direito Estatutário, não tendo expandido seu alcance para casos envolvendo Direito Constitucional.

Dentro do tema do caráter interconectado da vida social, os últimos dois artigos desta parte ("O Que Deve Ser Feito Para Quem Foi Deixado Para Trás?" e "Ações Afirmativas Como Estratégia para a Justiça") tratam de dois problemas sociais concretos: a desvantagem habitacional e a desvantagem educacional. Segundo Fiss, ambas continuam a constituir uma parte relevante da perpetuação da subordinação da comunidade Negra e o seu desmantelamento exige ações positivas do Estado. Apenas assim, o problema mais amplo da subordinação pode ser mitigado.

A) EDUCAÇÃO PÚBLICA SEGREGADA

III

DESEQUILÍBRIO RACIAL EM ESCOLAS PÚBLICAS: OS CONCEITOS CONSTITUCIONAIS[126]

Introdução

A necessidade de igualdade racial na sociedade estadunidense levou a protestos fervorosos contra a segregação nas escolas públicas. A Suprema Corte respondeu a esse protesto em *Brown vs. Board of Education*, em que condenou inequivocamente os esquemas de distribuição de alunas/os que tinham como propósito declarado a separação racial. Na esteira dessa decisão, a atenção está se voltando para as escolas públicas onde a segregação não é a política aberta e declarada do conselho escolar, mas onde, no entanto, as raças permanecem segregadas no mundo dos fatos. Este artigo explora os aspectos constitucionais das contestações a situações nas quais, embora a composição de cada escola pública seja determinada por critérios geográficos, a maioria das pessoas Negras

126 FISS, Owen. "Racial imbalance in the public schools: the constitutional concepts". *Harvard Law Review*, vol. 78, 1965, p. 564.

na comunidade é compelida a frequentar escolas públicas que são predominantemente Negras. O foco está no estabelecimento e na manutenção de escolas racialmente desequilibradas – escolas predominantemente Negras nas quais a proporção de alunas/os Negras/os excede substancialmente a proporção de alunas/os Negras/os nas escolas públicas do mesmo nível de ensino na comunidade e às quais alunas/os são supostamente designados com base em critérios geográficos.

Quando a população de uma comunidade, ou uma escola pública é predominantemente Negra, uma escola pode ser predominantemente Negra e, ainda assim, não ser considerada racialmente desequilibrada. Além disso, uma escola predominantemente branca não é considerada racialmente desequilibrada quando a sua proporção de alunas/os Negras/os excede substancialmente a proporção de crianças Negras em todas as escolas públicas do mesmo nível de ensino na comunidade. Embora a proporção de estudantes Negras/os em tal escola possa exceder a proporção de crianças Negras em todas as escolas públicas do mesmo nível de ensino, o termo "racialmente desequilibrada" não se aplica a menos que a escola também seja predominantemente Negra, pois é vista como uma escola segregada somente quando é predominantemente Negra e literalmente desequilibrada.

O uso declarado de critérios geográficos para designar crianças a escolas pode, é claro, ser um mero subterfúgio para uma política de manipulação ativa da alocação. Sob essa política, o critério para alocação em escolas é explicitamente descrito em termos geográficos, mas um desejo de separar racialmente domina, e a distribuição racial pretendida nas escolas é produzida na medida em que reproduz a distribuição demográfica da região. Escolas racialmente desequilibradas também podem resultar, no entanto, da determinação de que zonas de frequência sejam geograficamente justificadas como garantia de proximidade física à escola, com desvios explicados apenas por considerações relativas a transporte e topografia. Dado o conhecimento do conselho escolar sobre o desequilíbrio e protestos contra este, a falha em corrigir o desequilíbrio pode geralmente ser atribuída a uma política de aprovação do desequilíbrio ou a uma política de desconsideração do desequilíbrio. Uma política de aprovação existe quando o conselho escolar deseja manter a separação das raças, mas não precisa criar desvios geográficos para realizar esse desejo. Tira-se vantagem de um padrão residencial estabelecido, e o conselho escolar precisa apenas persistir em usar fielmente critérios geográficos para cumprir seu propósito. Com a política de desconsideração, há uma ausência de desejo ou propósito por parte do conselho escolar de separar com base em critérios raciais. A falha em corrigir o desequilíbrio é baseada na determinação do conselho de que o desequilíbrio é educacionalmente irrelevante ou que os custos envolvidos na correção do desequilíbrio superam as vantagens a serem obtidas. A boa-fé do conselho escolar distingue as duas políticas, embora essa diferença de atitude seja extremamente difícil de avaliar, uma vez que um órgão corporativo está envolvido, e poucos funcionários são indelicados o suficiente para expressar opiniões a favor da segregação na educação pública.

Qualquer uma das políticas negativas de aprovação ou desconsideração, em contraste com a política de manipulação de alocação ativa, pode ser responsável pelo fenômeno popularmente chamado de "segregação de fato". Ao contrário da sugestão implícita pelo uso do termo "de fato", no entanto, a questão da responsabilidade governamental por tal segregação não é o aspecto constitucional verdadeiramente único da segregação na escola racialmente desequilibrada. Em vez disso, a singularidade deriva do fato de que a correção do desequilíbrio pode exigir a incorporação de distinções raciais em um esquema governamental, e também que a separação possa ser vista como uma consequência natural de uma política familiar e facialmente neutra ou inocente, perseguida para promover objetivos legítimos. O termo segregação de fato faz com que a escola racialmente desequilibrada pareça uma única instituição monolítica, a contraparte do Norte da educação segregada do Sul, e uma instituição da qual há apenas uma saída – abandono total de critérios geográficos e transporte em larga escala. Como tal, o termo distorce a realidade e paralisa o pensamento.

I. As dimensões sociais do desequilíbrio racial

A) Interesses promovidos pelo uso de critérios geográficos

O uso de critérios geográficos é uma característica quase universal dos planos de alocação em escolas em comunidades urbanas que não empregam critérios raciais. Protestos recentes contra escolas racialmente desequilibradas levaram a uma avaliação das justificativas para critérios geográficos.

1. *Evitar transporte.* A necessidade de transporte de ida e volta para a escola é minimizada ao alocar crianças em escolas mais próximas de suas casas. Isso economiza tempo para elas e evita custos, inconveniências e perigos envolvidos em qualquer programa de transporte diário. Também facilita a participação dos pais em reuniões de pais e professores e permite que os primeiros cheguem à escola imediatamente se houver uma emergência que exija sua presença. No entanto, mesmo se critérios geográficos forem utilizados, problemas de transporte podem existir para algumas crianças quando, como na maioria das escolas de ensino médio, o tamanho da escola e sua zona de abrangência são grandes. Além disso, a importância de evitar o transporte diminui à medida que a criança cresce; e a comunidade envolvida pode ser tão pequena, ou a escola tão situada, que um sacrifício de dimensão nas zonas de abrangência resultará em apenas um aumento insignificante na quantidade de transporte.

2. *Interesses associativos.* O uso de critérios geográficos permite que pais controlem as amizades de seus filhos nas escolas públicas por meio da escolha de residência. No entanto, o uso de

tais critérios promove os interesses associativos apenas daqueles que podem exercer uma escolha relativamente livre sobre sua residência. Para a maioria das pessoas Negras, essa escolha é virtualmente impossível. Embora algumas pessoas Negras possam preferir a segurança emocional de viver em um “gueto”, a guetização é forçada sobre a maioria delas pela discriminação racial na moradia, a consequente debandada que ocorre quando pessoas Negras se mudam para um bairro branco e suas atuais deficiências econômicas, as quais, em grande medida, são infligidas pela discriminação racial no emprego.

A preferência associativa básica promovida pela utilização de critérios geográficos é o desejo do pai branco de manter suas/eus filhas/os fora das escolas racialmente integradas e de manter as crianças Negras originalmente alocadas em tais escolas fora daquelas frequentadas por estudantes brancas/os. Embora essa preferência possa ser baseada em pura antipatia por pessoas Negras, também pode refletir um conjunto mais complicado de interesses – por exemplo, o desejo de manter a criança fora das escolas em bairros onde a taxa de criminalidade é alta, o interesse em impedir que ela aprenda os costumes de crianças de famílias de classe baixa, o desejo de que frequente uma escola com crianças “culturalmente enriquecidas” (sob sua perspectiva) e o desejo de que aproveite a segurança de ir a uma escola com crianças que vêm de uma origem semelhante. Em certo sentido, essas objeções associativas são baseadas na classe socioeconômica e não na raça. No entanto, essa linha tênue pode não ter sentido na realidade, pois quase todas as pessoas “guetizadas” são Negras e, portanto, são da classe socioeconômica mais baixa, e há uma correlação aos olhos de muitas pessoas brancas entre raça e classe. Embora a pessoa branca possa estar disposta a reconhecer que nenhuma das características negativas atribuídas às classes mais baixas seja inata e que crianças Negras as possuam apenas por causa do clássico “círculo vicioso”, pais e mães naturalmente têm uma visão de curto prazo sobre a situação e agem de maneira egoísta. Eles não estão predispostos a sacrificar suas preocupações parentais para fazer uma contribuição pequena e de longo alcance para uma solução do problema estrutural.

B) Os males das escolas racialmente desequilibradas

A premissa subjacente do protesto contra escolas racialmente desequilibradas é que o sistema de escolas públicas é o mecanismo mais geral de mobilidade social na sociedade estadunidense e a instituição de governo local que desempenha o papel mais proeminente na vida da comunidade. É importante isolar os males alegados como inerentes às escolas racialmente desequilibradas não com o propósito de resolver quaisquer disputas empíricas, mas para que o protesto possa ser mais bem compreendido.[127]

---

127 O material a seguir auxiliou muito na pesquisa desta seção: KLOPF, Gordon J.; LASTER, Israel (Coord.). *Integrating the urban schools*. Nova York: Teachers College Press, 1963; UNITED STATES COMMISSION ON CIVIL RIGHTS. *Civil Rights U.S.A. Public Schools, Cities in the North and West*. Washington: Greenwood Press, 1962.; EDITORIAL BOARD. "The effects of segregation and the consequences of desegregation: a social science statement". *Minnesota Law Review*, vol. 37, 1953, p. 427 [consistindo no apêndice da peça apresentada pelos apelantes em *Brown vs. Board of Educ.*, 347 U.S. 483 (1954)]. Igualmente úteis foram as entrevistas com vários educadores e líderes do movimento dos direitos civis na área de Boston. Particularmente esclarecedora foi uma Reunião Aberta sobre Práticas Educacionais e Grupos Minoritários, patrocinada pelo Comitê Consultivo de Massachusetts para a Comissão dos Estados Unidos sobre Direitos Civis, realizada no Tribunal dos Estados Unidos em Boston, em 20-21 de março de 1964. O tópico era o desequilíbrio racial nas escolas de Boston, e, dentre os participantes, estavam Mr. Thomas Atkins (NAACP); Mr. Richard Banks (Executive Secretary, Governor's Comm. on Civil Rights); Dr. Vincent Conroy (Harvard Graduate School of Education); Mr. William J. Cunningham (Administrator, Boston Public Schools); Dr. Dan Dodson (Director, Human Relations Center, New York University); Mr. Arthur Gartland (Boston School Committee); Mr. Alan Gartner (CORE); Mrs. Louise Day Hicks (Boston School Committee); Rev. William J. Kenealey (Boston College Law School); Miss Catherine Maney (Administradora, Boston Public Schools); Mr. William Ohrenberger (Superintendente, Boston Public Schools); Miss Marguerite Sullivan (Administrator, Boston Public Schools); e Mr. John Venson (Urban League).

1. Dano psicológico: a dor pessoal. É possível dizer que uma política aberta e declarada de segregação é ofensiva e humilhante para os membros do grupo segregado e isso é alegado como sendo especialmente verdadeiro para a segregação racial nos Estados Unidos por causa da conexão histórica entre a escravização e as leis de segregação projetadas para alcançar essa separação. A pessoa Negra não é protegida da difamação quando o conselho escolar tenta desajeitadamente disfarçar sua política de segregação por meio de manipulação de alocação ativa, e a presença de algumas/uns alunas/os brancas/os não impede que a escola seja vista como segregada. Uma política de aprovação pode ter um impacto psicológico semelhante, uma vez que a recusa de um conselho escolar em corrigir o desequilíbrio pode levar crianças Negras a ver os critérios geográficos simplesmente como outro meio para alcançar a segregação imposta; e elas receberão pouco conforto do conhecimento de que as zonas de abrangência de escolas são compactas. Além disso, não há diferença entre uma política de aprovação e uma de desconsideração para uma criança em idade escolar que não consegue entender a dinâmica delicada inerente à ponderação de boa-fé de valores concorrentes pelo conselho. O próprio fato da separação racial pode ser danoso para a criança e uma consciência da hostilidade racial prevalente na sociedade pode tender a confundir a linha entre as políticas. Uma política aberta e declarada de segregação pode não apenas humilhar a pessoa Negra, mas também reforçar sua posição na sociedade, servindo como um lembrete constante de sua posição social inferior. É possível alegar que a designação para escolas racialmente desequilibradas reforça similarmente o senso de inferioridade de pessoas Negras, independentemente de o desequilíbrio ser devido a uma política de manipulação ativa, aprovação ou desconsideração. O reforço decorre tanto da associação forçada com pessoas apenas do mesmo *status* social baixo quanto de uma crença amplamente compartilhada de que a escola racialmente desequilibrada é a escola com o *status* mais baixo na comunidade. Essa crença é, em parte, devida à inadequação acadêmica da escola, mas, mais fundamentalmente, pode ser atribuída à posição social do grupo racial que predomina na escola.

O significado para pessoas Negras desse suposto dano psicológico – tanto o insulto quanto o estigma – depende de uma infinidade de variáveis: ambiente familiar, riqueza, relacionamento social fora da escola, a qualidade de sua escolaridade anterior e subsequente, autoconfiança individual e capacidade intelectual. Aqueles que protestam contra o desequilíbrio escolar percebem a impossibilidade de construir uma conexão causal precisa entre as escolas desequilibradas e os males que geralmente assolam pessoas Negras que vivem em guetos. Mas insistem que uma possível resposta ao insulto e ao estigma é uma diminuição da motivação, alienação da criança da instituição educacional, distorção de relacionamentos pessoais e várias formas de comportamento antissocial. Que tal conexão causal possa existir é sugerido pelas indicações embrionárias de melhor desempenho educacional de crianças Negras em escolas integradas. E mesmo que essa conexão possa ser apenas vagamente discernida, ela deve, no entanto, ser considerada significativa à luz da importância da escola pública na comunidade.

2. *A inadequação acadêmica da escola desequilibrada*. Alega-se que a escola desequilibrada é invariavelmente academicamente inferior às outras escolas do sistema: a infraestrutura encontra-se dilapidada; existe superlotação; o material educacional é escasso; há um número desproporcional de professores temporários ou substitutos; problemas de disciplina apresentam interrupções contínuas; o currículo difere daquele de outras escolas; e notas mais baixas são obtidas em testes padronizados. Alunas/os em tais escolas também são privados do estímulo intelectual que vem da troca de ideias e do desenvolvimento de relacionamentos pessoais em um contexto racial e socialmente heterogêneo. Essa inadequação acadêmica prejudica seriamente a capacidade de alunas/os Negras/os de competir na sociedade e priva a sociedade de uma quantidade apreciável de talento. A relação geral dessa inadequação acadêmica com a escola

racialmente desequilibrada não é acidental. Pessoas Negras são forçadas a se "guetizar" nas áreas mais precárias da cidade, e isso geralmente significa que a infraestrutura da escola desequilibrada reproduz esse padrão. A negligência das necessidades educacionais da escola desequilibrada é mais comum quando os membros do conselho escolar são intimamente identificados com os interesses do grupo dominante. Além disso, professoras/es relutam em aceitar cargos em escolas racialmente desequilibradas. Essa relutância pode ser atribuída ao preconceito racial, mas frequentemente as razões são mais complexas. Muitas/os professoras/es preferem ser associados a escolas de maior prestígio e ensinar alunas/os que, sob a suas perspectivas, são "culturalmente enriquecidas/os"; elas/es também podem desejar evitar as dificuldades de ensinar uma classe inteira de crianças consideradas culturalmente carentes e os problemas de disciplina que geralmente existem nessas escolas.

3. *A perpetuação de barreiras sociais*. Aquelas/es que protestam contra as escolas desequilibradas também alegam que a educação segregada, independentemente da política responsável por ela, perpetua as barreiras entre as raças; estereótipos, mal-entendidos, ódio e incapacidade de comunicação são todos intensificados. Essa alegação é baseada não na expectativa irreal de que relacionamentos pessoais interraciais irão automaticamente e universalmente florescer na escola integrada, mas no fato de que crianças Negras estão sendo privadas de mais oportunidades de desenvolver relacionamentos com os membros da classe dominante e que a perda desta oportunidade não é sem importância. A função educacional da escola é talvez mais completamente realizada se ela servir como o grande ponto de encontro; poucas outras instituições sociais podem tão facilmente servir a esse propósito, especialmente quando crianças em idade escolar elementar estão envolvidas. A segregação pode dar a pessoas Negras e brancas o conforto que vem de evitar o confronto diário da hostilidade racial; mas isso simplesmente perpetua um círculo que é vicioso e, em última análise, impraticável em uma sociedade tão interdependente

quanto a dos Estados Unidos. Inevitavelmente, haverá contatos entre as raças e os custos psicológicos do período de transição são, necessariamente, assumidos.

C) O espectro de soluções disponíveis para autoridades escolares

Aqueles que protestam contra a criação e manutenção de escolas desequilibradas reconhecem que agências sociais e governamentais, além das autoridades escolares, podem contribuir para a eliminação dos males do desequilíbrio racial nas escolas públicas; por exemplo, estatutos de antidiscriminação em moradia e emprego podem resultar em alguma desintegração de guetos. Elas/es insistem, no entanto, que tais medidas são necessárias e devem ser tomadas, mas não são suficientes para lidar com o problema no futuro imediato e previsível. Portanto, críticas são dirigidas principalmente às autoridades escolares; e este artigo se preocupa com medidas remediais que um conselho escolar é capaz de adotar.

1. Corrigindo a inadequação acadêmica sem corrigir o desequilíbrio. O conselho escolar poderia tentar eliminar a inadequação acadêmica da escola racialmente desequilibrada apenas melhorando a infraestrutura, repondo suprimentos educacionais e garantindo uma distribuição mais equitativa das/os melhores professoras/es. Além disso, o conselho poderia buscar um programa de educação compensatória, saturando a escola desequilibrada com auxílio financeiro para atender às necessidades especiais e deficiências acadêmicas de suas/eus alunas/os, reduzindo o tamanho das classes, introduzindo programas para a promoção da cultura e de motivação, aumentando o uso de especialistas em orientação e realizando tutoria após a escola. No entanto, se o conselho escolar aderir rigidamente a zonas geograficamente determinadas, esses esforços corretivos não aliviarão nem a inadequação acadêmica derivada do próprio desequilíbrio, nem o dano psicológico, nem a perpetuação de barreiras sociais supostamente envolvidas na educação pública segregada.

2. *Corrigindo o desequilíbrio.* O objetivo final de todos os esforços visando corrigir o desequilíbrio não é a distribuição da população escolar pública Negra e branca para que em cada escola a proporção de crianças Negras para brancas seja precisamente igual à proporção de pessoas Negras para brancas em todas as escolas públicas do mesmo nível na comunidade. O objetivo, em vez disso, é negativo: nenhuma escola que seja predominantemente Negra e na qual a proporção de alunas/s Negras/os exceda a proporção de alunas/os Negras/os matriculadas/os nas escolas públicas do mesmo nível na comunidade deve ser estabelecida ou mantida. A frase "corrigir o desequilíbrio" é usada para denotar um processo contínuo de passos graduais em direção à realização desse objetivo.

a. Plano de transferência aberta. Este plano permite que crianças Negras sejam transferidas de uma escola desequilibrada para uma escola equilibrada somente com base no fato de a escola anterior ser desequilibrada. O uso de critérios geográficos não é abandonado, mas não há adesão rígida a zonas geográficas. A virtude do plano é que a escolha individual é maximizada porque o conselho escolar depende da própria avaliação do indivíduo sobre o impacto adverso do desequilíbrio e o possível ganho da integração. Além disso, nenhum sacrifício é exigido de pessoas brancas além da presença em sua escola de estudantes Negras/os de bairros distantes. O plano, no entanto, tem limitações. Sua eficácia depende obviamente da disponibilidade de vagas em escolas não desequilibradas. Às vezes, o plano deve impedir que a criança branca seja transferida de uma escola desequilibrada para evitar a intensificação do desequilíbrio. Se um município escolher esse plano, pode ter que assumir alguma responsabilidade pelos custos e supervisão do transporte, uma vez que a criança originalmente designada para a escola desequilibrada geralmente vem de uma classe econômica mais baixa e os pais geralmente não têm condições de pagar o transporte. A comunicação eficaz aos pais sobre o direito de transferência pode ser difícil. O sutil fardo psicológico de ter que dar o primeiro passo afirmativo pode ser uma barreira real, especialmente quando pessoas Negras foram alienadas por muito tempo pela burocracia. Em algumas comunidades, ameaças de represálias podem tornar o exercício desse direito improvável. Se a continuidade na educação for considerada suficientemente importante para dar às crianças que se transferem o direito de permanecer em sua nova escola, sua capacidade limitada pode forçar as crianças que se mudam para a zona de abrangência daquela escola a frequentar a unidade de ensino fora daquela área. As escolas nas periferias do gueto podem logo se tornar desequilibradas, e pode ser antieconômico operar a escola desequilibrada original quando ela não estiver lotada.

b. Seleção estratégica de locais. Novas escolas estão continuamente sendo construídas em áreas urbanas e, ao colocá-las estrategicamente na fronteira de um gueto em vez de em seu centro, a compactação geográfica pode ser alcançada e o desequilíbrio evitado, embora alguns interesses associativos possam ser sacrificados. Quando uma nova escola está sendo adicionada a um sistema sem substituir uma antiga, as pressões populacionais raramente serão tão grandes a ponto de impedir uma discrição significativa na seleção do local. No entanto, mudanças fluidas em padrões residenciais, comuns em centros urbanos, podem exigir uma reconsideração constante das zonas do distrito escolar, e alguns guetos podem ser tão grandes que escolas racialmente desequilibradas não podem ser evitadas pela seleção estratégica do local sem algum sacrifício da proximidade geográfica.

c. Rezoneamento sem sacrifício da compacidade geográfica. Em algumas comunidades, a composição racial das escolas pode ser radicalmente alterada se as linhas da área de alocação forem redesenhadas sem um sério sacrifício de compacidade. Apesar de o movimento das linhas de alocação por algumas ruas ser suficiente, especialmente com moradias de vários andares, sem um aumento significativo da quantidade de transporte, os interesses associativos podem ser prejudicados se a área de alocação preexistente corresponder a um bairro homogêneo.

d. Ampliação da zona de abrangência: o plano de Princeton. Ao ampliar a zona de abrangência de uma escola desequilibrada, crianças matriculadas podem vir de uma área geográfica mais ampla e o desequilíbrio pode ser reduzido. O propósito dessa medida corretiva é garantir que nenhuma escola seja composta por alunos somente de uma área racialmente desequilibrada. Sua eficácia depende da profundidade de tal zona e da capacidade física de cada uma das escolas, e seu problema central é encontrar um meio de ampliar a zona de abrangência sem aumentar substancialmente o número total de alunos incluídos na zona. Princeton resolveu esse problema alocando entre várias escolas os seis anos de educação elementar tradicionalmente administrados por uma única escola. O plano de Princeton teria um impacto nos interesses associativos e aumentaria a distância entre casa e escola para algumas crianças. Além disso, alguma continuidade da experiência educacional pode ser perdida, pois o plano envolve uma série de transferências de prédios durante a carreira educacional de uma criança. Embora essas transferências possam ser evitadas no futuro com a construção de prédios escolares maiores, muitas vezes se presume que é desejável manter as escolas de ensino fundamental pequenas para minimizar a confusão envolvida na primeira experiência escolar de uma criança.

e. Abandono de critérios geográficos: aumentando o sistema de transporte. A abordagem mais radical para o problema do desequilíbrio racial é fazer da integração, em vez da proximidade geográfica, o determinante fundamental da escola que uma criança frequenta. Tal plano exigiria transporte para crianças brancas e Negras. Mas, se um conselho escolar escolher a integração como o objetivo primordial de sua política de designação, ele não precisa prosseguir separando todas/os as/os alunas/os de acordo com a raça e redistribuindo-as/os pelas escolas disponíveis. A proximidade geográfica poderia ser usada como norma para reduzir os encargos administrativos; o conselho então ordenaria desvios de acordo com as necessidades de integração. Alternativamente, o conselho poderia desenvolver centros educacionais compreendendo várias escolas localizadas em áreas semelhantes a parques que atenderiam a um grande número de crianças de várias seções da comunidade. Existem muitos métodos para perseguir o objetivo da integração. A possibilidade de uma debandada de crianças brancas do sistema escolar público ou até mesmo da cidade em questão, bem como a falha de imaginação e recursos econômicos, constitui a limitação final para essa abordagem. Essa possibilidade de retirada em massa, que varia de acordo com a intensidade do ressentimento de pessoas brancas, pode ser compensada pelos custos de escolas particulares e pelos laços que uma família possa ter com a cidade. Embora essa solução de longo alcance esteja dentro do espectro daqueles capazes de corrigir o desequilíbrio, ela não deve obscurecer o fato de que soluções menos extremas existem e que, na maioria das comunidades, elas não apenas aliviariam o desequilíbrio, mas também o eliminariam.

II. A permissibilidade constitucional para a correção do desequilíbrio: a Constituição "daltônica"

A questão de se é constitucional para um conselho escolar tomar medidas para corrigir o desequilíbrio racial em seu sistema escolar pode surgir como a questão central em um processo que desafia a validade da ação do conselho escolar tomada voluntariamente ou como questão em um processo movido para obrigar um conselho escolar a tomar tal ação. Esta seção tratará da questão em seu cenário anterior. Se um conselho escolar pode ou não ser compelido a adotar medidas corretivas, o problema conforme colocado aqui pressupõe que o conselho escolar escolha adotar uma ou algumas das medidas corretivas descritas acima.

Um conselho escolar, ao decidir se deve ou não tomar medidas corretivas, deve ponderar os vários interesses alegadamente promovidos pela perpetuação de critérios geográficos contra os interesses alegadamente ameaçados pela criação ou manutenção de escolas desequilibradas. O passo inicial na avaliação da constitucionalidade dos esforços de um conselho escolar para corrigir o desequilíbrio é, portanto, conceber se a decisão final do conselho foi tomada após a ponderação de interesses legítimos,[128] mas conflitantes. O fato de o desequilíbrio racial nas escolas públicas poder ser causado em parte por escolhas privadas, de forma alguma, torna o conselho menos capaz de assumir a responsabilidade de sopesar esses valores conflitantes.

Foi argumentado, no entanto, que, embora um conselho escolar normalmente possa preferir um de dois interesses legítimos conflitantes, a ação governamental desse tipo é constitucionalmente ilegal porque o esquema corretivo é baseado em classificações baseadas na raça. Tal ação, continua o argumento, viola o princípio do "daltonismo constitucional" ou da "cegueira com relação a cor".[129]

O princípio do daltonismo não pode significar que um órgão governamental não possa reconhecer que existem diferenças raciais entre indivíduos e que algumas escolas são racialmente desequilibradas, enquanto outras não. Tal princípio tornaria até mesmo o censo inconstitucional. Embora a visão final da sociedade possa prometer que as diferenças raciais entre os indivíduos serão ignoradas, isso não significa que o governo deva agora se cegar para uma realidade fática que desempenha um papel enorme na vida de pessoas e em suas relações sociais.

O princípio do daltonismo também foi interpretado para significar que, embora o governo não precise ser literalmente cego

---

128 Implícito na decisão de *Brown* está o julgamento de que a satisfação de desejos associativos discriminatórios não é uma motivação estatal legítima quando o resultado é a educação pública segregada. Ver WECHSLER, Herbert. "Toward neutral principles of Constitutional Law". *Harvard Law Review*, vol. 73, 1959, pp. 1-34.

129 *Plessy vs. Ferguson*, 163 U.S. 537, 559 (1896, Ministro Harlan, divergindo).

para as diferenças raciais, as decisões governamentais não podem ser influenciadas por essas diferenças. Essa versão do princípio de fato coloca o conselho escolar em uma posição paradoxal. É essencialmente um chamado para que o conselho escolar apague a composição racial da escola de um processo de tomada de decisão que invariavelmente terá um efeito sobre essa composição. Além disso, como assim interpretado, o princípio parece inexequível porque não há um padrão independente ou objetivo que possa garantir de forma justa que a raça não tenha influenciado as decisões governamentais. A norma do limite de abrangência não pode servir como um padrão, porque a adesão a zonas justificadas geograficamente pode simplesmente refletir a adesão do conselho ao desequilíbrio, ao invés de uma tentativa, por parte do conselho, de excluir considerações raciais da delimitação da zona de abrangência; e é difícil encontrar qualquer justificativa constitucional para um princípio que permita que a raça influencie o processo de tomada de decisão desde que não haja sacrifício da limitação geográfica.

Todos os experimentos dos conselhos escolares para aliviar o desequilíbrio teriam que ser abandonados se essa reafirmação do princípio recebesse estatura constitucional e se, de alguma forma, pudesse ser imposta ou se o seu cumprimento voluntário fosse garantido. Tal proibição geral de todas as tentativas conscientes e deliberadas do conselho escolar de lidar com um problema de tal significância social requer justificativa: por que a Constituição obriga esse daltonismo? O mero risco de abuso ou erro dificilmente pode justificar tal paralisia da ação social; aqui, o risco de abuso é virtualmente eliminado, uma vez que a relação entre a proporção de pessoas Negras na comunidade e a sua proporção em escolas é facilmente determinada. Uma segunda justificativa às vezes utilizada é simplesmente o contexto histórico da promulgação da Décima Quarta Emenda. No entanto, a emenda foi promulgada para garantir às pessoas Negras alguma medida de igualdade e apenas uma leitura específica dessa história traria à tona um princípio que impede um conselho de igualar a oportunidade educacional de crianças Negras para corrigir o desequilíbrio escolar. O Ministro Harlan, ao anunciar o princípio do daltonismo, dirigiu-se às leis de segregação, e o contexto de sua frase não deve ser esquecido.

O princípio do daltonismo pode, no entanto, ser interpretado para expressar uma proposição constitucional sólida para a proibição da discriminação. A Décima Quarta Emenda pode ser entendida como significando que a raça por si só seja rejeitada como justificativa para encargos, restrições e desvantagens impostas pelo governo. Nessa visão, a discriminação existe quando nenhuma boa razão foi dada para justificar uma diferença de tratamento; e a discriminação racial existe quando a única razão para tratar um indivíduo de forma desigual é ele ser membro de uma raça específica. Em outras palavras, o mero fato de uma pessoa ser Negra não é, em si, uma boa razão para justificar tratamento desigual. Essa interpretação encontra na Décima Quarta Emenda um julgamento de que o ideal social básico dos Estados Unidos – a dignidade inerente a todos os indivíduos – torna fundamentalmente injusto tratar uma pessoa de forma desigual somente porque ela possui qualidades sobre as quais não tem livre escolha ou controle – sua raça.

Esta análise não significa, no entanto, que a raça nunca possa influenciar o processo de tomada de decisão do governo, nem significa que as diferenças raciais nunca possam resultar em diferenças de tratamento. Às vezes, um propósito governamental legítimo pode tornar a raça uma característica relevante, mas, em tal caso, a justificativa para diferenças de tratamento não seria o fato da raça, mas, sim, o propósito governamental legítimo. Isso permanece verdadeiro, mesmo no caso extremo, quando o cumprimento do propósito governamental leva a uma restrição das liberdades de um único grupo racial. Os Casos de Realocação de Japones/ases[130] reconhecem que encargos podem ser impostos a um

130 *Hirabayashi vs. United States*, 320 U.S. 81 (1943); *Korematsu vs. United States*, 323 U.S. 214 (1944). O Ministro Black declarou para o Tribunal: "Deve-se notar, para começar, que todas as restrições legais que restringem

grupo racial quando a justificativa não é a diferença racial, mas, sim, a decisão legal do Congresso de proteger a segurança da nação em tempos de guerra. O desconforto com esses casos não surge da aplicação do princípio de que um propósito legítimo pode tornar a raça uma preocupação relevante, mas, sim, de dúvidas de que as necessidades de segurança nacional justificaram as restrições totalmente opressivas que foram escolhidas.

Esse mesmo modo de análise é aplicável à decisão de um conselho escolar de corrigir o desequilíbrio em seu sistema escolar. A justificativa para a incorporação de distinções raciais pelo conselho escolar em seu esquema correcional é a de que raça é uma característica relevante, dado o propósito do conselho escolar, a saber, evitar danos psicológicos a crianças Negras, quebrar barreiras sociais e mitigar a inadequação acadêmica das escolas desequilibradas. Claro, é possível argumentar que muitos dos males que o conselho escolar tenta eliminar quando toma medidas correcionais não são atribuíveis à raça dos indivíduos dentro da escola desequilibrada, mas, sim, atribuíveis à sua classe social. No entanto, certos desses males estão unicamente relacionados ao fato de que o desequilíbrio é racial; ou seja, aqueles atribuíveis ao impacto pessoal do desequilíbrio na pessoa Negra. Além disso, a maioria das pessoas Negras que vivem em guetos e, consequentemente, frequentam escolas desequilibradas são membros da classe econômica mais baixa; assim, as medidas corretivas do conselho tenderão a curar o desequilíbrio socioeconômico também.

É claro que é possível pensar em instâncias em que uma distinção entre dois indivíduos com base na raça será arbitrária,

---

os direitos civis de um único grupo racial são imediatamente suspeitas. Isso não quer dizer que todas essas restrições sejam inconstitucionais. Quer dizer que os tribunais devem sujeitá-las ao mais rígido escrutínio" (323 U.S., p. 216). Ver, geralmente, BITTKER, Boris I. "The case of the checker-board ordinance: an experiment in race relations". *Yale Law Journal*, vol. 71, 1962, pp. 1387 e 1404-1407.

mesmo assumindo que o propósito do conselho escolar seja legítimo. Por exemplo, suponha que dois indivíduos solicitem transferência de uma escola desequilibrada quando existe apenas uma vaga na escola não desequilibrada; suponha ainda que uma das candidatas seja Negra e a outra seja branca; que o *status* socioeconômico da pessoa Negra seja superior ou pelo menos igual ao da pessoa branca; e que a pessoa Negra não seja psicologicamente prejudicada pelo fato da segregação racial. Em tal situação, o desejo do conselho de eliminar o desequilíbrio racial não justifica a preferência pela pessoa Negra. A possibilidade lógica de tal situação surgir não pode ser negada, embora seja difícil entender seu significado. A escolha entre os dois indivíduos com base na raça seria arbitrária, mas também o seria qualquer escolha entre os dois, mesmo que baseada em critérios não raciais. A única alternativa não arbitrária pode ser não fazer nenhuma escolha. A possibilidade lógica de que tal situação possa surgir não deve lançar sua sombra para trás, tornando todas as medidas correcionais inconstitucionais. Os princípios constitucionais, se permitirem que o governo empreenda qualquer reforma social, nunca devem ser tão absolutos que impeçam o compromisso que é inerente à tolerância da possibilidade lógica, mas improvável, de que em algum momento o governo possa tratar algum indivíduo de forma arbitrária. Uma decisão deverá ser feita se e quando essa situação acontecer.

Para justificar completamente o uso de considerações raciais por um conselho em sua formulação de um plano de distribuição escolar, deve haver não apenas um propósito governamental legítimo, mas também uma relação razoável entre esse propósito e as medidas que incorporam critérios raciais. Não pode haver dúvidas de que medidas correcionais como plano de transferência aberta, seleção de local estratégico, rezoneamento, ampliação de zonas de abrangência e abandono de critérios geográficos são adequadas para atingir o propósito do conselho escolar.[131] A única alternativa realista seria uma distribuição aleatória ou alfabética das crianças em idade escolar entre as escolas da comunidade. O teste de "relação razoável" também exige que o conflito com outros propósitos e valores constitucionais seja minimizado. Restrições residenciais impostas pelo governo a pessoas Negras, por exemplo, não poderiam ser justificadas constitucionalmente com base no fato de que, sem essas restrições, o conflito entre as raças iria eclodir, uma vez que a ameaça de violência é condicionada à posição social inferior de pessoas Negras.[132] Embora a manutenção da paz seja um propósito governamental legítimo e as restrições possam ser um meio eficaz de atingir esse propósito, existem meios alternativos de manter a paz que exigem menos limitações ao ideal de igualdade. Os esforços do conselho escolar para corrigir o desequilíbrio, por outro lado, são projetados para implementar o ideal de igualdade. Esses esforços não são apenas compatíveis

131 Foi argumentado que essas medidas correcionais são inerentemente arbitrárias porque a definição de "escola racialmente desequilibrada" é muito vaga: quando uma escola é predominantemente Negra? Quando a proporção de alunas e alunos Negros excede substancialmente a das escolas públicas do mesmo nível na comunidade? Qual é a comunidade relevante? A proibição constitucional contra arbitrariedade, no entanto, tolera um grau significativo de imprecisão. Termos como "predominantemente" ou "substancialmente" são ferramentas jurídicas familiares para evitar uma linha precisa quando tal linha fosse, ela própria, arbitrária. Determinar a comunidade relevante também não apresenta problemas, embora cada comunidade, sem dúvida, consista em uma multidão de pequenas subcomunidades. O conselho escolar pode definir razoavelmente a comunidade relevante em termos das limitações territoriais de seu poder e responsabilidade. Esses limites territoriais no poder do conselho são eles próprios baseados em uma determinação de que todos aqueles dentro de sua esfera têm necessidades suficientemente semelhantes e laços comuns para tornar uma administração educacional unificada possível e significativa. As pequenas subcomunidades dentro da comunidade maior são geralmente definidas por diferenças raciais ou étnicas; o foco da comunidade cívica maior tende a ignorar essas subcomunidades, muitas das quais não têm limites territoriais.

132 *Buchanan vs. Warley*, 245 U.S. 60 (1917); ver *Cooper vs. Aaron*, 358 U.S. 1 (1958).

com outros valores básicos da Constituição, mas as Emendas da Guerra Civil lhes dão tremenda importância social.

Um tribunal, confrontado com uma objeção aos esforços voluntários do conselho escolar para corrigir o desequilíbrio, não precisa estar completamente convencido de que o dano decorre do desequilíbrio racial, que a correção do desequilíbrio necessariamente melhorará a oportunidade educacional de pessoas Negras, ou que essa melhoria vale seus custos. O conselho escolar deve desfrutar de pelo menos essa discrição para fazer sua própria avaliação da situação factual e para sopesar os valores conflitantes. Isso deriva não tanto da perícia do conselho, que é provavelmente mínima nessa área de fronteira das relações sociais, mas dos limites da revisão constitucional em uma democracia política. A adoção de medidas corretivas pelo conselho não põe em risco valores tão básicos e importantes a ponto de dar a um tribunal a postura moral ou política para invalidar uma decisão de um corpo coordenado de governo simplesmente porque ele discorda da avaliação factual do conselho ou de sua resolução de valores conflitantes. Mesmo que o conselho escolar não seja eleito diretamente, sua matriz ideológica é a de um corpo representativo, e toda essa lealdade à vontade pública é frequentemente reforçada por autoridades eleitas, seja por fundos ou nomeação. É possível argumentar que uma revisão judicial mais ampla da ação corretiva de um conselho é necessária, já que o conselho pode considerar a raça em seu plano de distribuição de alunas/os. No entanto, um tribunal não deve retirar a ponderação de interesses conflitantes do reino da discrição política simplesmente porque o conselho considera a raça ao formular uma medida corretiva. Ao contrário dos Casos de Realocação de Japonesas/es, esta não é uma situação em que um fardo está sendo imposto a um grupo racial. Sob um plano para corrigir o desequilíbrio racial, membros de ambas as raças compartilham os fardos e sacrifícios: os problemas de transporte, o medo de ambientes novos e hostis e a incapacidade de ir à escola com amigos da vizinhança. Algumas pessoas Negras estão, é claro, exigindo esses esforços correcionais, enquanto algumas pessoas brancas se ressentem deles. No entanto, dificilmente podemos dizer que o impacto total das medidas correcionais força pessoas brancas a um *status* inferior. A demanda das pessoas Negras não é por uma posição superior, mas apenas por uma posição de igualdade, e não é fantasioso para o conselho escolar esperar que, a longo prazo, tanto as raças quanto a sociedade como um todo se beneficiem da eliminação de escolas desequilibradas. E, diferentemente da maioria das situações em que a raça é incorporada ao esquema governamental, aqui, é a maioria racial, com seu poder político substancial, que está protestando contra a ação; consequentemente, há menos necessidade de escrutínio judicial das premissas factuais e julgamentos de valor do conselho escolar. O poder político do grupo dominante geralmente é suficiente para pressionar o conselho escolar a empreender seus esforços com o maior cuidado e com sacrifício mínimo.

Um conselho escolar, convencido de que o desequilíbrio racial produz consequências sociais indesejáveis, pode adotar medidas destinadas a remediar esse problema em particular, enquanto ignora, por exemplo, as desvantagens psicológicas e educacionais de uma escola em uma comunidade carente branca. Essa tentativa de lidar com parte do problema da classe baixa não torna os esforços do conselho arbitrários e inconstitucionais. O pai branco de classe média que se opõe à medida correcional não tem legitimidade, no sentido mais profundo da palavra, para insistir que a ação do conselho escolar é arbitrária ou uma negação de proteção igual porque "ignora os brancos pobres". E a Constituição não impede o conselho escolar de se contentar com metade, especialmente quando a demanda do reclamante – e a única alternativa realista – é se contentar com nada.

Considerações semelhantes justificam constitucionalmente a decisão de um conselho escolar de restringir sua preocupação ao desequilíbrio racial, ignorando o desequilíbrio religioso ou étnico. O conselho tem o direito de lidar com um problema de cada vez, e a segregação passou a ter um significado muito especial para pessoas Negras nos Estados Unidos. Grupos étnicos com laços recentes com um país estrangeiro geralmente veem a separação de forma diferente, e pouco estigma é atribuído a alunas/os de, por exemplo, uma escola totalmente irlandesa. Nos Estados Unidos, muitas nacionalidades podem ser minoria, mas, com a possível exceção dos judeus, sua história, condicionamento e experiência não são de um grupo minoritário. Grupos de imigrantes vieram para os Estados Unidos com um conjunto de valores, expectativas e ambições independentemente derivados; não é surpreendente descobrir que eles sobem na escala social com mais facilidade do que as pessoas Negras, cujos antepassados vieram para os Estados Unidos em condições de coação e experimentaram cem anos de exclusão sistemática e repressão sob as leis de segregação. Grande parte da comunidade Negra experimentou pessoalmente as consequências nocivas das leis de segregação do sistema Jim Crow. Além disso, nenhum outro grupo, especialmente nenhum grupo religioso, é tão completamente concentrado em guetos. Esse tratamento se deve em parte à própria obviedade da cor, que coloca a sequência de debandada de brancos em movimento com maior velocidade. A discriminação no âmbito do emprego também é facilitada pela cor e, portanto, é mais difícil para uma pessoa Negra obter o poder econômico necessário para sair de comunidades precárias. Embora outras minorias raciais, como as pessoas chinesas, também possam ser suscetíveis à discriminação da mesma forma, já que sua característica minoritária também é visível, geralmente não há o suficiente delas em uma área para representar uma séria ameaça à composição racial da comunidade. Outras minorias podem viver em áreas racialmente, etnicamente ou religiosamente homogêneas, mas não é irracional supor que sua concentração seja mais voluntária do que a das pessoas Negras. Não é por acaso que outros grupos minoritários não protestaram contra escolas étnica ou religiosamente desequilibradas com o fervor igual ao protesto de pessoas Negras. Por outro lado, indivíduos vistos pela comunidade como "não brancos" e que estão presentes em certas comunidades em números suficientemente grandes, como é o caso dos porto-riquenhos em Nova York e dos mexicanos na Califórnia, provavelmente se encontrarão em uma situação não significativamente diferente daquela das pessoas Negras. Se membros dessas minorias, em oposição aos brancos de classe média, se opuserem às medidas corretivas de um conselho com base no fato de que essas medidas não os beneficiam, um tribunal deve ser tão sensível a essa contestação quanto é à contestação de pessoas Negras. No entanto, a solução adequada não seria uma proibição constitucional dos esforços do conselho escolar para corrigir o desequilíbrio racial, mas a imposição de uma obrigação de incluir certas outras minorias dentro do esquema de correção.

A discussão anterior lidou com a constitucionalidade de medidas corretivas adotadas voluntariamente por um conselho escolar. Assim, a discussão focou adequadamente no poder do conselho em vez de sua obrigação de tomar tal ação. Para estabelecer que um conselho pode, às vezes, ser obrigado a fornecer escolaridade integrada para seus alunos, o foco deve mudar para considerar se o governo é responsável por escolas desequilibradas. Deve-se ter em mente, no entanto, que a questão da responsabilidade governamental também incide sobre a constitucionalidade da adoção voluntária de medidas corretivas por um conselho. Na medida em que o desequilíbrio racial é responsabilidade do governo, o caso da constitucionalidade da ação voluntária se torna ainda mais convincente.

III. A obrigação constitucional de corrigir o desequilíbrio

Se há uma obrigação constitucional de corrigir o desequilíbrio que existe nas escolas públicas de algumas comunidades, ela deve ser derivada do mandato da Décima Quarta Emenda que proíbe o governo estadual de negar a qualquer um de suas/eus cidadã/os a proteção igualitária das leis. Assim, deve ser determinado, primeiro, que um órgão do governo estadual é responsável pela criação e manutenção de escolas desequilibradas e, segundo, que a criação e manutenção de tais escolas equivale a uma negação da proteção igualitária das leis.

A) A responsabilidade governamental pelo desequilíbrio

Uma função essencial, proeminente e tradicional de governos locais é a manutenção e operação de um sistema escolar público. O governo financia esse sistema com receitas públicas, decide questões de política educacional e, sozinho, tem o poder de alocar crianças a diferentes escolas do sistema. Na maioria das comunidades, a frequência em uma escola pública ou equivalente é exigida por lei. Assim, quando as escolas em uma comunidade são racialmente desequilibradas devido à manipulação da alocação ativa do conselho escolar, a responsabilidade governamental pela criação e pela manutenção de escolas desequilibradas é facilmente estabelecida. A responsabilidade governamental não é tão aparente quando a atitude do conselho escolar em relação ao desequilíbrio é de aprovação ou desconsideração. Foi argumentado que, em tais situações, o desequilíbrio não é causado por "ação estatal", mas, sim, pelos determinantes sociais e econômicos da escolha residencial privada; tal desequilíbrio é frequentemente rotulado como "segregação de fato" para sugerir que o envolvimento governamental necessário não poderia ser encontrado. É uma tese deste artigo que os rótulos "segregação de fato" e "ação estatal" apenas obscurecem a questão da responsabilidade governamental e que, em todos os casos de escolas com desequilíbrio racial, podemos atribuir responsabilidade ao governo de satisfazer o mandado que decorre da proibição da cláusula de proteção igualitária.[133]

---

133 Deve ficar bem claro que resolver a questão da responsabilidade governamental afirmativamente não significa, como tal, que o conselho escolar seja constitucionalmente obrigado a adotar medidas correcionais. Resta

1. *O uso de critérios geográficos com conhecimento das consequências.* A responsabilidade do conselho escolar pela criação e manutenção de escolas desequilibradas, mesmo sob as políticas de aprovação ou desconsideração, é derivada de sua escolha deliberada de designar crianças para escolas com base em critérios geográficos, mesmo sabendo que, dados os padrões residenciais segregados, a implementação dessa escolha produzirá escolas racialmente desequilibradas.

Uma escolha deliberada pressupõe a existência de alternativas, e há alternativas ao uso de critérios geográficos, independentemente de quão difundido seja seu uso. Mesmo que permitir a todas as crianças uma livre escolha de escola, ou se sistemas de seleção aleatória ou ordenação alfabética não forem as alternativas mais racionais, está sempre aberto ao conselho escolar que adote um plano de designação escolar que incorpore outros critérios além dos simplesmente geográficos. Se o conselho escolar escolher utilizar critérios geográficos por razões puramente educacionais ou porque essa escolha está de acordo com o sentimento da comunidade, ele não é, portanto, isento da responsabilidade por sua decisão. A deliberação da escolha do conselho é particularmente explícita em centros urbanos em rápida expansão, onde o conselho escolar deve escolher continuamente locais para novas escolas e reajustar as zonas de frequência existentes para atender aos movimentos e ao crescimento populacional. Em tal situação, o conselho escolhe aderir às zonas geograficamente determinadas preexistentes ou usar critérios geográficos para determinar novas zonas. Embora a responsabilidade governamental pelo desequilíbrio nas escolas existentes não surja apenas da falha contínua em corrigir o desequilíbrio, a decisão de não mitigar as consequências de uma escolha anterior reforça a atribuição de responsabilidade. Um indivíduo que faz uma pedra rolar colina abaixo é responsável

determinar se a criação e manutenção de escolas desequilibradas constitui uma "negação de proteção igualitária das leis".

pelas consequências esperadas; mas o indivíduo que dá à pedra o empurrão inicial e, ao mesmo tempo, possui o poder de pará-la, ou pelo menos desviá-la, em qualquer ponto de sua jornada colina abaixo, é ainda mais responsável pelo resultado.

2. *A importância dos padrões habitacionais*. Com frequência, argumenta-se que a criação e a perpetuação de escolas racialmente desequilibradas são principalmente o resultado da segregação habitacional, que a segregação habitacional é causada unicamente pela ação de indivíduos privados e que o uso de critérios geográficos pelo conselho escolar não levaria ao desequilíbrio racial nas escolas se o padrão habitacional fosse outro que não a guetização. Embora seja verdade que, não fosse o padrão residencial guetizado, o uso de critérios geográficos pelo conselho escolar não resultaria em escolas racialmente desequilibradas, o conselho escolar não é absolvido de toda a responsabilidade por escolas desequilibradas. Em termos familiares da responsabilidade civil, a "cadeia de causalidade" não é quebrada; no máximo, o padrão residencial é uma causa "concorrente". A guetização é um fato conhecido, uma parte da realidade social que o conselho escolar deve considerar quando toma decisões. Se estivesse ao alcance daqueles que protestam contra a escola desequilibrada eliminar os padrões habitacionais, a responsabilidade poderia ser um pouco transferida do governo para eles. Entretanto, deficiências econômicas, a expectativa de uma recepção hostil em um bairro branco, a discriminação racial na moradia e a debandada branca privam a maioria das pessoas da escolha de sair do gueto e levam à rápida criação de outro gueto na área para onde pessoas Negras podem se mudar.

Em muitas comunidades, existe um envolvimento governamental mais profundo na criação do padrão habitacional guetizado, e isso serve para reforçar a atribuição de responsabilidade ao governo pela criação e pela manutenção de escolas racialmente desequilibradas. O conceito de envolvimento governamental não precisa ser estendido para abranger uma falha em proibir a discriminação racial em moradia e emprego, pois formas mais familiares de envolvimento governamental podem estar presentes.

a. O efeito das restrições habitacionais presentes e passadas. Em alguns casos, esse envolvimento consistirá em estatutos e regulamentos que exigem abertamente a segregação racial habitacional. Embora esses estatutos e regulamentos possam ser constitucionalmente inválidos "à primeira vista", em muitas comunidades, eles ainda estão "nos livros". A Suprema Corte declarou recentemente que a mera existência das leis de segregação pode ter um efeito coercitivo sobre a escolha privada atual e que, em um ambiente social onde a população provavelmente não as considerará "inválidas", não é injusto presumir que elas tenham esse efeito. A recusa daqueles no poder de revogar tais estatutos também sugere que os estatutos têm um impacto sobre a escolha atual. Eles representam mais um desestímulo ao deslocamento de pessoas Negras a áreas brancas e encorajam os brancos a resistirem à mudança de pessoas Negras a seus bairros. Além disso, o governo pode ser responsável pelo padrão habitacional por meio de sua coerção da escolha privada passada, em vez da presente. Os padrões habitacionais tendem a se tornar fixos e permanecer estáveis, e não é realista supor que aquelas/es que, no passado, foram segregados pelo governo irão ou poderão sair do gueto e ir para um bairro branco imediatamente após as restrições raciais terem sido removidas. É nesse ponto que a disposição dos tribunais pré-1948 de executar contratos raciais e a existência prévia de regulamentações habitacionais raciais se tornam relevantes para determinar se o governo é responsável pelos padrões residenciais. A regulamentação inevitavelmente tem um efeito prolongado, em especial quando uma decisão tomada tão raramente quanto à escolha de residência está envolvida.

Existem dificuldades em utilizar restrições raciais habitacionais passadas ou presentes como base para responsabilizar o governo por padrões habitacionais segregados atuais. Essas leis podem apenas codificar o que pessoas privadas teriam feito em sua ausência. Avaliar o efeito coercitivo atual de uma lei que já não é mais válida poderia exigir que tribunais fizessem investigações sofisticas sobre a dinâmica de escolhas privadas ou, então, que se operasse com base em um conjunto de presunções que deixam pouca margem para o indivíduo que age por convicção pessoal. Como os limites do efeito persistente dessas regulamentações permanecem incertos e variam de comunidade para comunidade, pode ser difícil formular um princípio que tornaria essa desigualdade compatível com noções tradicionais de adjudicação constitucional. A dificuldade em isolar e avaliar esse envolvimento do governo não significa, no entanto, que o envolvimento deva ser ignorado. A questão final não é responsabilizar o governo exclusivamente pelos padrões residenciais, mas, sim, determinar se a suposta presença de uma escolha privada no estabelecimento dos padrões habitacionais pode isentar o governo da responsabilidade pelo desequilíbrio escolar, e não é injusto levar em conta essas restrições habitacionais para esse propósito limitado.

É possível argumentar que, mesmo que a responsabilidade governamental pela segregação residencial possa ser estabelecida, seria injusto responsabilizar o conselho escolar, uma vez que não foi a unidade governamental que decretou ou aplicou as restrições habitacionais. No entanto, o governo local não precisa ser concebido como uma mera coleção de unidades autônomas e não relacionadas; em muitas comunidades, as conexões de poder e os vínculos entre as unidades são multifacetados. Além disso, mesmo que outra unidade governamental seja responsável pelo padrão habitacional, o máximo que pode ser dito é que esta unidade e o conselho escolar são ambos responsáveis pelo desequilíbrio nas escolas; não seria irracional pensar em termos do impacto cumulativo das ações de ambas as unidades e responsabilizar particularmente a unidade que tem em seu poder o método mais eficaz de corrigir uma faceta do impacto cumulativo de suas ações – escolas racialmente desequilibradas.

b. A influência do uso de critérios geográficos pelo conselho escolar na escolha habitacional privada. A qualidade da escola pública frequentemente desempenha um papel crítico na escolha de bairro de uma família quando as crianças são designadas à escola com base na residência. Assim como o padrão habitacional afeta a composição racial da escola, a composição racial da escola afeta o padrão habitacional. Essa interdependência pode ser atribuída a algo muito mais óbvio do que o suposto fato de a educação segregada perpetuar as barreiras sociais entre as raças e, portanto, encorajar a segregação residencial. Ao aderir rigidamente aos critérios geográficos por um longo período, o conselho escolar garante aos pais que não querem que seus filhos frequentem a escola com estudantes Negras/os que esse desejo possa ser realizado ao se mudar para um bairro de pessoas brancas. A debandada de pessoas brancas também é fortalecida pelo uso de critérios geográficos, pois garante aos pais brancos que, se eles se mudarem do bairro "invadido" por pessoas Negras, deixarão estas para trás. Claro, muitos dos fatores envolvidos na escolha da residência estão muito além do controle do conselho escolar. No entanto, a relação entre o uso de zonas de abrangência geograficamente determinadas e padrões residenciais guetizados é meramente mais uma razão pela qual o conselho escolar não pode se isentar da responsabilidade pela escola desequilibrada.

B) O princípio constitucional: igualdade de oportunidades educacionais

Se for possível estabelecer que o governo é responsável pela criação e manutenção de escolas racialmente desequilibradas em uma comunidade específica, a imposição de uma obrigação constitucional de tomar medidas corretivas depende de se esse desequilíbrio constitui uma negação da "proteção igualitária das leis" em violação à Décima Quarta Emenda. Se essa questão for resolvida afirmativamente, quando a política do conselho escolar for meramente de aprovação ou desconsideração, um princípio que exija igualdade de oportunidade educacional deve ser extraído da Cláusula de Proteção Igualitária, pois protestos contra a criação e manutenção de escolas desequilibradas consistem, essencialmente, em uma alegação de que a oportunidade educacional oferecida às crianças Negras obrigadas a frequentar tais escolas é desigual àquela oferecida às crianças que frequentam as outras escolas públicas da comunidade. Se tal princípio constitucional pudesse ser estabelecido, ele exigiria a justificativa para a oportunidade educacional desigual e, na ausência de tal justificativa, exigiria o oferecimento de iguais oportunidades educacionais. Assim, dois julgamentos críticos devem ser feitos por um tribunal que aplica o princípio. Primeiro, um tribunal deve fazer o julgamento empírico sobre se a oportunidade oferecida às crianças Negras é significativamente e sistematicamente inferior àquela oferecida às outras. Quando essa desigualdade de oportunidade educacional existir, às vezes, será aparente a partir de um exame da ação ou lei do governo *prima facie*, como quando a admissão em escolas públicas é restrita a uma certa classe de pessoas. Em outros casos, no entanto, o governo tratará nominalmente todos os membros da classe relevante igualmente. No entanto, essa igualdade nominal pode, de fato, disfarçar o tratamento desigual. Ao levar a cabo este julgamento empírico, um tribunal é obrigado a fazer uma investigação que vai para além do nível nominal para determinar se essa desigualdade factual existe. Segundo, um tribunal deve fazer o julgamento normativo se há uma justificativa adequada para qualquer diferença substancial existente na oportunidade educacional. Esta seção do artigo examina até que ponto os tribunais fizeram tais julgamentos, isto é, até que ponto o princípio da igualdade de oportunidade educacional pode ser considerado como estando enraizado no Direito Constitucional dos Estados Unidos.

Em *Sweatt vs. Painter*,[134] o Estado do Texas se ofereceu para igualar a oportunidade educacional que oferecia a estudantes de Direito brancas/os, construindo uma faculdade de Direito para estudantes Negras/os. A admissão do autor da ação (uma pessoa

---

134 339 U.S. 629 (1950).

Negra) na Faculdade de Direito da Universidade do Texas para brancas/os foi, no entanto, forçada, porque o Tribunal decidiu que a oportunidade educacional oferecida ao estudante Negro era desigual: não havia "igualdade substancial nas oportunidades educacionais oferecidas aos estudantes de Direito brancos e Negros pelo Estado".[135] O Tribunal rejeitou o argumento de que excluir Sweatt da faculdade de Direito para brancas/os não era diferente de excluir estudantes brancas/os da nova faculdade de Direito para Negras/os, concluindo que "essa alegação ignora as realidades".[136] Nenhuma pessoa branca alegaria que as oportunidades oferecidas a ela eram desiguais às oferecidas a estudantes Negras/os. Ao medir a qualidade da oportunidade educacional, o Tribunal não parou em fatores mensuráveis como o número de membros do corpo docente, a variedade de cursos, as oportunidades de especialização, o tamanho do corpo discente e da biblioteca e a disponibilidade de participação em revistas acadêmicas e outras atividades. "O que é mais importante", continuou o Ministro Chefe Vinson, "a Faculdade de Direito da Universidade do Texas possui em um grau muito maior aquelas qualidades que são incapazes de medição objetiva, mas que contribuem para a grandeza de uma faculdade de Direito"[137] – a reputação do corpo docente, a experiência da administração, a posição e a influência dos ex-alunos, a posição da faculdade de Direito na comunidade e a tradição e o prestígio da escola. "A faculdade de Direito, o campo para o aprendizado e a prática jurídica, não pode ser eficaz se não tiver relação com os indivíduos e instituições com os quais o Direito interage".[138] O Tribunal, em unanimidade, explorou ainda mais as dimensões do princípio da igualdade de oportunidades educacionais em

---

135 339 U.S., p. 633.

136 339 U.S., p. 634.

137 339 U.S., p. 633.

138 339 U.S., p. 633.

McLaurin vs. Oklahoma State Regents,[139] em que um estudante Negro de pós-graduação foi admitido em uma escola que, sem ele, seria totalmente branca, mas foi separado das/os estudantes brancas/os na sala de aula, biblioteca e refeitório. O Tribunal condenou essas restrições com base no fato de que elas tornavam sua oportunidade educacional inferior: "Tais restrições prejudicam e inibem sua capacidade de estudar, de se envolver em discussões e trocar opiniões com outros alunos e, em geral, de aprender o seu ofício".[140]

Quatro anos depois, em *Brown vs. Board of Education*, o Tribunal reiterou o princípio básico: a oportunidade educacional oferecida nas escolas públicas "deve ser disponibilizada a todos em condições de igualdade". "Chegamos então", continuou o Tribunal, "à questão apresentada: a segregação de crianças em escolas públicas apenas com base na raça (...) priva as crianças do grupo minoritário de oportunidades educacionais iguais?"[141] O Tribunal assumiu que "as instalações físicas e outros fatores 'tangíveis'"[142] eram iguais e continuou a construir, a partir de vários julgamentos empíricos, uma relação necessária entre a política aberta e declarada de segregação e o comprometimento da oportunidade educacional: primeiro, uma escola pública de crianças Negras não possui aquelas qualidades, enumeradas em *Sweatt*, que "são incapazes de medição objetiva", mas são críticas para determinar a qualidade da oportunidade educacional; segundo, a criança Negra obrigada a ir para uma escola Negra é privada, ainda mais do que em *McLaurin*, da oportunidade educacionalmente importante de se envolver em discussões e trocar opiniões com alunas/os brancos; e terceiro, separar as crianças Negras em idade escolar

139 339 U.S. 637 (1950).

140 339 U.S., p. 641 (1950).

141 347 U.S., p. 493 (1954).

142 347 U.S., p. 493 (1954).

> de outras de idade e qualificações semelhantes, somente por causa de sua raça, gera um sentimento de inferioridade quanto ao seu *status* na comunidade que pode afetar seus corações e mentes de uma forma que dificilmente será desfeita,

e isso tem um "efeito (...) em suas oportunidades educacionais", já que um "sentimento de inferioridade afeta a motivação de uma criança para aprender".[143]

O Tribunal então concluiu: "Instalações educacionais separadas são inerentemente desiguais".[144] O Tribunal, em *Sweatt*, *McLaurin* e *Brown*, explicitamente, fez o julgamento empírico necessário para expor a desigualdade substancial, e implicitamente, fez o julgamento normativo de que esse tratamento desigual não era justificado pela raça ou pelo desejo das pessoas brancas de não se associarem a pessoas Negras.

O *status* constitucional do princípio da igualdade de oportunidades educacionais, não a correção desses julgamentos normativos e empíricos, está sendo afirmado aqui. No entanto, foi sugerido que o Tribunal poderia ter decidido esses casos sem avaliar a qualidade de uma oportunidade educacional segregada, que, ao invés de empregar o princípio da igualdade de oportunidades educacionais, o Tribunal poderia ter se baseado no princípio mais "neutro" ou "geral" de que raça é uma classificação inerentemente arbitrária. Dois pontos são frequentemente ignorados pelos proponentes dessa explicação alternativa de *Brown*: primeiro, que o princípio da classificação inerentemente arbitrária é compatível com o princípio da igualdade de oportunidades; e segundo, que, independentemente dos fundamentos sobre os quais *Brown* e seus predecessores possam ter sido decididos, não há dúvida sobre os fundamentos sobre os quais foram decididos.

---

143 347 U.S., p. 494 (1954).

144 347 U.S., p. 495 (1954).

O princípio da classificação inerentemente arbitrária assumiu vários significados diferentes, embora cada um seja consistente com o princípio não menos "geral" e "neutro" (seja lá o que essas palavras signifiquem) de igualdade de oportunidade educacional. Para o Professor Pollak,[145] o princípio meramente cria uma presunção de que uma lei que "traça linhas raciais" trata a minoria racial de forma desigual. A aplicação dessa presunção teria tornado desnecessário que o Tribunal investigasse abaixo do nível nominal das leis educacionais do sistema de segregação e confiasse abertamente no julgamento empírico de que a segregação prejudica a minoria. O Tribunal teria que confiar em sua "sabedoria amadora" apenas para determinar se a presunção de tratamento desigual havia sido refutada e se esse tratamento desigual poderia ser justificado. Como tal, o princípio da classificação inerentemente arbitrária é meramente uma técnica para facilitar a aplicação do princípio da igualdade de oportunidade.

O princípio da classificação inerentemente arbitrária também poderia ser interpretado como uma declaração de proibição constitucional clara contra a discriminação racial: diferenças de raça não justificam diferenças de tratamento pelo governo. Essa versão do princípio poderia complementar o princípio da igualdade de oportunidades no sentido de que uma diferença na oportunidade educacional não poderia ser justificada simplesmente porque a criança é Negra. Esse uso do princípio da classificação inerentemente arbitrária não isentaria, no entanto, o Tribunal de fazer um julgamento empírico de que pessoas Negras são prejudicadas ou desfavorecidas pela educação segregada, uma vez que é apenas o tratamento estatal que resulta em desigualdade sistemática que deve ser justificado sob o risco de ser proibido pela Cláusula de Proteção Igualitária. Baseando-se em sua avaliação da reação emocional

145 POLLAK, Louis H. "Racial discrimination and judicial integrity: a reply to Professor Wechsler". *University of Pennsylvania Law Review*, vol. 108, 1959, p. 1.

ou psicológica de um indivíduo à separação imposta, em *Brown*, o Tribunal poderia ter encontrado a desigualdade de tratamento na mágoa pessoal, no insulto, na humilhação e no estigma, sem elaborar sobre o significado educacional do dano. No entanto, não havia razão para ignorar o provável comprometimento da oportunidade educacional de uma criança obrigada a ir para uma escola Negra – e o Tribunal não o ignorou.

Uma terceira interpretação do princípio da classificação inerentemente arbitrária o vê como uma proibição de interferência governamental na liberdade de indivíduos apenas com base em sua raça. A restrição à liberdade do indivíduo, em vez de sua reação à restrição, cria o ônus que deve ser justificado. Essa versão do princípio está enraizada principalmente na Cláusula do Devido Processo Legal, e o autor é, portanto, isento de mostrar que sua liberdade está sendo restringida de forma desigual. Não contradiz o princípio da igualdade de oportunidades, mas torna o princípio desnecessário para a disposição de *Brown* e seus predecessores. Tal deslocamento teria sido possível, mas parece artificial, pois uma restrição à liberdade individual não estava no cerne de *Brown*. As pessoas Negras, em *Brown*, não estavam buscando nem obtiveram a liberdade de ir para "escolas públicas brancas" ou qualquer escola pública que quisessem. O que se buscava em *Brown* era a reorganização de um esquema de frequência escolar, não a remoção de uma restrição à liberdade. Sem dúvida, a frustração envolvida na educação segregada poderia ser expressa como uma restrição de uma liberdade, como a liberdade de crianças Negras e brancas de irem à escola juntas, mas tal conceituação expressa uma conclusão alcançada por meio de um processo diferente de análise. Isso é revelado pelo fato de que, em 1917, a Corte[146] poderia sustentar que as restrições raciais ao direito de comprar e vender propriedades eram inconstitucionais e ainda presumir que a educação segregada

146 245 U.S. 60 (1917).

era constitucional. Em *Bolling vs. Sharpe*,[147] em que apenas a Cláusula do Devido Processo Legal estava disponível, o Tribunal negou a necessidade de definir liberdade "com grande precisão"; dizia apenas que "liberdade" "não se limita à mera liberdade de restrição corporal" e "se estende a toda a gama de condutas que o indivíduo é livre para seguir (...)".[148] A precisão analítica justificadamente deu lugar ao princípio mais profundo em nosso esquema constitucional de que "seria impensável que a mesma Constituição impusesse um dever menor ao Governo Federal".[149]

Uma quarta versão do princípio da classificação inerentemente arbitrária foi sugerida pelo Professor John Kaplan:[150] qualquer lei que contenha uma "classificação racial" é tão "completamente arbitrária e irracional" que, necessariamente, viola a Cláusula de Proteção Igualitária, independentemente de dano real ou presumido, ou tratamento desigual em qualquer sentido factual. A "essência da violação constitucional" de uma lei que coloca crianças de diferentes raças em escolas diferentes não é que tal lei trata as pessoas Negras de forma desigual em qualquer sentido factual, mas, sim, que trata "pessoas Negras como pessoas Negras". Assumindo que essa versão do princípio não consiste no todo ou em parte em nenhum dos outros três, é fundamentalmente inadequada. Não é uma reafirmação do princípio do daltonismo constitucional, uma vez que esse princípio, que rejeita a raça como uma base suficiente para tratamento desigual, é adequadamente invocado apenas se o tratamento estatal de pessoas Negras resultar em desigualdade sistemática em algum sentido factual. O Professor Kaplan, portanto, deixa a questão crítica sem resposta: por que as pessoas Negras não

---

147 347 U.S. 497 (1954).

148 347 U.S., p. 499 (1954).

149 347 U.S., p. 450 (1954).

150 KAPLAN, John. "Segregation litigation and the schools – part II: the general Northern problem". *Northwestern University Law Review*, vol. 58, 1963, pp. 157, 171-174 e 179.

podem ser tratadas como pessoas Negras, se não há desigualdade em nenhum sentido além de serem tratados como pessoas Negras e se considerações raciais não são usadas para justificar restrições à liberdade individual? Concebivelmente, algumas leis podem ser tão "absurdas" ou "irracionais" à primeira vista que dificilmente podem ser consideradas "Direito". Certamente, esse não foi o caso das leis em jogo em *Brown*: em 1954, dezessete Estados e o Distrito de Columbia tinham leis exigindo segregação e quatro Estados tinham legislação explicitamente permitindo a segregação a critério das autoridades locais.[151]

O segundo ponto frequentemente esquecido é que, independentemente de *Brown* poder ter sido decidido por "outros motivos", o caso – assim como *Sweatt* e *McLaurin* – foi decidido com base no princípio da igualdade de oportunidades educacionais. A linguagem da opinião e a familiaridade do Tribunal com uma abordagem alternativa[152] não deixam dúvidas de que se escolheu deliberadamente o princípio da igualdade de oportunidades educacionais, embora a aplicação deste exigisse que o Tribunal avaliasse o impacto social total da instituição da educação segregada. As razões para a escolha são especulativas, embora o fato da escolha não seja. O Tribunal pode ter decidido que não seria convincente anunciar abruptamente que raça é uma classificação inerentemente arbitrária quando certas instituições dos Estados Unidos foram baseadas na separação racial por várias centenas de anos. Ou pode ter se sentido obrigado a continuar o debate nos termos definidos por *Plessy vs. Ferguson*,[153] ou seja, que a segregação não desfavorecia pessoas Negras, exceto por sua escolha de "colocar essa

151 *The New York Times*, 18 maio 1954, p. 21, col. 2. Em 1954, 40% dos alunos de escolas públicas nos Estados Unidos estavam em áreas onde as leis exigiam segregação.

152 Ver TUSSMAN, Joseph; TenBROEK, Jacobus. "The Equal Protection of the Laws". *California Law Review*, vol. 37, 1949, pp. 341-355.

153 163 U.S. 537 (1896).

construção sobre ela".[154] Talvez o Tribunal simplesmente acreditasse que a igualdade de oportunidade educacional era o princípio mais profundamente envolvido nesses casos e, de modo ousado, declarou isso para permitir o crescimento mais completo desse princípio.

A disposição do Tribunal de decidir sumariamente outros casos envolvendo instalações não educacionais citando *Brown* não indica necessariamente uma rejeição subsequente do princípio da igualdade de oportunidades educacionais; essas disposições sumárias podem ser vistas como o desenvolvimento de uma regra incorporando, *per se*, um julgamento de que a segregação governamental em instalações que não sejam escolas – mesmo que a frequência não seja obrigatória – trata injustificadamente pessoas Negras de forma desigual. A recusa em reavaliar o impacto social da segregação em cada instalação pública e em cada comunidade envolve algum tratamento bastante significativo do governo estadual. Talvez tal tratamento possa ser explicado por um ceticismo do Tribunal sobre um processo político do qual pessoas Negras foram efetivamente excluídas e no qual é razoável supor que o preconceito racial desempenhou um papel substancial. Também pode ser explicado como uma concessão ao interesse da economia judicial e como uma tentativa de fazer da lei um instrumento eficaz de reforma social.

A aparente disposição da Suprema Corte em *Brown* de anunciar o princípio da igualdade de oportunidades educacionais e fazer os julgamentos empíricos e normativos necessários não significa que o princípio seja isento de dificuldades.[155] Por exemplo, em cada

---

154 163 U.S. p. 551 (1896).

155 Ver, em geral, BLACK, Charles L. "The lawfulness of the segregation decisions". *Yale Law Journal*, vol. 69, 1960, p. 421; CAHN, Edmund. "Jurisprudence". *New York University Law Review*, vol. 30, 1955, p. 150; KARST, Kenneth. "Legislative facts in constitutional litigation". *Supreme Court Review*, 1960; WECHSLER, Herbert. "Toward neutral principles of Constitutional Law". *Harvard Law Review*, vol. 73, 1959, p. 1.

caso, um tribunal será chamado para decidir se o desequilíbrio racial que existe nas escolas de uma comunidade específica resulta em uma oportunidade educacional sistemática e substancialmente inferior para pessoas Negras. Não importa quão consciencioso seja o Tribunal que decide essa questão, uma quantidade irredutível de incerteza permanecerá. É improvável que qualquer experimento ou pesquisa possa ser concebido para satisfazer os padrões vigorosos do método científico e ainda erradicar essa incerteza. E mesmo que técnicas científicas válidas pudessem ser desenvolvidas, o tempo necessário para conduzir os experimentos necessários e o ônus financeiro lançado sobre os litigantes tornariam impensável o uso de tais experimentos para todos, exceto aqueles que desejam perpetuar o *status quo*. Por ambas as razões, um método mais informal de reunir insights sobre as consequências de escolas desequilibradas deve ser confiável. Em um determinado caso, a alegação de que a oportunidade educacional de um/a aluno/a Negro/a é injustificadamente inferior deve ser julgada à luz dos *insights* compartilhados por uma comunidade que, por sua vez, serão enriquecidos pelos desenvolvimentos em psicologia e sociologia.

Pode-se argumentar que tal abordagem carece da precisão necessária para justificar um exercício de poder judicial. Mas os casos são decididos dessa maneira em áreas não constitucionais e constitucionais: uma pessoa razoável ficaria assustada ou envergonhada pelo comportamento do réu? O poder econômico e o efeito competitivo da ação do réu são suficientes para constituir uma restrição irracional ao comércio? Quatro horas de interrogatório contínuo por policiais sem a oportunidade de se comunicar familiares coagiriam o réu a confessar? No mínimo, essa referência a outras áreas do Direito indica que a confiança judicial em percepções compartilhadas não é um afastamento radical dos métodos tradicionais de adjudicação. No entanto, assumindo que a confiança em percepções compartilhadas às vezes é uma base válida para julgamentos normativos e empíricos, é possível argumentar ainda que essa confiança está adequadamente confinada a conceitos que, como a coerção, têm uma longa história no *common law* para elucidá-los. "Oportunidade educacional", o argumento continuaria, é um conceito social recente que os tribunais não podem aplicar significativamente. Este argumento admitiria que os estatutos às vezes imputam aos tribunais a responsabilidade de fazer esses julgamentos à luz de percepções compartilhadas, mas também apontaria que esse não é o caso do princípio da igualdade de oportunidades educacionais. Além disso, pode-se argumentar que a incerteza inerente à confiança judicial em percepções compartilhadas é intensificada pelo efeito que a aplicação do princípio da igualdade de oportunidades pode ter na comunidade em questão. Uma ordem judicial para corrigir o desequilíbrio exigirá a modificação dos planos de frequência existentes e isso, invariavelmente, afetará uma grande classe de indivíduos únicos, tanto brancos quanto Negros. Para ser justo com a maioria, o Tribunal deve, por exemplo, generalizar os julgamentos empíricos para evitar que esses julgamentos sejam baseados nas respostas de um indivíduo excessivamente sensível. Essa necessidade de generalizar, mesmo que o Tribunal se concentre em uma única comunidade em oposição a todas as comunidades na América, invariavelmente reduzirá a confiança que pode ser depositada no julgamento empírico. Finalmente, é possível argumentar que os tribunais devem ser cautelosos ao entrar nessa área porque os Estados Unidos, vistos como uma única comunidade constitucional, estão mais profundamente divididos na questão racial do que em qualquer outro problema social, e isso reduz a chance de desenvolver um *corpus* viável de percepções compartilhadas sobre o que constitui uma oportunidade educacional injustificadamente desigual.

A resposta a essas objeções é dupla. Primeiro, se, como foi sustentado, a Cláusula de Proteção Igualitária puder ser e foi interpretada para produzir um princípio de igualdade de oportunidades educacionais, os tribunais não têm escolha a não ser aplicar o princípio, apesar das dificuldades inerentes à sua aplicação. Segundo, embora a aplicação do princípio possa introduzir um grau de incerteza no processo judicial que desvie da imagem clássica do processo, os interesses em jogo no desafio a escolas desequilibradas – as vidas futuras de uma minoria oprimida – são de tal importância que seria injusto e, portanto, mais incompatível com a integridade judicial para um tribunal se recusar a aplicar o princípio simplesmente por causa da incerteza envolvida. Talvez um tribunal que lidasse com uma política aberta e declarada de segregação na educação pudesse ter evitado parte dessa incerteza usando uma das versões do princípio de classificação inerentemente arbitrária, mas um tribunal confrontado com um protesto contra a criação e manutenção de escolas desequilibradas não tem essa alternativa à abstenção. Embora o princípio possa exigir julgamentos empíricos e normativos que podem tornar impossível alcançar uma uniformidade estrita na aplicação do princípio, mesmo com um controle rígido da Suprema Corte, menos será perdido por essa aplicação diferenciada do que se o princípio constitucional estiver além do alcance de um tribunal naqueles, talvez poucos, casos em que ele possa ser aplicado de forma justa.

C) Estabelecendo a violação do princípio

Mesmo que o princípio da igualdade de oportunidades educacionais seja determinado como tendo estatura constitucional, um tribunal confrontado com uma demanda para impor uma obrigação constitucional de corrigir o desequilíbrio deve indagar se o conselho escolar violou esse princípio ao criar e manter escolas racialmente desequilibradas. O foco dessa investigação não está na responsabilidade do governo pelo desequilíbrio, que foi previamente estabelecido. Em vez disso, o foco está na questão de saber se a criação e manutenção de escolas desequilibradas constitui uma negação de "proteção igualitária das leis". A resolução desse problema não estabelece os limites adequados de qualquer obrigação corretiva que possa ser imposta, embora a gama de medidas corretivas praticamente disponíveis para o conselho escolar seja uma consideração relevante para decidir se existe uma violação.

1. Estabelecendo a violação comparando o caso com Brown. Um tribunal confrontado com um caso envolvendo desequilíbrio racial nas escolas públicas provavelmente verá os julgamentos empíricos e normativos de *Brown* como sacrossantos e limitantes. A característica distintiva de *Brown* é considerada como sendo que, ali, a segregação resultou de uma política aberta e declarada para segregar as raças; a segregação teve, em outras palavras, a "sanção do Direito". O processo, então, se torna um de correspondência de casos de desequilíbrio racial com *Brown* para elaborar os limites do conceito de "sanção do Direito" e, assim, distinguir entre segregação *de facto* (de fato) e *de jure* (de direito). Sob esse modo de análise, duas classes de casos claramente se enquadram na categoria de segregação de direito e, portanto, na condenação de *Brown* – aqueles em que a guetização pode ser diretamente atribuída a regulamentações residenciais raciais e aqueles em que a política do conselho escolar é de manipulação ativa. Em ambos os casos, a responsabilidade óbvia do governo pelo desequilíbrio resultante é suficiente para dar a essa segregação a "sanção do Direito" e permitir que um tribunal conclua que ela constitui uma negação de proteção igual.

Ambas as situações também podem ser estendidas para cobrir um número maior de casos. Por exemplo, um tribunal pode se preocupar não apenas com o impacto de regulamentações residenciais raciais que ainda estão "nos livros", mas também com aquelas regulamentações removidas recentemente. Os padrões residenciais tendem a se tornar fixos, e o efeito de tais estatutos em escolhas passadas pode ser considerado suficiente para classificar a segregação escolar resultante como de direito. Essa linha de raciocínio pode ter grande significado para a maioria das comunidades do Sul, o que também ocorreria no Norte se o fato de que, antes de 1948, muitos Tribunais Estaduais se empenhassem em impor contratos racialmente restritivos constituísse envolvimento governamental suficiente para dar à segregação a sanção da lei.

Os tribunais também podem estender o conceito de manipulação geográfica para assimilar a segregação encontrada em escolas desequilibradas àquela presente em *Brown*. A manipulação tradicional consiste em zonas de formato anormal. Mas o conceito poderia ser estendido para cobrir uma comunidade onde a política do conselho escolar em relação ao desequilíbrio é de aprovação. Nesses casos, embora as zonas de frequência existentes fossem justificadas geograficamente, existiriam outros planos de zoneamento – que não resultariam em escolas desequilibradas – igualmente aceitáveis em termos geográficos. Tal extensão pode ser baseada no seguinte fundamento. Se for possível inferir que o conselho escolar deseja segregar as raças – uma inferência assumida ao rotular a política do conselho escolar como de aprovação –, sempre existirá incerteza quanto à decisão do conselho escolar de preservar as zonas de frequência estabelecidas por razões raciais e não geográficas. Uma zona compacta pode ter vários formatos, dos quais nenhum, exceto o círculo com a escola em seu centro, possui lógica convincente; o conselho escolar geralmente tem grande discrição na escolha de um ponto de partida para dividir a comunidade em zonas de abrangência e na determinação da localização e capacidade das escolas; e enormes dificuldades surgem na comprovação da manipulação tradicional. A menos que aqueles submetidos à educação na escola desequilibrada acreditem que as razões geográficas são as verdadeiras, a política de aprovação do conselho escolar pode ter consequências psicológicas prejudiciais. A segregação resultante pode, portanto, ser considerada como tendo a mesma "sanção do Direito" que a condenada em *Brown*. Tal extensão da noção tradicional de manipulação talvez explique *Evans vs. Buchanan*. Lá, a comunidade abandonou relutantemente seu sistema educacional birracial e instituiu zonas geográficas de abrangência que produziram virtualmente a mesma separação física das raças nas escolas.

O Tribunal Distrital criou uma presunção de que as zonas teriam sido manipuladas e ordenou a transferência das/os demandantes

Negras/os para escolas brancas até que essa presunção fosse refutada pelo conselho escolar. Parece improvável que essa presunção pudesse ter sido refutada mostrando que a zona que causou o desequilíbrio era geograficamente justificada. Não houve nenhuma insinuação sobre limitações de abrangência geográfica da zona; o Tribunal observou que a escola desequilibrada estava no meio de uma área residencial Negra, e não houve nenhuma alegação de que as/os demandantes Negras/os viviam perto das fronteiras da zona de frequência, a área mais vulnerável à manipulação tradicional. Esses aspectos do caso sugerem que a presunção de manipulação em *Evans* poderia ter sido refutada apenas mostrando que nenhum outro plano de alocação reduziria o desequilíbrio e ainda seria geograficamente justificado.

Uma segunda extensão do conceito tradicional de manipulação é sugerida pelo caso *New Rochelle*.[156] O Tribunal trouxe o desequilíbrio racial da Lincoln School para dentro do âmbito de cobertura de *Brown* ao ver o caso como um de manipulação, embora os fatos não revelem manipulação tradicional, mas, sim, o que pode ser denominado "manipulação passada", que não era mais responsável pela composição racial da escola. O Tribunal concluiu que a manipulação ativa em *New Rochelle* cessou em 1934, quando as linhas de zona foram redefinidas, e que um plano de transferência, que deu a alunas/os brancas/os a oportunidade de se transferirem para fora da Lincoln School, foi abandonado em 1949. Nenhuma das práticas passadas poderia ser considerada responsável pelo desequilíbrio racial existente na Lincoln School, que estava no centro de um bairro Negro, já que uma zona de

---

156 *Taylor vs. Board of Educ.*, 191 F. Supp. 181 (S.D.N.Y.), apelação negada, 288 F.2d 600 (2d Cir.), 195 F. Supp. 231 (S.D.N.Y.), aff'd, 294 F.2d 36 (2d Cir.), 82 Sup. Ct. 10, cert. negado, 368 U.S. 940 (1961), ordem modificada por mudança aplicada pelo conselho escolar, 221. F. Supp. 275 (S.D.N.Y. 1963). Para uma descrição desse litígio, ver UNITED STATES COMMISSION ON CIVIL RIGHTS. *Civil Rights U.S.A. Public Schools, Cities in the North and West*. Washington: Greenwood Press, 1962, pp. 27-103.

frequência geograficamente justificável produziria o mesmo resultado. Portanto, embora o Tribunal tenha falado apenas de "manipulação", estendeu, de modo implícito, essa noção para cobrir a manipulação passada também, presumivelmente na teoria de que as práticas passadas do conselho escolar e a sua atitude atual, que o Tribunal inferiu ser de aprovação, infectaram tanto o uso atual de critérios geográficos que a segregação resultante acabou sendo "sancionada pelo Direito", assim como se critérios raciais tivessem sido usados para estabelecer as zonas de frequência. Essa extensão pode ter ramificações importantes para as comunidades que até recentemente realizaram a separação racial em seu sistema escolar público por meio de uma política aberta e declarada de segregação.

Pouco se refere ao fato de que os conselhos escolares anteriores de New Rochelle mantiveram a segregação por meio de zonas de abrangência manipuladas e um plano de transferência discriminatório, enquanto os conselhos escolares do Sul foram menos desonestos em atingir o mesmo objetivo. Em ambos os casos, pode ser que práticas passadas e atitude atual de aprovação infectem tanto a segregação resultante do uso atual de zonas geograficamente determinadas que o impacto adverso sobre alunas/os Negras/os seja semelhante ao impacto encontrado em *Brown*.

Talvez em qualquer situação em que a inferência pudesse ser feita a partir do contexto social geral de que a política do conselho escolar é de aprovação, o desequilíbrio racial é "sancionado pelo Direito" e uma forma de segregação de direito existe. Por outro lado, quando um tribunal se depara com uma política de desconsideração, é mais difícil assimilar o caso a *Brown*. Para fazer isso, seria necessário confiar em várias proposições questionáveis. Por exemplo, que a distinção entre uma política aberta e declarada de segregação e uma política de desconsideração poderia não ser clara para alunas/os Negras/os confrontadas/os com segregação em uma escola e um contexto social geral de hostilidade racial. Ou então que um conselho escolar que estivesse afirmativamente sancionando a separação da escola desequilibrada e que pudesse tomar medidas razoáveis para corrigi-la se recusasse a fazê-lo, mesmo após repetidas demandas. Claramente, a aceitação da segunda dessas proposições, talvez mesmo de ambas, faria ruir a distinção entre segregação de fato e de direito e, assim, eliminaria a necessidade de categorias.

A tentativa anterior de aproximar casos envolvendo escolas racialmente desequilibradas a *Brown* pode ser criticada em dois níveis. Primeiro, é possível argumentar que, em todos os casos enumerados, o conceito de "sanção do Direito" é distorcido; que eles são instâncias de segregação de fato e não de direito; que *Brown* proíbe apenas o uso de critérios raciais no desenho de zonas escolares; e que a adesão estrita a critérios geográficos é imune a ataques constitucionais. Segundo, e mais fundamentalmente, é possível argumentar que escolas racialmente desequilibradas confrontam os tribunais com um problema social diferente daquele apresentado por *Brown*; e que analisar esse novo problema comparando-o a *Brown* e categorizando a segregação como de direito ou de fato apenas obscurece os aspectos únicos do problema do desequilíbrio racial. A segunda e mais abrangente crítica parece ser bem fundamentada. A análise judicial do desequilíbrio racial em termos de *Brown* tende a concentrar a atenção do Tribunal estritamente em apenas um aspecto do mal potencial das escolas desequilibradas – o dano psicológico infligido pela sanção estatal da separação. As diferenças no contexto legal e social geral das comunidades do Norte e do Sul são, portanto, perdidas. Não se leva em conta o fato de que uma criança Negra em uma escola primária racialmente desequilibrada pode ter algumas/ns colegas brancas/os e pode frequentar uma escola secundária equilibrada, e que a escola racialmente desequilibrada provavelmente também será econômica e socialmente desequilibrada. É dada atenção inadequada às possíveis justificativas para o uso de critérios geográficos por um conselho escolar, mesmo que o governo tenha sido responsável pela guetização ou se tenha havido "manipulação passada". Chicago, por exemplo, pode ter o mesmo histórico de manipulação que New Rochelle, mas a magnitude do desequilíbrio e o arranjo físico da comunidade podem fazer a diferença na justificativa para a decisão do conselho escolar de não corrigir o desequilíbrio. Além disso, as medidas necessárias para corrigir o desequilíbrio serão diferentes da solução ordenada em *Brown*, que previa uma transição de zonas de abrangência racial para geográfica. Mesmo em um caso de manipulação ativa, a solução adequada pode ser simplesmente colocar as crianças incluídas ou excluídas pela formação irregular em uma zona que possa ser justificada geograficamente.

Isso não quer dizer que os tribunais nunca devam comparar instâncias de desequilíbrio com *Brown*; a análise judicial por comparação e categorização é uma técnica familiar no Direito. No entanto, sugere que, em algum momento – pelo menos quando a política do conselho escolar é de desconsideração –, um tribunal deve reconhecer que está aplicando o princípio da igualdade de oportunidades educacionais a um problema social significativamente diferente daquele criado por uma política aberta e declarada de segregação. Assim, ao aplicar esse princípio, um tribunal deve estar preparado para usar seu poder a fim de avaliar de forma independente todas as dimensões sociais do problema.

2. *Estabelecendo a violação por avaliação independente.* A importância da manutenção e criação de escolas racialmente desequilibradas, em termos do princípio da igualdade de oportunidades educacionais, pode e deve ser avaliada independentemente dos julgamentos empíricos e normativos de *Brown*. O desafio inerente a fazer tal avaliação é enorme, mas seria impróprio para um tribunal que enfrenta esse desafio se refugiar na familiaridade de critérios geográficos ou na crença geral de que as escolas de guetos e comunidades precárias em áreas urbanas sempre foram as piores escolas públicas. Mudanças radicais nas condições de vida social, aumentos em nosso conhecimento e evolução gradual de nossa civilização são refletidas no desenvolvimento e na aplicação

de princípios constitucionais, tornando-os cada vez mais sensíveis e intolerantes às injustiças. O enorme crescimento das áreas urbanas, a intensidade do descontentamento de pessoas Negras e a crescente importância da educação pública demandam um segundo olhar sobre a constitucionalidade das escolas desequilibradas, mesmo que o desequilíbrio seja criado pelo uso do que antes era considerado um critério geográfico inócuo.

a. O julgamento empírico: avaliação da qualidade da oportunidade educacional. Um tribunal deve primeiro fazer uma avaliação da qualidade da oportunidade educacional oferecida a uma criança designada para uma escola racialmente desequilibrada. O reclamante tem o ônus de estabelecer que a oportunidade educacional oferecida é inferior àquela oferecida a outras crianças na comunidade: ele deve reunir todas as evidências testemunhais e documentais disponíveis que tendem a mostrar que a escola racialmente desequilibrada é academicamente inferior, que a criança obrigada a frequentar a escola racialmente desequilibrada é privada de relacionamentos sociais importantes ou que a criança sofre danos pessoais.

Ao avaliar a suposta inadequação acadêmica, o Tribunal deve se preocupar apenas com desigualdades substanciais pelas quais o governo pode ser responsabilizado, e não com as pequenas variações na qualidade acadêmica encontradas em todos os sistemas de escolas públicas. Invariavelmente, a confiança deve ser depositada em índices imperfeitos de qualidade, como superlotação, diferenças no currículo, estabilidade dos professores, custos por aluno ou pontuações em testes padronizados. Por exemplo, a única informação estatística enfatizada pelo Tribunal em *In the Matter of Skipwith*[157] foi a de que 43 de 85 cargos foram preenchidos por professoras/es substitutas/os, uma proporção maior do que a média da cidade, e que muitos professores estavam ensinando

157 81 Misc. 2d 325, 180 N.Y.S.2d 852 (Dom. Rel. Ct. 1958).

disciplinas diferentes daquelas em que foram treinados. No entanto, o Tribunal foi capaz de concluir, com base em todo o registro, que incluía o testemunho de educadores e psicólogos, e em relatórios de comissões contratadas para estudar o problema do desequilíbrio, que a oportunidade educacional oferecida na escola desequilibrada era academicamente inferior àquela geralmente oferecida nas escolas não desequilibradas da comunidade. Pode ser difícil, no entanto, encontrar um elo teórico entre a inadequação acadêmica e a composição racial da escola. As inadequações relacionadas de modo mais direto ao desequilíbrio racial são precisamente aquelas que mais desafiam a medição objetiva. Como alguma incerteza é irredutível, considerações de administração judicial podem levar os tribunais a construírem esse elo teórico criando presunções de inadequação acadêmica em escolas racialmente desequilibradas; os encargos e custos de litígios constantes podem tornar justo exigir alguma medida de integração, garantindo, assim, que se dê atenção à qualidade da educação em todas as escolas da comunidade. Essa abordagem aliviaria os tribunais da avaliação constante das necessidades educacionais e da intromissão na administração do sistema escolar por meio de uma série de decretos fragmentados, como aqueles que ordenam uma distribuição mais justa de professores ou a construção de uma nova escola.

A existência de escolas desequilibradas está diretamente relacionada à alegada perpetuação de barreiras sociais. No entanto, a alocação de alunos em zonas de abrangência invariavelmente priva algumas crianças de contatos com crianças em outras zonas; portanto, o Tribunal deve determinar se a criança obrigada a ir para a escola racialmente desequilibrada está sendo privada de contatos mais importantes do que as crianças em outras escolas. Escolher um padrão para classificar os contatos em termos de sua importância para a criança[158] e produzir as evidências apropriadas

158 Ver BLACK, Charles L. "The lawfulness of the segregation decisions". *Yale Law Journal*, vol. 69, 1960, pp. 421-428. O Professor Black sugere que,

constitui um empreendimento enorme, mas essas dificuldades foram superadas até certo ponto em *Sweatt* e *McLaurin*. A oportunidade educacional de *Sweatt*, que tratava de uma faculdade de Direito para estudantes Negras/os, foi considerada pela Suprema Corte como desigual à oferecida a alunas/os brancas/os, em parte porque elas/es seriam privadas/os de contatos com membros de grupos dominantes na profissão e na sociedade. As restrições a *McLaurin* foram julgadas como prejudicando sua oportunidade educacional, em parte porque a parte requerente foi privada da oportunidade de se misturar com os outros alunos.

O dano psicológico supostamente causado a uma criança Negra pela obrigatoriedade de frequentar uma escola racialmente desequilibrada fornece o elo teórico mais geral entre a qualidade da oportunidade educacional e a composição racial da escola, embora alguns ajustes devam ser feitos, considerando o grau de desequilíbrio, o fato de que parte da experiência escolar da criança poder ser em escolas não desequilibradas e o meio social geral. O estabelecimento de guetos residenciais, a manutenção prévia de um sistema educacional birracial e a política de aprovação de um conselho escolar se tornariam relevantes para o julgamento do Tribunal sobre a probabilidade de uma criança Negra ver sua designação para uma escola desequilibrada com o mesmo desdém que sentiria se fosse designada puramente com base em sua a raça. No entanto, mesmo na ausência de tais fatores, a designação para uma escola desequilibrada pode ter um impacto devastador em estudantes Negras/os. A consideração de se estudantes Negras/os seriam psicologicamente prejudicados pelo desequilíbrio em uma comunidade específica dependerá primeiro da capacidade do reclamante de apresentar as evidências relevantes e, segundo, da percepção do Tribunal que analisa essas evidências. Em *Blocker vs.*

---

embora haja uma perda substancial para as crianças brancas quando elas são isoladas de crianças Negras, essa perda não é tão tangível, imediata e paralisante quanto a perda para uma criança Negra.

Board of Educ.,[159] por exemplo, o juiz distrital se deparou com uma típica comunidade suburbana de Long Island, onde todos, exceto pessoas Negras, estavam na classe média alta ou alta; 99 por cento das crianças brancas em idade escolar primária frequentaram duas escolas primárias exclusivamente para brancos, enquanto todas as crianças Negras da mesma idade frequentaram uma escola primária racialmente desequilibrada. O Tribunal concluiu, com base em uma "justa preponderância de evidências", que a designação de crianças Negras para a escola desequilibrada gerou um "sentimento de inferioridade quanto ao seu *status* na comunidade", embora tenha reconhecido que "esse efeito prejudicial, como dor e sofrimento em uma ação ilícita, não é suscetível de mensuração precisa" e que não "se sabe exatamente quando e como esse dano psicológico se manifesta".[160] Obviamente, os julgadores de fato confrontados com diferentes circunstâncias factuais não serão vinculados por *Blocker*. Somente a formulação de uma regra por uma instituição como a Suprema Corte sobre os efeitos prejudiciais da designação para uma escola racialmente desequilibrada poderia ter tal efeito vinculativo.

Independentemente de qual teoria de dano é utilizada para avaliar a qualidade da oportunidade educacional na escola racialmente desequilibrada, o mero fato de que uma escola étnica ou religiosamente desequilibrada também pode prejudicar a oportunidade educacional daqueles que são obrigados a frequentá-la não é crítico. Presumindo que o comprometimento da oportunidade em uma escola racialmente desequilibrada é injustificado, seria injusto negar uma solução a um/a autor/a porque um membro de outro grupo também pode ter direito a solução semelhante, embora essa consideração deva desempenhar algum papel no

---

159 226 F. Supp. 208, remédio reconsiderado, 229 F. Supp. 709 (E.D.N.Y. 1964) (Manhasset).

160 F. Supp. 208, remédio reconsiderado, 229 F. Supp. 709 (E.D.N.Y. 1964) (Manhasset), p. 229.

desenvolvimento da solução. A história das pessoas Negras nos Estados Unidos, a compulsão envolvida em sua guetização e a sua posição na sociedade fornecem uma base suficiente para um tribunal reconhecer que a escola racialmente desequilibrada pode ser significativamente inferior às escolas predominantemente brancas, italianas ou judaicas. Da mesma forma, embora a oportunidade educacional de todas as crianças na escola racialmente desequilibrada – tanto brancas quanto Negras – possa ser inferior quando comparada ao resto da comunidade, isso não desautoriza a criança Negra a reclamar. O Tribunal poderia fazer o julgamento empírico, se necessário, de que a separação das raças tem um impacto peculiarmente adverso sobre a criança Negra. No entanto, raramente é necessário fazer esse julgamento, pois crianças brancas que frequentam escolas desequilibradas com crianças Negras geralmente se beneficiarão da correção do desequilíbrio e ambas podem ser incluídas como demandantes.

b. O julgamento normativo: avaliação da justificativa. Se um tribunal concluir que a qualidade da educação oferecida a estudantes Negras/os em uma escola desequilibrada é inferior à oferecida a estudantes brancas/os, ele deve prosseguir para ponderar tais desigualdades com os valores supostamente promovidos pelo uso de critérios geográficos pelo conselho na formulação de sua política de alocação. Em algumas áreas metropolitanas, como Nova York e Chicago, os guetos raciais são tão grandes e os problemas de transporte tão salientes que um tribunal pode concluir que o conselho escolar estava justificado em se recusar a tomar medidas correcionais. Em muitos outros casos, os interesses protegidos pela adesão do conselho escolar a zonas geograficamente determinadas serão menos substanciais e, nesses casos, é improvável que mesmo um leve comprometimento na oportunidade educacional possa ser justificado. Por exemplo, suponha que o desequilíbrio racial em uma pequena comunidade urbana possa ser corrigido simplesmente com a substituição das linhas de frequência que correm de norte a sul por outras que correm de leste a oeste, ou por meio da instituição de um plano de transferência aberto, ou mediante a abertura de uma nova escola na periferia do gueto. Em tal caso, um tribunal, concluindo que a situação existente prejudica a oportunidade educacional da reclamante, pode muito bem concluir que a recusa do conselho em adotar medidas corretivas é injustificada. A possibilidade de que uma justificativa possa existir impede com que tribunais façam um pronunciamento geral de que a criação e manutenção de escolas desequilibradas sempre viola o princípio da igualdade de oportunidades educacionais.

Como a adjudicação constitucional exige uniformidade, pode parecer estranho que a criação e manutenção de escolas desequilibradas violem o princípio da igualdade de oportunidades educacionais apenas em algumas comunidades e em algumas circunstâncias. No entanto, a uniformidade é necessária apenas no princípio aplicado, não no resultado dessa aplicação. É falacioso supor que todas as instâncias de desequilíbrio racial devam ser inconstitucionais ou nenhuma o seja, e essa falácia é alimentada pelo uso contínuo do termo segregação de fato. Esse termo sugere incorretamente que o problema envolve uma instituição monolítica, a contraparte do Norte das leis segregacionistas do Sul condenadas em *Brown*. Mas, em *Brown*, os interesses promovidos pela política aberta e declarada de segregação do governo eram, na realidade, interesses associativos discriminatórios que, sob nenhuma circunstância, poderiam servir como justificativa para o comprometimento da oportunidade educacional de uma criança Negra. Por outro lado, escolas racialmente desequilibradas podem resultar do reconhecimento governamental de interesses não discriminatórios, como evitar a necessidade de transporte, que, em certas circunstâncias, podem justificar a recusa de um conselho escolar em tomar medidas corretivas, mesmo à custa de algum comprometimento da oportunidade educacional. Essas possíveis justificativas para a falha em corrigir são constitucionalmente relevantes, uma vez que o princípio é violado apenas quando o comprometimento da oportunidade educacional não possa ser justificado. A questão abstrata não é:

a criação e manutenção de escolas racialmente desequilibradas e a designação de crianças a elas são inconstitucionais? Em vez disso, é: quando tal ação é inconstitucional? A resposta proposta aqui é: quando a justificativa para aderir aos critérios geográficos não supera as imperfeições na oportunidade educacional daqueles designados para as escolas desequilibradas.

c. *A resolução de incertezas.* Um resíduo de incerteza está fadado a permanecer enquanto um tribunal faz os julgamentos empíricos e normativos que são necessários na aplicação do princípio de igualdade de oportunidades educacionais aos fatos de um caso particular. Existem, no entanto, certos fatores que podem ajudar a resolver tais incertezas que existem.

Quando a política do conselho escolar é de desconsideração em vez de aprovação, um tribunal pode estar revisando uma determinação administrativa de que escolas desequilibradas não prejudicam a oportunidade educacional das/os demandantes Negras/os ou que há justificativa adequada para o uso de critérios geográficos. Alguma deferência deve ser dada a esta decisão administrativa. No entanto, é difícil determinar a extensão adequada da deferência. Ao discutir se seria constitucionalmente permitido para o conselho escolar tomar medidas corretivas voluntariamente, foi sugerido que um tribunal deveria respeitar a avaliação do conselho escolar sobre os males da escola desequilibrada e os benefícios e custos das medidas corretivas, mesmo que o Tribunal tivesse resolvido a questão de forma diferente. Sugerir agora que o Tribunal não precisaria mostrar o mesmo grau de deferência quando um conselho escolar decide não corrigir um desequilíbrio não é contraditório nem paradoxal. A deferência dada à determinação do conselho escolar na situação anterior deriva de um julgamento de que medidas corretivas não ameaçam um valor constitucional tão básico a ponto de exigir um exame judicial rigoroso. No entanto, quando o conselho escolar se recusa a corrigir o desequilíbrio, um valor constitucional básico – a igualdade de oportunidade educacional – pode muito bem ser ameaçado. Essa possível ameaça autoriza um tribunal a se recusar a adiar a avaliação administrativa subjacente à política de desconsideração do conselho escolar.

A recusa de um tribunal em aceitar a decisão do conselho também pode ser justificada com base no argumento de que o conselho escolar não representa os interesses do grupo minoritário afetado pelo desequilíbrio; a minoria, em algumas circunstâncias, pode ser politicamente impotente ou deliberadamente excluída do processo político. Quando esse é o caso, o recurso inerente a uma resolução negociada de interesses concorrentes está ausente; tal tribunal pode muito bem se ver como o protetor dos direitos da minoria não representada e aceitar a decisão, se o fizer após um escrutínio mais cuidadoso. A preocupação com a possibilidade de que o preconceito possa infectar o processo administrativo e político também deve desempenhar um papel significativo na determinação se a deferência ao conselho é adequada. No entanto, nenhum tribunal deve estar disposto a abraçar a possibilidade de que todo conselho escolar que se recuse a aliviar o desequilíbrio seja, até certo ponto, intolerante. Para ter a probabilidade de parcialidade lançando dúvidas sobre a avaliação do conselho a respeito do dano e da justificativa em cada caso penalizaria o funcionário do governo que faz um esforço honesto para resolver o problema corretamente, e levaria o tribunal muito fundo no buraco negro que seria analisar os motivos dos funcionários do governo.

A existência de processos alternativos eficazes para lidar com o descontentamento com escolas desequilibradas também diminuiria a necessidade de revisão constitucional da ação de um conselho escolar e, portanto, levaria um tribunal a resolver incertezas em favor do conselho escolar. Em algumas comunidades, há estatutos que promulgam explicitamente o princípio de igualdade de oportunidades educacionais e a aplicação desse princípio foi confiada a agências administrativas e Tribunais estaduais. Conceitos administrativos e jurídicos como “lesão injustificada” e “abuso de discrição” também podem fornecer ferramentas legais adequadas para avaliar a recusa do conselho escolar em aliviar o desequilíbrio. O emprego de tais procedimentos alternativos transferiria grande parte do fardo de fazer as avaliações empíricas e normativas críticas para os Tribunais estaduais, colhendo, assim, o benefício de qualquer flexibilidade que uma agência administrativa possa introduzir na formulação de soluções. Isso, pelo menos inicialmente, evitaria a irritação que poderia ser criada quando uma agência externa interferisse no sistema educacional. No máximo, no entanto, essas preocupações deveriam levar a uma exigência de que os recursos administrativos ou judiciais estaduais eficazes fossem esgotados antes que a revisão constitucional pudesse ser obtida em um Tribunal estadual ou federal. Mesmo isso poderia colocar um fardo injusto sobre o litigante de direitos civis pobre e impaciente.

Foi sugerido que o processo político também é uma alternativa eficaz e que, diante de incerteza substancial, um tribunal deve resolver a questão em favor do conselho escolar, remetendo a autora à arena política.[161] É possível duvidar que essa sugestão seja válida quando aplicada ao problema da oportunidade educacional. As virtudes atribuídas ao processo político são sua capacidade de sopesar todos os interesses concorrentes relevantes antes de chegar a uma solução negociada e sua capacidade de criar soluções indiscutivelmente mais flexíveis do que aquelas oferecidas pelo processo judicial. No entanto, em muitas comunidades, pessoas Negras foram excluídas desse processo político por completo ou tiveram seu poder severamente limitado. Somente em comunidades raras como Nova York ou Chicago, o poder político de pessoas Negras é significativo, e, nessas comunidades, algumas medidas corretivas foram instituídas. Além disso, a flexibilidade exigida pelo problema pode ser, e foi, alcançada dentro de uma estrutura judicial. Pessoas Negras exerceram arduamente qualquer poder político que pudessem ter; delegar ainda mais a tarefa de fazer

161 KAPLAN, John. "Segregation litigation and the schools – part II: the general Northern problem". *Northwestern University Law Review*, vol. 58, 1963, p. 211.

julgamentos empíricos e normativos críticos ao processo político pode envolver maiores custos humanos e sociais do que estabelecer uma tradição de revisão judicial em casos de desequilíbrio escolar.

D) Os limites da obrigação de correção de desequilíbrio

Mesmo que um tribunal decida que a criação e manutenção de escolas desequilibradas em uma determinada comunidade viola o princípio da igualdade de oportunidades educacionais, os limites da obrigação corretiva ainda precisam ser determinados. Na maioria dos casos, a imposição dessa obrigação exigirá alguma ação afirmativa pelo conselho escolar. Essa exigência não é, no entanto, uma barreira conceitual de dimensões constitucionais. De fato, a exigência de ação afirmativa está no cerne de *Brown*; dezessete Estados tiveram que abandonar os critérios raciais e reorganizar afirmativamente os planos de alocação escolar. É claro que *Brown* não exigiu ação afirmativa no sentido de que o Tribunal tenha prescrito um único curso de ação entre muitas alternativas constitucionalmente permitidas; mas a obrigação corretiva imposta quando um tribunal descobre que a criação e manutenção de escolas racialmente desequilibradas viola o princípio da igualdade de oportunidades educacionais também não precisa exigir ação afirmativa nesse sentido.

A obrigação corretiva imposta a um conselho escolar pode ser melhor vista como exigindo uma forma de dessegregação, eliminando a segregação nas escolas públicas que priva as/os demandantes Negras/os da igualdade constitucionalmente garantida de oportunidades educacionais. Como a criação e manutenção de escolas desequilibradas é inconstitucional somente quando a justificativa para o uso de critérios geográficos não supera as imperfeições na oportunidade educacional, o conselho escolar é obrigado a remediar somente o desequilíbrio prejudicial que também é injustificado. Essa abordagem permite que um tribunal elabore um plano corretivo que reflita as legítimas necessidades da comunidade e seu sistema escolar. E um tribunal pode facilitar esse ajuste pelo uso de uma "administração de direitos civis"; sob essa técnica, o Tribunal de primeira instância retém jurisdição por um período razoável, permitindo que o conselho escolar elabore e modifique seu próprio plano correcional, sujeito à crítica das partes insatisfeitas e à aprovação do Tribunal. Somente em casos raros – quando o conselho escolar inadimple completamente – é necessário que o Tribunal, com a orientação dos demandantes e *amici*, elabore um plano e garanta o cumprimento pelo uso do poder de desacato.

Ao julgar a adequação do plano de recuperação de um conselho escolar, um tribunal não deve ignorar certos fatores críticos. Primeiro, deve reconhecer que os julgamentos empíricos e normativos que fez não exigem consentimento imediato e universal. Por esse motivo, deve proceder com cuidado, respeitando diferenças honestas de opinião e tentando preservar a confiança pública no sistema judicial. Isso pode significar que, em todos os casos, deve primeiro considerar se instituir um plano de transferência aberto ou simplesmente ordenar a admissão das crianças Negras reclamantes em uma escola não desequilibrada será suficiente. Como tais medidas exigem apenas pequenos desvios da prática anterior do conselho escolar, a imposição dos julgamentos empíricos e normativos é mínima. Em um plano de transferência aberto, por exemplo, um tribunal confia na própria avaliação de pessoas Negras sobre o impacto da separação racial em sua educação e do possível ganho de frequentar uma escola não desequilibrada. O uso de critérios geográficos é geralmente preservado, os sacrifícios exigidos daqueles que resistem à transferência são poucos, a criança Negra que se transfere assume a inconveniência e os riscos, se não o custo do transporte, e a criança branca não precisa se aventurar para fora de sua vizinhança. Embora o plano de transferência aberta tenha limitações inerentes, na maioria dos litígios até agora – mesmo aqueles casos que envolvem manipulação –, o remédio buscado ou concedido tem sido o direito de transferência para fora da escola desequilibrada.

Em segundo lugar, um tribunal deve perceber que, em muitas comunidades, medidas corretivas moderadas aliviarão significativamente o problema.[162] Além da instituição de um plano de transferência aberto, uma mudança marginal nas linhas de frequência ou a seleção de um local estratégico para a próxima escola que for construída poderia ser suficiente. Somente nas situações mais extraordinárias, como as existentes em Nova York ou Chicago, a eliminação do desequilíbrio racial envolverá o abandono substancial de critérios geográficos; e esses casos extremos não devem dominar o esquema conceitual. O processo de correção do desequilíbrio começou nessas comunidades e as questões restantes são de tempo e escolha do método. Em muitas comunidades, o que é crítico é o mero estabelecimento do princípio de que a criação e manutenção de escolas racialmente desequilibradas podem constituir uma privação de oportunidade educacional e que o uso de critérios geográficos não imuniza a segregação de ataque constitucional. Decisões nesse sentido por um juiz distrital federal em Nova York e pela Suprema Corte da Califórnia foram suficientes para ativar alguns conselhos escolares a abandonar suas políticas de desconsideração e tomar medidas corretivas. No litígio mais recente no Norte, nenhum recurso foi interposto ao Tribunal Distrital quando o conselho escolar perdeu. Embora a necessidade de tal estímulo judicial possa ser sintomática de uma paralisia infeliz em agências governamentais locais, o padrão de respostas voluntárias pode significar que, em algumas comunidades, será necessária pouca compulsão para iniciar a reforma. E a imposição de medidas provisórias, como o plano de transferência aberta, colocará ainda

---

162 Em *Blocker vs. Board of Educ.*, o conselho escolar, em resposta à ordem do Tribunal para apresentar um plano de recuperação, se ofereceu para fechar a escola desequilibrada e redistribuir as crianças entre as outras escolas da comunidade. O Tribunal decidiu que o conselho não precisava ir tão longe e, em vez disso, estabeleceu o direito de transferência para fora da escola.

mais pressão sobre o conselho para implementar voluntariamente programas de reforma mais abrangentes. É claro que, em outras comunidades, não é realista antecipar qualquer resposta voluntária à elaboração do princípio de igualdade de oportunidades educacionais por parte de um tribunal. Em tais casos, pode ser ilusório esperar qualquer melhoria real da oportunidade educacional de crianças Negras simplesmente obrigando um conselho escolar a alterar a composição racial das escolas; ninguém acredita que a integração seja algo mais do que um primeiro passo enormemente importante. Um tribunal lidando com o problema em tal cenário também deve levar em conta a possibilidade de reação hostil, que limitará a eficácia de quaisquer obrigações correcionais. Algumas medidas correcionais – como o abandono total de critérios geográficos – podem gerar tal ressentimento por parte de pessoas brancas que eles se retirarão do sistema escolar público ou da cidade completamente. Nenhuma instituição social, e especialmente nenhum tribunal, pode se dar ao luxo de desconsiderar totalmente as consequências empíricas de suas ações.

Terceiro, um tribunal pode estar lidando com um conselho escolar cujo poder é explicitamente limitado por regulamentações estaduais ou municipais. As limitações podem variar de uma exigência de que o conselho use critérios geográficos a uma proibição contra o transporte de crianças. Claro, um tribunal deve tentar implementar a obrigação de corrigir para que o conflito com tais regulamentações seja minimizado. No entanto, se as regulamentações interferirem substancialmente no desempenho da obrigação, a supremacia da Constituição resolverá o conflito em favor das atividades correcionais. Quando o conselho escolar não tem autoridade ou poder para agir, o Tribunal pode mudar adequadamente o foco de sua atenção para as agências que têm o poder ou que podem autorizar o conselho escolar a agir. Nos casos de realocação, o poder do Tribunal sobre o Legislativo foi reforçado por sua ameaça de realizar uma eleição geral; aqui, o

Tribunal teria que recorrer ao poder para agir em face de desacato, embora a probabilidade de tal confronto seja pequena.

Finalmente, um tribunal, ao julgar a adequação das soluções propostas um conselho pode, às vezes, concluir que evitar conflitos e violência é um fator relevante na determinação do momento das medidas corretivas. No entanto, é possível que a violência ocorra não importa qual seja a decisão judicial. Como um tribunal não tem nenhuma alternativa disponível que previsivelmente possa reduzir a violência, ele pode decidir excluir esse fator da consideração, deixando a manutenção da lei e da ordem para a polícia e os delegados federais.

Conclusão

O governo é responsável pela criação e manutenção de escolas racialmente desequilibradas. Um conselho escolar tem permissão constitucional para empreender medidas especificamente projetadas para eliminar esse desequilíbrio, mesmo que considerações de raça sejam incorporadas a um esquema governamental. A Cláusula de Proteção Igualitária, exigindo igualdade de oportunidade educacional, pode, em alguns casos, ser violada pela manutenção de escolas racialmente desequilibradas. O alcance dessas proposições não pode ser ignorado: elas fornecem a estrutura para permitir constitucionalmente e, às vezes, até exigir uma reforma radical do *status quo*. A recusa em recuar diante do espectro de tal reforma está enraizada na reflexão de Brecht: "Quando uma coisa ocorre continuamente / Não a ache natural por essa razão".

IV

DESSEGREGAÇÃO DE ESCOLAS: O CAMINHO INCERTO DO DIREITO[163]

A dimensão mais premente e ainda mais elusiva do direito da dessegregação escolar tem sido aquela relacionada à/os aluna/os. Para entendê-la, uma distinção deve ser feita entre dois fenômenos. O primeiro é um processo ou atividade – designar alunas/os para escolas com base na raça (designação racial). O segundo é um padrão demográfico – todas/os as/os alunas/os brancas/os estão em uma escola e todas/os as/os alunas/os Negras/os estão em outra (segregação).[164]

Em *Brown vs. Board of Education*, a Suprema Corte foi confrontada com o sistema escolar dual tradicional no qual ambos os

---

163 FISS, Owen. "School desegregation: the uncertain path of the law". *Philosophy & Public Affairs*, vol. 4, 1974, pp. 3-39.

164 Parte da dificuldade em entender o direito de dessegregação escolar decorre do fato de que o termo "segregação" pode se referir tanto à atividade (por exemplo, "o conselho escolar tem se envolvido em segregação") ou ao padrão demográfico (ou seja, o padrão segregado de alocação estudantil). Neste artigo, ele é usado exclusivamente para se referir ao último fenômeno.

fenômenos estavam presentes e, mais importante, estavam causalmente relacionados. As/os alunas/os eram designadas/os para escolas com base em sua raça, e o padrão demográfico era de segregação racial. As designações raciais produziram as escolas segregadas. Portanto, não houve ocasião para a Corte traçar uma distinção nítida entre os dois fenômenos, para determinar se o vício principal era a designação racial ou as escolas segregadas. A Corte simplesmente considerou o sistema escolar dual ilegal. Este foi um modo de decisão aceitável – na verdade, provavelmente, louvável. Mas, ao mesmo tempo, deixou sem solução se qualquer um desses fenômenos, isoladamente, constituiria uma negação de proteção igualitária. Essa ambiguidade é responsável pelo caminho hesitante, incerto e às vezes ilógico da doutrina da Suprema Corte nas últimas duas décadas.

I. A questão da permissão: as/os alunas/os podem ser colocados em escolas com base na raça para alcançar a integração?

Durante a primeira década, a principal tarefa enfrentada pelo Tribunal foi reafirmar seu compromisso com *Brown* e obter conformidade com o Direito – acabando com qualquer desafio. Então, a tarefa se tornou a de definir o que a dessegregação realmente implicaria. Uma das primeiras questões levantadas foi se a atribuição racial poderia ser utilizada para alcançar a integração.

Foi então argumentado que o vício fatal do sistema escolar dual era a designação racial e que não fazia diferença se a designação racial era usada para alcançar a integração em vez da segregação. Uma proibição geral da designação racial foi imposta e, em apoio a essa posição, o aforismo do Juiz Harlan em sua dissidência em *Plessy vs. Ferguson* de que "nossa Constituição é daltônica" foi invocado.[165] Esse argumento foi apresentado em parte para

165 163 U.S. 537, 559 (1896).

interromper tentativas voluntárias de integração por parte dos conselhos escolares, mas foi usado principalmente para limitar o alcance das ordens de dessegregação do Judiciário. A teoria era que se as designações raciais fossem consideradas ilegais por si só, mesmo quando usadas para alcançar a integração, os tribunais não teriam outra opção senão permitir que os conselhos locais usassem critérios de designação de alunos como liberdade de escolha ou proximidade geográfica. Dados os preconceitos predominantes e os padrões residenciais segregados, esses critérios tenderiam a deixar um grande resíduo de segregação. Havia pouca perspectiva de que designações aleatórias fossem necessárias.

No final da década de 1960, esse argumento foi rejeitado pelos tribunais inferiores e, em 1971, o golpe fatal foi formalmente dado pela Suprema Corte. Em *Swann vs. Charlotte-Mecklenburg Board of Education*, a Corte declarou que, quando a atribuição racial está vinculada à integração em vez da segregação, ela é constitucionalmente permissível.[166] A segregação não é uma meta constitucionalmente permissível, mas a integração é; e a alocação a partir de critérios raciais é bem adequada para atingir essa meta. Nossa compreensão de *Brown* foi assim aguçada: se era a atribuição racial, e não o padrão demográfico, o principal vício do sistema escolar dual não era apenas a atribuição racial, mas a atribuição racial que produzia a segregação.

Hoje, cerca de três anos depois, *Swann* continua sendo direito válido. É uma doutrina estabelecida que a atribuição racial para atingir a integração no nível elementar e secundário é constitucionalmente permitida. Um desafio a essa prática seria prontamente descartado. Mas, ao mesmo tempo, durante este último mandato, o Tribunal teve dificuldades consideráveis com o caso *DeFunis*.[167]

---

166 402 U.S. 1 (1971); ver também *United States vs. Montgomery Board of Education*, 395 U.S. 225 (1969) (alocação de professores).

167 *DeFunis vs. Odegaard*, 94 S. Ct. 1704 (1974), perda de objeto, 82 Wash. 2d 11, 507 P.2d 1169 (1973).

A questão agora surge sobre o motivo de o Tribunal ter visto esse caso como muito mais difícil do que *Swann*.

Em *DeFunis*, estava em questão o uso da raça por uma faculdade de Direito estadual – a Faculdade de Direito da Universidade de Washington – em seu processo de admissão. A admissão preferencial de alunas/os Negras/os pela faculdade de Direito (e algumas outras minorias, por exemplo, chicanas/os) teve o efeito de reduzir o número de vagas disponíveis para outras/os alunas/os. A ação foi movida por um requerente branco rejeitado, DeFunis, e foi presumido que este teria sido admitido, não fosse a política preferencial. O Tribunal decidiu analisar o caso, mas, depois de ter sido totalmente instruído, ficou prejudicado porque DeFunis, que tinha sido liminarmente admitido na faculdade de Direito, estava prestes a se formar. Portanto, não houve decisão de mérito. No entanto, a decisão de analisar o litígio indicava profunda divisão no Tribunal, sugerindo que este percebera *DeFunis* como um caso difícil, mais difícil do que *Swann*. Por quê?

A ausência de discriminação racial passada pela faculdade de Direito em *DeFunis* não me parece o fator que distinguiu os casos para o Tribunal. A permissão para fazer atribuições raciais para atingir a integração no nível elementar e secundário não se limitou aos sistemas escolares que operavam em uma base dupla no passado recente. É verdade que *Swann* envolveu um sistema escolar da Carolina do Norte, e a integração lá foi constitucionalmente imposta na teoria (a ser explorada em detalhes mais tarde) de que a segregação atual era um vestígio de discriminação passada. Mas uma linha consistente de casos de tribunais inferiores sustentou a prática mesmo quando se presumiu que a integração não era constitucionalmente obrigatória. De fato, no mesmo dia em que o Tribunal decidiu *Swann*, ele confirmou sumariamente a invalidação, por parte de um tribunal distrital federal de três juízes, de uma lei de Nova York, que proibia os conselhos escolares locais de designar alunas/os para escolas com base na raça e, portanto, interferia no poder dos conselhos escolares locais de fazer designações raciais para alcançar a integração.[168] No contexto de Nova York, não é justo supor que a meta de integração seria projetada em grande parte para corrigir a discriminação passada e, portanto (sob a doutrina predominante), constitucionalmente obrigatória. Nesse contexto, só é possível entender que a integração foi vista como meta constitucionalmente permitida ou favorecida e que essa meta torna a raça um critério apropriado para designação. É claro que a permissibilidade da meta de integração pode ter algumas raízes no lugar especial das pessoas Negras em nossa sociedade, um lugar definido pelo tratamento histórico único dessa minoria nos Estados Unidos ao longo dos últimos três séculos. Mas, se tal noção generalizada de discriminação passada pode ser o predicado da permissão para usar a atribuição racial no nível do ensino fundamental e médio, então, a discriminação passada não é um fator limitante nem distintivo. Poderia ser encontrada em qualquer lugar, inclusive em *DeFunis*.

Por essas razões, não acredito que a discriminação passada seja a chave para a permissão de *Swann*. Nem percebo como a presença de discriminação passada em *DeFunis* teria alterado fundamentalmente a situação ou tornado a política preferencial da faculdade de Direito menos problemática e, portanto, tão aceitável quanto a atribuição racial em *Swann*. Suponha que houve discriminação passada pela Faculdade de Direito da Universidade de Washington; isso faria alguma diferença? Existem duas teorias que parecem dar uma resposta afirmativa a essa questão. Uma é uma teoria de compensação – admissões preferenciais compensam por danos passados. O problema com essa teoria é que há uma percepção equivocada de quem está pagando a compensação. Concebivelmente, parte dela pode ser paga pelo infrator (a faculdade de Direito), mas certamente o peso da política é sentido pelas/os candidatas/os rejeitadas/os de hoje, as/os DeFunis, aquelas/es que não estavam implicadas/os na discriminação anteriormente

168 *Chropowicki vs. Lee*, 402 U.S. 935 (1971).

assumida da faculdade de Direito e não receberam nenhum benefício dela em nenhum sentido direto ou imediato. Parte do preço também pode ser paga por futuras/os consumidoras/es – aquelas/es que poderiam obter advogadas/os menos capazes devido à política preferencial – e também por aquelas instituições educacionais abaixo do nível da faculdade de Direito – que poderiam achar mais difícil motivar alunas/os se as políticas de admissão à faculdade de Direito não estivessem relacionadas ao desempenho passado. Injustiças passadas contra pessoas Negras podem exigir compensação, mas é difícil justificar essa política específica de admissão preferencial na faculdade de Direito como uma forma de compensação, quando esta é amplamente paga por terceiras/os inocentes. Segundo, há a teoria do *pump-priming* – a discriminação passada pela faculdade de Direito desencoraja pessoas Negras de se candidatarem à faculdade de Direito hoje (elas sentem que não serão tratadas de forma justa no processo de admissão e não são bem-vindas ali). Assim, a política de admissão preferencial é um meio de aumentar o fluxo de candidatas/os Negras/os, servindo como um incentivo para se candidatarem. Mas este é um caso de exagero – há maneiras alternativas de aumentar as/os candidatas/os Negras/os, por meio de programas de recrutamento, por exemplo. Embora tais programas possam envolver maiores despesas em dólares para a faculdade de Direito, eles não localizam todos os custos nos candidatos que devem ser rejeitados por causa da política preferencial. Portanto, não creio que uma constatação de discriminação passada pela escola teria tornado o caso *DeFunis* menos difícil, nem creio que tenha sido a ausência de uma constatação de discriminação passada em *DeFunis* que fez com que o Tribunal visse *DeFunis* como um caso mais difícil do que *Swann*.

Acredito que o fator distintivo é a escassez. Isso fez *DeFunis* parecer um caso de *preferência racial*, enquanto o Tribunal poderia conceber *Swann* como um caso de *alocação racial*. Em *DeFunis*, um bem escasso, a admissão à faculdade de Direito, estava sendo alocado. Uma vaga dada a um não pode ser dada a outro. O fato de que *DeFunis* poderia ter sido (e de fato foi) capaz de entrar em outra faculdade de Direito não elimina o problema da escassez; pois é justo supor, talvez pela própria existência da política preferencial, que as oportunidades em outros lugares sejam de menor qualidade ou que haja mais candidatas/os à faculdade de Direito do que vagas ofertadas por esta. Se o número total de vagas for limitado e se *DeFunis* for forçado a ir para alguma outra faculdade de Direito, outra/o candidata/o será rejeitado.

Mas, no nível do ensino fundamental e médio, essa forma de escassez não predomina. Toda/o aluna/o frequentará alguma escola; é apenas uma questão de qual. Enviar indivíduos para alguma escola em particular (por causa de sua raça) não nega a outros a oportunidade de ir à escola; a/o aluna/o apenas frequenta outra escola no sistema. Concebivelmente, o recurso no nível do ensino fundamental e médio poderia ter sido definido de forma a fazer a escassez predominar: o recurso poderia ter sido definido, não como "ir para alguma escola", mas, sim, como "ir para uma escola em particular", por exemplo, a escola do bairro ou a escola com a melhor reputação. Mas, na verdade, recursos no nível do ensino fundamental e médio não foram percebidos pelo Tribunal em *Swann*. Em vez disso, foram percebidos de forma a desacentuar o elemento de escassez, ou seja, todas as escolas foram vistas como estando em paridade. Ironicamente, essa percepção pode ser rastreada até o *slogan* "separados, mas iguais", às alegações daqueles que defendiam o sistema escolar dual com base no fato de que, apesar da segregação, todas as escolas em cada sistema eram iguais. Essas são alegações que o Tribunal teve que ouvir por mais de meio século. Ou a percepção pode refletir o próprio julgamento do Tribunal de que, apesar das preferências dos pais, uma escola no sistema não era de fato melhor do que outra; que o Tribunal não podia se dar ao luxo de tratar uma como melhor do que outra (porque então estaria reconhecendo outra forma de desigualdade); ou que as percepções dos pais sobre as diferenças de qualidade estavam ligadas a preconceitos raciais, sentimentos que o Tribunal não deveria ou não podia se dar ao luxo de honrar.

Este elemento de escassez – a limitação do número total de oportunidades educacionais – parece ser o fato distintivo central de *DeFunis* e responde por duas importantes diferenças éticas entre *DeFunis* e *Swann*. Primeiro, a escassez introduz um elemento de injustiça individual. A escassez torna o paradigma em *DeFunis* competitivo – uma situação em que um grupo de candidatos está sendo julgado e alguém será escolhido desse grupo para a última vaga na faculdade de Direito. Quando uma preferência é dada a uma pessoa Negra por causa de sua raça, candidatas/os não Negras/os cuja vaga é ocupada podem alegar que estão sendo tratadas/os injustamente porque um critério inapropriado foi usado como base para a escolha entre os candidatos. Essa alegação de injustiça individual não é uma barreira constitucionalmente impenetrável, que nunca pode ser transgredida; é um desagrado pessoal, uma queixa presente em *DeFunis* e não em *Swann* e, portanto, um fator que torna *DeFunis* um caso mais difícil.

Inadequação é um conceito relativo. Um propósito deve ser especificado, pois a questão crítica é: apropriado para quê? A raça não é inapropriada se o propósito postulado for, por exemplo, aumentar o número de advogadas/os Negras/os (o que, por sua vez, pode sustentar as aspirações da minoria e isolar a minoria de ataques hostis pela maioria no futuro). Se esse for o propósito a ser atendido, então, a raça é um critério de admissão apropriado. Por outro lado, o propósito poderia ser concebido em termos que tornariam a raça inapropriada. Por exemplo, se o propósito é escolher a/o candidata/o que mais merece o lugar (por causa de seus esforços passados) ou aquela/e que provavelmente será mais produtiva/o intelectualmente, então, a raça se torna inapropriada.

Em *Swann*, o propósito é a integração e, para atingir esse objetivo, é apropriado fazer uma distinção entre indivíduos com base na raça. Mas um segundo grupo de propósitos – aqueles que tornam os critérios meritocráticos apropriados e a raça inapropriada – está presente em *DeFunis* e, talvez o mais importante, não pode ser eliminado por decreto unilateral. Uma simples declaração da faculdade de Direito de que seu propósito é aumentar o número de advogadas/os Negras/os não define ou fixa o propósito de forma a impedir todos os outros propósitos e dissolver a alegação de inadequação ou queixa individual. Esses propósitos são inerentes à situação. Uma oportunidade educacional escassa está sendo alocada e, independentemente do que a faculdade de Direito diga, a vaga na escola pode ser percebida como uma recompensa por esforços passados ou como uma oportunidade de treinamento, não apenas um passaporte. É esse fato intratável que, moralmente, dá direito a alguém de fora da hierarquia dominante da instituição – a/o candidata/o rejeitada/o, por exemplo – de insistir que um critério inapropriado está sendo usado para escolher entre as/os candidatas/os, o que também nos obriga a ouvi-la/o. (Falar sobre propósitos mistos não elimina a alegação de inadequação, pois as proporções da mistura também não podem ser determinadas unilateralmente).

Assim como a inadequação da raça não pode ser eliminada por decreto, ela não pode ser eliminada por falta de alternativa – pela inadequação de outros critérios. Acusações foram feitas contra o uso (parcial ou exclusivo) de pontuações do LSAT (vestibular para Direito) e médias de notas no processo de admissão à faculdade de Direito, sob o argumento de que elas não são preditores precisos de desempenho futuro e são particularmente enganosas para pessoas Negras. Mas, mesmo que isso seja verdade, significa apenas que elas também são inapropriadas para alocar uma oportunidade educacional escassa. A inadequação de tais critérios meritocráticos não torna a raça apropriada para o propósito atendido por esses critérios. O que é necessário é o desenvolvimento de critérios meritocráticos mais refinados e precisos para todos os grupos (ou fazer ajustes para eliminar o preconceito contra pessoas Negras). Se esse projeto for totalmente inútil, então, a faculdade de Direito comprometida em evitar ou minimizar a injustiça individual pode negar qualquer intenção de escolher o melhor candidato no sentido meritocrático e, em vez disso, instituir uma loteria.

A seleção aleatória seria tão inadequada quanto a raça para escolher a melhor candidata/o no sentido meritocrático. Mas reconheceria, pelo menos formal e abertamente, a impossibilidade de encontrar critérios meritocráticos precisos; esse reconhecimento constituiria alguma prova da sinceridade da declaração de inexistência de alternativas. Daria também a todas/os as/os candidatas/os a garantia de que teriam oportunidades iguais. As/os requerentes podem estar dispostas/os a trocar o seu reivindicado direito de serem julgadas/os com base em critérios meritocráticos, os quais a escola de Direito diz não poderem ser cumpridos em caso algum porque não existem tais critérios, pelo direito a oportunidades iguais. A raça não é adequada para fins meritocráticos e tem a falha adicional de não proporcionar a todas/os as/os candidatas/os – que, no momento em que são julgados, conhecem a sua raça – oportunidades iguais.

Em segundo lugar, a escassez não só introduz um elemento de injustiça individual, mas também tende a afetar o apelo do objetivo a ser alcançado pelo uso da raça. No ensino fundamental e médio, o objetivo a ser alcançado pela atribuição racial é a integração. Há muito conhecido pelos tribunais, esse objetivo está ligado à promoção de muitos objetivos que se agrupam em torno da ideia de igualdade – garantir uma distribuição igualitária de recursos entre as escolas do distrito; eliminar o emblema de inferioridade imposto pela alocação de estudantes Negras/os em escolas separadas; promover o contato social entre classes raciais; e reduzir a disparidade de desempenho escolar entre pessoas brancas e Negras, colocando estudantes Negras/os num ambiente dominado pelas vantagens e aspirações educativas da classe majoritária. É por isso que a integração é conceptualizada como um meio de garantir a igualdade de oportunidades educacionais. Na verdade, a ligação entre a ideia de igualdade e integração pode ser tão firme que torne a integração não apenas um objetivo constitucionalmente permissivo, mas também um objetivo constitucionalmente favorecido ou exigido. Isso pode ser visto na doutrina a ser examinada posteriormente, que exige a integração dos conselhos escolares locais, e também nos casos complementares de *Swann*, que invalidam as leis estaduais relacionadas à alocação da Carolina do Norte e de Nova York. Estes casos só podem significar que a integração se encontra numa posição constitucionalmente favorecida de tal forma que será negado aos Estados o poder de promulgar leis que restrinjam o método de atingir esse objetivo – ou seja, leis que proíbem os conselhos locais de fazerem alocações raciais para esse fim.

Por outro lado, o objetivo a ser alcançado pela política preferencial da faculdade de Direito pode ser percebido apenas vagamente como integração (por exemplo, como um meio de diversificar o corpo discente). Ao invés, deve ser justificado como um meio de aumentar a oferta de advogadas/os Negras/os, de modo a aumentar o número de membros de grupos minoritários que estão em posições de poder e prestígio. Esse objetivo é concreto, apelativo e, tal como a integração, em última análise, está relacionado com o ideal de igualdade. Mas, pelo próprio fato de envolver necessariamente uma redistribuição – cada ganho para pessoas Negras é acompanhado por uma perda para as não Negras –, a ligação com a igualdade é mais atenuada e há uma tendência natural para a examinar com maior cuidado. Tendemos a ser menos tolerantes com as imperfeições do que com o objetivo de integração; não há nenhuma sugestão, pelo menos hoje, de que o objetivo que poderia ser alcançado pela política de admissão preferencial nas faculdades de Direito – aumentar a oferta de advogadas/os Negras/os – seja constitucionalmente favorecido.

O propósito final da integração do ensino fundamental e médio pode ser melhorar a posição relativa das pessoas Negras – diminuir a lacuna social e econômica entre pessoas brancas e Negras. Mas os meios não incluem redistribuição – nada está sendo tirado das pessoas brancas. Em vez disso, a melhoria na posição relativa deve ocorrer a partir da eliminação de uma condição que, de outra forma, prejudica a escolarização de pessoas Negras. A teoria da integração é que ela busca garantir que a oportunidade educacional dada a estudantes Negras/os seja igual àquela oferecida a estudantes brancas/os. Por outro lado, a oportunidade oferecida a alunas/os Negras/os admitidas/os em *DeFunis* é negada a algumas/uns não Negras/os. Além disso, embora estejamos começando a perceber que a obtenção da integração possa ser custosa, talvez mais custosa do que uma política de admissão preferencial em faculdades de Direito, os custos não são localizados. Eles são distribuídos entre todas/os aquelas/es dentro do sistema de escolas públicas (embora, como veremos mais tarde, grupos isolados dos custos possam ser criados por meio da definição da área geográfica relevante). É como um imposto, em vez de uma transferência direta de fundos de um grupo para outro. É por isso que o Tribunal pode ter percebido a meta de integração – com a qual vem trabalhando há várias décadas e que está tão intimamente ligada ao ideal de igualdade – como mais atraente e capaz de arcar com mais, incluindo a prática, há muito considerada questionável, de usar a raça como critério.

Embora a ênfase tenha sido na distinção entre *Swann* e *DeFunis* decorrente do elemento de escassez, uma semelhança importante entre os dois casos deve ser notada: o uso de raça em ambos os casos é livre do elemento de insulto. No sistema escolar dual, raça era usada para segregar estudantes Negras/os. Assim usada, transmitia uma mensagem desumanizante – "não queremos que sua 'espécie' vá para a escola conosco". A mensagem foi percebida pelo Tribunal e foi um predicado para a decisão de *Brown*. Da mesma forma, no caso clássico de discriminação na faculdade de Direito, estudantes Negras/os excluídas/os ou rejeitadas/o com base em sua raça estão sendo insultadas/os – estão, mais uma vez, sendo informadas/os de que "não queremos sua espécie". Sua autoestima está em jogo. Esse dano à sua dignidade provavelmente explica, em parte, por que a raça não seria um critério permissível para fins de exclusão ou segregação, mesmo que fosse estatisticamente relevante para algum objetivo permissível, por exemplo, agrupamento por capacidade. Mas esse insulto não está presente quando a raça é usada para fins de integração, como foi em *Swann*. Nem está presente em *DeFunis*.

No caso *DeFunis*, não há exclusão direta. Em vez disso, a exclusão ocorre por meio de um processo de duas etapas: (i) queremos mais estudantes Negras/os e, portanto, (2) devido ao problema de escassez, (infelizmente) não podemos aceitar tantos estudantes não Negras/os. Não é apenas que a exclusão de DeFunis ocorre com pesar (não há animosidade contra os excluídos), mas que a classe excluída não tem identidade. É multirracial e inclui pessoas de ambos os gêneros, todas as religiões, todas as origens nacionais e todos os níveis sociais – para listar as categorias pelas quais as pessoas tendem naturalmente a se identificar. A característica definidora da classe excluída em *DeFunis* – aquelas/es que teriam sido admitidas/os sob o sistema meritocrático, não fosse a preferência por estudantes Negras/os – não é aquela que é usada hoje como base da identidade individual no futuro próximo. Acho que isso seria verdade mesmo se a característica de identificação da classe excluída fosse "inteligência". Por essa razão, o processo de exclusão em duas etapas de *DeFunis*, como a atribuição racial em *Swann*, não envolve o elemento de insulto inerente ao caso clássico de discriminação racial (a exclusão direta de pessoas Negras/os) e, nesse sentido, poderia ser considerado um uso mais benigno da raça, mesmo quando visto da perspectiva da pessoa excluída.

II. A questão da obrigação: as escolas devem ser integradas?

Com a questão da permissão, o foco tem sido em um método ou maneira particular de atingir a integração-alocação racial. Para sustentar a prática de fazer atribuições raciais para integração, primeiro, é necessário demonstrar que a integração seria uma meta/finalidade constitucionalmente permissível. Mas isso não foi uma questão controvertida. O debate, em vez disso, girou em torno da maneira pela qual essa finalidade poderia ser alcançada, embora fosse entendido que, se o método de alocação racial fosse negado aos conselhos escolares, então, o alcance da meta se tornaria difícil, talvez extremamente difícil. Com a questão da obrigação, o *status* constitucional da finalidade em si se torna o centro da controvérsia, e a questão é se os conselhos escolares são obrigados a tomar medidas apropriadas (que podem incluir alocação racial) para alcançá-la.

A Constituição exige integração? A questão da obrigação é frequentemente colocada dessa forma, mas, geralmente, por aqueles que desejam uma resposta negativa. Pois a réplica natural e intuitiva é a de *Briggs vs. Elliott*: "A Constituição (...) não exige integração. Ela apenas proíbe a discriminação".[169] E, como o aforismo sobre o daltonismo da Constituição de Harlan, independentemente de quantas vezes a réplica *Briggs vs. Elliott* seja formalmente repudiada, o pensamento ainda persiste. Ele se recusa a morrer.

É a dificuldade da questão que dá poder à réplica *Briggs vs. Elliott*. O movimento em direção a uma resposta afirmativa à questão da obrigação só se torna possível se a questão for reformulada. Para fazer isso, uma distinção deve primeiro ser traçada entre *violação* e *remédio*, em que a segregação, a negação de proteção igualitária, seria a violação e a integração, o remédio inescapável. A questão que deve ser feita em primeiro lugar é se a manutenção de escolas segregadas viola a Constituição. Se sim, então, a eliminação dessa segregação ou integração seria necessária.

A) A violação: a Constituição proíbe a segregação?

Em *Brown*, dois fenômenos estavam presentes – segregação e alocação racial – e, ao responder à questão da permissão, vimos que o Tribunal se recusou a interpretar *Brown* como proibindo a alocação racial *per se*. Agora estamos preocupados com a outra

---

169 132 F. Supp. 776, 777 (E.D.S.C. 1955).

metade da combinação, o padrão segregado. A questão agora é determinar se a segregação sozinha – isto é, sem levar em conta a base da alocação – é ilegal. A questão surge porque a segregação pode existir mesmo quando os alunos não são atribuídos a escolas com base na raça, como era verdade no sistema escolar dual, mas, sim, com base em algum critério aparentemente inocente, como a proximidade geográfica.

O argumento constitucional contra o padrão segregado tem duas pontas. A primeira é que a segregação é particularmente prejudicial a estudantes Negras/os porque dá origem à desigualdade, à alegação de que sua oportunidade educacional é desigual. A teoria é que, independentemente do método de alocação, a segregação estigmatiza pessoas Negras, priva-as de contatos educacionalmente significativos com o grupo social e economicamente dominante e cria o perigo de que suas escolas recebam menos recursos simplesmente porque são frequentadas apenas por membros do grupo minoritário.

A segunda ponta do argumento é estabelecer a responsabilidade do conselho escolar pelo padrão segregado. A Décima Quarta Emenda não é uma garantia geral de igualdade; ela prevê que "nenhum Estado deve (...) negar (...) a proteção igualitária das leis". Sob o sistema escolar dual, as designações raciais produziam a segregação racial e, portanto, a responsabilidade do conselho escolar pela segregação era inconfundível. Quando critérios não raciais são utilizados, a confiança deve ser depositada em outra teoria de responsabilidade, uma que responsabilize uma entidade governamental pelas consequências previsíveis e evitáveis de sua ação. Refiro-me a essa teoria como não acusatória porque ela não acusa o conselho de um ato intencionalmente ilícito, como alocação racial. Em vez disso, a ênfase estaria no fato de a segregação ser errada e o conselho escolar ter escolhido o critério de alocação de alunos que resulta na segregação. Dado o padrão residencial predominante, a segregação é a consequência previsível da decisão de alocar alunos em escolas com base em critérios geográficos. É certo que essa teoria depende de duas suposições factuais. A primeira é que o padrão residencial não é verdadeiramente voluntário (caso contrário, a responsabilidade poderia ser transferida para aqueles que escolhem viver de forma segregada), e a segunda é que a segregação é evitável, ou seja, que há medidas "razoáveis" que o conselho escolar poderia tomar para evitar ou reduzir a segregação escolar. Mas, na maioria dos casos, ambas as suposições seriam fundamentadas e, sempre que se mantivessem, o conselho escolar poderia ser considerado responsável pela segregação, mesmo que não tenha sido produzida por designação racial.

Ambas as partes desse argumento têm força considerável, e, ainda assim, tem havido uma relutância por parte dos tribunais em abraçar o argumento contra o padrão segregado. Essa relutância em grande parte decorre da incerteza em torno da proposição empírica central sobre a qual a primeira parte do argumento repousa, a saber, se um padrão segregado de frequência de alunos em si leva a uma educação inferior para estudantes Negras/os – uma incerteza que persistiu nos últimos vinte anos, não apesar do, mas, sim, por causa do estado dos dados das Ciências Sociais. A relutância decorre também de uma preocupação sobre os custos inerentes a qualquer ordem projetada para eliminar a segregação. Apesar da integridade lógica da distinção violação/remédio, juízas/es olham para ambas as dimensões ao mesmo tempo, seja como uma questão prática ou porque a teoria não acusatória da responsabilidade requer analiticamente alguma consideração das alternativas abertas ao conselho escolar para evitar a segregação. Assim, ao determinar se há uma violação, juízas/es geralmente olham para o remédio que poderia ser necessário se uma violação fosse encontrada, e o espectro dos custos do remédio os faz hesitar em encontrar uma violação.

Se o vício for considerado alocação racial, ou mesmo padrões segregados diretamente produzidos pela alocação racial, o remédio necessário é óbvio e relativamente barato – parar de fazer alocações raciais. Os custos consistem apenas na frustração dos desejos associativos daquela/es que insistem nas alocações raciais e são atendidos por elas. Mas se um tribunal decidir que os próprios padrões segregados são ilegais, mesmo quando produzidos por um critério não racial, como proximidade geográfica, os custos da ordem corretiva serão grandes. Determinado tribunal percebe que, em pouco tempo, provavelmente teria que insistir em um plano de alocação que, para eliminar a segregação, implicaria não apenas o transporte de alunas/os por distâncias substanciais, mas possivelmente até mesmo alocações raciais. É provável que tal ordem corretiva desviaria recursos consideráveis (tempo e dinheiro); imporia às crianças e aos pais os fardos inerentes a qualquer viagem de ônibus para a escola; e frustraria os intensos desejos associativos de grandes partes da comunidade.

Os custos de uma ordem corretiva serão ainda mais ampliados se o foco se estreitar para uma situação em que a segregação consiste na manutenção de escolas integradas de um lado e escolas só para estudantes Negras/os do outro. Tradicionalmente, a segregação era entendida como significando que todas/os as/os alunas/os brancas/os estão em um conjunto de escolas e todas/os as/os alunas/os Negras/os estão em outro. Mas a segregação também pode existir quando as escolas predominantemente brancas são polvilhadas com algumas/ns estudantes Negras/os e uma parcela substancial destes ainda frequenta escolas só para Negras/os. Nessa situação – provavelmente a situação urbana típica hoje –, a ordem corretiva deve dispersar as/os estudantes Negras/os e levá-las/os de ônibus para as áreas brancas (integração unidirecional) ou, a menos que as plantas físicas das antigas escolas só para estudantes Negras/os sejam abandonadas, transportar os estudantes brancos para as áreas Negras e vice-versa (integração bidirecional). Em ambos os casos, os custos envolvidos, das perspectivas de todas/os as/os estudantes, são enormes e podem até levar as famílias a deixarem a comunidade ou a se retirarem por completo do sistema escolar público. Como essas opções provavelmente estão mais disponíveis para pessoas com maior capacidade financeira, ou seja, mais para brancas/os do que Negras/os, elas tornariam a eliminação da segregação extremamente difícil.

Apesar dessas considerações, o Tribunal não rejeitou completamente o argumento constitucional contra o padrão segregado e assumiu uma posição que não tornou a atribuição racial a falha crítica do sistema escolar dual de *Brown* (uma posição que poderia até ter tornado a alocação racial inadmissível para fins de integração). O Tribunal também não assumiu a posição intermediária de que a segregação é proibida quando é produzida (em algum sentido direto e atual) pela alocação racial. Em vez disso, pareceu comprometido com uma abordagem orientada a resultados para casos escolares – uma que minimiza, mas não elimina o vínculo com a alocação racial e que tende a enfatizar o padrão segregado.

O ponto de virada ocorreu em 1968, em *Green vs. New Kent County.*[170] Ali, a Corte Warren, em uma opinião do Ministro Brennan, sustentou que uma violação pode existir mesmo quando a segregação não é produzida em um sentido atual e direto por alocações raciais. Essa abordagem foi reafirmada e estendida nos dois primeiros grandes casos escolares da Corte Burger, *Swann vs. Charlotte-Mecklenberg Board of Education* (1971) e *Keyes vs. District No. I, Denver, Colorado* (1973).[171] O conceito de discriminação passada (alocação racial passada) foi invocado nesses casos para entender a segregação como sendo proibida pela Constituição; contudo, parecia que a segregação era o fator crítico e que a discriminação passada era usada para fins de aparência – para fazer parecer que essas decisões eram meramente implementações de *Brown*. Então, neste último Termo, no caso escolar de Detroit, *Milliken vs. Bradley* (1974),[172] um tribunal dividido deu um passo em uma direção diferente.

---

170 391 U.S. 430 (1968).

171 4I3 U.S. 189 (1973).

172 94 S. Ct. 3112 (1974).

1 *Green vs. New Kent County*

Green envolveu um antigo sistema escolar dual em que a liberdade de escolha foi substituída pela alocação racial. Sob o plano do conselho escolar, nenhum aluno foi designado para uma escola com base em sua raça. Em vez disso, cada aluno, independentemente de sua raça, foi designado com base em sua escolha. O resultado foi que algumas/ns estudantes Negras/os passaram a frequentar a antiga escola só para brancas/os, a maioria das/os estudantes Negras/os permaneceu na escola Negra e nenhum/a estudante branca/o passou a frequentar a escola Negra. O Tribunal declarou que a liberdade de escolha era uma base inadmissível para designar alunas/os para escolas; expressou isso dizendo que não houve uma conversão suficiente de sistema escolar dual para unitário.

A decisão em *Green* não adotou o argumento de que o padrão segregado seria a falha fatal, nem disse que um plano de alocação de alunas/os seria considerado constitucionalmente aceitável somente quando produzisse um padrão integrado de frequência– ou seja, quando eliminasse a escola só para Negras/os. Mas *Green* começou a se mover nessa direção. Isso estava implícito na decisão do Tribunal de considerar o plano de alocação de alunas/os inconstitucional, embora estivesse disposto a assumir que o plano era livre de alocação racial. Essa suposição é evidenciada pela decisão deliberada e explícita do Tribunal em *Green* de não basear sua decisão na afirmação de que a segregação era o produto de ameaças ou que irregularidades processuais do plano interferiam no exercício da verdadeira livre escolha.

2 *Swann* e *Keyes*

Em *Swann* e *Keyes*, o Tribunal reafirmou a rejeição de *Green* à visão de que *Brown* proibia apenas o uso de raça como critério, embora o fizesse em um contexto diferente e mais importante. A base da alocação em *Swann* e *Keyes* não era o critério surpreendentemente estranho de liberdade de escolha de *Green*, mas, sim, o mais comum de proximidade geográfica – alunas/os eram designadas/os para escolas mais próximas de suas casas. Em ambos, o Tribunal sustentou que havia uma negação de proteção igualitária, embora as alocações fossem feitas com a base (não racial) de proximidade geográfica. É importante enfatizar, no entanto, que, como em *Green*, o Tribunal não disse que o padrão segregado em si violava a Cláusula de Proteção Igualitária. Era "segregação +", e em *Swann* e *Keyes*, obtivemos alguma indicação, não presente em *Green*, do que o "+" poderia ser a discriminação passada.

O modelo *Swann*: padrão segregado + atribuição racial passada

Swann envolveu um distrito escolar da Carolina do Norte, um antigo sistema escolar formalmente segregado. O Tribunal estava disposto a assumir que a causa imediata e presente do padrão segregado de frequência estudantil não era a alocação racial, e que alunas/os eram de fato alocadas/os com base na proximidade geográfica. No entanto, ao mesmo tempo, o Tribunal viu uma conexão causal entre a discriminação passada admitida pelo conselho e o padrão segregado presente. A discriminação passada foi uma causa não imediata, mas, ainda assim, uma causa, e causas não imediatas são, o Tribunal raciocinou, uma base suficiente para classificar a segregação como "imposta pelo Estado", um tipo de segregação que todos admitiriam ser ilegal.

Em *Swann*, foram propostas duas hipóteses para tipos de conexões causais não imediatas entre discriminação passada e segregação presente. (a) A conduta discriminatória passada de um conselho escolar pode ter contribuído para a criação e manutenção de padrões residenciais segregados que, quando associados ao uso atual da proximidade geográfica como base para alocação, produzem padrões segregados de frequência estudantil. A suposição é de que, sob o sistema dual, as escolas eram designadas racialmente como "brancas" ou "Negras" e estavam localizadas em diferentes áreas geográficas, e que, no passado, grupos raciais escolhiam viver perto de "suas" escolas. Essa escolha pode ter sido motivada pelo desejo das famílias de viver perto das escolas que suas/eus filhas/os frequentavam, ou pode ter refletido a crença de que a alocação racial de uma escola também designava racialmente a área residencial. (b) Decisões anteriores de um conselho escolar sobre a localização e o tamanho das escolas podem, em parte, explicar por que designar alunas/os para as escolas mais próximas de suas casas resultaria em escolas racialmente homogêneas. Sob o sistema escolar formalmente segregado, os locais das escolas eram selecionados e a capacidade estudantil das escolas era determinada com vistas a atender alunas/os de apenas uma raça. Essas políticas passadas são importantes porque a designação com base na proximidade geográfica não resultará em uma escola racialmente homogênea, a menos que, além da existência de segregação residencial, a escola seja tão pequena que atenda apenas uma área racialmente homogênea ou situada de forma a ser a escola mais próxima de alunas/os de apenas uma raça.

Essas conexões causais não imediatas entre discriminação passada e padrão segregado presente não são mais do que possibilidades teóricas. Obviamente, a questão ainda permanece se a discriminação passada foi de fato a causa ou uma das causas da segregação presente – há muitas hipóteses causais alternativas para explicar o padrão segregado. O Tribunal estava ciente disso e, em *Swann*, anunciou uma presunção probatória que, na verdade, resolveu todas as incertezas contra o conselho escolar. O Tribunal estava disposto a presumir a existência dessas conexões conjecturadas a partir da mera existência da segregação.

Essa presunção é refutável. O conselho escolar tem a oportunidade de mostrar que o padrão segregado não foi de fato causado por sua ação discriminatória. Mas o ônus da refutação é muito difícil. Ele não pode ser justificado simplesmente mostrando que a segregação escolar é produzida, dado o padrão residencial segregado, pela alocação de alunas/os com base na proximidade geográfica. O conselho escolar também terá que mostrar que sua conduta discriminatória passada – incluindo alocação racial de escolas, seleção de local e determinação do tamanho da escola – não é um elo na cadeia causal que produz a segregação. Certamente, há uma declaração reconfortante em *Swann* no sentido de que a presunção pode ser superada pela mera passagem do tempo – que, ao longo de um período, a conexão entre a discriminação passada e a segregação presente pode se tornar tão atenuada a ponto de ser incapaz de justificar a intervenção judicial; mas não há indicação de quando esse ponto pode ser alcançado.

O modelo de Keyes: padrão segregado + alocação racial encoberta no passado em alguma parte significativa do sistema

Keyes envolveu o sistema escolar de Denver, que, ao contrário de *Swann*, não envolvia um antigo sistema escolar formalmente segregado. Por conta disso, a conversa, em grande parte litúrgica, em *Green* e *Swann* sobre "converter" e "desmantelar" o sistema escolar formalmente segregado teve que ser abandonada. Mas isso foi de pouca importância. O aparato conceitual de *Swann*, com seu foco na discriminação passada, ainda poderia ser usado. Apenas dois requisitos do modelo *Swann* tiveram que ser relaxados. Primeiro, em *Keyes*, o Tribunal decidiu que a discriminação passada não precisa ser aberta, como era no sistema escolar formalmente segregado. Seria suficiente se a discriminação tivesse sido encoberta. A distinção encoberta/aberta vai apenas para a dificuldade de prova. No sistema escolar de segregação formal, as alocações raciais são abertas e, portanto, ao lidar com um antigo sistema dual, a discriminação passada é admitida. Sob um suposto sistema unitário, as alocações raciais são encobertas – uma forma de trapaça – e, portanto, não há admissão para aliviar o fardo do autor. A parte autora deve provar essa discriminação encoberta do passado, e isso pode ser um fardo pesado para suportar. Mas isso não é motivo para não deixar o autor tentar.

Em segundo lugar, em *Keyes*, o Tribunal teve que lidar com o fato de que a discriminação passada pode ter ocorrido em apenas parte do sistema escolar. No sistema escolar formalmente segregado, a discriminação não é apenas aberta, mas, presumivelmente, também parte de todo o sistema. Isso não é geralmente verdade em sistemas escolares não duais, em que o padrão residencial é segregado e alunas/os são supostamente designados com base na proximidade geográfica. Então, a discriminação, de forma encoberta, geralmente ocorre ao longo das fronteiras do gueto. Esse padrão é refletido em *Keyes*. Houve uma descoberta de discriminação oculta passada na área do sistema de Park Hill, que o Tribunal enfatizou ser uma parte substancial ou significativa do sistema de Denver; mas o Tribunal de primeira instância se recusou a fazer uma descoberta semelhante com relação às escolas da área central. No entanto, o Tribunal se recusou a se limitar e, em *Keyes*, construiu duas teorias elaboradas para ampliar essa descoberta de discriminação passada. Então, uma vez ampliado, *Swann* foi usado para trazer toda a segregação do sistema ao alcance da Cláusula de Proteção Igualitária.

A teoria da propagação. Como fundamento para essa teoria, o Tribunal citou com aprovação uma declaração do Juiz Wisdom: "A infecção em uma escola infecta todas as escolas".[173] O pensamento era que a discriminação na área de Park Hill poderia ter um efeito em outras áreas – e nesse sentido se espalhar além dos limites imediatos da área de Park Hill e, de fato, atingir as escolas da área central.

O Tribunal explicou, primeiro, como o "vírus" poderia se espalhar para escolas próximas – como a alocação racial na parte de Park Hill do sistema poderia afetar a composição racial das escolas próximas. (a) Colocar todas/os as/os estudantes Negras/os

---

173 *United States vs. Texas Education Agency*, 467 F.2d 848, 888 (5th Cir. 1972).

em uma escola com base na raça manterá todas as outras escolas próximas brancas, mesmo que as/os alunas/os brancas/os sejam alocadas/os nessas escolas com base na geografia. (b) Decisões anteriores com relação à localização e ao tamanho de uma escola têm um efeito na composição racial de outras escolas próximas. Por exemplo, se o conselho decidir que uma nova escola deve ser uma escola para alunas/os Negras/os e localizada em uma área majoritariamente Negra e dimensionada para atender apenas alunas/os dessa localidade, então, as outras escolas próximas serão brancas.

Em segundo lugar, o Tribunal tentou mostrar como o vírus poderia se espalhar além das escolas próximas para todas as outras escolas em todo o sistema. Para fazer isso, o Tribunal considerou não apenas a alocação de alunas/os e as práticas de construção de escolas, mas também apontou para outras facetas do sistema educacional (por exemplo, o uso de salas de aula móveis, programas de transferência de alunas/os, programas de transporte, alocações de professores). O Tribunal tratou todos esses programas e políticas como se fossem baseados em raça e como tendo o efeito de "marcar" escolas no sistema de Denver como brancas ou Negras.

Terceiro, o Tribunal mudou de marcha – de uma explicação sobre como o vírus poderia ter se espalhado, para uma conclusão de que o vírus havia de fato se espalhado, não apenas para escolas próximas, mas por todo o sistema escolar. A mudança foi provocada por uma presunção criada judicialmente que colocou o ônus sobre o conselho escolar para estabelecer que o vírus não havia se espalhado.

Quarto, a presunção é quase impossível de superar. Grande incerteza envolve as proposições de que o conselho teria que estabelecer e, além disso, o Tribunal estipulou que o conselho poderia superar a presunção apenas mostrando que a parte do sistema escolar na qual a discriminação passada ocorreu era "uma unidade separada, identificável e não relacionada". O Tribunal também indicou que esses termos seriam interpretados no sentido mais rigoroso; pois, no próprio caso *Keyes*, o Tribunal anulou uma decisão do Tribunal de primeira instância de que uma rodovia de seis faixas confinou ou isolou suficientemente a discriminação passada de Park Hill para impedir sua disseminação por todo o sistema. O Tribunal declarou que "uma rodovia principal geralmente não é um amortecedor tão eficaz entre áreas adjacentes" a ponto de atender ao requisito recentemente articulado de que a discriminação ocorra em "uma unidade separada, identificável e não relacionada".

Quinto, o estabelecimento dessa disseminação significa que a discriminação passada existiu em todo o sistema. Então, a teoria de *Swann* de causalidade não imediata é inserida – presumiremos que a discriminação passada desempenhou um papel causal na segregação residencial e que é em parte responsável pela segregação escolar atual. Portanto, sob a teoria da disseminação de *Keyes*, há uma dupla presunção – primeiro, para estabelecer a disseminação horizontal e, em seguida, para estabelecer o vínculo entre a discriminação passada e a segregação atual ao longo de um período.

A teoria da repetição. Parecia improvável que o conselho escolar pudesse arcar com o ônus lançado pela teoria da propagação e, portanto, o padrão segregado nas escolas principais seria incluído na proibição da Cláusula de Proteção Igualitária. Mas, em *Keyes*, o Tribunal não parou naquele ponto. Em vez disso, continuou a construir uma teoria alternativa para atacar o padrão segregado. Essa teoria postula que o conselho provavelmente se repetiu, ou seja, que, se houve discriminação nas práticas do conselho com relação a uma parte do sistema, então, é justo presumir que suas práticas com relação às outras partes do sistema eram de caráter semelhante, ou seja, também discriminatórias.

A premissa inicial é que o conselho, apesar de sua política anunciada de alocar alunas/os com base na geografia, pode tê-las/os designado para escolas com base na raça. Todas/os concordam que isso ocorreu na área de Park Hill, e a única questão é se também ocorreu na área central. O Tribunal percebeu que esta seria uma questão factual muito difícil de resolver e que a alocação do ônus da prova seria quase decisiva. Tendo defendido esse ponto, o Tribunal decidiu então atribuir ao conselho escolar o ônus de provar que não trapaceou em sua política não racial anunciada na área central. Essa realocação do autor para o réu é baseada no sucesso do autor em mostrar que houve discriminação passada em uma parte substancial do sistema – a área de Park Hill. O Tribunal estaria disposto a inferir que o conselho repetiu seu padrão de comportamento: se houve alocações raciais em uma parte do sistema, então, é justo presumir que seu uso de critérios geográficos em outro lugar foi uma fachada e que a raça foi a base real da alocação.

Se o conselho não puder superar essa presunção (a de trapaça), logo, uma segunda presunção (a presunção de *Swann* de causalidade não imediata) entrará em jogo, ligando a discriminação passada e a segregação presente. Como o Tribunal colocou, "nesse estágio, o ônus se torna das autoridades escolares de mostrar que a segregação atual *não é*, *de forma alguma*, o resultado desses atos segregativos passados".[174] Portanto, como na teoria da propagação, a teoria da repetição em *Keyes* envolve uma dupla presunção desencadeada por uma descoberta de discriminação passada em uma parte do sistema. (a) Se houver discriminação passada em uma parte substancial do sistema, então, presumiremos que há discriminação passada em todo o sistema. (b) Uma vez que sabemos que há discriminação passada em todas as partes do sistema, então, presumiremos que essa discriminação passada desempenhou algum papel em causar os padrões residenciais segregados atuais em todas as partes do sistema e que essa segregação residencial é em parte responsável pela segregação escolar em todo o sistema.

É óbvio que tanto a teoria de propagação quanto a de repetição de *Keyes* se baseiam em *Swann*, e que ambas as teorias

---

174 413 U.S., p. 211, n. 17. Ênfase do autor.

e o próprio caso *Swann* são tentativas de encontrar um elo entre o padrão segregado e a alocação racial. Incapaz de encontrar a alocação racial presente, o Tribunal fica satisfeito com a alocação racial passada. Esse elo não permite a conclusão de que o Tribunal cortou a conexão entre a alocação racial e o padrão segregado, que a lei de dessegregação escolar atingiu um ponto em que o próprio padrão segregado é considerado uma violação da Cláusula de Proteção Igualitária. Mas acho que é justo dizer que *Swann* e *Keyes* nos trouxeram perto desse ponto.

O vínculo com a discriminação passada foi visto em *Swann* e *Keyes* como uma base para atribuir ao conselho escolar a responsabilidade pela segregação, para rejeitar a alegação de que ela foi "adventícia". Mas os Ministros estavam cientes de teorias alternativas para atribuir responsabilidade que não se baseiam na discriminação passada. De fato, em *Keyes*, dois juízes de alas amplamente divergentes da Corte, o Ministro Douglas e o Ministro Powell, indicaram sua disposição de adotar a abordagem da segregação escolar que dispensava a exigência de discriminação passada. Essa foi a primeira vez. E, talvez mais importante, o Ministro Brennan, que escreveu a opinião da Corte em *Keyes*, opinião seguida pelos Ministros Marshall, White, Stewart e Blackmun, indicou cuidadosamente que, embora a discriminação passada fosse uma condição suficiente para trazer o padrão segregado ao alcance da Cláusula de Proteção Igualitária, ela poderia não ser uma condição necessária. O Ministro Brennan pontuou cuidadosamente essa questão.

Além disso, há evidências implícitas de que o que moveu o Tribunal em *Swann* e *Keyes* foi o padrão segregado, e que a confiança na discriminação passada foi utilizada para melhorar a aceitabilidade de suas decisões, fazendo-as parecer descendentes diretas de *Brown*. Parte dessas evidências consiste na disposição do Tribunal de criar presunções em ambos os casos. Mesmo que essas presunções possam ser justificadas individualmente como um reflexo de probabilidades naturais, seu efeito cumulativo não pode ser. A criação desse conjunto de presunções como um conjunto só pode ser explicada em termos de uma determinação do Tribunal de trazer a segregação ao alcance da Cláusula de Proteção Igualitária. As condições artificiais e rigorosas que o Tribunal impõe para superar essas presunções reforçam essa impressão. Finalmente, o alcance do remédio é revelador. Nem em *Keyes*, nem em *Swann*, o Tribunal faz uma tentativa de limitar o remédio àquela parte da segregação atual que poderia, com toda a justiça, ser atribuída à discriminação passada. Essa recusa é explícita em *Keyes*, em que a discriminação passada em alguma parte do sistema escolar é usada para trazer o padrão segregado de todo o sistema para dentro da proibição da Cláusula de Proteção Igualitária. Também está presente em *Swann*. Lá, o Tribunal passou da (a) existência indiscutível de discriminação passada para (b) a possibilidade ou a probabilidade de que esta tenha desempenhado algum papel causal na produção de parte da segregação para (c) uma ordem de exigência de eliminar a segregação em todo o sistema. O alcance do remédio pode ser explicado apenas se a segregação em si for vista como o mal e a discriminação passada for vista como o mecanismo desencadeador.

3 *Milliken vs. Bradley*

Até agora, temos nos preocupado com a segregação dentro de um único distrito. Mas, nos últimos anos, o foco está mudando para grandes distritos escolares urbanos que se tornaram predominantemente Negros, um desenvolvimento que exige que ampliemos nossa preocupação. No presente, precisamos falar sobre um padrão segregado dentro de um único distrito escolar (segmentação dentro do distrito) e, também, sobre um padrão segregado que surge quando todos os distritos escolares em uma área metropolitana são vistos como um grupo (segregação entre distritos). As escolas de um distrito escolar totalmente Negro não seriam consideradas segregadas se olhássemos apenas para aquele distrito; pois a segregação é uma forma de separação e o padrão demográfico dentro do distrito não é de separação no qual estudantes Negras/os estudam em um conjunto de escolas, e brancas/os, em outro. É de homogeneidade racial. Mas, se as escolas do distrito escolar Negro forem vistas no contexto das escolas vizinhas, os distritos suburbanos brancos, então, haveria um padrão demográfico de segregação: estudantes Negras/os estão em um conjunto de escolas e as/os brancas/os em outro, nesse caso, divididos pela linha do distrito.

Ambos os tipos de segregação estavam presentes no caso escolar de Detroit, *Milliken vs. Bradley*. Detroit é um sistema predominantemente Negro cercado por sistemas suburbanos predominantemente brancos. Em 1970, a proporção de população estudantil Negra/branca em Detroit era de cerca de 64/36; nos subúrbios vizinhos, era de 13/87. Também havia segregação dentro do distrito em Detroit (as escolas principais eram todas Negras). O juiz de primeira instância aplicou uma teoria semelhante à de *Keyes* e concluiu que, devido à discriminação passada do conselho escolar de Detroit (na qual o Estado desempenhava um papel), a segregação dentro do distrito de Detroit era ilegal e tinha que ser remediada. Então, ele procurou dar contornos ao remédio. Como o distrito de Detroit era predominantemente Negro e porque um remédio confinado a Detroit só aceleraria essa tendência, ele desenvolveu um plano que utilizava ônibus interdistritais. Uma área de dessegregação compreendendo o sistema de Detroit e cinquenta e três sistemas suburbanos foi delineada; dentro dessa área, quinze grupos foram estabelecidos, cada um contendo parte do sistema de Detroit e dois ou mais distritos suburbanos; e alunas/os dentro de cada grupo deveriam ser alocados em escolas de modo que a proporção de brancas/os e Negras/os em cada escola (ou série ou sala de aula) não se desviasse substancialmente da proporção de brancas/os e Negras/os na população geral de alunos.

A Suprema Corte decidiu que o Tribunal Distrital errou não porque considerou a segregação dentro do distrito de Detroit ilegal, mas, sim, porque o transporte interdistrital não foi exigido pelos princípios corretivos aplicáveis que exigem que a solução devesse "se adequar" estritamente à violação. A violação consistia na segregação dentro do distrito, e o plano fez mais do que curar essa violação. Ele eliminou a segregação interdistrital – o padrão das escolas Negras de Detroit e das escolas suburbanas brancas.

Dessa perspectiva, *Milliken* parece ter apenas a implicação corretiva de que o transporte interdistrital não pode ser usado para curar a segregação dentro do distrito. Mas acredito que essa aparência é enganosa. Por um lado, o princípio usado para interpretar *Keyes* e *Swann* é aplicável aqui – o escopo do remédio lhe dá uma visão sobre a natureza do erro. Em *Keyes* e *Swann*, a recusa em limitar o remédio àquela parte da segregação, que, com toda a justiça, poderia ser considerada relacionada à discriminação passada, sugeriu que o que era de maior preocupação para o Tribunal era a segregação, não a discriminação passada. Por outro lado, a decisão de limitar o remédio em *Milliken* de forma a deixar a maioria das escolas de Detroit predominantemente Negras e os sistemas suburbanos brancos sugere que a segregação não está no centro das preocupações do Tribunal. Se essa segregação fosse considerada um mal (devido à estigmatização e a prejuízos à possibilidade de contatos educacionalmente significativos), a Suprema Corte poderia ter encontrado formas de manter o plano de dessegregação do Tribunal Distrital, mesmo que fosse concebido como um meio de corrigir a segregação dentro do distrito – a segregação que é ilegal segundo os princípios estabelecidos (*Keyes*).

Além disso, o Tribunal, em *Milliken*, deveria estar dizendo algo substancial sobre a segregação entre distritos. O remédio decretado pelo juiz de primeira instância claramente não seria inapropriado se a segregação entre distritos fosse considerada ilegal; então, o remédio e a violação teriam uma "adequação" perfeita. Mas o Tribunal rejeitou essa possibilidade, e o fez postulando primeiro que a segregação entre distritos é ilegal somente se o governo for responsável por ela e, segundo, que, para esses propósitos, a responsabilidade do governo pode ser estabelecida somente com base em uma teoria acusatória – uma baseada em atos ilícitos (discriminação) pelo Estado, passados ou presentes, que podem ser considerados causalmente relacionados à segregação entre distritos. A manipulação racial dos distritos pelo Estado ou a discriminação passada pelos distritos suburbanos brancos, nenhuma das quais foi estabelecida nesse caso, poderiam ser suficientes. Mas a discriminação passada pelo conselho de Detroit e o envolvimento do Estado nessa atividade não o poderiam ser. Pois o fato horrível é que tal conduta provavelmente retardou a fuga para os subúrbios e, portanto, tendeu a reduzir a segregação entre distritos. Assim, embora o Tribunal tenha deixado em aberto a possibilidade de declarar a segregação entre distritos ilegal em casos futuros, ele também considerou inaceitável uma teoria que tornaria o Estado responsável pela segregação entre distritos porque (a) o Estado determina os limites geográficos dos distritos escolares e (b) a segregação entre distritos é o resultado previsível e evitável da manutenção dos limites atuais.

Ao rejeitar essa teoria não acusatória para fins de responsabilizar o Estado pela segregação entre distritos, a decisão também poderia ser lida como rejeitando uma teoria semelhante para uso com a segregação dentro do distrito – a teoria que responsabiliza o conselho local pela segregação que resulta de sua decisão de usar critérios geográficos para designação de alunos, uma vez que, no contexto da segregação residencial, a segregação escolar é a consequência previsível e evitável dessa decisão. É difícil ver por que uma teoria não acusatória deveria ter mais força com um tipo de segregação do que com outro. Tal interpretação de *Milliken* é reforçada pela linguagem da opinião do Tribunal pelo Ministro Presidente Burger. Essa linguagem enfatiza a importância da discriminação passada em tornar a segregação dentro do distrito de Detroit ilegal. Em contraste com a linguagem comedida do Ministro Brennan em *Keyes*, não há esforço de pontuar a questão de se a presença de discriminação passada é necessária para sustentar que a segregação é ilegal. A segregação escolar, em si, é referida pelo Presidente da Suprema Corte como uma "condição", uma palavra que sugere que, sem alocações raciais passadas ou presentes, o governo não é responsável pela segregação.

Uma rejeição da teoria não acusatória de responsabilidade pela segregação dentro do distrito pode, em última análise, levar o Tribunal a recuar em *Keyes* e *Swann*; pois, no meu julgamento, esses casos são explicáveis apenas em termos de tal teoria para atribuir responsabilidade governamental. Mas também há razão para acreditar que *Milliken* não é um prelúdio de recuo. Dois dos cinco Ministros na maioria em *Milliken* provavelmente resistiriam à mudança. Em *Keyes*, o Ministro Powell indicou sua disposição de subscrever uma abordagem orientada a resultados para a dessegregação escolar no nível intradistrital. Sua decisão de aderir à opinião majoritária em *Milliken* é intrigante, mas duvido de que ele esteja preparado para recuar das opiniões que expressou em *Keyes*. O Ministro Stewart escreveu uma concordância separada em *Milliken* para enfatizar que "o Tribunal não lida com questões de direito constitucional substantivo". Finalmente, todos os Ministros que formaram a maioria em *Milliken* são sensíveis a reações públicas: um passo perceptível para trás na área da dessegregação escolar provavelmente exporia a Corte Burger ao tipo de crítica pública que se deseja evitar. Portanto, na análise final, embora *Milliken* não deva ser lido como um caso puramente corretivo, não deve ser lido como um ataque a *Swann* e *Keyes*. Deve ser visto como um ponto de parada. O movimento em direção a uma abordagem orientada a resultados para a dessegregação escolar, que enfatiza o padrão demográfico (segregação) e corta o vínculo com a atividade (alocação racial), começou em *Green*, continuou por *Swann* e *Keyes* e foi interrompido em *Milliken*.

B) Integração como remédio obrigatório

Uma vez estabelecido que o padrão segregado é constitucionalmente inadmissível, então, a questão do remédio apropriado deve ser enfrentada. Uma ordem meramente proibindo a alocação racial seria irrelevante se o padrão segregado fosse o problema central; isso é verdade mesmo se a segregação estiver vinculada a alocações raciais passadas, pois essa atividade, por definição, já chegou ao fim. Nem o dever corretivo pode ser conceituado como um de substituir métodos não raciais de alocação pelo método racial do passado. Essa substituição pode não ter o efeito de eliminar a segregação. Dado o nível predominante de preconceito, a substituição pela liberdade de escolha claramente não teria esse efeito. Nem a substituição pela proximidade geográfica onde há padrões residenciais segregados. Essa é a regra e não a exceção em áreas urbanas e, portanto, nesses casos, pelo menos, a tarefa de eliminar a segregação escolar teria que ser enfrentada mais diretamente. A obrigação corretiva teria que ser conceituada como um dever de integração – um dever de eliminar a segregação.

O Tribunal, de fato, assim conceituou a obrigação corretiva, mas evitou o uso da palavra "integração", provavelmente por causa do impacto emotivo do termo. Em vez disso, uma série de palavras-código foram usadas. Em *Green*, o Tribunal falou em termos de identificabilidade racial: o mal a ser remediado é a "identificação racial das escolas do sistema";[175] o objetivo é "um sistema sem escolas 'brancas' e sem escolas 'Negras', mas apenas escolas".[176] Em *Swann*, a frase crítica tornou-se "dessegregação real"[177] e a ênfase estava na palavra "real".

O primeiro impulso do Tribunal foi estabelecer a obrigação corretiva nos termos mais rigorosos: integração a qualquer custo. Em *Swann*, o Tribunal declarou que "o maior grau possível de dessegregação real" deve ser alcançado. O plano de dessegregação aprovado naquele caso envolveu alocação racial e exigiu um programa de transporte massivo de longa distância. Alunas/os que

---

175 391 U.S., p. 435.

176 391 U.S., p. 442.

177 402 U.S., p. 26.

moravam mais perto de escolas do centro da cidade deveriam ser designadas/os para escolas suburbanas e os alunas/os que moravam mais perto de escolas suburbanas deveriam ser designadas/os para escolas do centro da cidade. Da mesma forma, em um caso companheiro de *Swann*, envolvendo Mobile, Alabama, a Suprema Corte se recusou a ser intimidada por uma grande rodovia que dividia a área metropolitana.[178] Para os tribunais inferiores, a rodovia constituiu uma barreira prática suficiente para permitir que algumas escolas exclusivamente Negras permanecessem em operação, uma vez que, para se integrar, alunas/os teriam que ser transportadas/os por aquela rodovia. A Suprema Corte remeteu o caso, porque uma "consideração inadequada foi dada ao possível uso de transporte de ônibus e zoneamento dividido".[179] Esses mesmos sentimentos foram ecoados em *Keyes*, no qual a Corte falou de "dessegregação total". Os aspectos práticos da situação também devem, é claro, ser levados em conta, mas, nesses casos, a Corte deixou claro que se houver um conflito entre integração e outros valores, a integração geralmente prevalecerá. Cada passo possível terá que ser dado para produzir integração.

Mas, agora, *Milliken* estabeleceu uma limitação importante na obrigação corretiva. Embora o dever seja integrar, a obrigação do conselho escolar é produzir apenas o nível de integração possível pelo transporte dentro do distrito. Este deve ser visto como uma unidade autocontida. Os alunos a serem integrados são apenas aqueles que vivem dentro do distrito. (O transporte entre distritos só é permitido se a segregação entre distritos for considerada ilegal).

Embora o desejo de impor alguns limites à obrigação corretiva seja compreensível, não consigo ver a base para a restrição definida em *Milliken*. Primeiro, *Milliken* quer dizer que podemos ter que viver com sistemas escolares compostos totalmente por estudantes

178 *Davis vs. Board of School Commissioners*, 402 U.S. 33 (1971).

179 *Davis vs. Board of School Commissioners*, 402 U.S. 33, p. 38 (1971).

Negras/os. Da perspectiva do distrito, um sistema escolar totalmente homogêneo pode ser indicativo apenas de homogeneidade racial, não de segregação. Mas, da perspectiva metropolitana, ele representa a segregação comum e representa a mesma ameaça às oportunidades educacionais dos estudantes Negras/os que moveram o Tribunal em *Swann* e *Keyes*.

Em segundo lugar, o limite estabelecido em *Milliken* para a correção parece artificial. A linha distrital não é uma medida precisa dos custos sociais totais incorridos na integração porque: (a) uma viagem de ônibus entre distritos pode ser tão longa quanto viagens de ônibus dentro do distrito (o distrito escolar de Charlotte-Mecklenberg tinha 550 milhas quadradas; o de Mobile, 1248 milhas quadradas; e o de Detroit, 140 milhas quadradas); (b) o transporte dentro do distrito pode frustrar as preferências associativas tanto quanto o transporte entre distritos, pois as pessoas expressam suas preferências associativas nas escolas não apenas saindo de um distrito escolar, mas também mudando-se para bairros que contam com certas escolas; e (c) embora o transporte entre distritos possa introduzir um conjunto de problemas administrativos não presentes na solução dentro do distrito, esses problemas não são diferentes em espécie daqueles criados por um plano de transporte dentro do distrito, e provavelmente não são aqueles com os quais as pessoas de fato se importam.

Terceiro, a limitação de *Milliken* cria uma posição isolada para as/os moradoras/es de subúrbios. Elas/es são aliviadas/os dos fardos da integração, mas não há base racional para tratá-las/os de forma diferente daquelas/es que ainda permanecem no distrito escolar. O/a morador/a do distrito é levado/a de ônibus não porque cometeu um erro nem porque é, em qualquer sentido direto, beneficiário/a da discriminação passada do conselho escolar, mas, sim, porque essa é a única maneira de integrar as escolas. (Mesmo que a falha individual fosse o predicado do transporte, seria difícil, se não impossível, diferenciar entre as duas classes de cidadãos com base nisso). Além disso, esse *status* especial da/o morador/a do subúrbio, a imunidade de *Milliken*, cria os incentivos errados. Pode muito bem reforçar o êxodo branco das cidades e intensificar a segregação entre distritos.

Em suma, a limitação de *Milliken* quanto à obrigação corretiva, ou seja, proibição de transporte interdistrital, não faz sentido em termos práticos. Nem está enraizada em nenhum princípio inexorável de lógica ou Direito Constitucional. O transporte interdistrital poderia ter sido permitido em qualquer uma das duas teorias. A primeira, apresentada pelos dissidentes, é que o transporte interdistrital é um remédio apropriado para uma violação dentro do distrito porque o dano inerente à segregação decorre de alunas/os Negras/os frequentarem escolas exclusivamente Negras. O dano permanece se a homogeneidade racial dentro do distrito persistir – a escola que uma criança Negra frequentaria ainda seria exclusivamente Negra. A segunda, é a teoria não acusatória da responsabilidade governamental (utilizada nos casos de redistribuição) que considera a segregação interdistrital ilegal. Então, o erro a ser corrigido seria a segregação interdistrital, e o transporte interdistrital claramente seria adequado para esse propósito.

Tal disposição estaria de acordo com *Swann* e *Keyes*. O predicado comum seria que a segregação é prejudicial – ela prejudica as oportunidades educacionais. Em *Swann* e *Keyes*, há incidentes de discriminação passada; mas ninguém realmente acreditava que eles eram de muita importância – eram apenas “para inglês ver”. Na verdade, a responsabilidade foi atribuída ao conselho escolar pela segregação porque esse padrão demográfico era uma consequência previsível e evitável do uso de critérios geográficos para atribuição de alunos. Somente essa teoria poderia explicar completamente as ações do Tribunal em *Swann* e *Keyes*. Outra versão dela poderia ser utilizada nos casos de segregação entre distritos.

Uma decisão judicial que evite a confiança nos incidentes de discriminação passada e adote explicitamente uma teoria não acusatória de responsabilidade (tanto para segregação dentro do distrito quanto entre distritos) poderia resultar em algum relaxamento da obrigação corretiva moldada em *Swann* e *Keyes*. A severidade corretiva de *Keyes* e *Swann* – exigindo que o conselho tome todas as medidas possíveis para eliminar a segregação – poderia estar enraizada na noção de discriminação passada. A discriminação passada tem a aura de delito intencional, e esses casos podem refletir o mesmo sentimento que subjaz à regra de delito que responsabiliza um infrator intencional por todas as consequências de suas ações. A regra alternativa de ato ilícito, aplicável a um infrator não intencional, responsabiliza um indivíduo apenas pelas consequências imediatas de sua ação, e pode governar na área da segregação escolar se uma teoria não acusatória de responsabilidade for adotada: o governo será obrigado a tomar todas as medidas razoáveis, em vez de todas as possíveis, para eliminar a segregação. Esse relaxamento geral da severidade corretiva poderia levantar alguns problemas de administração judicial, mas faz muito mais sentido para mim do que a situação artificial resultante da justaposição de *Keyes* e *Swann*, de um lado, e *Milliken*, de outro. As obrigações mais rigorosas agora são impostas àqueles dentro do distrito da cidade, enquanto os suburbanos recebem imunidade.

III. O problema da incerteza empírica

Para retornar à distinção original entre alocação racial (a atividade) e segregação (o padrão demográfico), o desenvolvimento do direito de segregação escolar nas últimas duas décadas pode ser resumido dizendo que, dos dois fenômenos, a segregação se tornou o fator mais importante. Isso pode ser visto a partir de quatro proposições que definem o estado atual do Direito: (1) alocação racial para produzir segregação não é permitida; (2) alocação racial para eliminar a segregação é permitida; (3) segregação dentro do distrito produzida por alocação não racial não é permitida, desde que o conselho local tenha feito alocações raciais no passado; e (4) segregação entre distritos é permitida, a menos que possa ser demonstrado que é produzida por alocações raciais, passadas ou presentes.

Dessa perspectiva, a avaliação da segregação é da maior importância. A segregação é prejudicial? É particularmente prejudicial a estudantes Negras/os? Quão prejudicial é? Essas parecem questões puramente empíricas, suscetíveis à metodologia dos cientistas sociais. Mas a verdade é que essas questões não foram respondidas com o tipo de clareza que se poderia esperar quando a tarefa é justificar uma licença judicial para os conselhos escolares fazerem alocações raciais com o propósito de eliminar a segregação, ou quando a tarefa é justificar uma ordem judicial coagindo os conselhos escolares a tomarem medidas apropriadas para eliminar a segregação.

Mais pesquisa empírica é necessária, mas levará um tempo considerável. Enquanto isso, o que os tribunais fazem? Como o sistema judicial deve viver com a incerteza empírica?

Uma estratégia pode ser que os tribunais evitem qualquer doutrina que coloque confiança em proposições empíricas obscurecidas por tanta controvérsia. A teoria seria (a) a adoção de doutrina apoiada em proposições empíricas não comprovadas prejudica a integridade de decisões judiciais; (b) o bem supostamente alcançado pela promulgação da doutrina tem que ser descontado por causa da incerteza em torno das proposições empíricas (o bem pode não ser tão bom); e (c) a perda para a integridade judicial seria maior do que qualquer bem que pudesse ser alcançado pela doutrina a ser promulgada. No entanto, a Suprema Corte se recusou a aceitar essa teoria. Ela também rejeitou a rota de fuga intermediária ao se recusar a dizer que há certeza suficiente para justificar a permissão para integrar (mesmo por meio do uso de alocações raciais), mas não o suficiente para justificar uma obrigação judicialmente imposta de integrar. Essa recusa é provavelmente baseada em parte no medo de que uma concessão no que se refere à obrigação possa minar seu posicionamento sobre a permissão. Se o Tribunal anunciasse que não havia obrigação legal de integração, haveria pouca probabilidade de que os conselhos escolares tirassem proveito da permissão concedida para fazê-lo – parte do incentivo e parte do argumento desapareceriam.

O Tribunal não escolheu nenhuma dessas estratégias. Em vez disso, respondeu às questões de permissão e obrigação afirmativamente, apesar da incerteza empírica. O Tribunal provavelmente raciocinou que há evidências suficientes para sugerir que a segregação pode prejudicar a subclasse, e que o risco de tal dano é um predicado suficiente para os esforços corretivos. No entanto, também sentiu a necessidade de dizer algo mais. A princípio, a atribuição racial serviu a esse propósito. Sempre que as proposições empíricas relativas à segregação eram atacadas, o Judiciário podia falar sobre a repugnância moral da segregação "imposta pelo Estado" (como uma interferência na liberdade) ou a injustiça ou insulto envolvido em negar às pessoas Negras o acesso às escolas brancas com base em sua raça. Isso funcionou por cerca de quinze anos, durante os quais a preocupação exclusiva era com o movimento para longe do sistema escolar segregado. Mas, uma vez que essa fase passou e alunas/os começaram a ser alocadas/os em escolas não com base na raça, mas, sim, com base em critérios não raciais, como proximidade geográfica, algo mais era necessário. O Tribunal, então, empregou um novo conceito: discriminação passada. Se a segregação atual estivesse ligada à alocação racial passada, logo, quase a mesma pressão moral para corrigir a segregação pareceria presente. Essa pressão moral tende a eclipsar a incerteza em torno das afirmações de que a segregação é prejudicial, que é particularmente prejudicial a estudantes Negras/os e que é uma medida tão prejudicial. Inicialmente, a teoria da discriminação passada foi aplicada ao antigo sistema escolar dual (*Swann*) e depois a um sistema (*Keyes*) cujas práticas passadas são semelhantes às da maioria dos outros sistemas urbanos. O que emergiu desse uso do conceito de discriminação passada foi uma abordagem à dessegregação escolar que virtualmente abraçou a nação e que preservou a continuidade com *Brown*. O Tribunal foi, portanto, capaz de exigir a eliminação da segregação e, ao mesmo tempo, salvaguardar sua posição institucional.

Essa estratégia pareceu funcionar. No entanto, há dois problemas com ela. Primeiro, o conceito de discriminação passada agravou a incerteza empírica. Uma vez que a discriminação passada se tornou central, outro conjunto de proposições empíricas foi introduzido. Essas proposições generalizaram a discriminação passada em todo o sistema escolar e a vincularam à segregação escolar atual. Como elas parecem tão abertas à dúvida quanto as relacionadas aos efeitos nocivos da segregação, um ingrediente adicional de incerteza empírica é introduzido e pode prejudicar ainda mais a integridade da decisão judicial. Segundo, o uso desse conceito de discriminação passada deixou o Tribunal em uma posição incômoda. O Tribunal ficou comprometido com decretar a integração mais ampla dentro do distrito e, ao mesmo tempo, deixar a segregação interdistrital intacta. O conceito de discriminação passada não foi a "causa" do caso da escola de Detroit, mas forneceu o aparato doutrinário que tornou esse movimento possível. Tornou possível que alguns dos cinco Ministros – por exemplo, o Ministro Stewart – se juntassem a *Milliken* e também dissessem que o Tribunal ainda estava comprometido com *Swann* e *Keyes*.

Por causa da incerteza empírica, pode-se justificadamente ser cético sobre os esforços judiciais para coagir a eliminação da segregação, especialmente quando envolve enormes custos sociais. Pode-se também, justificadamente, insistir que haja limites. Mas é difícil entender por que a linha deveria ser a que a Suprema Corte estabeleceu em *Milliken*. Essa linha pode agradar residentes dos subúrbios, mas permanecerá inexplicável para residentes de Denver e Charlotte-Mecklenberg, todas/os as/os quais estão sujeitas/os a decretos extensivos de ônibus. É uma linha que limita a importação prática de *Brown* e sua progênie para os sistemas urbanos predominantemente Negros e é uma linha que cria todos os incentivos errados – aqueles que apressam a fuga de pessoas brancas para os subúrbios. A incerteza empírica sobre a segregação pode exigir cautela, hesitação, modéstia – não inconsistência. A consistência só pode ser alcançada se abandonarmos a busca ilusória por incidentes de discriminação do passado e abordarmos de forma direta e explícita as difíceis questões: um padrão segregado de frequência de alunos é prejudicial? Se sim, quão prejudicial?

V

A DOUTRINA DA ADEQUAÇÃO ESTRITA[180]

Em 1954, a Suprema Corte, então liderada por Earl Warren, declarou que a educação segregada constituía uma negação de proteção igualitária. Ao fazê-lo, o Tribunal pôs em movimento a Segunda Reconstrução e, nas duas décadas seguintes, infundiu-a com energia e visão. Como parte desse esforço, o Tribunal declarou a constitucionalidade de decretos abrangentes exigindo a dessegregação de escolas públicas e outras instituições estatais, protegeu ativistas no Movimento dos Direitos Civis e facilitou a participação dos poderes políticos no processo de erradicação da estrutura de castas raciais da nação.

Em meados da década de 1970, e continuando por quase cinquenta anos, o Tribunal mudou sua posição em relação à reconstrução. Ele não repudiou abertamente *Brown vs. Board of Education*, mas buscou limitar essa decisão e privá-la de qualquer significado generativo. Para prosseguir com essa política, vários

---

180 FISS, Owen. "The law of narrow tailoring". *University of Pennsylvania Journal of Constitutional Law*, vol. 23, 2021, p. 879.

Ministros cujos votos foram essenciais para a formação de uma maioria decidiram deixar de lado medidas projetadas para erradicar a subordinação, alegando que não eram estritamente adequadas à persecução de sua finalidade. Isso ocorreu em casos que provaram ser pontos de inflexão na história da Segunda Reconstrução e, como resultado, dotou a doutrina da adequação estrita de uma proeminência e significado especiais.

Um ramo da doutrina da adequação estrita regula o escopo dos remédios judiciais. Ele exige que os remédios sejam limitados à proteção contra erros específicos e claramente definidos. Outro governa a interpretação e aplicação da Cláusula de Proteção Igualitária. Ele exige que qualquer lei que empregue uma classificação racial – mesmo uma que busque melhorar a posição da subclasse – seja estritamente adequada a servir um propósito público convincente.

Colocada nesses termos, a doutrina da adequação estrita tem um caráter técnico, em grande parte instrumental – insistindo em uma relação estrita entre meios e fins. Na verdade, no entanto, em ocasiões decisivas que ocorreram na era que começou na década de 1970, o requisito da adequação estrita foi transformado em uma estratégia geral de oposição para limitar o alcance de *Brown vs. Board of Education* e a reforma da sociedade decretada por aquele caso. Como tal, foi infundido com noções políticas ou morais contestadas que, até onde posso dizer, não estão enraizadas na Constituição e que estão, em qualquer caso, em desacordo com o propósito abrangente das Emendas da Guerra Civil. No final, nos resta refletir se regra da adequação estrita poderia ser reformulada de forma a confiná-la ao seu propósito original e mais salutar e a evitar abusos.

O escopo dos remédios judiciais

Em 1968, Richard Nixon, um republicano, foi eleito Presidente com base em uma campanha fundamentada, em parte, em um ataque à Corte Warren e à revolução dos direitos civis que ela desencadeou. Durante seu tempo na Casa Branca, o Presidente Nixon colocou quatro Ministros na Suprema Corte – um novo Presidente, Warren Burger, e três Ministros associados, Harry Blackmun, William Rehnquist e Lewis Powell. Embora Blackmun cada vez mais se alinhasse com a ala liberal da Corte, ele começou sua carreira de uma maneira muito diferente, prontamente conferindo seu apoio aos outros indicados por Nixon. Às vezes, esses indicados também conseguiam obter apoio de alguns dos Ministros herdados da Corte Warren.

A recém-estabelecida coalizão governante da Corte parecia decidida a conter as ambiciosas medidas que apareceram pela primeira vez nos casos de dessegregação escolar da década de 1960, mas que, no início da década de 1970, foram emitidas em uma ampla variedade de outros casos relativos a prisões, departamentos de polícia, instituições para pessoas com deficiências e autoridades de habitação pública. Com esse propósito em mente, aqueles agora no poder declararam que todas as medidas ("injunções") deviam ser adaptadas para se adequarem estritamente à violação que buscavam remediar. Embora a palavra "estritamente" estivesse às vezes ausente dessa formulação do princípio, ela estava de fato implícita.

Como muitas das máximas de equidade, esta regra específica que governa a emissão de injunções tem uma qualidade tautológica. Uma injunção é um remédio judicial que é, quase por definição, projetado para evitar que uma violação da lei ocorra ou se repita, ou para erradicar os efeitos de uma violação que já ocorreu. Por necessidade, portanto, medidas dessa natureza devem ser endereçadas ou adequadas à violação da lei. Com base nesse entendimento elementar, o princípio da adequação estrita exige que o ajuste seja "apertado" e, nesse formato, foi transformado em um instrumento para anular injunções. Essas decisões pareciam, no entanto, contradizer outra quase tautologia da jurisprudência de equidade – uma que exige que as injunções sejam amplas e eficazes. O remédio deve ser tão profundo e amplo quanto a violação.

Diante desse conflito entre as máximas da equidade – uma exigindo um ajuste apertado entre a violação e o remédio, e a outra exigindo um remédio amplo e eficaz –, juízas/es foram obrigadas/os a definir o erro ou as violações legais com cuidado e precisão. Afinal, é o erro que determinaria, em última análise, o escopo e os termos da injunção. Como resultado, o que a princípio parecia ser um conflito dentro da jurisprudência de equidade sobre o escopo apropriado dos remédios acabou sendo um desacordo sobre a substância: a natureza da violação que serviria como predicado para a emissão da medida.

A importância da definição substantiva da violação da lei e o vazio do requisito de adequação estrita – ou, nesse caso, até mesmo seu oposto, exigindo que uma solução fosse ampla e eficaz – ficaram claros em dois casos históricos de direitos civis de meados da década de 1970: *Milliken vs. Bradley*,[181] proferido em julho de 1974, e *Hills vs. Gautreaux*,[182] proferido em abril de 1976, quase dois anos depois. Ambos abordaram a permissibilidade de impor uma solução para violações de direitos civis que ocorreram em duas cidades diferentes: Chicago e Detroit. Ambos envolveram os princípios familiares, embora conflitantes, de equidade que regem o escopo das injunções. Em cada um deles, o Tribunal decidiu de forma diferente.

Gautreaux emergiu da prática da Chicago Housing Authority, agindo em deferência às objeções de vereadores que representavam bairros predominantemente brancos e localizavam projetos de habitação pública apenas em bairros predominantemente Negros. O Legislativo presumiu que, com toda a probabilidade, essas unidades habitacionais seriam utilizadas principalmente por pessoas Negras. Embora a violação fosse, em certo sentido, restrita, o remédio em disputa era amplo. Ele buscava atingir o Secretário de Habitação e

181 418 U.S. 717 (1974).

182 425 U.S. 284 (1976).

Desenvolvimento Urbano dos Estados Unidos. O decreto proposto exigia que o secretário emitisse *vouchers* para famílias Negras que então viviam em moradias públicas de Chicago, o que permitiria a elas se mudarem para comunidades brancas, presumivelmente mais luxuosas, nos subúrbios ao redor da cidade.

Escrevendo a opinião vencedora para o Tribunal, o Ministro Potter Stewart aceitou a conclusão dos tribunais inferiores de que a Chicago Housing Authority havia discriminado com base na raça. A acusação contra o Secretário Federal de Habitação e Desenvolvimento Urbano foi, no entanto, mais limitada. O secretário foi acusado apenas de fornecer ilegalmente à Chicago Housing Authority os fundos para construir projetos habitacionais nos locais que a autoridade havia escolhido, presumivelmente entendendo a dinâmica racial subjacente a essas escolhas. O próprio secretário não discriminou com base na raça, ele apenas concordou com a discriminação pelas autoridades locais. No entanto, aos olhos do Tribunal, essa aquiescência violou a Constituição e o Título VI da Lei dos Direitos Civis de 1964, e foi com base nessa conclusão que uma injunção abrangendo tanto a cidade quanto seus subúrbios vizinhos foi emitida.

Nomeado para a Suprema Corte por Dwight Eisenhower em 1958, Stewart nunca foi um líder no Tribunal, embora logo tenha se juntado às principais decisões que deram à Corte Warren sua identidade distinta. Além disso, à medida que as décadas de 1960 e início de 1970 passavam, o Ministro Stewart manteve um perfil semelhante, emitindo decisões que pareciam promover a implementação de *Brown vs. Board of Education*. Por exemplo, Stewart se juntou à decisão da Corte de 1971 no caso *Charlotte-Mecklenburg*, mantendo um decreto judicial de longo alcance que visava erradicar os vestígios do sistema escolar dual e que impunha um dever aos tribunais federais inferiores de atingir, consistente com considerações práticas, "o maior grau possível de dessegregação real".[183]

---

183 *Swann vs. Charlotte-Mecklenburg Bd. of Educ.*, 402 U.S. 1, 26 (1971).

Em 1972, o Ministro Stewart declarou que o efeito da ação de uma cidade – no caso, dividir um distrito escolar em dois –, não a motivação da cidade para agir assim, constituía o critério adequado para avaliar o cumprimento de uma ordem de dessegregação. Com essa regra em mente, ele frustrou o esforço da cidade de criar um distrito escolar separado, predominantemente branco, da comunidade maior, alegando que isso impediria a dessegregação.[184] Da mesma forma, em 1973, o Ministro Stewart se juntou a uma opinião majoritária que exigia a dessegregação das escolas de Denver, Colorado.[185] Embora esse distrito escolar nunca tenha sido operado de maneira formalmente segregada, o conselho escolar, com o objetivo de manter a segregação racial, manipulou as zonas de alocação de alunas/os em uma parte significativa do distrito. A maioria à qual ele se juntou, liderada pelo Ministro William Brennan, viu esse ato como uma base adequada para emitir o mesmo tipo de mandato amplo que havia emitido no caso Charlotte-Mecklenburg. Aqui, Brennan o descreveu como "dessegregação total".[186]

No ano seguinte, no entanto, o Ministro Stewart reverteu a direção da jurisprudência quando, em julho de 1974, proferiu sua decisão no caso de dessegregação escolar de Detroit.[187] Ele rompeu com Brennan, Marshall, Douglas e White – todos os quais discordaram naquele caso – e forneceu o quinto voto crucial para os quatro nomeados por Nixon – Burger, Blackmun, Rehnquist e Powell – para barrar um plano de dessegregação que abrangia as escolas da cidade (Detroit) e dos subúrbios. Embora Stewart tenha concordado com o julgamento do Tribunal, ele se recusou a aderir à opinião escrita pelo Ministro Presidente Burger. Em vez disso, escreveu uma concordância separada e, nessa opinião, invocou a

---

184 *Wright vs. City of Emporia*, 407 U.S. 451 (1972).

185 *Keyes vs. Sch. Dist. No. 1, Denver, Colo.*, 413 U.S. 189 (1973).

186 *Keyes vs. Sch. Dist. No. 1, Denver, Colo.*, 413 U.S. 189, p. 214 (1973).

187 *Milliken vs. Bradley*, 418 U.S. 717 (1974).

autoridade do que ele chamou de "jurisdição de equidade"[188] e o requisito de adequação estrita. Como Stewart raciocinou, como as violações ocorreram em Detroit, a solução deve ser confinada a Detroit.

Assim como *Gautreaux*, *Milliken vs. Bradley* chegou à Suprema Corte antes que os tribunais inferiores tivessem decidido sobre o remédio a ser conferido à violação. Em *Gautreaux*, a Suprema Corte permitiu que os tribunais inferiores formulassem o remédio apropriado. Entretanto, explicitamente contemplou e legitimou a entrada em vigor de um decreto contrário ao Secretário de Habitação e Desenvolvimento Urbano que, na prática, ia além dos limites da cidade de Chicago. Sob esse decreto, *vouchers* deveriam ser emitidos para moradores de moradias públicas que então viviam em Chicago para que pudessem se mudar para os subúrbios vizinhos. A maioria não assumiu a mesma posição em *Milliken vs. Bradley*. Pelo contrário, a maioria em *Milliken* impediu a entrada de qualquer ordem corretiva que englobasse subúrbios vizinhos, predominantemente brancos.

Para destacar esse contraste com *Gautreaux*, imagine que, em *Milliken*, as partes tivessem buscado uma injunção exigindo que o Estado de Michigan redesenhasse os distritos escolares, que abrangiam a maior área metropolitana de Detroit, subúrbios incluídos, de forma a facilitar a "dessegregação total" (para usar a fórmula do caso de Denver) ou "o maior grau possível de desagregação real" (para usar a fórmula do caso *Charlotte-Mecklenburg*). O Estado de Michigan – já uma parte no processo, representado pelo Governador William Milliken – estava totalmente investido da autoridade para traçar os limites dos distritos escolares e não tinha obrigação, sob a lei estadual, de confinar esses limites às várias subdivisões políticas do Estado. Na verdade, os limites dos distritos escolares e subdivisões políticas frequentemente divergiam.

---

188 *Milliken vs. Bradley*, 418 U.S. 717, p. 753 (1974) (Ministro Stewart, concorrendo).

Ao traçar os limites dos distritos escolares, o Estado normalmente considerava uma série de fatores, alguns relativos à distribuição de crianças em idade escolar, outros relativos a considerações financeiras e ainda outros relativos aos limites das várias comunidades. Sob o decreto proposto, essas considerações permaneceram pertinentes, mas teriam que ser ajustadas ou modificadas para refletir o imperativo constitucional federal de integração racial.

Consistente com a prática bem estabelecida em casos de dessegregação escolar, o Estado de Michigan teria, em primeira instância, a oportunidade de apresentar um plano que cumprisse sua obrigação constitucional. Especificamente, o plano identificaria os limites geográficos dos novos distritos escolares propostos, em consonância com o objetivo de atingir, nos termos de *Charlotte-Mecklenburg*, "o maior grau possível de dessegregação real". Como os tribunais de apelação costumam fazer, a Suprema Corte também poderia definir os parâmetros do plano de dessegregação que Michigan deveria formular e submeter ao Tribunal Distrital. Especificamente, a Suprema Corte poderia exigir que os novos distritos fossem geograficamente o mais compactos possível, de modo a minimizar o transporte de ida e volta para as escolas, o que, em qualquer caso, não deveria levar mais de trinta minutos. A Corte também poderia exigir especificamente que o plano permitisse às pessoas que vivem em cada distrito escolar elegessem um conselho escolar para governar o distrito e, além disso, estipulasse que esse conselho fosse investido do mesmo poder que os conselhos escolares locais agora possuem sobre currículo, pessoal, orçamento e construção de novas escolas.

Uma vez que o plano requerido fosse submetido pelo Estado ao Tribunal Distrital, esse tribunal realizaria uma audiência para determinar sua adequação. Nesse processo, todas as partes potencialmente afetadas pela proposta, incluindo representantes dos antigos distritos e várias subdivisões políticas da área metropolitana, seriam autorizadas a participar. No final, o Tribunal Distrital teria que decidir se o plano é um instrumento eficaz e apropriadamente adaptado para erradicar a violação constitucional – o padrão segregado de frequência estudantil na área metropolitana de Detroit.

Assumindo que a decisão do Supremo Tribunal em *Milliken* impediu a entrada em vigor de tal decreto, surgiu a seguinte questão em *Gautreaux*: seria permissível um remédio análogo contra o Secretário de Habitação e Desenvolvimento Urbano, dessa vez para responsabilizá-lo pela sua cumplicidade nos erros que ocorreram em Chicago? Defendendo o secretário em argumento oral, Robert Bork, então Procurador-Geral, confiou em *Milliken vs. Bradley*, insistindo que o remédio metropolitano buscado em *Gautreaux*, "não importando o quão 'gentilmente' tivesse sido feito", ofenderia o valor da "autonomia local" protegida por *Milliken*.[189]

É incomum que um/a Ministro/a cite, no corpo de uma opinião, uma declaração feita pelo Procurador-Geral no calor do argumento. Nesse caso, a menção à frase não foi um gesto de respeito. Em vez disso, a frase pareceu ter sido utilizada para corrigir um equívoco generalizado ou, possivelmente, para dar ênfase ao ponto que o Ministro desejava fazer. Isso, pois, no final, Stewart repudiou a leitura de Bork sobre *Milliken* e negou que *Milliken* fosse baseado em um desejo de proteger o valor da autonomia local. Ao dizer isso, o Ministro Stewart falou com autoridade especial, pois ele havia sido o quinto voto crucial do Tribunal responsável pela decisão em *Milliken*.

É certo que os outros quatro que constituíam a maioria de *Milliken* eram representados pela opinião do Ministro Presidente – devidamente caracterizada como uma opinião plural – que enfatizava a importância do controle local no campo da educação. No entanto, um remédio nos moldes que indiquei – mas que foi impedido pela maioria em *Milliken*, composta por Stewart, Burger, Blackmun, Powell e Rehnquist – deixaria a governança das escolas públicas nas mãos de conselhos escolares eleitos localmente. Sob o

---

189 *Gautreaux*, 425 U.S., pp. 300-301.

decreto, imaginei que a autonomia local não teria sido ameaçada, apenas reconfigurada. Anteriormente, o Estado de Michigan havia traçado os limites dos distritos escolares; agora, estava sendo solicitado a redesenhá-los de uma forma que servisse a um propósito constitucional federal superveniente e dominante – "alcançar o maior grau possível de dessegregação real".

Em uma tentativa de diferenciar o remédio contemplado nesses dois casos – *Milliken vs. Bradley* e *Gautreaux* – Stewart apontou para o impacto diferente que cada um teria tido nas unidades existentes do governo local. Em *Gautreaux*, os beneficiários de vales-moradia fornecidos pelo Secretário de Habitação e Desenvolvimento Urbano teriam conseguido se mudar para uma nova cidade. O remédio metropolitano em *Milliken vs. Bradley*, no entanto, teria exigido uma medida de reorganização governamental: redesenhar os limites dos distritos escolares que cobrem a área metropolitana de Detroit. Isso é, de fato, uma diferença, mas, ainda assim, é difícil entender o seu significado. É por isso que os três dissidentes de *Milliken* que ainda estavam na Corte em 1976 – Brennan, Marshall e White (o quarto, Douglas, já havia renunciado) – acharam necessário escrever uma concordância separada em *Gautreaux*. Embora tenham se juntado à opinião de Stewart, assim como todos os outros Ministros, eles também indicaram que aderiram às opiniões que expressaram em *Milliken*. Os limites existentes do distrito escolar foram traçados pelo Estado de Michigan, e o Estado manteve amplo poder para redesenhar. Para eles, os limites existentes não possuíam imunidade. Nem podemos encontrar no "saco de surpresas" da jurisprudência de equidade qualquer princípio que atribuiria significância à distinção de Stewart. Como o Ministro Stewart reconheceu plenamente em *Gautreaux*, embora um princípio exija que os remédios sejam estritamente adequados, outro exige que sejam amplos e eficazes.

Na verdade, a diferença entre a posição de Stewart em *Gautreaux* e sua posição em *Milliken* é mais bem explicada por sua compreensão da violação constitucional, não por essas tautologias conflitantes extraídas da jurisprudência de equidade. O Tribunal de *Gautreaux* considerou o Secretário de Habitação e Desenvolvimento Urbano cúmplice na prática inconstitucional de situar projetos de habitação pública com maior probabilidade de serem usados por pessoas Negras em bairros que já eram Negros ou estavam se tornando Negros rapidamente. Stewart concebeu a violação subjacente pela Chicago Housing Authority em termos quase atomísticos e aprovou um remédio amplo e ambicioso. Ele então permitiu – e aqui falou por um Tribunal unânime – o remédio em *Gautreaux* na teoria de que era um instrumento apropriado, embora surpreendentemente ambicioso, para corrigir essa clara violação de proteção igualitária pelo órgão. Tal teoria forneceu a uma parcela da comunidade Negra que necessariamente viveria nesses projetos habitacionais segregados em termo raciais uma oportunidade de aumentar sua chance de mobilidade ascendente ao se mudar para comunidades suburbanas de maioria branca, presumivelmente de alto padrão.[190] Embora a Chicago Housing Authority tenha sido acusada e considerada culpada de perpetuar a segregação com base na raça, o secretário apenas concordou em financiar os projetos habitacionais e a ação segregadora da Chicago Housing Authority.

A violação de *Milliken* foi mais difícil de definir. Não era viável acusar o Estado de Michigan de intencionalmente traçar os limites do distrito escolar existente com base na raça – crianças brancas em um distrito, crianças Negras em outro. Seu fracasso foi essencialmente o fracasso da inação: fracasso em redesenhar as linhas do distrito de uma forma que pudesse levar em conta os padrões residenciais em mutação e fornecer educação pública integrada na área metropolitana de Detroit. Como o Ministro Marshall apropriada e apaixonadamente reclamou em sua dissidência em *Milliken*, com uma autoridade que só ele possuía, essa

190 Ver, em geral, FISS, Owen. *A way out*: America's ghettos and the legacy of racism. Princeton: Princeton University Press, 2003.

inação impediu que as crianças aprendessem juntas, e então ele acrescentou: "(...) a menos que nossas crianças comecem a aprender juntas, há pouca esperança de que nosso povo algum dia aprenda a viver junto".[191]

Em *Milliken*, Stewart negou que a Constituição obrigasse o Estado a fazer esses ajustes, embora a consequência fosse inteiramente previsível e evitável: um distrito escolar cada vez mais Negro para a cidade de Detroit, cercado por distritos escolares suburbanos predominantemente brancos. Para ele, o mero fato de diferentes composições raciais em distritos contíguos não implicava ou constituía uma violação da Cláusula de Proteção Igualitária. É certo que a adesão rígida aos limites existentes possa ter facilitado ou permitido a fuga dos brancos da cidade. Mas Stewart não exigiu que Michigan a corrigisse. Para Stewart, um decreto exigindo tal ação corretiva seria justificável se o Estado de Michigan tivesse "imposto, fomentado ou encorajado" o padrão demográfico de segregação nas escolas públicas da área metropolitana.[192] Ele procurou por violações do Estado de Michigan que tivessem a mesma qualidade atomística da violação que ele mais tarde descobriu ter sido cometido pela autoridade habitacional de Chicago em *Gautreaux*.

O conselho escolar de Detroit é uma instituição do Estado de Michigan. Como tal, o Estado pode presumivelmente ser responsabilizado pelas irregularidades do conselho escolar dentro do distrito escolar de Detroit. De acordo com o Ministro Stewart, essas irregularidades do conselho de Detroit consistiram no "uso indevido de padrões de zoneamento e frequência, áreas de frequência opcional e seleção de prédios e locais".[193] Ao concordar com ou não corrigir as ações segregadoras do conselho local, o

191 *Milliken*, 418 U.S., p. 783 (Ministro Marshall, divergindo).
192 *Milliken*, 418 U.S., p. 758 (Ministro Stewart, concorrendo).
193 *Milliken*, 418 U.S., p. 753 (Ministro Stewart, concorrendo).

Estado, assim como o Secretário de Habitação e Desenvolvimento Urbano em *Gautreaux*, poderiam ter sido considerados cúmplices das irregularidades dentro do distrito escolar de Detroit. Nessa teoria, o Tribunal poderia ter exigido que o Estado de Michigan interrompesse essas transgressões e, mais ainda, tomasse medidas que erradicassem os efeitos de tais transgressões. Mas quais, pode-se perguntar, são as consequências dessas transgressões?

Um ano antes, o Tribunal, com o apoio incondicional de Stewart, decidiu que atos de segregação igualmente impróprios em parte do distrito escolar de Denver justificavam uma ordem exigindo "dessegregação total" de todo o distrito. Escrevendo para a maioria de Denver, o Ministro Brennan argumentou que, no futuro, os atos segregadores impróprios do passado lançariam dúvidas sobre a integridade da política declarada do conselho de designar alunos para escolas com base em sua proximidade geográfica. Esses atos segregadores passados também poderiam ter tido, Brennan argumentou, um efeito nos padrões residenciais em todo o distrito escolar. As suposições causais sobre as quais a teoria de Brennan se baseava eram um pouco exageradas; com toda a probabilidade, os padrões residenciais segregados de Denver eram atribuíveis a um grande complexo de fatores, muitos dos quais não estavam relacionados aos atos segregadores passados do conselho escolar. No caso de Denver, Stewart estava preparado para satisfazê-los. No entanto, ele não teve a mesma inclinação no caso de Detroit, no qual se separou de Brennan e dos outros três remanescentes da Corte Warren – William Douglas, Thurgood Marshall e Byron White.

Em *Milliken*, Stewart justificou sua recusa em abraçar as suposições causais subjacentes à decisão de Denver por causa de uma diferença fundamental: *Milliken* não lidou com bairros racialmente segregados dentro de uma única cidade, mas com uma cidade cada vez mais Negra cercada por subúrbios brancos. Em uma nota de rodapé especificamente endereçada a "My Brother Marshall", Stewart insistiu que "atos segregadores dentro da cidade sozinhos não podem ser presumidos – e nenhuma demonstração factual foi feita de que eles produzem um aumento no número de estudantes Negros na cidade como um todo".[194] E continuou:

> É este fato essencial de uma população escolar predominantemente Negra em Detroit – causada por fatores desconhecidos e talvez incognoscíveis, como a imigração, as taxas de natalidade, as mudanças econômicas ou a acumulação de atos privados de preconceito – que explica o "núcleo crescente de escolas Negras", um "núcleo" que cresceu para incluir praticamente toda a cidade.[195]

Marshall e os outros que o seguiram na dissidência não negaram a multitude de fatores causais que respondem pela mudança do padrão demográfico da área metropolitana de Detroit. Os dissidentes de *Milliken*, ao invés, focaram os padrões de alocação das/os alunas/os nas escolas públicas e estavam preparados para atribuir uma medida significativa de responsabilidade ao Estado de Michigan por esses padrões – alunas/os Negras/os em um conjunto de escolas (a cidade), alunas/os brancas/os em outro (os subúrbios). A responsabilidade do Estado por esses padrões raciais de alocação surgiu em parte das políticas de moradia de várias agências governamentais e outras instrumentalidades do Estado de Michigan.[196] De forma mais geral, a responsabilidade do Estado poderia ser atribuída à sua decisão, diante de padrões residenciais em mutação, de tornar os limites do distrito escolar de Detroit coincidentes com a cidade e, então, aderir a essa decisão sabendo muito bem qual seria a sua consequência – escolas racialmente segregadas na área metropolitana como um todo.

---

194 *Milliken*, 418 U.S., p. 756, nota 2 (Ministro Stewart, concorrendo) (ênfase omitida).

195 *Milliken*, 418 U.S., p. 756, nota 2 (Ministro Stewart, concorrendo) (ênfase omitida).

196 Ver, em geral, ROTHSTEIN, Richard. *The color of law*: a forgotten history of how our government segregated America. Prince Frederick: Recorded Books, 2017.

Indo mais longe, pode-se dizer, como Thurgood Marshall e outros dissidentes bem entenderam, que, ao aderir rigidamente à decisão de tornar os limites do distrito escolar de Detroit coincidentes com os limites do município, o Estado dotou aquelas famílias que tinham os recursos econômicos necessários – desproporcionalmente brancas – do poder de evitar ir para escolas predominantemente Negras no centro da cidade. Elas só tiveram que se mudar para um dos muitos subúrbios ao redor da cidade.

Milliken vs. Bradley não foi uma decisão comum. Ela limitou *Brown vs. Board of Education* a uma regra condenando padrões segregados de alocação de alunas/os produzidos por designações raciais e, portanto, tornou-se um ponto de virada na história da dessegregação escolar.[197] Ela constitucionalizou a diferença entre a segregação de direito e a chamada segregação de fato. Também aumentou muito a saliência do princípio da adequação estrita e, ao mesmo tempo, revelou o caráter vazio desse princípio. Um dos Ministros essenciais para a maioria – Potter Stewart – apresentou uma concordância separada que se concentrou no princípio da adequação estrita e sustentou que esse princípio era a base de sua decisão. Em uma inspeção mais detalhada, no entanto, parece que sua decisão não se voltou para o caráter instrumental do remédio buscado – é restrito o suficiente? –, mas, sim, para uma teoria – avançada em algumas frases em uma nota de rodapé – de desenvolvimento urbano, o significado de proteção igualitária e o papel do Judiciário na sociedade dos Estados Unidos. Stewart se recusou a tratar o padrão demográfico de frequência de alunas/os – alunas/os Negras/os em um conjunto de escolas, brancas/os em outro – como um erro constitucional.

---

197 Ver, em geral, ORFIELD, Myron. "Milliken, Meredith, and Metropolitan segregation". *UCLA Law Review*, vol. 62, 2015, p. 364.

O funcionamento do escrutínio rigoroso

Em 1975, William Douglas deixou o Tribunal. Ele havia discordado em *Milliken vs. Bradley* de uma forma que repudiava a suposta distinção entre segregação escolar de fato e *de jure*, e enfatizava a responsabilidade do Estado por consequências inteiramente previsíveis e evitáveis de suas decisões distritais sobre o padrão racial de frequência de estudantes. No ano anterior, Douglas havia assumido uma posição semelhante em uma concordância separada no caso de Denver, embora também tenha se juntado à opinião de Brennan para o Tribunal. Na época da aposentadoria do Ministro Douglas, Gerald Ford, Vice-Presidente de Nixon – e, antes disso, líder da minoria republicana no Congresso – estava na Casa Branca. Guiado por Edward Levi, ex-Presidente da Universidade de Chicago, agora Procurador-Geral, Ford preencheu a cadeira de Douglas com o Ministro John Paul Stevens, um republicano que estava então atuando como juiz no Sétimo Circuito. Stevens não participou de *Gautreaux*.

As mudanças de pessoal na Suprema Corte durante a década de 1970 foram, até certo ponto, refletidas no resultado de *Milliken vs. Bradley*, uma vez que todos os nomeados por Nixon votaram contra permitir uma solução de dessegregação escolar abrangente. O revés para o curso da igualdade racial representado por essa decisão foi logo reforçado e amplificado por duas decisões em 1976, não *Gautreaux*, que, em retrospecto, parecia um milagre, mas, sim, *Washington vs. Davis* e *Rizzo vs. Goode*. A primeira rebaixou a doutrina de impacto diferenciado que rege os casos de discriminação no emprego de uma regra constitucional para uma regra estatutária.[198] A segunda anulou uma injunção estrutural destinada a proteger pessoas Negras de abusos pelo então notório Departamento de Polícia da Filadélfia.[199]

---

198 *Washington vs. Davis*, 426 U.S. 229 (1976). Ver FISS, Owen. "The accumulation of disadvantages". *California Law Review*, vol. 106, 2018, p. 1945.

199 *Rizzo vs. Goode*, 423 U.S. 362 (1976). Ver FISS, Owen. "Dombrowski". *Yale Law Journal*, vol. 86, 1977, pp. 1103 e 1154-1161.

De 1974 em diante, a Corte foi dominada por um grupo de Ministros nomeados pelo Presidente Nixon, embora, como já observado, um deles, Harry Blackmun, logo se desviou e se alinhou principalmente com Brennan e Marshall. A nova falange de tendência conservadora, no entanto, conseguiu formar alianças com remanescentes mais moderados e acomodados da Corte Warren, a saber, Potter Stewart e Byron White. Stewart forneceu o quinto voto em *Milliken*. O Ministro White escreveu a opinião majoritária em *Washington vs. Davis*, e Stewart concordou com partes essenciais dessa opinião. Ambos se juntaram à opinião do Ministro Rehnquist em *Rizzo vs. Goode*.

Começando na década de 1980 e continuando até o século seguinte, essa ala mais conservadora da Corte foi complementada pelos nomeados dos Presidentes Ronald Reagan (1980-1986), George H. W. Bush (1986-1992), George W. Bush (2000-2008) e, mais recentemente, Donald Trump (2016-2020). Claro, vários desses indivíduos que foram nomeados por Presidentes republicanos seguiram o caminho de Harry Blackmun. John Paul Stevens, por exemplo, frequentemente ficou do lado do bloco liberal, em especial nos últimos anos de seu mandato. O mesmo aconteceu com David Souter, que havia sido nomeado pelo primeiro Presidente Bush. Na eleição de 1976, Jimmy Carter, um democrata, derrotou Gerald Ford, mas, por uma peculiaridade da história, nenhuma vaga na Suprema Corte foi aberta durante sua presidência. Mais tarde, dois Presidentes democratas, Bill Clinton (1992-2000) e Barack Obama (2008-2016), fizeram uma série de nomeações para a Suprema Corte também. Essas nomeações não foram, no entanto, capazes de alterar a mudança fundamental na jurisprudência de direitos civis da Corte e restaurá-la ao ponto em que estava antes de meados da década de 1970.

Mesmo após a mudança de pessoal na Corte que ocorreu na década de 1970, os grandes atos de direitos civis da década de 1960 permaneceram nos livros. Eles foram estabelecidos por ações judiciais movidas por vítimas pessoais e, de vez em quando, por litígios iniciados pelo Departamento de Justiça. Esses estatutos foram complementados por uma série de decretos, principalmente as Emendas de 1982 do Ato de Direitos ao Voto de 1965,[200] o Ato de Restauração dos Direitos Civis de 1987,[201] e o Ato dos Direitos Civis de 1991,[202] todos os quais foram promulgados quando os democratas controlavam o Congresso. Essas medidas, no entanto, não adicionaram dimensões significativas à Segunda Reconstrução ou a revitalizaram de qualquer forma significativa. Elas buscaram apenas corrigir os caminhos supostamente errantes da Suprema Corte dominada pelos republicanos nas ocasiões em que o Congresso questionava a interpretação da Corte dos grandes atos de direitos civis da década de 1960 e as doutrinas às quais esses estatutos davam ensejo. Notavelmente, nenhum estatuto foi aprovado pelo Congresso para transcender ou modificar o efeito da decisão do Tribunal em *Milliken vs. Bradley* – para impor um padrão mais elevado aos conselhos escolares do que o Tribunal interpretou que a Constituição impusesse.

Na verdade, o ímpeto da Segunda Reconstrução durante a fase da história da Suprema Corte que começou em meados da década de 1970 foi mantido principalmente pelos governos estaduais e locais, e por várias instituições da sociedade civil, incluindo as principais universidades da nação. Obrigações executáveis em termos legais para promover a justiça racial foram virtualmente reduzidas a nada, certamente no campo da educação pública, e, como resultado, a principal questão constitucional enfrentada pela Suprema Corte durante a época que começou em meados da década de 1970 foi, e continua sendo, uma de permissão: a Cláusula de Proteção Igualitária permite as medidas reconstrutivas que essas instituições adotaram?

---

200 Voting Rights Act Amendments of 1982, Pub. L. No. 97-205, 96 Stat. 131 (1982).

201 Civil Rights Restoration Act of 1987, Pub. L. No. 100-259, 102 Stat. 28 (1988).

202 Civil Rights Act of 1991, Pub. L. No. 102-166, 105 Stat. 1070 (1991).

Ao resolver essa questão, a Suprema Corte geralmente tem sido guiada por um teste jurídico ou heurístico – o escrutínio rigoroso. Esse teste tem sido tratado como mais do que uma regra probatória que exige uma investigação factual rigorosa e minuciosa para determinar se a medida específica perante a Corte beneficiou, em vez de desfavorecer, as pessoas Negras. Em vez disso, ele tem sido utilizado para determinar se uma medida reconstrutiva contestada – mesmo que se possa presumir que melhore o *status* das pessoas Negras – é consistente com proteção igualitária. O escrutínio rigoroso tem sido usado como um teste substantivo, em vez de probatório, e, como tal, exige que a medida em questão sirva a um propósito público convincente e seja estritamente adequada para alcançar esse propósito. Dessa forma, o requisito de adequação estrita encontrou um novo lar. Tornou-se um componente do escrutínio rigoroso e acabou se tornando o favorito do Ministro Anthony Kennedy.

Kennedy foi nomeado para a Corte pelo Presidente Reagan em fevereiro de 1988 e, ao longo dos trinta anos seguintes no Tribunal, ele invocou o componente de adequação estrita do escrutínio rigoroso em uma ampla variedade de casos, incluindo aqueles sobre ações afirmativas[203] e distritos eleitorais.[204] Isso permitiu que ele navegasse entre as facções nas quais se dividiam seus colegas e o capacitou a aparecer como um centrista ou moderado.[205] Para mim, no entanto, a aplicação mais reveladora de Kennedy do requisito de adequação estrita ocorreu no caso *Parents Involved* de 2007,[206] em que ele deu o quinto voto decisivo para invalidar os modestos

---

203 Ver, por exemplo, *Fisher vs. Univs. of Tex. at Austin*, 570 U.S. 297 (2013); *Fisher vs. Univs. of Tex. at Austin*, 136 S. Ct. 2198 (2016).

204 Ver, por exemplo, *League of United Latin Am. Citizens vs. Perry*, 548 U.S. 399 (2006).

205 Ver, por exemplo, SIEGEL, Reva B. "From colorblindness to antibalkanization: an emerging ground of decision in race equality cases". *Yale Law Journal*, vol. 120, 2011, p. 1278.

206 *Parents Involved vs. Seattle Sch. Dist. No. 1*, 551 U.S. 701 (2007).

planos de dessegregação que haviam sido adotados pelos distritos escolares de Seattle e Louisville. Um exame dessa decisão, e em particular a opinião concordante separada do Ministro Kennedy, revela as circunstâncias que deram à adequação estrita tanta proeminência nas últimas décadas e como o Ministro a transformou em uma plataforma para promover seus próprios meandros moralistas.

Quando *Parents Involved* chegou à Suprema Corte, *Brown vs. Board of Education* havia sido completamente devastado. Depois de *Milliken vs. Bradley*, não era mais considerado como uma imposição afirmativa de integração. Em vez disso, era visto como uma proibição restrita ao uso de raça para segregar alunos. Como uma questão puramente técnica, *Milliken vs. Bradley* abordou apenas a questão da dessegregação metropolitana, mas foi quase imediatamente entendido como se estendendo muito mais, definindo a obrigação dos conselhos escolares de agirem dentro dos limites de seus próprios distritos. Em termos jurídicos, a segregação de direito era inconstitucional e tinha que ser interrompida. No entanto, nenhuma obrigação desse tipo foi imposta à chamada segregação de fato – o padrão demográfico racialmente segregado resultante da designação de alunas/os para escolas em seus bairros em um distrito onde os padrões residenciais são racialmente segregados.

Mesmo depois de *Milliken vs. Bradley*, as decisões nos casos *Charlotte-Mecklenburg* e *Denver* permaneceram nos livros. Essas duas decisões condenaram padrões segregados de frequência estudantil resultantes de uma confluência de políticas escolares e segregação residencial. Uma exigia, como vimos, "o maior grau possível de dessegregação real", a outra exigia "dessegregação total". Essas decisões presumiam, no entanto, que os padrões segregados de frequência estudantil eram vestígios de atribuições raciais passadas – as várias escolas tiveram seus padrões demográficos formados por alocações raciais ou os bairros foram formados por essas atribuições de modo a criar padrões residenciais segregados. Mas, com o passar do tempo, tornou-se cada vez mais difícil visualizar padrões demográficos de frequência de alunas/os – alunas/

os brancas/os em um conjunto de escolas, alunas/os Negras/os em outro – como vestígios de atribuições raciais anteriores e há muito proibidas. As suposições causais subjacentes a tal caracterização se tornaram insustentáveis. Como resultado, na década de 1990, *Brown* não era mais visto como uma fonte vital de uma obrigação legalmente executável de integrar escolas públicas ou, para usar a fórmula de *Charlotte-Mecklenburg*, de criar "o maior grau possível de dessegregação real".

Embora *Milliken* e as decisões que se seguiram tenham diluído a força de *Brown*, elas não definiram todo o campo de ação para os conselhos escolares locais. Essas decisões determinaram o que era necessário, não o que era permitido. Os conselhos escolares locais ainda eram livres para tentar, como uma questão de política, tomar medidas que evitassem ou pelo menos minimizassem os padrões racialmente segregados de frequência estudantil. Como acontece com qualquer decisão política, os conselhos escolares locais foram limitados por necessidades práticas e pelas vicissitudes da política. No entanto, alguns, como aqueles em Seattle e Louisville, seguiram em frente, fazendo o que podiam para integrar suas escolas.

Em geral, os conselhos escolares de Seattle e Louisville designavam alunas/os para escolas com base em sua residência. Dado o caráter racial dos padrões residenciais dessas cidades, não foi surpresa que a política de designação de escolas de bairro produzisse padrões racialmente segregados de frequência de alunas/os. Isso, por sua vez, levou esses dois conselhos escolares à instituição de um programa de transferência – o ponto de discórdia em *Parents Involved* – que poderia, em um grau modesto, aumentar a possibilidade de integração racial. Sob esse programa, alunas/os brancas/os teriam prioridade na transferência para escolas predominantemente Negras e os alunas/os Negras/os teriam prioridade na transferência para escolas predominantemente brancas.

Sob os termos desse programa de transferência, o direito de transferência dependia da disponibilidade de vagas na escola receptora.

Se o número de alunas/os se candidatando a essas vagas excedesse o número de vagas disponíveis, a prioridade era dada, primeiro, a candidatas/os com irmãs/ãos na escola receptora; depois, a candidatas/os que moravam mais perto da escola receptora; e finalmente, a candidatas/os que seriam considerados uma minoria racial na escola receptora. A aplicação desse terceiro critério de transferência exigia conhecimento da raça da/o candidata/o e da composição racial da escola receptora. Como essas informações eram usadas para alocar uma oportunidade escassa, a doutrina predominante da Suprema Corte exigia avaliação sob escrutínio rigoroso.

O Ministro Presidente Roberts anunciou a decisão do Tribunal invalidando o programa de transferência de Seattle/Louisville. Apenas três outros juízes – Antonin Scalia, Clarence Thomas e Samuel Alito – aderiram à opinião que Roberts apresentou para apoiar a decisão do Tribunal. Nesta opinião, o Ministro Presidente primeiro abordou se o programa de transferência atendia a um propósito público convincente. Ao fazê-lo, ele chegou a uma conclusão notável: esqueça se a integração escolar é convincente, ela nem é legítima. Ao expressar essa visão, Roberts empregou um recurso literário indigno de um Ministro Presidente dos Estados Unidos. Em vez de falar de integração ou "dessegregação real", ele se referiu ao "equilíbrio racial".[207] Esse termo foi empregado nas décadas de 1960 e 1970, principalmente em círculos políticos, pelos críticos de *Brown vs. Board of Education* que buscaram confinar essa decisão ao seu escopo mais estreito possível e reduzi-la a uma proibição de atribuições raciais. Como esses críticos proclamaram, *Brown* proibiu a segregação, mas não exigiu a integração.

O Ministro Kennedy viu através da estratégia retórica do Ministro Presidente Roberts. Em uma concordância separada, Kennedy falou abertamente sobre integração e "isolamento racial", um termo introduzido pela primeira vez pela Comissão dos Estados

207 *Parents Involved*, 551 U.S., p. 726.

Unidos sobre Direitos Civis em meados da década de 1960, durante os debates sobre a legalidade da segregação de fato.[208] A abertura da opinião de Kennedy foi notavelmente ousada: ele declarou que o Ministro Presidente estava "profundamente enganado" em sua crença de que a integração escolar não é nem mesmo uma questão pública legítima, e muito menos um propósito convincente.[209] Isso permitiu que o Ministro Kennedy enquadrasse sua aplicação de escrutínio rigoroso como deveria ter sido enquadrada – reconhecendo abertamente a importância, na verdade, a urgência, de estudantes Negras/os e brancas/os frequentando a escola juntas/os e a fonte constitucional de sua crença. Como ele colocou nas considerações finais de sua opinião: "Esta Nação tem uma obrigação moral e ética de cumprir seu compromisso histórico de criar uma sociedade integrada que garanta oportunidades iguais para todas as suas crianças".[210]

Dada essa crença, Kennedy sentiu a necessidade de abordar a distinção entre segregação de fato e *de jure*. Embora ele endossasse essa distinção, sua razão para fazê-lo não minou de forma alguma sua convicção de que a integração escolar ou a eliminação do isolamento racial é um propósito público convincente. Kennedy reconheceu que a segregação produzida por designações raciais e a segregação produzida por um plano escolar de bairro em distritos com bairros racialmente segregados afetam as vidas das crianças que frequentam essas escolas de maneiras quase idênticas. No entanto, ele temia que condenar a segregação de fato como uma questão constitucional – e, portanto, abolir a distinção legal entre ela e a segregação de direito – colocaria, de fato, o Judiciário na vanguarda de um esforço reconstrutivo massivo: garantir que não tenhamos escolas para brancas/os, nem escolas para Negras/os,

---

208 1 U.S. Comm'n On Civ. Rts., Racial Isolation in the Public Schools, p. V (1967).

209 *Parents Involved*, 551 U.S., p. 788 (Ministro Kennedy, concorrendo).

210 *Parents Involved*, 551 U.S., p. 797 (Ministro Kennedy, concorrendo).

mas, apenas, escolas. Tal ampliação da autoridade judicial, concluiu Kennedy, ofenderia sua compreensão do papel adequado do Judiciário em uma democracia ou, dito de outra forma, violaria os princípios da separação de Poderes.

No final, o Ministro Kennedy se recusou a condenar a segregação escolar tomada como um padrão demográfico como violadora da Cláusula de Proteção Igualitária. Ele estava preparado, no entanto, para reconhecer a integração, ou a erradicação da segregação de fato e do isolamento racial (para usar as circunlocuções legalistas), como um propósito legítimo e convincente. Além do mais, ele parecia acolher ações corretivas para promover esse propósito pelos ramos mais políticos do governo, local e federal. Tudo dependia dos meios escolhidos.

Em sua concordância em *Parents Involved*, Kennedy endossou especificamente o direito do conselho escolar de ajustar as zonas geográficas de frequência de forma a aumentar a integração racial.[211] Ele também aprovou explicitamente a prática de localizar novas escolas em locais que serviriam ao mesmo fim. Nesses casos, os conselhos escolares estariam muito cientes do impacto que suas decisões teriam na composição racial do corpo estudantil – as escolhas seriam feitas com base na composição racial dos vários bairros do distrito. Dessa forma, a raça seria usada, mas não como um critério para alocar uma oportunidade escassa a um indivíduo em oposição a outro. Essas estratégias integrativas não implicariam classificações raciais como esse termo é normalmente entendido. Consequentemente, Kennedy considerou esses métodos específicos de obtenção de integração inteiramente inquestionáveis, nem mesmo sujeitos a um escrutínio rigoroso. Ele rejeitou a noção de que o Estado deva ser daltônico ou que qualquer medida baseada em uma avaliação de seu impacto em grupos raciais é especialmente suspeita.

---

211 *Parents Involved*, 551 U.S., pp. 787-788 (Ministro Kennedy, concorrendo).

Por outro lado, o Ministro Kennedy colocou em outra categoria o programa de transferência de Seattle/Louisville em questão em *Parents Involved*. Como ele classificava indivíduos com base na raça e, então, alocava oportunidades escassas de acordo com essas classificações, deveria estar sujeito a um escrutínio rigoroso. Como tal, o programa de transferência só poderia ser mantido se fosse estritamente adequado e, no final, Kennedy concluiu que, por empregar classificações raciais, ele falhou em satisfazer o componente de adequação estrita do escrutínio rigoroso. O programa de transferência deu prioridade a candidatas/os Negras/os sobre brancas/os quando ambos buscavam transferência para uma escola predominantemente branca, ou deu prioridade a candidatas/os brancas/os sobre Negras/os quando ambos buscavam transferência para uma escola predominantemente Negra. Por esse motivo, Kennedy forneceu o quinto voto decisivo contra o programa de transferência, efetivamente invalidando-o como uma questão de direito.

O Ministro Kennedy, portanto, usou a presença de uma classificação racial no programa de transferência de Seattle/Louisville para dois propósitos distintos: primeiro, para desencadear um escrutínio rigoroso e, segundo, para invalidar o programa com base no fato de que ele não era estritamente adequado. Em vários casos, Kennedy justificou em bases amplamente pragmáticas a regra que tornava a presença de classificações raciais um gatilho para um escrutínio rigoroso: classificações raciais aumentavam a divisão e, portanto, de acordo com Kennedy, qualquer medida que as empregasse, mesmo que melhorasse o *status* de pessoas Negras, deveria ser rigorosamente examinada.[212] Em *Parents Involved*, Kennedy deu um passo além e aliviou uma objeção moral às classificações raciais como base para invalidar o programa de transferência de

---

212 Ver, por exemplo, *Grutter vs. Bollinger*, 539 U.S. 306, p. 388 (2003) (Ministro Kennedy, divergindo). Ver também SIEGEL, Reva B. “From colorblindness to antibalkanization: an emerging ground of decision in race equality cases”. *Yale Law Journal*, vol. 120, 2011.

Seattle/Louisville sob o componente de adaptação estrita do escrutínio rigoroso. Como ele disse, o uso da raça no programa de transferência de Seattle/Louisville reduz os candidatos individuais a "rótulos raciais valorizadas e negociadas de acordo com a oferta de uma escola e a demanda de outra".[213] Essa "tipificação racial" de indivíduos por uma agência estadual era, Kennedy concluiu na reviravolta decisiva de sua análise em *Parents Involved*, "inconsistente com a dignidade dos indivíduos em nossa sociedade".[214]

A linguagem que o Ministro Kennedy utilizou para descrever o funcionamento do programa de transferência de Seattle/Louisville – "tipificação racial", reduzindo indivíduos a "rótulos raciais" e fazendo com que as autoridades escolares obedecessem a uma estranha lei de "oferta" e "demanda" – é de fato cativante. No entanto, parece exagerado. Identificar a raça de um indivíduo como branca ou Negra às vezes é desafiador. Mas categorizar indivíduos com base em sua raça é uma prática comum de administradoras/es escolares e, geralmente, ocorre em pesquisas governamentais como o Censo dos Estados Unidos. O Ministro Kennedy nunca insistiu no daltonismo em um sentido epistemológico.

É certo que consequências práticas fluem das classificações raciais exigidas pelo programa de transferência contestado, mas elas dificilmente reduzem candidatas/os que desejam se transferir a "rótulos raciais", assim como a característica do programa de transferência que cria uma preferência por aquelas/es candidatas/os que têm um irmão na escola receptora reduz os indivíduos sujeitos a essa regra a "rótulos" de outra variedade. Ninguém seria rebaixado ao usar raça como um critério de alocação na administração do programa de transferência. As autoridades escolares estariam simplesmente reunindo informações necessárias para aprimorar o caráter integrado do programa educacional que oferecem. Ao

---

213 *Parents Involved*, 551 U.S., p. 798 (Ministro Kennedy, concorrendo).

214 *Parents Involved*, 551 U.S., p. 797 (Ministro Kennedy, concorrendo).

fazer isso, elas não estariam respondendo a uma versão diluída da lei da oferta e demanda que normalmente governa as transações econômicas; estariam apenas negando prioridade àquelas/es candidatas/os cuja transferência não promoveria o objetivo de promover a integração racial em suas escolas.

Quatro ministras/os discordaram. Dois – Ruth Bader Ginsburg e Stephen Breyer – foram nomeados para a Corte por um democrata, Bill Clinton. Um terceiro – David Souter – devia sua nomeação a um Presidente republicano, George W. H. Bush. O quarto – John Paul Stevens – havia sido nomeado por outro Presidente republicano, Gerald Ford. A opinião de Breyer, à qual os outros três juízes se juntaram, tornou-se a principal dissidência. Surpreendentemente, Breyer não expressou, de forma clara e óbvia, escrúpulos sobre a descrição moralmente carregada de Kennedy do programa de transferência de Seattle/Louisville. Na verdade, Breyer pareceu admitir que negar pedidos de transferência com base na raça da forma como Seattle e Louisville contemplaram infligiria um dano à sociedade e talvez aos indivíduos que poderiam ter solicitado uma transferência – ele chamou isso de "custo".[215]

Ao final, Breyer concluiu que esse dano foi ofuscado pelos danos que as autoridades escolares estavam tentando combater aumentando o caráter integrado da educação que ofereciam. Embora a discordância de Breyer seja extremamente longa (quase oitenta páginas), sua discussão sobre a objeção do Ministro Kennedy ao programa de transferência de Seattle/Louisville consiste em duas frases em sua essência (interrompidas apenas por uma referência de página ao cerne da discussão de Kennedy):

> Isso não é negar que há um custo na aplicação de "um rótulo racial obrigatório pelo Estado". Mas esse custo não se aproxima, em grau ou em espécie, dos terríveis danos da

215 *Parents Involved*, 551 U.S., p. 812 (Ministro Breyer, divergindo).

> escravização, do sistema de castas resultante e dos 80 anos de segregação racial legal.[216]

Leitoras/es são deixados para tirar sua própria conclusão sobre o equilíbrio de custos e benefícios.

Ao formular sua resposta a Kennedy nesses termos, Breyer parece ter ignorado o fato de que Kennedy não estava fazendo uma alegação ética geral sobre o equilíbrio de custos e benefícios. Em vez disso, Kennedy estava fixando sua objeção baseada na dignidade ao programa de transferência no requisito de adequação estrita, que é governado por uma lógica interna distinta. No contexto de escrutínio rigoroso, a adequação estrita não faz mais do que restringir os meios usados para atingir um propósito público convincente; exige que os meios escolhidos pelo governo sejam necessários para a obtenção do propósito público convincente. Fiel à lógica instrumental da adequação estrita, e quase em conversa com o lembrete de Breyer sobre o fardo de nossa história e a necessidade urgente de integração escolar, Kennedy acrescentou: “Mesmo assim, medidas diferentes do tratamento diferenciado com base na rotulação racial de indivíduos devem primeiro ser esgotadas”.[217] Como se viu, a objeção de Kennedy à chamada rotulação racial era apenas um requisito de exaustão – evite-a se puder; tente outra coisa primeiro.

Esse ajuste para baixo no rigor da objeção de Kennedy ao programa de transferência de Seattle/Louisville tornou essa objeção mais palatável. No entanto, expôs uma falha que perpassou toda a abordagem de Kennedy – sua decisão de atrelar ao requisito de adequação estrita uma objeção ao programa de transferência que se baseava em considerações sobre a dignidade humana. Por um lado, é difícil entender como uma objeção tão baseada em dignidade

---

216 *Parents Involved*, 551 U.S., p. 867 (Ministro Breyer, divergindo).

217 *Parents Involved*, 551 U.S., p. 798 (Ministro Kennedy, concorrendo).

poderia ser derrotada ou mesmo ignorada simplesmente porque a medida estatal contestada é considerada instrumentalmente necessária para a obtenção de um propósito público convincente. Normalmente, o respeito pela dignidade humana exige restrições mais absolutas, como podemos ver no caso da tortura. A tortura é quase universalmente proibida com base no fato de ser uma ofensa à dignidade humana e, como resultado, não é permitida mesmo quando se descobre que a tortura é a única maneira de obter informações necessárias para evitar um dano maior, como a morte de outra pessoa ou mesmo a morte de várias pessoas. Eu diria, portanto, que anexar a objeção baseada em dignidade ao requisito de adequação estrita, na verdade, degrada o que poderíamos esperar de uma regra ética ou mesmo constitucional fundada no respeito à dignidade humana. Ainda mais, compromete a integridade do requisito de adequação estrita.

O requisito de adequação estrita constitui o componente instrumental do escrutínio rigoroso. Ele exige um exercício de racionalidade de meios-fins e um julgamento sobre se os meios escolhidos pelo Estado para perseguir um propósito público são tão exigentes quanto poderiam ser. É verdade que a insistência em uma adequação estrita entre meios e fins é fundamentada em um propósito moral abrangente: minimizar a violação das normas constitucionais subjacentes. O respeito pela adequação estrita pode, dessa forma, ampliar a proteção igualitária. No entanto, a adequação estrita não é o domínio no qual julgamentos normativos independentes devem ser feitos. Na verdade, eu diria que tais julgamentos são estranhos à adequação estrita. Esses julgamentos devem ser feitos pelo exercício da racionalidade substantiva, na qual a razão é utilizada para examinar a desejabilidade e a importância dos fins que podem ser perseguidos pelo Estado.

A lógica interna e a estrutura do requisito de adequação estrita podem ser mais bem ilustradas por um exemplo fora do contexto de dessegregação escolar.[218] Imagine que dois policiais são mortos em um tiroteio enquanto estão sentados em seu carro de patrulha. Toda a força policial está indignada, determinada a prender os perpetradores desse crime. Uma testemunha do tiroteio descreve os assassinos como dois jovens Negros. Em resposta a essa informação, o chefe de polícia inicia uma caçada humana massiva no bairro predominantemente Negro da cidade. Jovens Negros são pegos nas ruas, detidos para interrogatório e seus álibis são verificados. Sem aviso prévio e a qualquer hora do dia, esquadrões de policiais exigem entrada em apartamentos no bairro Negro. Membros da comunidade Negra então movem uma ação para impedir essa caçada humana agressiva e a busca que ela implicou. Finalmente, vamos também supor que o processo alega que tal ação policial constitui uma violação da Cláusula de Proteção Igualitária.

Em nosso cenário hipotético, a polícia usou a raça de forma pronunciada: para definir alvos da caçada humana. Consequentemente, tanto a decisão que iniciou a busca quanto a diretiva que rege sua implementação seriam examinadas rigorosamente. Ao aplicar o teste de escrutínio rigoroso, o Tribunal deve primeiro exercer racionalidade substantiva. Ele deve avaliar a permissibilidade ou o mérito do propósito subjacente à decisão do chefe de polícia de empregar sua força da maneira como o fez. Presumivelmente, o Tribunal consideraria esse propósito – garantir a segurança da polícia e da comunidade em geral – convincente. A questão então surgiria sobre se os meios que a polícia adotou – a caçada humana baseadas em raça – para atingir esse propósito público convincente são estritamente adequados. Existem outras técnicas ou estratégias que poderiam ter sido usadas para localizar os assassinos que teriam sido menos grosseiramente ofensivas à proteção igualitária? Rastreie o carro. Verifique as câmeras de vigilância. Procure

218 O exemplo é extraído vagamente da famosa decisão do Quarto Circuito em *Lankford vs. Gelston*, 364 F.2d 197 (4th Cir. 1966).

vizinhos nas proximidades que possam ter visto o assassinato. Ofereça altas recompensas por informações que levem à prisão e condenação dos assassinos.

Nesse exemplo, o requisito de adequação estrita salvaguarda os valores protegidos pela Cláusula de Proteção Igualitária. Ele exige que o Estado evite as práticas que perpetuam a subjugação da comunidade Negra. Outras normas constitucionais – por exemplo, a proibição da Quarta Emenda contra buscas e apreensões irracionais – também podem ser ofendidas pelas medidas adotadas. Essas disposições adicionais podem ser invocadas, seja pelas partes ou pelo próprio Tribunal, counidas com a reivindicação de proteção igualitária e, se assim for, essas disposições podem atuar como fontes alternativas e independentes de valores que o Tribunal pode tentar reivindicar. Sob nenhuma circunstância, no entanto, os valores protegidos por essas disposições constitucionais alternativas, como a Quarta Emenda, devem ser contrabandeados para a análise de proteção igualitária do Tribunal por meio de uma aplicação do componente de adequação estrita do escrutínio rigoroso.

Da mesma forma, mesmo que o Ministro Kennedy estivesse certo em se opor ao programa de transferência de Seattle/Louisville sob o argumento de que ele ofende a dignidade humana, tal julgamento – certamente um exercício de racionalidade substantiva – não deveria ser contrabandeado para sua análise de proteção igualitária por meio da aplicação do requisito de adequação estrita. Isso, veja bem, não é um apelo à clareza analítica em prol da clareza analítica. Muito mais está em jogo. O uso que Kennedy fez do requisito de adequação estrita como uma plataforma para moralizar obscureceu, possivelmente, até mascarou, a verdadeira natureza de seu julgamento. Isso permitiu que ele apresentasse um julgamento profundamente normativo como se fosse apenas instrumental, altamente técnico, sobre a relação entre meios e fins. Usar o requisito de adequação estrita dessa forma também isentou Kennedy de sua responsabilidade de localizar, com alguma precisão, a disposição ou disposições constitucionais que garantem a proteção da dignidade humana, o que acaba sendo a verdadeira fonte de sua decisão de derrubar o programa de transferência de Seattle/Louisville.

Alguns países incluíram uma proibição contra ações governamentais que ofendam a dignidade humana em suas constituições. A Constituição alemã contém tal disposição. A Constituição dos Estados Unidos, não. Em face dessas lacunas, alguns juristas insistiram que o respeito pela dignidade humana está implícito na Constituição dos Estados Unidos; é um valor fundamental que permeia cada disposição, especialmente a Declaração de Direitos e as Emendas da Guerra Civil, e deve, portanto, orientar sua interpretação. Há muito nessa visão. Não tanto, contudo, quando é usada para transformar a Cláusula de Proteção Igualitária em uma regra que impede as autoridades escolares de dessegregar suas escolas tão completamente quanto poderiam. Tal regra ignora a ofensa à dignidade humana, sem dúvida decorrente da manutenção de escolas racialmente segregadas e da perpetuação da estrutura de castas atribuível a tal prática. Também impede as autoridades escolares locais de tomarem medidas que pareçam promover o propósito central da Cláusula de Proteção Igualitária e, por essa mesma razão, consideradas como servindo a um propósito público convincente. O conhecido fascínio de Kennedy pela dignidade sempre me pareceu admirável, especialmente quando utilizado para proteger grupos marginalizados, mas, nesse caso, parece ter saido por completo do controle.

Esta crítica à posição do Ministro Kennedy em *Parents Involved* é amplamente baseada na visão, com base no registro histórico, de que o propósito abrangente da Cláusula de Proteção Igualitária é impedir que o Estado tome qualquer ação que possa agravar, ou mesmo perpetuar, a devastação causada à comunidade Negra pela instituição centenária da escravização.[219] Claro, alguns

---

219 Ver FISS, Owen. "Groups and the equal protection clause". *Philosophy & Public Affairs*, vol. 5, nº 2, 1976, p. 107, traduzido neste volume.

dos juízes responsáveis pela decisão em *Parents Involved* podem contestar essa compreensão do propósito básico da Cláusula de Proteção Igualitária. Considero que essa seja a implicação necessária da agora famosa observação sarcástica com a qual o Ministro Presidente Roberts concluiu sua opinião: a única maneira de acabar com a discriminação é parar de discriminar.[220] Presumo ainda que os três Ministros que aderiram à opinião do Ministro Presidente – Scalia, Thomas e Alito – compartilhavam desse sentimento. Para eles, o objetivo principal da Cláusula de Proteção Igualitária é evitar a discriminação com base na raça: um processo oposto à consequência infeliz – a subordinação da comunidade Negra – que pode resultar desse processo.

Os quatro Ministros que discordaram naquele caso pareciam ter uma opinião totalmente diferente. Refletindo a sua compreensão do objetivo abrangente da Cláusula de Proteção Igualitária, ao contrário de Kennedy, duvidaram mesmo da adequação de julgar o programa de transferência de Seattle/Louisville sob um escrutínio rigoroso. No entanto, me atrevo a dizer que o Ministro Kennedy abraçou a sua compreensão do objetivo abrangente da Cláusula de Proteção Igualitária. Ele se separou deles, no entanto, quando insistiu no que poderia ser chamado de versão geral do escrutínio rigoroso. Segundo essa versão, o escrutínio rigoroso é desencadeado sempre que o Estado utiliza uma classificação racial, mesmo que essa medida melhore a posição de pessoas Negras na sociedade estadunidense. No entanto, esta diferença não se baseava numa negação do significado central da Cláusula de Proteção Igualitária – proteger contra a instituição e manutenção de castas. Pelo contrário, baseou-se num julgamento contestável e pragmático – de que a utilização de classificações raciais, mesmo quando estas melhoram o estatuto da subclasse, causará divisão, causará conflitos raciais e adiará o dia em que a raça deixará de ter importância.

---

220 *Parents Involved*, 551 U.S., p. 748.

Kennedy aproximou-se mais da posição dos dissidentes em *Parents Involved* quando repudiou o daltonismo como um requisito jurídico e reconheceu que, da perspectiva das vítimas, o dano atribuível à segregação de fato e de direito é praticamente o mesmo. Aprovou a modificação das zonas de frequência e a construção de novas escolas como formas de erradicar padrões segregados de frequência estudantil. Ele considerou a integração um propósito público convincente para efeitos de aplicação do teste de escrutínio rigoroso. Ele também prestou homenagem ao caso *Brown vs. Board of Education* quando falou de forma comovente sobre o compromisso da nação em se tornar uma sociedade integrada que proporcionasse oportunidades educacionais iguais a todas as suas crianças.

Essas características da concordância do Ministro Kennedy em *Parents Involved* revelam o terreno que ele partilhou com Breyer, que discordou e, na verdade, abunda para o crédito de Kennedy. Kennedy tropeçou, contudo, quando transformou a sua aversão pelas classificações raciais numa ofensa à dignidade humana; ele agravou esse erro ao apresentar essa objeção ao programa de transferência de Seattle/Louisville como uma transgressão da adequação estrita; logo, infelizmente, usou essa violação da adequação estrita para anular os esforços modestos de Seattle e Louisville para desagregar suas escolas. Kennedy transformou a dignidade num limite à igualdade e acabou fazendo isso da forma mais perversa em nome da Cláusula de Proteção Igualitária, que, na verdade, foi adotada para salvaguardar a liberdade e a dignidade de pessoas escravizadas recém-libertadas.

O futuro da adequação estrita

Por meio século, a Suprema Corte tem andado para trás em direitos civis. Em meados da década de 1970, quando proferiu *Milliken vs. Bradley* e colocou limites decisivos em *Brown vs. Board of Education*, a Corte renunciou à sua liderança da Segunda Reconstrução e ao processo de desmantelamento da estrutura de castas da sociedade dos Estados Unidos. Então, quando um bom número de instituições políticas e civis tentaram preencher esse vazio, buscando promover os objetivos da Segunda Reconstrução por conta própria, uma Corte recém-reconstituída – primeiro liderada por Warren Burger, depois por William Rehnquist e, agora, John Roberts – começou a policiar políticas de direitos civis. Em algumas ocasiões – mais notavelmente, a decisão *Parents Involved* de 2007 – a Corte chegou ao ponto de obstruir a integração escolar voluntária. Até mesmo o Ministro Stevens, tão singularmente posicionado para compreender a reviravolta do Tribunal, encerrou a sua divergência em *Parents Involved* com uma nota contundente: "É minha firme convicção que nenhum membro do Tribunal a que me juntei em 1975 concordaria com a decisão de hoje".[221]

Ao traçar esse novo curso, sem dúvida reacionário, a maioria que prevaleceu encontrou protestos fortes e apaixonados de seus colegas. Tanto *Milliken vs. Bradley* quanto *Parents Involved* foram decisões de 5 a 4. Em ambos os casos, além disso, uma das cinco pessoas da maioria escreveu uma opinião separada para explicar seu voto; em *Milliken*, foi Potter Stewart, e em *Parents Involved*, foi Anthony Kennedy. Aparentemente, eles ouviram os dissidentes e sentiram a atração de suas palavras. Ainda mais notável, ambos os Ministros confiaram no requisito de adequação estrita, dando assim grande destaque a um ramo do Direito anteriormente obscuro. Enquanto Stewart encontrou o requisito de adequação estrita na jurisprudência de equidade, Kennedy o viu como um componente de escrutínio rigoroso.

Essa confiança no requisito de adequação estrita dotou as posições de Stewart e Kennedy sobre a dessegregação escolar com uma qualidade moderada e temperada. Parecia que seus votos foram compelidos por uma preocupação puramente técnica – o ajuste entre meios e fins não era tão próximo quanto poderia ter

---

221 *Parents Involved*, 551 U.S., p. 803 (Ministro Stevens, divergindo).

sido. Após um exame mais detalhado, no entanto, vemos que essa impressão era uma ilusão. Em cada caso, esses juízes usaram a adequação estrita para mascarar fundamentos de decisão mais profundos, amplos e contenciosos.

O que dividiu Stewart daqueles que discordaram em *Milliken* (Marshall, Brennan, Douglas e White) não foi uma questão técnica sobre o escopo de remédios equitativos. Em vez disso, foi um desacordo sobre o significado de proteção igualitária quando o padrão segregado de frequência estudantil abrangia distritos escolares contíguos, um desacordo sobre a responsabilidade de Michigan de redesenhar os limites do distrito escolar para acabar com essa segregação e até mesmo um desacordo sobre o papel do Judiciário federal. Stewart abordou algumas dessas questões, mas apenas em algumas frases de uma nota de rodapé que ele dirigiu, de forma tocante, a Thurgood Marshall.

Da mesma forma, o que dividiu Kennedy daqueles que discordaram em *Parents Involved* (Breyer, Ginsburg, Souter e Stevens) não foi uma discordância sobre se o plano de transferência de Seattle/Louisville se encaixava adequadamente no fim a que deveria servir – integração. Obviamente, sim. Em vez disso, a divisão surgiu de uma discordância sobre se o uso de classificações raciais em um programa projetado para integrar escolas públicas ofende a dignidade humana e, se sim, se a Constituição deveria ser interpretada para impedir tal suposta ofensa quando isso impedisse agências estaduais de instituir um programa que, por si só, respondesse a preocupações de dignidade humana e promovesse o propósito abrangente da Cláusula de Proteção Igualitária – proteger contra a manutenção e perpetuação de um sistema de castas.

O requisito de adequação estrita não pode resolver questões tão profundas e de longo alcance como essas. A versão do requisito de adequação estrita que surge da jurisprudência de equidade e das regras relativas ao escopo de injunções pode ser abandonada com segurança; seu efeito prático é cancelado por outro requisito de equidade que exige remédios amplos e eficazes. Todo/a juiz/a entende a importância de definir a violação da lei com clareza e precisão, pois uma injunção nada mais é do que um instrumento legal para impedir que uma violação da lei ocorra ou se repita, ou para erradicar os efeitos de uma violação da lei que já tenha ocorrido. Quando a violação ou seu efeito é amplo, a injunção deve ser ampla. Quando a violação é atribuível a falhas institucionais, a estrutura interna da instituição terá que ser reformada para proteger a violação de se repetir.

A situação com o requisito de adequação estrita, extraído de um escrutínio rigoroso, é mais complicada. A adequação estrita faz sentido como um componente do escrutínio rigoroso quando a ação estatal parece ameaçar valores de proteção igualitária, como aconteceu na hipótese da polícia, a fim de atingir algum propósito público convincente, como a segurança pública – importante, mas não diretamente ligado ao significado central da Cláusula de Proteção Igualitária. Em vez disso, a ação contestada em tal caso será defendida com base no fato de que é uma violação escusável dessa disposição da Constituição. Nesse caso, o requisito de escrutínio rigoroso, visto como um exercício de racionalidade instrumental, economizaria no sacrifício de valores de proteção igualitária. Como tal, reflete o desejo compreensível, como frequentemente expresso em casos de liberdade de expressão, a que o escrutínio rigoroso também se aplica, de defender a alternativa menos restritiva.

Concebivelmente, o escrutínio rigoroso também pode ser utilizado quando a ação do Estado parece, como foi o caso em *Parents Involved*, promover, em vez de ofender, os valores protegidos pela Cláusula de Proteção Igualitária. Nesse contexto, o requisito de adequação estrita fornece um segundo obstáculo – o primeiro é o componente de propósito público convincente, que, quase por hipótese, é satisfeito. É certo que boas intenções geralmente não são boas o suficiente, então, pode parecer apropriado para o Tribunal verificar se os meios escolhidos pelo Estado são razoavelmente calculados para atingir esse propósito. Tal regra seria uma versão mais relaxada do componente instrumental do escrutínio rigoroso do que o requisito de adequação estrita. No entanto, mesmo que essa opção não seja buscada e o componente de adequação estrita mais tradicional do escrutínio rigoroso seja mantido em tais casos, como parece provável que ocorra em um futuro próximo, esse requisito deve ser enfaticamente confinado a uma avaliação instrumental dos meios que o Estado escolheu para buscar fins específicos. Sob nenhuma circunstância deve se tornar um veículo para especulações morais sobre a dignidade humana, especialmente quando tais especulações interferem na realização progressiva do propósito abrangente da Cláusula de Proteção Igualitária.

Mesmo quando a adequação estrita for despojada de seus excessos, as questões que dividiram o centro e as alas mais liberais da Corte – e que, na verdade, são responsáveis pelas concordâncias do Juiz Stewart e do Juiz Kennedy – permanecerão. Essas questões são extremamente difíceis e não se prestam a nenhuma resposta fácil. A esperança é, no entanto, que, se as/os Ministras/os que ocupam tais posições puderem deixar de lado seus debates sobre a adequação estrita e discutirem abertamente o que realmente os dividiu, o acordo que, a princípio, parecia inatingível pode ser alcançado.

Além disso, reconhecer o domínio limitado da adequação estrita pode muito bem também aumentar a integridade das deliberações da Corte como um todo e, eventualmente, melhorar a qualidade de suas opiniões. A máscara que a adequação estrita poderia oferecer para minimizar a ameaça aos valores de proteção igualitária (como ocorreu em *Milliken*) ou à moralização indisciplinada (como ocorreu em *Parents Involved*) seria removida. Dessa forma, o motivo declarado para uma decisão poderia se aproximar mais do motivo real que a fundamenta. Tal mudança facilitaria a análise crítica do trabalho do Tribunal e, assim, fortaleceria o sistema – talvez o único sistema – através do qual podemos responsabilizar juízas/es.

B) BARREIRAS PARA A MOBILIDADE SOCIAL: EMPREGO

VI

O ACÚMULO DE DESVANTAGENS[222]

A subjugação contínua de um grupo historicamente desfavorecido é o produto de políticas que abrangem todas as esferas da vida. Os membros desse grupo são pessoalmente rejeitados, suas oportunidades educacionais são prejudicadas, as oportunidades de emprego disponíveis são limitadas e eles são confinados a viver uns com os outros em bairros segregados e dilapidados, incapazes de contar com serviços públicos – até mesmo os mais rudimentares. Muitas vezes, os membros desse grupo são até mesmo privados do direito de votar.

A Segunda Reconstrução – um programa de reforma que visava erradicar a subordinação de pessoas Negras nos Estados Unidos – foi abrangente em suas aspirações e, eventualmente, atingiu todas as esferas da atividade social, mas devemos lembrar que evoluiu de forma fragmentada. O programa de reforma foi lançado formalmente em 1954 com a decisão da Suprema Corte em *Brown vs. Board of Education*,[223] e a sua determinação que

---

222 FISS, Owen. "The accumulation of disadvantages". *California Law Review*, vol. 106, 2018, p. 1944.

223 347 U.S. 483 (1954).

exigia a dessegregação da educação pública foi logo estendida a todas as atividades estaduais. No entanto, o país teve que esperar até 1964 para que o Congresso garantisse a pessoas Negras oportunidades iguais de emprego em empresas privadas e acesso igual a hotéis e restaurantes de propriedade privada. Mais tarde, em 1967, a Suprema Corte se adiantou mais uma vez e derrubou leis estaduais que interferiam nas relações pessoais entre Negra/os e brancas/os, leis que proibiam o casamento interracial. Em 1968, o alcance da Segunda Reconstrução foi novamente estendido, dessa vez pelo Congresso, que então promulgou uma medida para garantir acesso igual à moradia.

O voto também foi um assunto de reforma durante esse período. Embora o direito de pessoas Negras ao voto tenha sido consagrado na Constituição nos anos imediatamente após a Guerra Civil, ele permaneceu como uma promessa não cumprida por quase cem anos. Foi somente em 1965 que a nação cumpriu essa promessa quando o Congresso, respondendo à dramática marcha de Selma a Montgomery, proibiu um grande número de dispositivos que tinham sido utilizados pelos Estados do Sul para privar pessoas Negras do direito de voto.

Nenhuma dessas garantias de tratamento igualitário, independentemente de terem sido elaboradas pela Suprema Corte ou pelo Congresso, eram autoimplementáveis. Ações judiciais tiveram que ser movidas para aplicá-las, o que apenas acentuou o caráter fragmentado da Segunda Reconstrução. Afinal, ações judiciais não podem ser movidas contra a sociedade em geral, mas apenas contra instituições específicas que agiram de forma imprópria. Como resultado, um número quase infinito de processos teve que ser movido contra autoridades educacionais locais que operavam suas escolas em uma base segregada, contra empresas individuais que se recusavam a contratar pessoas Negras, contra proprietários que as excluíam e contra departamentos de polícia que usavam a força das armas para abusar delas. Cada processo tinha suas próprias vítimas e perpetradores; cada um era administrado por sua própria equipe jurídica; e cada um era ouvido por um dos muitos juízes federais localizados em todo o país.

I. O princípio de *Griggs* e suas origens

Em 1969, quinze anos após a Suprema Corte proferir sua decisão em *Brown vs. Board of Education*, a Corte finalmente reconheceu a artificialidade da abordagem fragmentada à reforma e anunciou uma doutrina fundada em um entendimento da interconexão entre práticas que desfavoreciam pessoas Negras. Esse caso – *United States vs. Gaston County*[224] – condenou a prática de negar a pessoas Negras o direito de votar por reprovarem em um teste de alfabetização (quando ao grupo tinham sido sistematicamente negadas de oportunidades educacionais iguais). Era irrelevante para a análise da Corte que as ações de uma autoridade responsável pelo sistema eleitoral estivessem diante dela (ao invés de um conselho escolar) e que algumas pessoas Negras que buscavam o direito de votar tivessem recebido sua educação em outros condados, e algumas, em outros Estados. Em essência, juízas/es foram movidas/os por uma ideia – que chamo aqui de "teoria da responsabilidade cumulativa" – que condena qualquer instituição, independentemente de suas próprias ações passadas, de se envolver em uma prática que agrave, perpetue ou apenas reflita uma desvantagem que pessoas Negras receberam nas mãos de alguma outra instituição agindo em algum outro momento e em algum outro domínio.

O Congresso logo deu mais força a essa decisão ao aprovar um estatuto que impôs uma proibição nacional aos testes de alfabetização.[225] Essa medida, bem como a decisão judicial que a motivou, foi reforçada pelo sentimento democrático que favorece a ampliação do direito de voto – quanto mais, melhor. A tarefa

224 395 U.S. 285 (1969)

225 Voting Rights Amendments Act of 1970, Pub. L. No. 91-285, 84 Stat. 314, 315.

do Tribunal e do Congresso também foi mais fácil, pelo menos filosoficamente, pelo fato de que o direito de votar não ser um recurso escasso: permitir que uma pessoa vote não nega a outra essa oportunidade. No entanto, como o Tribunal logo deixou claro, a teoria da responsabilidade cumulativa implícita em *Gaston County* não poderia logicamente ser confinada à votação.

Na primavera de 1971, em um caso intitulado *Griggs vs. Duke Power Company*, a Suprema Corte aplicou a teoria da responsabilidade cumulativa no contexto do emprego e proibiu empregadores privados de usar testes ou outros requisitos educacionais que, devido à qualidade inferior da escolaridade que pessoas Negras historicamente receberam, resultariam em impactos desiguais sobre o grupo.[226] A opinião foi unânime e proferida pelo novo Chefe da Corte, Ministro Warren Burger. Ele não reconheceu uma diferença entre votação e emprego e, de fato, *Gaston County* – um caso de votação – foi o único precedente que ele citou no que agora passou a ser entendido como a decisão histórica de emprego da Segunda Reconstrução.

Nos anos imediatamente seguintes à decisão *Griggs*, o Tribunal formulou um processo de três etapas para avaliar os requisitos de emprego. (1) A parte autora deve mostrar que o teste contestado tem um impacto adverso desigual sobre pessoas Negras/os ao negar oportunidades de emprego em um número desproporcionalmente maior. (2) Se a autora fizer essa demonstração, o ônus muda para a empresa a fim de comprovar que o teste é razoavelmente projetado para medir o desempenho no trabalho; caso a demonstração não seja feita, o teste será barrado. (3) Mesmo que a empresa ré seja capaz de mostrar que o teste de emprego é uma medida adequada do desempenho no trabalho, a autora ainda tem a oportunidade de mostrar que existe outro teste que mede o desempenho no trabalho igualmente bem, mas tem menos impacto adverso sobre as

---

226 401 U.S. 424, 429-430 (1971).

pessoas Negras do que o preferido pela empresa; se a autora fizer essa demonstração, o teste que a empresa propôs será barrado e, presumivelmente, a alternativa será instituída.[227]

Este modo de análise em três etapas, comumente conhecido como princípio de *Griggs*, opera para gerar pressão sobre as empresas para o desenvolvimento e aplicação de testes de emprego que minimizem o impacto desigual sobre pessoas Negras. Embora essa pressão seja limitada – nunca é tão grande a ponto de exigir que empresas contratem indivíduos que não podem desempenhar adequadamente o trabalho em questão –, ela, de fato, impõe obrigações afirmativas aos empregadores e exige sacrifícios econômicos de sua parte. Primeiro, exige que as empresas dediquem recursos ao desenvolvimento de testes que possam ser comprovados para medir o desempenho no trabalho. Segundo, obriga empregadoras/es a utilizar um teste, dentre aqueles que medem o desempenho no trabalho, que tenha o menor impacto desigual sobre pessoas Negras – mesmo que esse teste seja mais caro de administrar e assumindo, é claro, que os custos adicionais não sejam proibitivos. A teoria da responsabilidade cumulativa, conforme aplicada em *Griggs*, não impõe essas obrigações à empresa apenas por causa de suas próprias ações, especificamente, que ela escolheu selecionar funcionárias/os com base no teste contestado, mas também porque pessoas Negras receberam, em algum momento anterior, uma educação inferior.

Tanto *Gaston County* quanto *Griggs* se basearam em leis que, em outras palavras, proibiam a discriminação com base na raça. Mas as/os funcionárias/os e as empresas que foram chamadas/os a prestar contas nesses casos não podiam ser literalmente acusadas/os de discriminação com base na raça – isto é, usar a raça como critério para determinar quem poderia votar ou quem deveria ser empregado. Os testes invalidados nesses casos foram

---

227 Ver *Albemarle Paper Co. vs. Moody*, 422 U.S. 405 (1971).

aplicados a todas/os as/os candidatas/os – pessoas brancas ou Negras –, e presumiu-se que os testes seriam administrados de forma imparcial – isto é, não haveria favoritismo com base na raça ao classificar o desempenho no teste. É certo que é sempre possível impugnar os motivos de funcionárias/os que escolhem testes que têm resultados previsivelmente díspares. No entanto, nesses dois casos, o Tribunal não seguiu esse caminho. Não houve conversa sobre animosidade. O Tribunal operou sob a suposição de que os testes em questão foram adotados como parte de um esforço de boa-fé para identificar bons trabalhadores ou eleitores qualificados.

Em sua opinião no caso *Griggs*, o Ministro Chefe Burger introduziu a ideia de "discriminação indireta",[228] sugerindo, assim, que uma prática que tem o efeito de perpetuar uma discriminação anterior com base na raça deve ser vista como uma discriminação com base na raça. Tal visão, no entanto, não é totalmente convincente, por um lado, porque não fornece uma razão para tratar as duas práticas da mesma forma. Podemos muito bem proibir o uso da raça ao selecionar funcionárias/os ou alocar direito ao voto, com base no fato de que constitui uma forma de tratamento injusto, uma vez que a raça é um critério irrelevante para determinar a produtividade ou julgar se os indivíduos são qualificados para votar. Não se pode dizer a mesma coisa de um teste – como foi verdade para os usados em *Griggs* e em *Gaston County* – que parece servir a um propósito social legítimo, como a escolha de bons trabalhadores ou eleitores qualificados.

A teoria da "discriminação indireta" também não consegue justificar o terceiro passo implicado no princípio de *Griggs* – a obrigação de uma empresa ou agência pública de adotar um teste alternativo que atenda às suas necessidades legítimas, mas tenha menos efeito

---

228 Ver *Griggs*, 401 U.S., p. 430 ("Lá, devido à educação inferior recebida pelos Negros na Carolina do Norte, este Tribunal proibiu a instituição de um teste de alfabetização para registro de eleitores, sob o argumento de que o teste restringiria o direito de votar indiretamente em razão da raça").

adverso sobre pessoas Negras. A solução para a discriminação, seja ela direta ou indireta, é uma proibição que limite a discriminação, não uma obrigação afirmativa de minimizar o impacto diferenciado. Além disso, e mais importante, a ideia de "discriminação indireta" que o Ministro Chefe Burger ofereceu não explica por que é legítimo responsabilizar uma empresa (Duke Power Company) ou um distrito eleitoral (Condado de Gaston) pela discriminação racial perpetrada por autoridades educacionais, algumas de Estados diferentes, sobre as quais elas não tinham controle algum.

Acredito que não deveríamos enxergar decisões como *Griggs* e *Gaston County*, ou, nesse caso, a teoria da responsabilidade cumulativa em geral, como aplicações ou mesmo extensões de normas antidiscriminação focadas no indivíduo. Em vez disso, essas decisões judiciais devem ser vistas como motivadas por considerações maiores e mais estruturais – um desejo de acabar com a estratificação social, enraizada na escravização e mantida por Jim Crow, que trata pessoas Negras como párias.[229] A discriminação com base na raça é apenas uma das muitas técnicas usadas para criar e manter essa estrutura; é um instrumento para criar a situação problemática, não o problema em si. O problema é a subordinação perpétua e sistemática de um grupo que é racialmente definido.

A teoria da responsabilidade cumulativa aprecia o caráter interconectado da vida social e o fato de que as pessoas carregam as desvantagens que recebem em um domínio – digamos, educação ou emprego. Ela se baseia na triste verdade de que a desigualdade gera desigualdade. O princípio de *Griggs* é fundado nessa teoria e exige que as empresas tomem medidas, consistentes com seu interesse em empregar trabalhadoras/es qualificadas/os, que minimizem as desvantagens impostas a pessoas Negras em outros

---

229 FISS, Owen. "Groups and the equal protection clause". *Philosophy & Public Affairs*, vol. 5, nº 2, 1976, p. 107; ver também FISS, Owen. "Another equality". *Issues in Legal Scholarship*, vol. 2, 2004. Ambos os artigos se encontram nesta coletânea em sua versão traduzida.

domínios e em outros momentos. Especificamente, ele orienta cada empresa a se certificar de que os testes que usa sejam relacionados ao trabalho e a instituir dispositivos de triagem que possam servir aos seus interesses comerciais, ao mesmo tempo que minimizam a exclusão de pessoas Negras.

Essa obrigação não é imposta porque assumimos ou mesmo acreditamos que a empresa em questão desempenhou um papel na criação do sistema de castas raciais que agora subjuga as pessoas Negras. Em vez disso, surge de uma compreensão adequada da responsabilidade que cada membro da comunidade, mesmo um nascido ontem, agora tem de erradicar a estrutura social estratificada que manchou os Estados Unidos desde seu início. Todos nós, simplesmente porque vivemos juntos e somos membros da mesma política, devemos fazer o que pudermos para honrar os valores da Constituição e cumprir sua promessa de transformar a nossa sociedade em uma comunidade de iguais.

O princípio de *Griggs* não é autoaplicável. Muitas vezes, requer implementação pelo Judiciário e a emissão pelo Tribunal de uma ordem ou decreto. Nesse caso, juízas/es podem condenar um teste de emprego porque a empresa não consegue demonstrar que o teste que causa impacto desigual foi um bom *proxy* para desempenho no trabalho. Ou podem ordenar que a empresa institua um teste proposto pela autora da ação sob o argumento de que o teste da empresa não minimiza o impacto desigual sobre as pessoas Negras, embora meça adequadamente o desempenho no trabalho. Em tal litígio, podemos muito bem imaginar o chefe de uma empresa perguntando: "Por que eu? Por que tenho que ajustar ou mudar minhas práticas para dar conta das deficiências que foram impostas pelo sistema educacional?"

Essa questão decorre de uma incompatibilidade entre o caráter estrutural da reforma imposta pelo princípio de *Griggs* e a necessidade de adjudicação para implementar esse princípio nas práticas cotidianas da comunidade empresarial. A aspiração é social, mas o método é individualizado. Embora o objetivo final do princípio de *Griggs* seja estrutural por natureza – ou seja, erradicar a estratificação racial que sobreviveu à abolição da escravização e ao desmantelamento da segregação –, na medida em que dependemos de ações judiciais para atingir esse propósito, precisaremos proceder de forma fragmentada. Teremos que processar uma empresa de cada vez.

A/o empresária/o ofendida/o no processo aqui imaginado deve entender que a empresa não está sendo responsabilizada por deficiências na educação que pessoas Negras receberam. Em vez disso, a empresa está sendo responsabilizada por suas próprias ações, o método que escolheu para selecionar seus funcionários. Na superfície, esse método pode parecer inocente o suficiente, mas, na verdade, devido a uma miríade de fatores, incluindo o caráter inferior da educação que Negras/os receberam, terá consequências estruturais sociais infelizes.

Como uma questão substantiva, a doutrina jurídica deve refletir todas as dimensões de desvantagem, caso contrário, a subordinação de pessoas Negras nunca chegará ao fim. Processualmente, no entanto, devemos confrontar um ator social de cada vez, deixando o resto para outro dia, na teoria de que devemos começar de algum lugar. A esperança é que a vitória alcançada em qualquer processo guie a indústria e, então, se espalhe para outros domínios e, eventualmente, se torne a lei da terra.

II. Da Constituição ao estatuto

Embora o objetivo da Segunda Reconstrução – a erradicação da estrutura de castas raciais que há muito desfigurou a face da sociedade estadunidense – seja de fato admirável, o comprometimento com o projeto começou a diminuir no início dos anos 1970. Vários juízes que foram responsáveis por *Brown* e sua implementação renunciaram e, em seu lugar, dois Presidentes republicanos, Richard Nixon e seu substituto, Gerald Ford, nomearam juízes que estavam menos comprometidos – talvez alguns até se opusessem – à reforma que *Brown* havia prometido.[230]

A sociedade dos Estados Unidos também começou a mudar. A Guerra do Vietnã aumentou a desconfiança na autoridade governamental, e a inflação crescente pôs fim ao senso de riqueza que sustentava grande parte do idealismo dos anos 1960. As compreensões clássicas do mercado ganharam maior ascendência, e as pessoas começaram a ver a troca privada e bilateral, em vez da ação das autoridades públicas, como o principal mecanismo de ordenação da sociedade.[231]

Em sua decisão de 1976, em *Washington vs. Davis*,[232] a Suprema Corte respondeu a esses desenvolvimentos, mas de uma forma estranha. A maioria traçou uma distinção ousada entre Constituição e estatuto e rebaixou o princípio de *Griggs* a uma regra estatutária. Tal movimento sempre me pareceu uma leitura forçada de *Griggs*. Apesar de, como uma questão puramente técnica, *Griggs* ter sido arguido sob o Título VII do Ato de Direitos Civis de 1964, a opinião do Ministro Chefe naquele caso tinha uma qualidade constitucional. O precedente crucial no qual o Burger se baseou, ou seja, *Gaston County*, foi baseado na Constituição (a Décima Quinta Emenda ou sua codificação no Ato de Direitos ao Voto de 1965). Além disso, a atenção que juízas/es normalmente dão à linguagem de um estatuto foi substituída por uma referência à antiga fábula da cegonha e da raposa, um modo de análise mais adequado à interpretação constitucional do que à estatutária.

O Ministro entendeu bem que, ao promulgar o Título VII, o Congresso estava apenas tentando estender a interpretação de

---

230 Ver KALMAN, Laura. *The long reach of the Sixties*: LBJ, Nixon, and the making of the contemporary Supreme Court. Nova York: Oxford University Press, 2017.

231 POSNER, Richard A. *The economic analysis of Law*. Boston: Little, Brown, 1973, ilustra esse desenvolvimento.

232 426 U.S. 229 (1976).

proteção igualitária articulada pela Suprema Corte em *Brown* a entidades ou atividades não cobertas por essa decisão devido ao requisito de ação estatal da Décima Quarta Emenda. O legislativo não imaginou que estava criando uma nova regra substantiva de conduta. Portanto, não foi surpreendente que, de 1971 (quando *Griggs* foi decidido) até a decisão do Tribunal em *Washington vs. Davis* em 1976, a profissão jurídica tenha tratado o princípio de *Griggs* como governando tanto estatutos quanto a Constituição.

O processo que deu origem a *Washington vs. Davis* foi inicialmente movido contra o Departamento de Polícia de Washington, D.C., sob a Constituição. Durante a duração do processo, o Congresso alterou o Título VII para se aplicar às práticas de emprego de agências governamentais, mas as/os advogadas/os das/os candidatas/os Negras/os rejeitadas/os persistiram em suas reivindicações constitucionais. Embora a maior parte do Judiciário tenha eventualmente negado a reivindicação do Título VII no mérito (estabelecendo que o teste de emprego contestado estava relacionado ao desempenho no trabalho), eles primeiro foi decidido que o padrão de impacto diferenciado de *Griggs* não se aplicava a reivindicações constitucionais.

Essa foi uma forma muito irregular de proceder – o Tribunal geralmente busca evitar decisões constitucionais, se outro fundamento de decisão estiver disponível. De acordo com esse preceito, o Tribunal poderia ter negado primeiro que os requisitos do princípio de *Griggs* foram satisfeitos, independentemente de o princípio ter uma base estatutária ou constitucional, eliminado, dessa forma, a necessidade de decidir se o princípio tinha proporções constitucionais. A decisão do Tribunal de negar o *status* constitucional do princípio de *Griggs* foi especialmente intrigante, porque essa questão não foi levantada pelas partes. Nem foi uma das questões formalmente apresentadas ao Tribunal.

Ao escolher decidir *Washington vs. Davis* da maneira que o fez, a Suprema Corte, na verdade, renunciou à sua liderança da

Segunda Reconstrução. O Tribunal decidiu recuar e, pelos próximos vinte anos, até janeiro de 1995, quando os republicanos, liderados por Newt Gingrich, assumiram o controle do Congresso, a responsabilidade primária pela agenda de direitos civis dos Estados Unidos mudou para o Congresso.[233] Durante esse período, o Congresso abriu novos caminhos quando, em 1990, promulgou o Ato de Americanos com Deficiências, exigindo que as entidades fizessem acomodações razoáveis para as necessidades de pessoas com deficiência.[234] Na maior parte, no entanto, durante essa fase específica da Segunda Reconstrução, o Congresso não embarcou em uma expansão ousada e dinâmica dos direitos civis. Em vez disso, o Congresso se limitou a desfazer decisões selecionadas do Tribunal recém-constituído que sentiu que havia reduzido ou diluído conquistas anteriores.

No Ato de Discriminação Contra a Gravidez de 1978, por exemplo, o Congresso alterou o Título VII do Ato de Direitos Civis de 1964 para proibir decisões de emprego baseadas em gravidez da mesma forma que o ato de 1964 regulamentou decisões de emprego baseadas em gênero.[235] Em 1980, o Congresso autorizou o Procurador-Geral a iniciar e participar de ações judiciais para proteger os direitos civis de indivíduos confinados em hospitais e cárceres.[236] Ao promulgar essa medida, o Congresso estava principalmente respondendo a uma opinião que foi apresentada por William Rehnquist (então um Ministro Associado), acompanhado pelo Ministro Lewis Powell e pelo Ministro Chefe Burger, discordando da negação do

---

233 Ver ESKRIDGE JR., William N. "Reneging on History? Playing the Court/Congress/President Civil Rights game". *California Law Review*, vol. 79, 1991, p. 613.

234 42 U.S.C. §§ 12101-12213 (2012).

235 *General Electric Co. vs. Gilbert*, 429 U.S. 125 (1976), superado pelo estatuto, Ato de Discriminação pela Gravidez de 1978, 42 U.S.C. § 2000e(k) (2012), Pub. L. No. 95-555, 92 Stat. 2076 (1978).

236 Ato dos Direitos Civis de Pessoas Institucionalizadas, Pub. L. No. 96-247, 94 Stat 349 (1980).

certiorari. Nessa opinião, Rehnquist indicou sua desaprovação de uma decisão dos tribunais inferiores que permitiu que o Procurador-Geral interviesse no litígio geral da prisão do Texas.[237] O Congresso ficou ciente de que algo negativo estava por vir.

Nas emendas de 1982 ao Ato de Direitos ao Voto de 1965, o Congresso proibiu práticas que tinham o efeito, não apenas o propósito, de prejudicar pessoas Negras no processo eleitoral. Ao promulgar essa medida, o Congresso estava respondendo à decisão (à época) recente da Suprema Corte permitindo que Mobile, Alabama, continuasse seu sistema geral para eleger membros do conselho municipal, um arranjo que efetivamente negava às pessoas Negras a oportunidade de eleger representantes de sua escolha.[238] Em mais uma intervenção legislativa desse tipo, o Ato de Restauração dos Direitos Civis de 1987,[239] o Congresso anulou a decisão da Suprema Corte que havia estreitado o escopo das leis de direitos civis que proibiam a discriminação em um programa ou atividade que recebesse assistência financeira federal. O estatuto de 1987 ampliou o escopo dessas medidas de direitos civis de forma a tornar o destinatário de fundos federais responsável pela discriminação que ocorreu em qualquer um de seus programas ou atividades.

Esse padrão se repetiu mais uma vez com o Ato de Direitos Civis de 1991.[240] O objetivo principal desse estatuto, sem dúvida o mais significativo de todas essas medidas de retaguarda, era anular uma decisão de 1989 da Suprema Corte que, de acordo com os

---

237 *W. J. Estelle, Jr. vs. Justice*, 426 U.S. 925 (1976) (Ministro Rehnquist, opinião dissidente).

238 *Mobile vs. Bolden*, 446 U.S. 55 (1980), superado pelo estatuto, Emenda ao Ato de Direitos ao Voto de 1982, Pub. L. No. 97-205, 96 Stat. 131 (1982).

239 *Grove City College vs. Bell*, 465 U.S. 555 (1984), superado pelo estatuto, Ato de Restauração dos Direitos Civis de 1987, Pub. L. No. 100-259, 102 Stat. 28 (1988).

240 Pub. L. No. 102-166, 105 Stat. 1071 (1991) (as disposições do ato que regem a responsabilidade por impactos diferenciados são codificadas em 42 U.S.C. § 2000e-2(k)).

patrocinadores da legislação, havia enfraquecido a doutrina de impacto diferenciado de *Griggs*.[241] A lei de 1991 não procedeu alterando a proibição contra discriminação com base na raça que foi promulgada em 1964, mas adicionando uma disposição separada que regulamenta a responsabilidade por impacto diferenciado. Ao elaborar essa disposição, as/os propositoras/es do Ato de 1991 não atenderam com muita especificidade à redação da regra de Direito que estavam promulgando. Elas/es apenas adotaram a linguagem geral de uma série de decisões anteriores da Suprema Corte, ao mesmo tempo que desaprovavam a aplicação mais recente desses precedentes pela Suprema Corte.

Tal exercício do Poder Legislativo parece estar em desacordo com a teoria subjacente de *Washington vs. Davis*. Embora essa decisão não tenha sido fiel à história legislativa do Ato de Direitos Civis de 1964, e embora a disposição do Tribunal de abraçar a responsabilidade por impacto diferenciado não tenha sido derivada de forma óbvia da linguagem dessa medida, a decisão do Tribunal de rebaixar o princípio de *Griggs* de uma regra constitucional para uma regra estatutária, na verdade, ampliou o poder do Congresso de supervisionar a aplicação e interpretação da doutrina de impacto diferenciado. Ao entregar a responsabilidade pelo princípio de *Griggs* ao Congresso, *Washington vs. Davis* pode ser lido como uma promoção de valores majoritários. No entanto, o Ato de 1991 confundiu esse entendimento de *Washington vs. Davis*, pois, ao elaborá-lo da maneira que o fez, o Congresso se recusou a assumir a responsabilidade pela doutrina de impacto diferenciado e, em vez disso, insistiu em tratá-la como uma criação judicial. Depois desse jogo de batata quente entre os braços do governo, só poderíamos nos perguntar: quem está no comando aqui? É o Tribunal ou o Congresso?

No quarto de século após a promulgação do Ato de 1991, a Suprema Corte foi amplamente governada por um bloco

241 *Wards Cove Packing Co. vs. Atonio*, 490 U.S. 642 (1989).

conservador. De fato, em todos os momentos, uma clara maioria dos Ministros que estavam na corte foram nomeados por Presidentes republicanos, alguns por Nixon e Ford, outros por Ronald Reagan, George H. Bush e George W. Bush. Notavelmente, no entanto, em duas ocasiões distintas durante esse período de vinte e cinco anos, a Corte considerou o lugar do princípio de *Griggs* no Direito estadunidense e, em ambos os casos, um desses nomeados republicanos, o Ministro Anthony Kennedy, escreveu uma opinião sustentando esse princípio.

A primeira delas foi na decisão do caso *Ricci* de 2009, envolvendo os bombeiros de New Haven, Connecticut.[242] O segundo consistiu na decisão do caso *Inclusive Communities* de 2015, na qual o Tribunal estendeu a doutrina de impacto diferenciado do Título VII para o Título VIII – a lei de moradia justa que foi promulgada em 1968.[243] Havia, no entanto, características das opiniões de Kennedy em ambos os casos que podem parecer em tensão com o princípio de *Griggs* como tradicionalmente entendido.[244]

Ao decidir *Ricci*, Kennedy teve o cuidado de estruturar sua opinião dentro dos termos do Título VII, embora entendesse que o caso não era um exercício comum de interpretação estatutária, mas, sim, implicava um conflito entre dois princípios fundamentais. Um era *Griggs* e seu comando de que empregadores minimizassem o impacto diferenciado. Após *Washington vs. Davis*, esse princípio foi considerado como estando enraizado na proibição de discriminação na versão original do Ato de Direitos Civis de

---

242 *Ricci vs. DeStefano*, 557 U.S. 557 (2009).

243 *Tex. Dep't of Hous. & Cmty. Affairs vs. Inclusive Cmtys. Project, Inc.*, 135 S. Ct. 2507 (2015).

244 Os dois artigos mais importantes sobre o princípio de *Griggs*, um escrito antes de *Ricci*, o outro depois de *Ricci*, mas antes de *Inclusive Cmtys.*, são PRIMUS, Richard. "The future of disparate impact". *Michigan Law Review*, vol. 108, 2010, p. 1341; e PRIMUS, Richard. "Equal protection and disparate impact: round three". *Harvard Law Review*, vol. 117, 2003, p. 493.

1964 e, mais tarde, na codificação explícita da responsabilidade por impacto desigual pelas emendas de 1991 a esse ato. O outro princípio, agora entendido como sendo fundamentado no Título VII, conforme originalmente promulgado, proibia o tratamento diferenciado – ele estabelecia que as oportunidades de emprego não poderiam ser alocadas com base na raça.

No início, Kennedy anunciou que seu propósito era dar efeito a ambos os princípios (impacto diferenciado e tratamento desigual), mas, na verdade, ele atribuiu prioridade ao impacto diferenciado. Ele efetivamente decidiu que, se o princípio de *Griggs* exigisse que empregadoras descartassem os resultados de um teste para evitar responsabilidade por impacto diferenciado, qualquer objeção baseada em tratamento desigual que um/a candidato/a branco/a descontente por ter sido aprovado/a naquele teste levantasse ao descarte seria derrotada. Ao atribuir prioridade ao impacto diferenciado, Kennedy refletiu uma crença no papel especial que a doutrina pode desempenhar na obtenção da igualdade racial. Em um nível mais técnico, sua posição pode ser lida como sendo baseada em uma regra de interpretação estatutária, que atribui prioridade à medida promulgada mais recentemente (o Ato de 1991). Ou Kennedy pode ser lido como refletindo um compromisso de aderir ao precedente – a saber, *Washington vs. Davis* – pois teria interpretado a proibição de discriminação contida no Título VII como a fonte do princípio do impacto diferenciado e, portanto, não poderia proibir ações tomadas de acordo com esse princípio. *Ricci*, no entanto, envolveu um elemento adicional que complicou a aplicação da estrutura criada por Kennedy. Não estava claro que a ação de New Haven descartando os resultados de um teste que envolvia impactos diferenciados tinha sido baseada no desejo de cumprir o princípio de *Griggs*. A cidade agiu por conta própria – sem uma ordem judicial implementando o princípio de *Griggs* – após revisar os resultados de um teste que regia promoções e depois que se tornou de conhecimento público que o teste, se entrasse em vigor, levaria à promoção de várias/os candidatas/

os brancos/as e nenhum/a candidato/a Negro/a. A perspectiva de tal resultado desencadeou uma reação pública hostil e, diante desse clamor, o conselho municipal anulou os resultados do teste com base no argumento declarado de que havia testes ou métodos alternativos e igualmente válidos de triagem que minimizariam o impacto diferenciado sobre pessoas Negras.

Nessas circunstâncias, Kennedy exibiu uma preocupação de que o motivo declarado oferecido por New Haven para rejeitar o teste pudesse ser um pretexto e que, na realidade, o motivo para rejeitar as/os candidatas/os que obtiveram a pontuação mais alta no teste tivesse motivação racial – elas/es eram brancas/os. Para se proteger contra essa contingência, Kennedy decidiu que empregadoras, agindo por conta própria, teriam permissão para descartar os resultados de um teste validado sob a suposição de que há testes alternativos igualmente válidos que minimizariam o impacto diferenciado somente se houvesse, em seus termos, "uma base sólida em evidências" de que a ação era necessária para evitar a responsabilidade por impacto desigual.[245] No caso específico diante dele, Kennedy concluiu que esse requisito de "base sólida em evidências" não foi satisfeito. Uma vez que essa alegação foi rejeitada, pareceu que a ação de New Haven rejeitando o teste foi amplamente baseada nos "resultados raciais brutos" – as/os candidatas/os aprovadas/os eram brancas/os –, o que constituiria uma violação da disposição de tratamento desigual do Título VII.[246]

O Tribunal se dividiu em 5 a 4. A Ministra Ruth Ginsburg apresentou uma divergência em nome do bloco liberal, mas a natureza limitada dessa divergência deve ser ressaltada.[247] Ela concordou com Kennedy que o caso envolvia uma tensão entre

245 *Ricci*, 557 U.S., p. 584.

246 *Ricci*, 557 U.S., p. 593.

247 *Ricci*, 557 U.S., p. 621 (divergência da Ministra Ginsburg).

dois princípios fundamentais – tratamento desigual e impacto diferenciado – que estão incorporados no Título VII. Ela também concordou com a hierarquia que Kennedy havia estabelecido entre esses dois princípios: o impacto diferenciado seria anterior, ou como ela diria, "fundacional".[248] Isso significaria, Ginsburg acreditava, assim como Kennedy, que, se uma decisão de abandonar um teste fosse tomada para implementar o princípio de *Griggs* e minimizar o impacto diferenciado conforme exigido por esse princípio, os/as candidatas/os brancas/os prejudicadas/os por essa decisão não teriam nenhuma reivindicação sob o Título VII.

Ginsburg se opôs, no entanto, ao *standard* que Kennedy havia elaborado para determinar, em caso de acordo voluntário, se o desejo do empregador de evitar a responsabilidade por impacto diferenciado seria, de fato, a base de sua ação. Especificamente, ela reclamou da rigidez do teste de "forte base em evidências" de Kennedy para evitar o tratamento desigual. Mas a regra que Ginsburg ofereceu para evitar essa mesma contingência era notavelmente semelhante à de Kennedy. Enquanto Kennedy insistia em uma "forte base em evidências", Ginsburg exigia que, ao descartar os resultados de um teste, empregadoras devessem ter um "bom motivo" para acreditar que havia testes alternativos igualmente válidos que minimizariam o impacto diferenciado.[249] A semelhança entre os dois padrões – "forte base em evidências" e "bom motivo" – tornou-se especialmente aparente em um caso de direitos de voto de 2017, no qual Kennedy,

---

248 *Ricci*, 557 U.S., p. 581.

249 *Ricci*, 557 U.S., pp. 625-626 (Ministra Ginsburg, divergindo, "eu, portanto, sustentaria que um empregador que abandona um dispositivo de seleção quando seu impacto racial diferenciado se torna aparente não viola a proibição de tratamento desigual do Título VII automaticamente ou de forma alguma, sujeito a esta condição fundamental: o empregador deve ter bons motivos para acreditar que o dispositivo não resistiria ao exame de necessidade comercial").

em uma opinião majoritária acompanhada por Ginsburg, usou os dois padrões de forma intercambiável.[250]

As bases nas quais Ginsburg justificou sua decisão eram firmes, embora ainda limitadas, quando de sua oposição à aplicação de Kennedy de seu *standard* no próprio caso *Ricci*. Ela acreditava que o Tribunal Distrital deveria aplicar o teste de "forte base em evidências" na primeira instância em uma prisão preventiva. Esse padrão, extraído de uma opinião da Ministra Sandra Day O'Connor no caso de ação afirmativa de Richmond,[251] nunca foi aplicado no contexto de *Griggs* e, em qualquer caso, a aplicação de tal *standard* não estava dentro das capacidades da Suprema Corte.

Após expressar essa objeção, Ginsburg aplicou praticamente o mesmo *standard* que Kennedy ao mesmo caso e chegou à conclusão oposta. Ela concluiu que a ação da cidade de abandonar o teste tinha sido baseada em um julgamento bem fundamentado de que havia métodos alternativos de seleção igualmente válidos que produziriam impacto menos diferenciados. Assim, a ação da cidade não teria sido baseada na raça das/os candidatas/os bem-sucedidos/as no teste descartado. Mas essa conclusão constitui principalmente uma diferença sobre os fatos, não na doutrina jurídica, embora sua leitura do caso possa ter sido guiada por sua compreensão do Direito ou, mais especificamente, por uma dúvida que ela poderia ter nutrido sobre se a proibição de tratamento diferenciado forneceria proteção tão rigorosa a pessoas brancas quanto a pessoas Negras.

---

250 *Cooper vs. Harris*, 137 S. Ct. 1455, 1464 (2017) (citação omitida, "quando um Estado invoca a VRA para justificar o distritalismo baseado em raça, ele deve mostrar – para atender ao requisito de 'adequação restrita' – que tinha 'uma base sólida em evidências' para concluir que o estatuto exigia sua ação. Ou dito de outra forma, o Estado deve estabelecer que tinha 'bons motivos' para pensar que transgrediria o ato se não traçasse linhas distritais baseadas em raça").

251 *City of Richmond vs. J. A. Croson Co.*, 488 U.S. 469 (1989).

Ao falar pela maioria, Kennedy decidiu que New Haven não tinha uma "base sólida em evidências" para rejeitar o teste e que sua ação, portanto, não tinha sido ditada pelo princípio de *Griggs*. Ele, então, concluiu que New Haven havia violado a proibição de tratamento diferenciado contida no Título VII.[252] Essa resolução eliminou a necessidade de Kennedy abordar quaisquer objeções constitucionais que pudessem ser levantadas ao Ato de 1991. O Ministro Antonin Scalia, no entanto, não estava preparado para formular a matéria dessa forma.[253] Ele se juntou à opinião que Kennedy escreveu para uma maioria de cinco, mas também apresentou uma opinião separada – talvez um aceno e cutucada para futuros litigantes – indicando, de sua maneira única, que existiriam dúvidas sobre a constitucionalidade do estatuto federal (o Ato de 1991) que havia codificado o princípio de *Griggs*. As dúvidas de Scalia derivavam do fato de que o Ato de 1991 exigia ou encorajava ações conscientes de raça por parte dos empregadores.

Dois anos antes, Kennedy havia indicado sua discordância com essa linha de análise. Em sua opinião concordante no caso *Parents Involved* de 2007,[254] Kennedy deixou claro que a consciência do impacto racial de uma política ou prática não era ilegal sob a proteção igualitária e nem mesmo desencadearia um escrutínio

---

252 O Ministro Kennedy tratou a proibição de tratamento desigual do Título VII em termos mais absolutistas do que a proteção igualitária constitucional. Sob a proteção igualitária, uma decisão baseada em raça desencadeia escrutínio rigoroso e só pode ser permitida se servir a algum propósito convincente e for estritamente adequada para servir a esse propósito. Sob o Título VII, uma decisão baseada em raça não é apenas um motivo para escrutínio rigoroso, mas, sim, terminantemente proibida. *Ricci*, 557 U.S., p. 579.

253 *Ricci*, 557 U.S., p. 594 (Ministro Scalia, concordando, "eu me junto à opinião do Tribunal na íntegra, mas escrevo separadamente para observar que sua resolução desta disputa apenas adia o dia maligno em que o Tribunal terá que confrontar a questão: se, ou em que medida, as disposições de impacto díspares do Título VII da Lei dos Direitos Civis de 1964 são consistentes com a garantia de proteção igualitária da Constituição?").

254 *Parents Involved in Cmty. Sch. vs. Seattle Sch. Dist. No. 1*, 551 U.S. 701, 782 (2007) (Ministro Kennedy, concorrendo em parte).

rigoroso. Ele colocou o uso de classificações raciais para alocar oportunidades escassas em outra categoria completamente diferente. Embora o uso de classificações raciais não fosse necessariamente proibido, tal prática desencadearia um escrutínio rigoroso e seria considerada ilegal, a menos que houvesse uma demonstração de que o uso de uma classificação racial serviria a um propósito convincente e fosse estritamente adequada (ou seja, não haveria alternativa para atingir esse propósito). Dessa perspectiva, nenhuma objeção constitucional poderia ser levantada ao Ato de 1991. Ela não exigiria que empregadoras usassem uma classificação racial como base para a concessão de empregos. O Ato exigiria que empregadoras estivessem cientes do impacto racial dos testes ou outros padrões aparentemente inocentes que pudessem utilizar para selecionar funcionárias/os, mas tal consciência racial, seja praticada por funcionárias/os públicas/os ou exigida de atores privados, não seria ilegal ou mesmo suspeita. Em *Parents Involved*, Kennedy rejeitou a ideia de uma Constituição daltônica, quando tomada como uma declaração das restrições constitucionais sobre o que pode ser visto ou conhecido por funcionárias/os públicas/os ou o que elas/es podem exigir de outras partes.

Em resumo, Kennedy, diferentemente de Scalia, não acreditava que haveria uma "guerra entre impacto diferenciado e proteção igualitária".[255] Sobre essa questão, Kennedy representou as opiniões de Ginsburg e dos outros três Ministros que se juntaram à sua dissidência em *Ricci*, assim como a si mesmo – em outras palavras, a maioria da Corte. Podemos muito bem perdoar Kennedy por não abordar as reflexões que Scalia expressou em sua concordância em *Ricci*, uma vez que pareciam ter como objetivo iniciar uma guerra que Scalia já havia perdido.

A segunda opinião majoritária de Kennedy sobre o princípio de *Griggs*, no caso *Inclusive Communities*, pegou o teste de

---

255 *Ricci*, 557 U.S. at 595 (Ministro Scalia, concorrendo).

impacto diferenciado do Título VII e o enxertou no Título VIII. Essa decisão, em contraste com a opinião de Kennedy em *Ricci*, não incomodou Ginsburg ou os outros Ministros liberais. De fato, todos se juntaram à opinião de Kennedy sobre *Inclusive Communities* e, assim, formaram uma maioria de cinco para estender o princípio de *Griggs* do âmbito do emprego para o da moradia – uma conquista notável, dado que o Título VIII, diferentemente do Título VII após a emenda de 1991, não continha uma disposição separada endossando a responsabilidade por impactos distintos.

O caso em questão dizia respeito às práticas de uma agência estadual encarregada do dever de conceder créditos fiscais federais a incorporadoras imobiliários de uma maneira projetada para melhor promover o desenvolvimento de moradias populares. As demandantes, parte de um grupo dedicado à promoção da integração residencial, argumentaram que a agência estadual deveria ser obrigada a conceder esses créditos fiscais a incorporadoras que buscassem construir novas moradias de baixo custo em comunidades suburbanas brancas, em oposição a incorporadoras que estivessem propondo construir novas moradias de baixo custo em guetos do centro da cidade.

Diante de duas políticas alternativas, indiscutivelmente razoáveis, Kennedy estava relutante em deixar um tribunal federal, por meio da doutrina de impacto diferenciado, fazer a escolha pela agência estadual ou, como ele disse, "questionando" a agência.[256] Nesse sentido, ele parecia ter diluído o princípio de *Griggs*, que efetivamente exige que empregadoras adotem o teste alternativo menos desvantajoso. No entanto, não devemos perder de vista o contexto incomum de *Inclusive Communities* em si, que envolvia a alocação de créditos fiscais escassos. Kennedy parecia disposto a aplicar o princípio de *Griggs* com toda a sua força em um caso

---

256 *Tex. Dep't of Hous. & Cmty. Affairs vs. Inclusive Cmtys. Project, Inc.*, 135 S. Ct. 2507, 2512 (2015).

que se enquadrava no que ele chamou de "coração" da doutrina de impacto diferenciado – isto é, quando um tribunal confrontava barreiras, análogas às que surgem no contexto de emprego, que pessoas Negras poderiam encontrar para obter acesso à moradia.[257] Tal caso poderia surgir, por exemplo, quando uma cidade suburbana proibisse a construção de prédios de apartamentos com aluguéis de baixo custo, alegando que tais instalações causariam congestionamento de tráfego. No contexto do emprego, uma vez demonstrado o impacto diferenciado, a parte ré teria a oportunidade de provar que a barreira contestada estaria relacionada ao emprego e, nesse sentido, atenderia a um interesse comercial legítimo. No caso de moradia que imaginei, uma vez demonstrado o impacto diferenciado ter sido causado pela política contestada, o município réu teria a oportunidade de mostrar que a política de fato atenderia a um interesse público legítimo (gestão de tráfego). Se essa demonstração fosse feita adequadamente, a autora teria a oportunidade de demonstrar que há maneiras alternativas de satisfazer as necessidades do público (por exemplo, redirecionando o tráfego) que teriam um impacto menos diferenciado.

Em *Inclusive Communities*, como em *Ricci*, Kennedy atribuiu responsabilidade ao Congresso por essa extensão da doutrina de impacto diferenciado à moradia e caracterizou o papel do Tribunal como limitado meramente à execução de um mandato do Congresso. Isso possibilitou que ele conciliasse sua decisão com *Washington vs. Davis* com um aceno ao princípio conservador familiar que pode ter dado origem a essa decisão – o de que os poderes políticos, não o Judiciário, devem ser os principais responsáveis pela reconstrução da sociedade estadunidense. No entanto, podemos ver o quão forçado é esse relato de *Ricci* e *Inclusive Communities* quando nos concentramos no suposto mandato legislativo que Kennedy citou em cada caso.

---

257 Ver SHEEHAN, Daniel. "Disparate impact liability under the fair housing act after inclusive communities". *Journal of Affordable Housing*, vol. 25, nº 3, 2017, pp. 391-399.

Em *Ricci*, o Ministro apontou para o Ato de Direitos Civis de 1991, embora, como vimos, esse estatuto implicasse uma estranha divisão de responsabilidade entre o Congresso e o Judiciário e representasse tudo menos o comando prototípico do Congresso. Em *Inclusive Communities*, Kennedy apontou para as emendas de 1988 ao Ato de Moradia Justa Federal, mas essa atribuição de responsabilidade ao Congresso é ainda mais forçada. Em contraste com o Ato de 1991, as emendas de 1988 não codificaram ou de qualquer outra forma adotaram doutrinas de impacto diferenciado; elas apenas adicionaram proteções contra discriminação com base em *status* familiar ou porte de deficiência e aprimoraram os mecanismos de execução do ato.

Ao buscar o mandato legislativo exigido por *Washington vs. Davis*, Kennedy apontou para três isenções de responsabilidade incluídas nas emendas de 1988. Uma isenção de responsabilidade previa que nada no Ato de Moradia Justa impediria avaliadoras/es de levar em consideração fatores diferentes daqueles especificamente enumerados como características protegidas: raça, religião, nacionalidade, gênero, porte de deficiência ou *status* familiar. Um segundo negou qualquer intenção do Congresso de interferir em decisões de moradia com base em condenações pela criação e distribuição de drogas. O terceiro dispôs que nada na lei deveria ser interpretado como interferência em decisões de moradia buscando limitar o número máximo de pessoas em uma habitação.

Kennedy certamente estava certo ao dizer que essas três isenções de responsabilidade seriam supérfluas se o Congresso tivesse assumido que a doutrina de impacto diferenciado não era aplicável sob a lei. Mas há uma diferença decisiva entre, por um lado, o Congresso assumir que a responsabilidade por impacto diferenciado pode ser aplicável à moradia, se a Suprema Corte permitir que a linha de decisões do Tribunal de circuito adotando a doutrina de impacto diferenciado em casos de moradia permaneça ou, eventualmente, siga um caminho semelhante e, por outro lado, o Congresso ordenar, direcionar ou mesmo endossar tal doutrina.

Ao escolher a primeira alternativa, o Congresso estava apenas se preparando para uma contingência.

É realmente notável, como Kennedy observou, que, no curso do processo legislativo que levou às emendas de 1988, o Congresso não tenha repudiado as decisões de um Tribunal que anteriormente haviam estendido a responsabilidade por impacto diferenciado à habitação. No entanto, tal inação do Congresso dificilmente seria uma base suficiente, sob as regras comuns que regem o processo legislativo, para permitir que Kennedy concluísse, como o fez, que, nas emendas de 1988, o Congresso havia "aceitado", "afirmado" e "ratificado" a doutrina de impacto diferenciado.

É possível argumentar que a intervenção necessária do Congresso ocorreu em 1968, quando o Congresso promulgou originalmente o Ato de Moradia Justa, não quando alterou esse ato em 1988. O Ato de Moradia Justa original continha uma proibição de discriminação em habitação e constituía uma base estatutária tão boa para a doutrina de impacto diferenciado quanto a proibição de discriminação no emprego originalmente promulgada pelo Congresso quando adotou o Título VII do Ato de Direitos Civis de 1964. Embora todo o mundo tenha pensado que a decisão original de *Griggs* era mais um exercício de interpretação constitucional do que de interpretação estatutária, em *Washington vs. Davis*, o Tribunal decidiu o contrário. O Tribunal decidiu que a proibição original de discriminação no emprego incluía uma proibição de impacto diferenciado e, portanto, por mais estranho que pareça, essa decisão pode ser vista como fornecendo a base para a decisão do Tribunal em *Inclusive Communities*. Os valores majoritários que justificaram *Washington vs. Davis* seriam atendidos pelo fato de que o Congresso possuiria o mesmo poder de supervisionar a administração da doutrina de impacto diferenciado no campo da habitação como teria no emprego. Na verdade, embora Kennedy tenha apontado para as emendas de 1988, sua mente deve ter estado em 1968. Em *Inclusive Communities*, ele fez pela habitação o que o Ministro Chefe Burger fez pelo emprego em *Griggs*.

III. *Griggs* à deriva

Da perspectiva de *Ricci* e *Inclusive Communities*, a exigência de endosso legislativo do teste de impacto diferenciado assumiu um caráter formal, quase ritualístico. O Tribunal usou-o nesses casos como uma forma de esconder considerações ideológicas, permitindo que decisões constitucionais fossem apresentadas como exercícios de interpretação estatutária. É certo que, nos contextos de emprego e habitação, como foi verdade no direito ao voto, esse desenvolvimento foi, em grande parte, benigno. No entanto, as vitórias alcançadas em *Ricci* e *Inclusive Communities* não devem nos cegar para os danos reais impostos pela exigência de mandato legislativo de *Washington vs. Davis* e para o fato de que ele criou um obstáculo significativo para soluções efetivas em outros domínios, mais notavelmente na educação elementar e secundária.

Embora o Ato de Direitos Civis de 1964 contivesse várias disposições relacionadas à dessegregação das escolas públicas, elas eram amplamente dedicadas a aprimorar técnicas para fazer cumprir o decreto da Suprema Corte em *Brown*. Por exemplo, o Ato de 1964 autorizou ações escolares pelo Departamento de Justiça[258] e permitiu que este interviesse em qualquer ação civil baseada em uma reivindicação de proteção igualitária.[259] O Ato de 1964, no entanto, não promulgou uma regra substantiva, como fez no contexto do emprego, proibindo a discriminação na educação pública. Aos olhos do Congresso, não havia necessidade de tal medida, porque a declaração de *Brown* de que a educação segregada é inerentemente desigual já estava nos livros. Era a lei. Então, de modo irônico, quando o Tribunal em *Washington vs. Davis* negou a aplicabilidade da doutrina de impacto diferenciado a reivindicações de proteção

258 Ato de Direitos Civis de 1964, Título IV, § 407 (codificado como emenda em 42 U.S.C. § 2000c-6).

259 Ato de Direitos Civis de 1964, Título IX, § 902 (codificado como emenda em 42 U.S.C. § 2000h-2).

igualitária, deixou a dessegregação escolar mais vulnerável aos perigos da fragmentação do que reinvindicações relacionadas ao direito ao voto, emprego e, eventualmente, moradia, todas as quais poderiam ser apresentadas como baseadas em um estatuto.

Como resultado, em meados da década de 1970, quando chegou a hora de considerar a aplicabilidade de *Brown* ao Norte e ao Oeste e, portanto, avaliar a prática – comum nessas áreas – de designar alunas/os para escolas com base em seus bairros, a Suprema Corte não tinha os meios para vincular as forças responsáveis pela criação de bairros racialmente segregados ao padrão segregado de designações escolares. Consequentemente, a Corte limitou a força de *Brown* a casos em que o conselho escolar local havia utilizado um critério racial para designar alunas/os para escolas. Ignorou o papel que a agência governamental teria desempenhado na construção dos padrões residenciais por meio do zoneamento racial, da execução de acordos racialmente restritivos, da recusa em garantir hipotecas em certos bairros e de decisões sobre a construção de habitação pública em bairros Negros. Escolas eram escolas, moradia era moradia. A responsabilidade cumulativa foi negada. Para ser preciso, essa reviravolta na lei ocorreu pouco antes de *Washington vs. Davis* ser proferida, especificamente na decisão de 1974 que rejeitou o plano de dessegregação escolar metropolitana no caso Detroit.[260] No entanto, a decisão do Tribunal em *Washington vs. Davis*, que confinou o princípio de *Griggs* a reivindicações estatutárias, cortou quaisquer esforços adicionais para corrigir a segregação nas escolas de ensino fundamental e médio por meio de uma teoria que vinculava os padrões de designação de alunas/os à discriminação habitacional.

260 Ver *Milliken vs. Bradley*, 418 U.S. 717, 728, n. 7 (1974). Sobre a responsabilidade dos governos federal, estadual e local na criação da segregação residencial em Detroit, mesmo fora dos limites da cidade, ver ROTHSTEIN, Richard. *The color of law*: a forgotten history of how our government segregated America. Prince Frederick: Recorded Books, 2017, pp. xii-v, 23-24, 26-27, 74, 81-82, 97-99, 104-105, 128-129 e 146-147.

O Título VI do Ato de Direitos Civis de 1964 provou ser incapaz de curar esse padrão.[261] Embora esse estatuto não abordasse a educação fundamental e média com nenhuma especificidade, ele impôs uma ampla proibição de discriminação racial em qualquer programa ou atividade que recebesse assistência financeira federal, e essa categoria incluía educação pública, especialmente após a infusão maciça de fundos federais para autoridades estaduais e locais sob a Lei das Escolas Elementares e Secundárias de 1965. A Seção 602 do Título VI autorizou especificamente as agências de financiamento federais a implementar a ampla proibição de discriminação racial contida na disposição inicial desse título (Seção 601). Os regulamentos que foram promulgados por várias agências de financiamento sob a Seção 602 proibiam, de modo explícito, práticas que tinham o efeito, não apenas o propósito, de discriminar com base na raça, e a proibição de efeitos discriminatórios era entendida como impondo responsabilidade sobre o impacto diferenciados a todos os destinatários de assistência financeira federal. Na decisão de 2001 em *Alexander vs. Sandoval*,[262] no entanto, a Suprema Corte decidiu que não havia direito privado de impor regulamentos que impunham responsabilidade sobre impacto diferenciado. O caso surgiu de uma ação coletiva contestando a decisão do Departamento de Segurança Pública do Alabama de conduzir testes de direção apenas em inglês.

Scalia escreveu a opinião majoritária em *Alexander vs. Sandoval*. Ele não apenas barrou um direito privado de impor a regulamentação que proíbe o efeito discriminatório ou impacto diferenciado, mas, também criou, de sua maneira única, uma dúvida sobre se tal regulamentação, mesmo se fosse imposta por ação administrativa, seria um exercício legal da autoridade concedida à agência de financiamento sob a Seção 602. Embora Scalia tenha dito que estava preparado para assumir, mas não decidir se uma regulamentação

261 42 U.S.C §§ 2000d-2000d-7.

262 532 U.S. 275 (2001).

que proíbe o efeito discriminatório que deveria ser imposta por ação administrativa constituiria um exercício legal dessa autoridade, ele enfatizou repetidamente que a Seção 601 proibia apenas a discriminação intencional. Além disso, embora tenha negado um direito privado de impor a regulamentação de impacto diferenciado com base na regra que desfavorece causas implícitas de ação, ele indicou uma disposição de honrar o precedente que havia permitido direitos privados de ação sob o Título VI para regulamentações que proibiam a discriminação intencional. A nuvem que Scalia criou sobre a legalidade de regulamentações de impacto diferenciado não levou as agências de financiamento, incluindo aquelas encarregadas de distribuir fundos para escolas públicas, a revogar tais regulamentações, nem as impediu de emitir novas regulamentações com o mesmo efeito. Mas não ficou claro como tais regulamentações deveriam ser aplicadas. As agências de financiamento federais possuem um grande poder (término de financiamentos), mas o poder é tão grande – um corte de fundos prejudicaria todas as crianças em idade escolar do distrito – que todos entenderam que, com toda a probabilidade, ele nunca seria usado. No final da década de 1960, quando o Escritório de Direitos Civis do Departamento de Saúde, Educação e Bem-Estar estava na vanguarda do esforço para implementar *Brown*, o Judiciário buscou preencher essa lacuna corretiva transformando as demandas de uma agência administrativa em requisitos constitucionais e permitindo que essas demandas fossem aplicadas judicialmente.[263] Mas *Washington vs. Davis* excluiu essa opção para aquelas regulamentações que impunham responsabilidade de impacto diferenciado.

Da mesma forma, se não fosse por *Washington vs. Davis*, o princípio *Griggs* teria, quase certamente, reformado o ensino superior público de forma fundamental. Para processos de admissão competitivos, as universidades estaduais contam com testes

263 Ver READ, Frank T.; McGOUGH, Lucy S. *Let them be judged*: the judicial integration of the deep South. Metuchen: Scarecrow Press, 1978, pp. 432-445.

padronizados que não levam em consideração as desvantagens que pessoas Negras recebem no ensino fundamental e médio – a mesma situação apresentada pelos fatos em *Griggs*. No entanto, uma vez que *Washington vs. Davis* negou a aplicabilidade da doutrina de impacto diferenciado a reivindicações de proteção igualitária, não foi imposto a essas instituições de ensino superior o ônus de demonstrar, em um tribunal, que os testes que usaram estavam adequadamente relacionados à previsão do desempenho acadêmico. Nem as/os candidatas/os Negras/os prejudicadas/os tiveram a oportunidade de mostrar que métodos alternativos estavam disponíveis para prever o desempenho acadêmico e que esses métodos diminuiriam o impacto desigual sobre pessoas Negras.

As universidades estaduais eram livres para seguir, de forma voluntária, os procedimentos exigidos por sua compreensão do princípio de *Griggs*. Presumivelmente, algumas o fizeram. Outras, junto com várias universidades privadas, escolheram aumentar a matrícula de estudantes Negras/os concedendo a estas/es candidatas/os uma vantagem modesta – um *plus* indeterminado, mas não predominante – no processo de admissão. Essa prática, geralmente conhecida hoje como ação afirmativa, tornou-se proeminente no início da década de 1970 e, em seu início, era vista nos mesmos termos do próprio princípio de *Griggs* – como uma estratégia para acabar com a subordinação racial. Acreditava-se que a ação afirmativa aceleraria a mobilidade ascendente de pessoas Negras como grupo e, assim, ajudaria a pôr fim à estratificação social no cerne do sistema de castas raciais.[264]

A Suprema Corte, após batalhas intermináveis e ainda contínuas, manteve essas preferências raciais quando praticadas por universidades estaduais, mas nunca nesses termos.[265] Em vez disso,

---

264 FISS, Owen. "Affirmative action as a strategy of justice". *Philosophy & Public Policy*, vol. 17, 1997, p. 37. [Nesta edição: Capítulo VIII – Ação afirmativa como estratégia para a justiça, p. X].

265 *Fisher vs. Univ. of Tex. at Austin*, 136 S. Ct. 2198 (2016).

a Corte permitiu tratamento preferencial para pessoas Negras na teoria, articulada pela primeira vez em 1978 pelo Ministro Lewis Powell, no caso *Bakke*,[266] e então utilizada pela Ministra Sandra Day O'Connor em 2003, em *Grutter vs. Bollinger*. Falando pela maioria, ela declarou que a ação afirmativa proporcionaria "benefícios educacionais que fluem da diversidade do corpo estudantil".[267]

A justificativa de diversidade de O'Connor salvou o dia, pelo menos como uma questão estratégica, mas deixou a política de tratamento preferencial sem uma justificativa que tenha o peso necessário para compensar a sensação de injustiça que ela dá a muitos. Também tornou a ação afirmativa especialmente vulnerável à dinâmica política dos referendos estaduais, incluindo aquele que a Suprema Corte confirmou em 2014, que proibia os diretores das universidades estaduais em Michigan de darem preferências baseadas em raça nas admissões.[268] Se o tratamento preferencial só pode ser defendido com base no fato de que ele fornece benefícios educacionais, então, o eleitorado estadual pode muito bem decidir abrir mão de tais benefícios ou buscar obtê-los por meio de alternativas que evitem a queixa sentida pelas/os candidatas/os brancas/os rejeitadas/os porque pessoas Negras foram preferidas.

O Tribunal no caso de Michigan estava muito dividido. Kennedy anunciou o julgamento do Tribunal e escreveu uma opinião à qual John Roberts e Samuel Alito se juntaram (embora Roberts também tenha escrito uma concordância separada). Grande parte da opinião de Kennedy era um hino à democracia – uma expressão comovente de sua fé na capacidade de um eleitorado de entender e deliberar sobre uma questão complexa e difícil de política pública. Embora ele também reconhecesse os limites – limites constitucionais

---

266 *Regents of Univ. of Cal. vs. Bakke*, 438 U.S. 265 (1978).

267 *Grutter vs. Bollinger*, 539 U.S. 306, 330 (2003).

268 *Schuette vs. Coal. to Defend Affirmative Action, Integration & Immigrant Rights & Fight for Equal. By Any Means Necessary (BAMN)*, 134 S. Ct. 1623 (2014).

– sobre as prerrogativas do *demos*, tornou-os irrelevantes nesse caso ao considerar o propósito do tratamento preferencial baseado em raça como nada mais do que uma questão de política educacional.

No cerne da opinião de Kennedy está a doutrina do processo político, que, para Kennedy, decorreu de três decisões da Suprema Corte: a decisão de 1967 em *Reitman vs. Mulkey*,[269] a decisão de 1960 em *Hunter vs. Erickson*[270] e a decisão de 1982 envolvendo a dessegregação de escolas de ensino fundamental e médio em Seattle.[271] Em *Reitman vs. Mulkey*, a Suprema Corte invalidou uma emenda à constituição da Califórnia que protegia o direito dos proprietários de terras de vender suas propriedades a quem quisessem, impedindo, assim, a promulgação de uma lei de moradia justa pela legislatura da Califórnia. Em *Hunter vs. Erickson*, um estatuto da cidade de Akron, Ohio, foi alterado para exigir que qualquer portaria proibindo discriminação racial em moradia tivesse que ser aprovada por um referendo antes de entrar em vigor; o Tribunal considerou esse requisito especial uma negação de proteção igualitária. No caso de Seattle de 1982, a Suprema Corte derrubou uma iniciativa estadual que proibia o transporte de ônibus que havia sido ou poderia ser adotado por conselhos escolares locais para atingir a dessegregação escolar.

Uma leitura sugere que as mudanças nos processos políticos condenadas nesses três casos podem ser caracterizadas como circunscrevendo o poder político de uma minoria racial, tornando mais difícil para pessoas Negras garantir leis ou ações governamentais que "operem principalmente em benefício da minoria".[272] Kennedy se recusou a aceitar a doutrina do processo político nesses termos, e com razão. Tal teoria pressupõe que uma minoria tem

269 387 U.S. 369 (1967).

270 393 U.S. 385 (1969).

271 *Washington vs. Seattle Sch. Dist. No. 1*, 458 U.S. 457 (1982).

272 *Washington vs. Seattle Sch. Dist. No. 1*, 458 U.S. 472 (1982).

uma visão sobre leis de moradia justa ou diretrizes de transporte e, ainda mais importante, trata erroneamente tais medidas como nada mais do que o produto da política de grupos de interesse. Essas medidas beneficiam toda a sociedade.

Recomeçando, Kennedy leu a doutrina do processo político em geral e os três casos que ele tratou como a fonte dessa doutrina como incorporando uma visão de proteção igualitária que proíbe mudanças em processos políticos que teriam o efeito de dificultar ou impedir a promulgação de medidas projetadas para proteger contra lesões racialmente distribuídas. O referendo na Califórnia e a mudança no estatuto em Akron foram vistos como uma negação de proteção igualitária porque essas medidas, adotadas no calor do momento, dificultaram a promulgação de leis de moradia justa; e a iniciativa de Washington contra o transporte escolar foi anulada porque essa medida, uma resposta à ação ousada do conselho escolar de Seattle, tornou mais difícil para os distritos escolares locais alcançarem a dessegregação escolar.

É possível caracterizar o efeito ou consequência do referendo de Michigan em termos semelhantes. A mudança que ele gerou no processo político – tirando a autoridade para instituir tratamento preferencial baseado em raça dos curadores eleitos das universidades dentro do Estado e atribuindo-a ao corpo capaz de emendar a Constituição estadual (a maioria de todo o eleitorado estadual) – impôs um dano racialmente específico ao tornar mais difícil para as universidades estaduais adotarem ou instituírem programas de ação afirmativa. Em *Hunter vs. Erickson* e *Reitman vs. Mulkey*, as mudanças do processo político em questão impediram, quase no calor do momento, a promulgação de leis que proibiam a discriminação racial no âmbito da habitação. Concedido, o referendo de Michigan poderia parecer bem diferente, porque proibiu preferências baseadas em raça. No entanto, essas preferências não devem ser vistas como um esforço para obter os benefícios educacionais que fluem de um corpo estudantil diverso, mas, em vez disso, como o princípio de *Griggs*, para erradicar a subordinação de pessoas

Negras que está enraizada na história da escravização e do Jim Crow. Leis de habitação justa atendem a esse mesmo propósito. Elas não são instrumentos para promover a liberdade de pessoas Negras como consumidores, mas, sim, para acabar com a segregação residencial ou "guetização" que, por muito tempo, alimentou e perpetuou sua subordinação.

O caso de Seattle de 1982 é ainda mais claro. A proibição de transporte escolar imposta pela iniciativa estadual em questão naquele caso negou aos conselhos escolares locais a liberdade de se afastar das tarefas escolares do bairro de maneiras que o conselho considerou necessárias para integrar as escolas. Aqui, a integração foi entendida como um meio de fornecer às crianças Negras oportunidades educacionais iguais – um primeiro passo indispensável, muito parecido com as preferências baseadas em raça no ensino superior, para acabar com a subordinação racial. Embora Kennedy tenha tentado distinguir a decisão de Seattle de 1982 com base em uma distinção de direito/de fato, isso foi dificultado por sua concordância na decisão de 2007 no caso *Parents Involved*. Ali, Kennedy tratou a segregação que o conselho escolar local buscava corrigir como de fato e não de direito, o que significa que não era produto de discriminação racial estadual. No caso do referendo de Michigan, que ocorreu sete anos depois, no entanto, ele estava preparado para assumir – embora não tenha decidido – que a segregação escolar em Seattle tinha sido de direito (supondo que no passado houve transferências baseadas em raça – brancas/os podiam ser transferidas/os de escolas Negras e Negras/os podiam ser transferidas/os de escolas brancas). Mesmo concedendo essa suposição, a decisão de Seattle de 1982 ainda pareceria dominante, pois essa decisão via a proteção igualitária como proibindo mudanças no processo político que tornassem mais difícil, como fez o referendo de Michigan, instituir medidas para corrigir ou remediar a discriminação passada ou suas consequências e, dessa forma, criar danos racialmente específicos.

O Ministro Scalia, acompanhado pelo Ministro Clarence Thomas, concordou com o julgamento no caso de Michigan, embora eles tivessem anulado completamente a doutrina do processo político e descartado quaisquer precedentes nos quais ela se apoiasse. Eles criticaram Kennedy por seguir esses precedentes e por olhar para os efeitos ou consequências das mudanças no processo político, o que consideraram uma traição a *Washington vs. Davis*. Com um floreio retórico familiar, o Ministro Scalia começou sua opinião dizendo que estava perplexo: como poderia haver uma questão de constitucionalidade sobre emenda de Michigan, uma vez que ela apenas decretou o que a própria Cláusula de Proteção Igualitária determinou. Como ele disse, "a Cláusula de Proteção Igualitária da Décima Quarta Emenda proíbe o que seu texto claramente exige?"[273] A perplexidade de Scalia foi baseada em uma visão que, na verdade, desconsidera o texto da Cláusula de Proteção Igualitária e o reduz a uma proibição do uso de classificações raciais (e, como vimos em sua concordância em *Ricci*, uma proibição de considerações sobre raça). Entretanto, na realidade, a Cláusula de Proteção Igualitária nunca foi assim limitada. Em vez disso, deve ser entendida como proibindo qualquer medida estadual que tenha o efeito inevitável de perpetuar a subordinação de pessoas Negras e o sistema de castas do qual ela deriva. As leis de Jim Crow foram uma, mas apenas uma, instância de tal medida.

A Ministra Sonia Sotomayor, acompanhada pela Ministra Ginsburg, discordou. A maior parte de sua discordância é dedicada a uma insistência comovente de que "raça importa". Nessas passagens, ela chega perto de colocar a lógica da diversidade de lado e colocar o tratamento preferencial proibido pelo referendo de Michigan em sua base adequada – como um remédio para a existência de castas. Mas ela para aí, negando que suas observações mais amplas sobre raça tenham qualquer significado legal, ou como ela disse, "que as virtudes de adotar políticas sensíveis à raça devam informar a questão perante o Tribunal".[274] Essa estranha reviravolta em sua

---

273 *BAMN*, 134 S. Ct., p. 1639 (Ministro Scalia, concorrendo).

274 *BAMN*, 134 S. Ct., p. 1683 (Ministra Sotomayor, divergindo).

opinião decorreu do fato de que estava trabalhando dentro de uma versão da doutrina do processo político que tornava os propósitos da ação afirmativa (ou como ela os descreve, "políticas de admissão sensíveis à raça") quase irrelevantes. Segundo sua visão, a doutrina do processo político é violada quando quaisquer mudanças no processo político prejudicam ou dificultam a capacidade das minorias de aprovar uma medida que "reverte principalmente em seu benefício" – uma visão da doutrina do processo político que Kennedy rejeitou apropriadamente.

O Ministro Stephen Breyer chegou mais perto de compreender a importância de tirar a decisão de implementar o tratamento preferencial baseado em raça das mãos dos curadores eleitos da universidade e colocá-la no eleitorado estadual. No entanto, notavelmente, Breyer se juntou ao julgamento do Tribunal.[275] No início de sua opinião, concordando, Breyer enfatizou que o julgamento do Tribunal e a opinião de Kennedy não abordaram a situação na qual as preferências baseadas em raça podem ser vistas como um remédio para "discriminação racial excludente passada ou os efeitos diretos dessa discriminação".[276] Ele reconheceu que, se essa questão fosse apresentada, outro resultado poderia ser garantido, mas, então, insistiu que essa questão, de fato, não estava diante do Tribunal.

A postura evasiva de Breyer e, portanto, sua disposição em concordar com o julgamento do Tribunal parecem estranhas. Quase toda a academia jurídica[277] e muitos dos que estão no Tribunal, talvez incluindo o próprio Breyer, entendem a diversidade como "código" para a integração racial, o que, no contexto do

275 Como a Ministra Elena Kagan não participou dos procedimentos perante o Tribunal, o caso foi decidido por 6 a 2.

276 *BAMN*, 134 S. Ct., p. 1649 (Ministro Breyer, concorrendo).

277 Ver, por exemplo, BELL, Derrick. "Diversity's distractions". *Columbia Law Review*, vol. 103, 2003, p. 1622; DIVER, Colin S. "From equality to diversity: the detour from Brown to Grutter". *University of Illinois Law Review*, 2004, p. 691.

ensino superior, adquire seu apelo como uma estratégia não para enriquecer a discussão em sala de aula, mas para acabar com a subordinação de pessoas Negras. Em sua concordância, Breyer insistiu que a "única" – seu termo – justificativa para as preferências baseadas em raça em questão no caso de Michigan são os benefícios educacionais de um corpo estudantil diverso.[278] Ao dizer isso, ele apontou para *Grutter vs. Bollinger*, mas, ao fazê-lo, parece ter confundido os fundamentos sobre os quais a política foi permitida pela maioria dos Ministros e os fundamentos sobre os quais essa política foi instituída e defendida pela universidade e seu conselho de curadores. Em sua divergência em *Parents Involved*, Breyer abordou o desconforto de Kennedy em usar classificações raciais como parte de um programa para alcançar a integração escolar e, então, disse que quaisquer custos que pudessem estar envolvidos em tal prática seriam ofuscados pelos "terríveis danos da escravização e do sistema de castas resultante e 80 anos de segregação racial legal".[279]

A falha do Tribunal em proteger contra a desvantagem cumulativa não se limitou ao âmbito constitucional e, portanto, não pode ser atribuída somente à sua decisão em *Washington vs. Davis*. Ocasionalmente, o Tribunal tropeçou mesmo quando entrou no domínio governado pelo próprio *Griggs* – Título VII e emprego. O exemplo mais notável ocorreu em 1979, em *New York City*

---

278 *BAMN*, 134 S. Ct., p. 1649. Ao tratar os benefícios educacionais de um corpo estudantil diverso como a única justificativa da ação afirmativa, ele ignora a justificativa expressa em termos de legitimação da instituição ao demonstrar visivelmente que a liderança dessas organizações estava aberta a todos. Muitos acham que essa justificativa de legitimidade é a única justificativa para a expectativa expressa na opinião do Tribunal de que as preferências baseadas em raça acabarão em vinte e cinco anos. Ver, por exemplo, AMAR, Vikram David; CAMINKER, Evan. "Constitutional Sunsetting: Justice O'Connor's closing comments in Grutter". *Hastings Constitutional Law Quarterly*, vol. 30, 2003, p. 541.

279 *Parents Involved in Cmty. Schs. vs. Seattle Sch. Dist. No. 1*, 551 U.S. 701, 867 (2007) (Ministro Breyer, divergindo).

Transit Authority vs. Beazer,[280] em que as demandantes desafiaram uma política de negar emprego a qualquer pessoa matriculada em um programa de tratamento de metadona. Esses indivíduos foram banidos de todos os tipos de empregos, desde lavar ônibus até dirigi-los, e o significado racial dessa exclusão geral era manifesto. Aproximadamente 63% dos pacientes em clínicas de metadona na cidade naquela época eram pessoas Negras ou hispânicas, embora, de acordo com o censo atual, apenas 20% da população em idade ativa de Nova York pertencesse a um desses dois grupos.

O Ministro John Paul Stevens escreveu a opinião majoritária nesse caso. Ele havia sido nomeado para a Suprema Corte em 1975 pelo Presidente Ford para substituir uma das velas de ignição da Segunda Reconstrução, William O. Douglas, e a diferença de perspectiva entre os dois era notável. Stevens começou tentando encontrar falhas no esforço dos demandantes para mostrar um impacto diferenciado atribuível às políticas da Autoridade de Trânsito. No entanto, a inferência do impacto diferenciado necessário parecia quase convincente. Como o Ministro Byron White explicou em sua dissidência, surgiu, primeiro, do fato de que, embora 20% da população em idade ativa fosse Negra ou hispânica, 63% dos pacientes nas clínicas de metadona eram membros desses grupos raciais ou étnicos; e, segundo, da ausência de qualquer hipótese plausível para explicar por que pessoas Negras e hispânicas não seriam qualificadas para trabalhar para a Autoridade de Trânsito em proporção aos seus números na força de trabalho.

Em resposta, Stevens tinha pouco a dizer, apenas ressalvas. Em um ponto, ele se opôs ao número de 63%, insistindo que era muito alto porque não incluía uma análise da composição racial dos pacientes em clínicas privadas em oposição às públicas. White apontou para as evidências no registro indicando que Stevens estava enganado e que os 63% incluíam todas as clínicas de metadona

280 440 U.S. 568 (1979).

na cidade, tanto públicas quanto privadas. White também insistiu que, se Stevens tivesse alguma dúvida sobre esse ponto, ou sobre qualquer outra faceta da demonstração dos demandantes do impacto diferenciado necessário, a resposta adequada seria a devolução do caso ao Tribunal inferior. Ao dizer isso, White estava se opondo à alegação de Stevens de que as demandantes falharam em mostrar o impacto diferenciado necessário e, ainda mais, ao estranho e um tanto condescendente aparte de Stevens de que, "na melhor das hipóteses", a demonstração das demandantes do impacto desigual era "fraca".[281]

À luz de *Griggs*, uma vez que o autor demonstre o impacto diferenciado, o réu deve demonstrar que a regra que limita a empregabilidade de usuários de metadona é uma medida razoável de desempenho no trabalho. Isso parece um fardo que a Autoridade de Trânsito não poderia, com toda a probabilidade, ter sustentado, uma vez que reconheceu que a exclusão geral havia sido instituída sem nenhum estudo significativo de sua relação com o desempenho no trabalho. Stevens tinha outra opinião, no entanto, e concluiu erroneamente que a regra que exclui usuárias/os de metadona de cargos de segurança – apenas 25% da força de trabalho da Autoridade de Trânsito – poderia justificar a exclusão geral de usuárias/os de metadona de todos os cargos do órgão.

Talvez percebendo a falha nesse raciocínio, Stevens rapidamente acrescentou: "A conclusão expressa do Tribunal Distrital de que a regra não foi motivada por animosidade racial exclui qualquer alegação de refutação de que foi apenas um pretexto para discriminação intencional".[282] Este adendo reflete, no entanto, uma confusão de impacto desigual com tratamento desigual e um mal-entendido do princípio de *Griggs*, que torna o impacto, por

---

281 440 U.S. 587 (1979).

282 440 U.S. 587 (1979). Concebivelmente, esta sentença foi destinada a derrotar uma proteção igualitária ao invés de uma reivindicação de impacto diferenciado sob o Título VII.

si só, uma base suficiente para invalidar barreiras ao emprego, quando o empregador não consegue demonstrar que o requisito está relacionado ao desempenho no trabalho.

Para agravar esse erro, Stevens não permitiu que os autores demonstrassem, como exige o princípio de *Griggs*, que havia métodos alternativos para selecionar funcionárias/os que satisfizessem os interesses válidos da Autoridade de Trânsito em segurança e reduzissem o impacto diferenciado. Nesse caso, o método de seleção alternativo teria sido procedimento normalmente aplicado pela Autoridade para escolher funcionárias/os. Ao considerar candidatas/os para emprego, a Autoridade teria sido livre para se recusar a contratar indivíduos para cargos sensíveis à segurança com base no fato de que eles estavam usando metadona. O que a Autoridade não poderia fazer, no entanto, era aplicar uma exclusão geral de usuárias/os de metadona e negar a elas/es a elegibilidade para qualquer cargo no sistema de trânsito que a Autoridade opera.

Esses procedimentos individualizados podem falhar e resultar em uma situação em que, por exemplo, a Autoridade contrata erroneamente uma pessoa que usa metadona para dirigir um ônibus. Mas, como o Ministro White enfatizou em sua divergência, tal decisão de pessoal equivocada pode ocorrer sob os procedimentos de seleção comuns quando, por exemplo, a Autoridade coloca alguém com doença mental incapacitante ou vício em álcool ao volante. Membros desses grupos, diferentemente de pessoas inscritas em um programa de manutenção com metadona, não estão sujeitos a uma exclusão geral de qualquer trabalho no sistema, incluindo manutenção e limpeza. Aplicado de forma justa, o princípio de *Griggs* não garante que aquelas/es que usam metadona serão contratadas/os para qualquer posição que desejarem, mas apenas que tais pessoas serão totalmente consideradas para emprego na ampla gama de posições que não são sensíveis à segurança. Tal mudança nas políticas de pessoal da Autoridade de Trânsito faria uma enorme contribuição para igualar as oportunidades de emprego para pessoas Negras e hispânicas que estão realmente em apuros, mas que, no entanto, resolveram acabar com seu vício em heroína participando de um programa de metadona.

É certo que a dinâmica social que produz o número desproporcional de pessoas Negras e hispânicas no uso de metadona é menos facilmente descrita do que a dinâmica social – escolas Jim Crow – responsável pelo impacto diferenciado em *Griggs* e, antes disso, em *Gaston County*. Contudo, como as aplicações mais recentes do princípio de *Griggs* em *Ricci* e *Inclusive Communities* indicam – a primeira foi apresentada em 2009, a outra, em 2015 –, a teoria da responsabilidade cumulativa não é tão limitada. Ela se estende a situações em que a dinâmica causal para o impacto diferenciado é complexa e difusa, embora ainda criticamente ligada às desvantagens que as pessoas Negras sofreram e continuam a sofrer na sociedade estadunidense.

Essas dinâmicas foram identificadas em um relatório, emitido em fevereiro de 1968, por uma comissão nomeada pelo Presidente Lyndon Johnson e presidida pelo ex-governador de Illinois, Otto Kerner, para estudar as situações de risco em bairros Negros que tomaram conta de diversas cidades nos Estados Unidos, incluindo a que eclodiu em Detroit em julho de 1967. O relatório apontou para as múltiplas maneiras pelas quais "[a] segregação e a pobreza criaram no gueto racial um ambiente destrutivo totalmente desconhecido para a maioria dos estadunidenses brancos", acrescentando:

> O que os estadunidenses brancos nunca entenderam completamente – mas o que a pessoa Negra nunca pode esquecer – é que a sociedade branca está profundamente implicada no gueto. As instituições brancas o criaram, as instituições brancas o mantêm e a sociedade branca o tolera.[283]

---

283 Nat'l Advisory Comm'n on Civil Disorder, Relatório da National Advisory Commission On Civil Disorders 1 (1968). Quando concluído, o relatório da Comissão foi controvertido, tanto que o Presidente Johnson se recusou a aceitá-lo. Ver GILLON, Steven M. *Separate and unequal*: the Kerner

Quase cinquenta anos depois, fomos lembrados do relatório da Comissão Kerner pelo Ministro Kennedy, que começou e concluiu sua opinião em *Inclusive Communities* invocando o terrível anúncio daquele relatório: "Nossa nação está se movendo em direção a duas sociedades, uma Negra, uma branca – separadas e desiguais".[284] Kennedy entendeu a situação difícil dos Estados Unidos de uma forma que iludiu Stevens e os outros Ministros que se juntaram à opinião de Stevens em *Beazer*.

IV. O caminho adiante

Nos cinquenta anos desde a publicação do relatório da Comissão Kerner, nós, nos Estados Unidos, fizemos um grande progresso no desmantelamento da estrutura de castas raciais que há muito tempo é nossa maldição. As políticas postas em prática pela Segunda Reconstrução trouxeram à existência uma classe média Negra cujos membros desfrutam dos privilégios e riquezas da nação e honram suas normas e aspirações básicas. A manifestação mais vívida dessa conquista pode ser encontrada na eleição de Barack Obama, um homem Negro, como Presidente dos Estados Unidos, um evento histórico mundial extraordinário para uma nação que começou sua história como uma sociedade escravagista.

Não devemos esquecer, no entanto, que uma parcela significativa da comunidade Negra, definida por classe e raça, foi deixada para trás e que esse grupo, às vezes chamado de subclasse Negra, continua a carregar o fardo do nosso passado. Seus membros encontram oportunidades educacionais inadequadas e taxas de desemprego surpreendentemente altas. Eles permanecem isolados em guetos no

---

Commission and the unraveling of American liberalism. Nova York: Basic Books, 2018.

284 *Dep't of Hous. & Cmty. Affairs vs. Inclusive Cmtys. Project, Inc.*, 135 S. Ct. 2507, 2516, 2525 (2015) (citando Nat'l Advisory Comm'n on Civil Disorder, nota acima).

centro da cidade e são frequentemente privados de serviços públicos essenciais e estão sujeitos a níveis quase inimagináveis de violência nas mãos da polícia. Talvez não seja mais verdade, como a Comissão Kerner uma vez proclamou, que estamos caminhando em direção a duas sociedades, uma branca e outra Negra, separadas e desiguais. Grande parte da sociedade branca foi integrada à comunidade de pessoas Negras – não apenas Negra, mas também pobre – que persiste e permanece separada e grosseiramente desigual. As vidas daquelas/es nesse grupo são duras, às vezes brutais, e as injustiças que sofrem afetam o destino de todas as pessoas Negras.

Nos últimos anos, nos tornamos cada vez mais conscientes da situação difícil da subclasse Negra. O assassinato de jovens Negros no gueto pela polícia foi transmitido pela televisão e se tornou o assunto de protestos públicos generalizados. Isso deu origem a um movimento social que proclama que "Vidas Negras importam".[285] Também passamos a entender completamente as consequências do "encarceramento em massa" – a porcentagem assustadoramente alta de homens Negros que passaram e continuarão a passar grande parte de suas vidas no cárcere.[286] Suas vidas são colocadas em espera enquanto estão encarcerados. Após sua libertação, alguns podem ser impedidos de votar e todos encontrarão enormes dificuldades para encontrar empregos. O encarceramento em massa também tem consequências infelizes para as famílias e comunidades do lado de fora, que devem enfrentar a vida no gueto por conta própria. Para agravar essas dificuldades, pessoas Negras, particularmente as pobres, encontraram novas ondas de privação de direitos em jurisdições tão diversas quanto Texas, Indiana, Carolina do Norte e agora Ohio.[287]

---

285 Ver LEBRON, Christopher J. *The making of Black Lives Matter*: a brief history of an idea. Nova York: Oxford University Press, 2017.

286 ALEXANDER, Michelle. *The New Jim Crow*: mass incarceration in the age of colorblindness. Nova York: New Press, 2010.

287 Ver, em geral, TOKAJI, Daniel P. "The new vote denial". *South Carolina Law Review*, vol. 57, 2006, p. 689.

Esses acontecimentos provocaram um novo despertar racial nos Estados Unidos: uma conscientização crescente das dimensões trágicas da subordinação racial que ainda persiste. Esse despertar foi nutrido pela presidência de Obama, em grande parte por seu próprio ser e pela maneira digna como ele cumpriu os deveres de seu cargo. Sua inclinação era lançar os programas de reforma que ele patrocinou em termos de classe em vez de raça, mas, de fato, fez uma série de discursos memoráveis sobre raça. Um desses discursos foi feito durante a campanha de 2008, respondendo aos ataques feitos contra ele por seu suposto radicalismo;[288] outro ocorreu após o assassinato de Trayvon Martin, um adolescente Negro desarmado baleado por um homem branco que agiu sob uma lei da Flórida que lhe permitiu "se defender".[289] Nesse chamado à justiça, Obama não estava sozinho. Muitos dos que hoje ocupam posições de grande privilégio e poder na sociedade estadunidense, em alguns casos graças às políticas da Segunda Reconstrução, também falaram das dificuldades e necessidades da subclasse Negra.

As pessoas Negras não são as únicas que agora buscam justiça igualitária. Hoje enfrentamos demandas por igualdade de uma infinidade de grupos desfavorecidos, incluindo aqueles definidos por gênero, *status* de imigração, critérios econômicos, porte de deficiências físicas e intelectuais ou crenças religiosas. Devemos atender a essas reivindicações. Mas, como Goodwin Liu corretamente insiste,[290] seria muito lamentável se nosso reconhecimento das múltiplas reivindicações por justiça igualitária nos cegasse para aquelas que estão sendo promovidas pela comunidade Negra, ou moderasse de alguma forma nossa apreciação da urgência dessas reivindicações.

---

288 "A more perfect union", discurso do senador Barack Obama, de 18 de março de 2008.

289 "Remarks on Trayvon Martin at White House Briefing Room", discurso do Presidente Barack Obama, de 13 de julho de 2013.

290 LIU, Goodwin. "Racial justice in the age of diversity". *California Law Review*, vol. 106, 2018, p. 1977.

A urgência especial da reivindicação por justiça racial decorre da gravidade das dificuldades que os membros da subclasse Negra estão sofrendo agora. Eles estão entre os mais desfavorecidos. A urgência de suas reivindicações também decorre do papel crítico que a raça desempenhou na epopeia que são os Estados Unidos – escravização em sua fundação, divisão e concessões durante as décadas de 1840 e 1850, uma sangrenta Guerra Civil, um programa de reconstrução abandonado após pouco mais de uma década, seguido por um século de Jim Crow e, então, felizmente, outra tentativa, na segunda metade do século XX, de reconstrução. Esse registro de progresso – e eu insisto que é progresso – desempenhou um papel crucial na formação da identidade dos Estados Unidos ao longo dos últimos dois séculos; e nos próximos anos, a nação será julgada por sua capacidade de renovar e estender esse processo de reconstrução. Outros grupos desfavorecidos, como uma questão puramente histórica, se beneficiaram da doutrina jurídica e dos entendimentos sociais que foram forjados pela luta pelos direitos civis das pessoas Negras, incluindo a teoria da responsabilidade cumulativa, e tenho toda a expectativa de que esse processo de aprendizado com a experiência dos direitos civis continuará nos próximos anos.

A tarefa que os Estados Unidos agora enfrentam é transformar esse novo despertar do qual falei em um programa positivo e eficaz de reforma dedicado à erradicação da subordinação racial que persiste – uma Terceira Reconstrução? Tal esforço exigirá a mobilização em massa de cidadãos comuns e o surgimento de um movimento social que seja capaz de apelar tanto à consciência dos políticos quanto ao seu desejo de autopreservação. Também exigirá endosso, talvez até liderança, do Poder Judiciário, pois, como aprendemos durante a era dos direitos civis que começou com *Brown*, é difícil, talvez impossível, efetuar uma reforma estrutural profunda da sociedade estadunidense sem apresentar essas mudanças como uma exigência de justiça, apoiada pelo compromisso do país com o Estado de Direito.

É verdade que os nomeados pelo Presidente Trump e a sua Administração provavelmente não serão receptivos às reivindicações de justiça racial, nem sensíveis a quaisquer demandas de proteção igual. Devemos, no entanto, ter uma visão de longo prazo: não pensar no que acontecerá amanhã, mas no que acontecerá nos próximos cinco anos ou na próxima década, à medida que o despertar racial que sinto se aprofunda e amadurece. Devemos também lembrar que nenhum Presidente escreve em uma lousa limpa. As oportunidades de nomeação para o Tribunal Federal, especialmente para a Suprema Corte, são limitadas e, em qualquer caso, tais nomeações devem ser aceitas pelo Senado, um terço de cujos membros se candidata a cada dois anos. Também podemos encontrar orientação na jornada de Anthony Kennedy.

Kennedy foi nomeado para a Corte por Ronald Reagan, um republicano fervoroso. Ele serviu por cerca de trinta anos e, no final de seu mandato, traçou um rumo para si mesmo em questões de justiça racial que deve ter surpreendido e decepcionado muitos de seus apoiadores. Ele defendeu as políticas de ação afirmativa da Universidade do Texas; reconheceu a urgência de acabar com o isolamento racial nas escolas públicas e, no contexto da avaliação dos programas de dessegregação escolar de Seattle e Louisville, afirmou o direito dos conselhos escolares locais de alcançar a integração por meio da seleção estratégica de locais ou zoneamento geográfico; e, especialmente relevante para nossos propósitos, ele endossou o princípio de *Griggs* no contexto de emprego em *Ricci* e o estendeu à moradia em *Inclusive Communities*. Ao ler essas opiniões dele e contrastá-las com as anteriores,[291] não posso deixar de me perguntar se Kennedy está entre aqueles que foram movidos pelo despertar racial que é parte tão importante do tecido

291 Ver, por exemplo, *Metro Broadcasting vs. FCC*, 497 U.S. 547, 631-638 (1990) (Ministro Kennedy, discordando de uma decisão que sustenta a política da FCC de dar preferência na concessão de licenças de transmissão a empresas de propriedade de minorias).

da vida americana atualmente. Em 2016, falando de modo geral, Kennedy reconheceu: "Reexaminar suas premissas não é um sinal de fraqueza de filosofia judicial. É um sinal de fidelidade ao seu juramento judicial".[292]

Ao moldar o tão necessário programa de reforma que imagino, o Judiciário não precisa começar do zero. Ela pode se basear nas conquistas da Segunda Reconstrução, mais notavelmente o princípio de *Griggs*, que, graças a *Ricci* e *Inclusive Communities*, é agora parte integrante do Direito estadunidense. Embora devamos ser cautelosos com falhas de aplicação, como exemplificado pela opinião do Ministro Stevens no caso *Beazer*, ainda há um trabalho considerável que a doutrina do impacto diferenciado pode fazer. Ela pode forçar um reexame das barreiras ao emprego, como regras contra a contratação de pessoas com antecedentes criminais que sobrecarregam especialmente a subclasse Negra. Além disso, a doutrina do impacto diferenciado, vista como uma regra estatutária baseada na Seção 2 do Ato de Direitos de Voto de 1965 (conforme emendado em 1982), pode dar nova vida ao desafio contra as leis de privação de direitos de condenados e pode se tornar a base para atacar novos limites ao direito de voto, como leis que exigem documentos de identidade com foto. O impacto diferenciado causado por tais medidas, especialmente sobre aquelas/es marcadas/os por subordinação de raça e classe, é manifesto.[293] O princípio de *Griggs* também pode ser utilizado para desafiar barreiras à mobilidade geográfica, como aquelas impostas por

---

292 SHERMAN, Mark. "Justice: changing course on the bench is not weakness". *AP News*, 23 set. 2016. Disponível em: https://apnews.com/93476b06b78c409393f38df4d5d507b7. Acessado em: 29.05.2025.

293 Ver STEPHANOPOULOS, Nicholas O. "Disparate impact, unified law". *Yale Law Journal*, vol. 128, 2019; HOPKINS, Daniel; MEREDITH, Marc; MORSE, Michael; SMITH, Sarah; YODER, Jesse. "Voting but for the law: evidence from Virginia on photo identification requirements". *Journal of Empirical Legal Studies*, vol. 14, 2017, p. 79; TOKAJI, Daniel P. "Applying Section 2 to the New Vote Denial". *Harvard Civil Rights – Civil Liberties Law Review*, vol. 50, 2015, p. 439.

requisitos mínimos de lote e proibições de moradias para aluguel que limitam as oportunidades de moradoras/es do centro da cidade de se mudarem para comunidades suburbanas e, assim, escaparem das dificuldades únicas da vida no gueto. Para erradicar os resquícios de casta, precisamos aprender a usar a doutrina do impacto diferenciado de forma enérgica e eficaz.

Isso não é suficiente, no entanto. Precisamos ir além do alcance atual do princípio de *Griggs* para esferas de ação social, como educação pública e talvez até práticas policiais; práticas que, graças a *Washington vs. Davis*, não parecem ser cobertas pela doutrina de impacto diferenciado. Seria ingênuo, admito, esperar que *Washington vs. Davis* seja anulado em breve, mas não estamos sem recurso. Uma estratégia possível seria a de que o Judiciário aprovasse o requisito de mandato legislativo de *Washington vs. Davis*, mas, então, construísse esse mandato passo-a-passo, como Kennedy fez em *Inclusive Communities*, no qual, preocupado com "a profecia sombria" do relatório da Comissão Kerner, estendeu a responsabilidade de impacto diferenciado à moradia.

Outra estratégia seria ignorar *Washington vs. Davis* completamente e recorrer à Constituição para fornecer autoridade para a reforma tão necessária. Nesse caso, a confiança no princípio de *Griggs* como uma doutrina jurídica formal seria abandonada. Mas o Judiciário poderia usar duas das principais ideias que serviram como blocos de construção da doutrina de impacto diferenciado no esforço de forjar a proteção igualitária em um instrumento eficaz de justiça racial.

Uma dessas ideias consiste em focar os efeitos ao invés de focar o propósito. O impacto diferenciado do tipo proibido pelo princípio de *Griggs* é um efeito ou consequência, mas não é o único tipo de efeito ou consequência do qual o Judiciário pode tomar conhecimento – há outros. Estes também podem ser proibidos uma vez que se entenda que a proteção igualitária proíbe qualquer prática estatal que sistematicamente desfavoreça pessoas Negras e, portanto, perpetue sua subordinação e o sistema de castas raciais.

No curso do rebaixamento do *status* do princípio de *Griggs* de regra constitucional a regra estatutária, o Tribunal restringiu a proteção igualitária de uma forma que tornou um propósito ou intenção ilícita necessária para uma violação. Em 1980, a maioria dos Ministros do caso *Mobile* estendeu essa visão de proteção igualitária à Décima Quinta Emenda. Em pouco tempo, no entanto, o Congresso respondeu decisivamente a essa decisão e alterou a Seção 2 do Ato de Direitos de Voto de 1965 para proibir práticas que tivessem o propósito ou efeito de privar pessoas Negras do direito de votar. No Ato de Americanos com Deficiências de 1990, um precursor essencial do Ato de Direitos Civis de 1991 e da codificação da doutrina de impacto diferenciado, o Congresso exigiu que empresas e agências públicas fizessem acomodações razoáveis para deficiências e proibiu práticas (como ausência de rampas) que poderiam ter sido motivadas por um desejo de minimizar despesas, mas que tiveram o efeito de prejudicar pessoas com deficiências.

As lutas que produziram essas medidas, destacadas por Reva Siegel,[294] não se limitaram aos corredores do Congresso; elas também foram estendidas às deliberações da Suprema Corte. Na decisão de 1982 no caso *Plyler vs. Doe*, proferida seis anos depois de *Washington vs. Davis*, e apenas dois anos depois da decisão *Mobile*, o Ministro William Brennan se concentrou nos efeitos de uma lei do Texas que negava educação pública a crianças que não estavam legalmente nos Estados Unidos. Brennan deixou de lado qualquer investigação sobre o propósito, motivação ou intenção do estatuto e, ainda assim, o considerou uma violação da proteção igualitária porque temia que o estatuto tivesse o efeito ou consequência de criar um novo tipo de subclasse – "uma subclasse de pessoas não alfabetizadas".[295]

---

294 SIEGEL, Reva B. "The constitutionalization of disparate impact – Court-centered and popular pathways: a comment on Owen Fiss's Brennan Lecture". *California Law Review*, vol. 106, 2018, p. 2001.

295 *Plyler vs. Doe*, 457 U.S. 202, 230 (1982).

Uma segunda ideia que serviu como base para a construção da doutrina do impacto diferenciado é a teoria da responsabilidade cumulativa. Essa teoria reconhece o caráter interconectado da vida social e exige que o Judiciário deixe de lado qualquer política que transfira de um domínio para outro as desvantagens infligidas às pessoas Negras, desde que existam alternativas adequadas para atingir os fins legítimos atendidos por essa política. Embora a teoria da responsabilidade cumulativa tenha originalmente dado origem à doutrina do impacto diferenciado e seja responsável por sua vitalidade contínua, não há razão para limitar seu alcance a essa doutrina.

Devemos também lembrar que *Washington vs. Davis*, a decisão que negou *status* constitucional a reivindicações de impacto diferenciado, foi apenas um artifício e deve ser interpretado dessa maneira – de forma restrita. Não deve ser lida como uma declaração final e abrangente sobre os termos da justiça racial no Direito estadunidense. Devemos libertar a teoria da desvantagem cumulativa das garras de *Washington vs. Davis* e entender que essa teoria e o princípio ao qual ela deu origem não são criações legislativas, mas constitucionais por natureza. Eles são baseados em uma compreensão adequada do que é necessário para acabar com o sistema de castas e cumprir a visão da sociedade estadunidense reivindicada pela Guerra Civil e inscrita na Constituição pelas emendas às quais a guerra deu origem.

C) BARREIRAS PARA A MOBILIDADE SOCIAL: MORADIA

VII

O QUE DEVE SER FEITO PARA QUEM FOI DEIXADO PARA TRÁS?[296]

Há muito o que comemorar nos Estados Unidos. Temos desfrutado das bênçãos de uma democracia constitucional por mais de duzentos anos. A sociedade civil é dotada de instituições privadas eficazes e vibrantes. A economia dos Estados Unidos é altamente produtiva e é a locomotiva que impulsiona a economia mundial. Com um padrão de vida notavelmente alto, estamos imbuídos da sensação de poder e satisfação que advém de ter tantas coisas que o dinheiro pode comprar – viagens, lazer, carros e belas casas.

Às sombras dessa glória, problemas profundos persistem, alguns próximos ao cerne da nossa civilização. Talvez o mais gritante seja a presença em nossas cidades de comunidades conhecidas como guetos. As pessoas que vivem no gueto típico são Negras, mas, ainda mais significativo, são pobres. Muitas recebem assistência social, e mesmo aquelas que trabalham tendem

---

296 Excerto extraído de FISS, Owen. "What should be done for those who have been left behind?" *In*: ______. *A way out*: America's ghettos and the legacy of racism. Princeton: Princeton University Press, 2009.

a ganhar quantias que as colocam abaixo da linha da pobreza. Como consequência, moradias são antigas e dilapidadas, os estabelecimentos de varejo são escassos, as taxas de criminalidade são altas, as gangues estão desenfreadas, as drogas são abundantes e os empregos são escassos.

Viver sob tais condições adversas testa o espírito humano. Exige resiliência e engenhosidade, e uma boa dose de fé. Os sobreviventes são frequentemente indivíduos fortes e determinados que, por meio de trabalho duro e dos laços elementares de amor e amizade, construíram uma vida no centro da cidade para si e suas famílias. O gueto é seu lar. Também foi o lar de alguns dos escritores e artistas mais talentosos dos Estados Unidos. No entanto, ao lado dessas verdades individuais, há uma verdade coletiva, descrita de forma vívida e pungente por James Baldwin, há quarenta anos, em *Letter from a Region in My Mind*. Os guetos dos Estados Unidos foram produzidos pelas práticas de exclusão racial mais flagrantes. Como um vestígio de nossa história racial única e infeliz, eles continuam a isolar e concentrar os mais desfavorecidos e, por meio desse mesmo isolamento e concentração, perpetuam e ampliam essa desvantagem.

Desde a época em que Baldwin escreveu e durante a Segunda Reconstrução – o período da história dos Estados Unidos iniciado por *Brown vs. Board of Education* –, algumas famílias Negras conseguiram fugir dos limites do gueto, como Baldwin e os mais talentosos de sua geração fizeram. Essas famílias agora vivem em bairros mais nobres, alguns integrados, os outros predominantemente Negros. Pessoas pobres, muitas vezes em situação de desemprego, permaneceram nos guetos, seus números aumentaram e sua situação piorou à medida que tanto os empregos quanto aquelas/es que tiveram sucesso econômico deixaram o centro da cidade. As moradias envelheceram, as instituições sociais se deterioraram e a criminalidade aumentou. Ao concentrar e isolar pessoas pobres, o gueto criou um setor da comunidade Negra que hoje é uma subclasse.

Os membros dessa classe sofrem de uma infinidade de desvantagens que podem, em última análise, ser atribuídas à discriminação racial e suas consequências econômicas. Essas desvantagens os impedem de melhorar sua posição. Eles se encontram em situação de subordinação em nossa sociedade, e sua situação representa uma afronta ao ideal de igualdade incorporado na Décima Quarta Emenda.

Muitas estratégias foram elaboradas para atender às necessidades dessa subclasse, algumas até mesmo foram tentadas. Todas são imperfeitas. A disparidade entre a magnitude dos problemas e a modéstia dos remédios propostos é simplesmente avassaladora. Os mais tentadores são aqueles que deixam o gueto intacto enquanto tentam melhorar a vida cotidiana daqueles que permanecem confinados ali. Exemplos de tais remédios incluem a criação de empregos e a alocação de novos recursos para escolas locais. O que todas essas soluções ignoram, no entanto, é que o próprio gueto é uma estrutura de subordinação que, ao isolar e concentrar, cria a mesma dinâmica que torna a qualidade de vida daquelas/es forçadas/os a viver nele tão miserável e suas perspectivas de sucesso tão sombrias.

A única estratégia com alguma chance significativa de sucesso é aquela que acaba com o gueto como uma característica da vida da nossa sociedade. Buscar esse remédio requer fornecer àquelas/es que estão presas/os no gueto os recursos econômicos necessários para se mudarem para bairros melhores – Negros ou brancos – se assim escolherem. Com os meios para se mudar, a maioria irá embora, e isso será o suficiente para quebrar a concentração de forças destrutivas que se reforçam mutuamente – pobreza, desemprego, violência, instituições sociais com mau funcionamento – e transformam o gueto em uma estrutura de subordinação. O espaço físico que antes pertencia ao gueto será rapidamente recuperado por desenvolvedores e transformado em um novo bairro promissor.

Oferecer a moradoras/es do gueto essa opção de residência de uma forma que promova a integração econômica foi tentado com sucesso no passado muito recente, embora apenas por meio de programas-piloto com alcance muito limitado. Acredito que devemos expandir esses programas e defendê-los com base na justiça. O gueto é parte da criação e manutenção da subclasse Negra, e o programa de desconcentração proposto deve ser visto como uma solução para o papel que a sociedade e seu agente, o Estado, desempenharam na construção do gueto em primeiro lugar.

Fornecer os recursos necessários para tal programa terá vastas consequências econômicas para o país. Grandes custos humanos e sociais também estarão envolvidos. Meios podem ser concebidos para facilitar a mudança e diminuir a interrupção de uma mudança. Mas não importa o que aconteça, aquelas/es que aproveitarem a oportunidade de sair perderão o conforto e o apoio de vizinhas/os que conheceram ao longo dos anos e enfrentarão dificuldades substanciais para se ajustar a novas comunidades. Como muitas/os provavelmente sairão, aquelas/es que consideram ficar encontrarão o contexto de sua decisão radicalmente alterado. Comunidades serão desmembradas, e comunidades receptoras precisarão passar por longos processos de ajuste.

Todas essas consequências, como os conflitos gerados por esforços anteriores de dessegregação escolar, são muito perturbadoras. No entanto, parecem inevitáveis. A única alternativa a um programa que busca expandir a escolha é condenar um setor da comunidade Negra a sofrer perpetuamente com os efeitos devastadores de nossa história racial.

Para colocar todos os custos em perspectiva, precisamos entender que a desconcentração é necessária não apenas como uma boa política social, mas também como uma questão de justiça. Os custos de tais programas são realmente grandes, assim como seriam os custos de qualquer programa que buscasse lidar com o problema da subclasse, mas não são maiores do que aqueles implicados na implementação de *Brown* e são justificados por uma teoria análoga de proteção igualitária. O sistema escolar dual de

Jim Crow foi condenado porque tendia a perpetuar a estrutura de castas da escravização; o gueto do centro da cidade hoje tem um efeito semelhante, embora o grupo subjugado não seja definido, como sob a escravização ou Jim Crow, em termos puramente raciais – a raça deve ser suplementada por coordenadas econômicas e sociais. O grupo subjugado não são as pessoas Negras em geral, mas a parcela da população Negra que vive em situação precária. O gueto do centro da cidade está diante de nós como um instrumento de subjugação e, portanto, representa o vestígio mais visível e talvez mais pernicioso de injustiça racial nos Estados Unidos – o sucessor da escravização e de Jim Crow.

Atualmente, o Estado não confina as pessoas ao gueto por estatutos ou regulamentos. Ao contrário, por meio de leis antidiscriminação que regem o emprego, a educação e a moradia, o Estado ajudou a criar a classe média Negra e, assim, permitiu que alguns saíssem de guetos. No entanto, durante a maior parte do século XX e antes, o Estado desempenhou um papel importante na criação e manutenção do gueto e, portanto, tem o dever de usar seus poderes para remediar as consequências atuais dessa ação. Na decisão histórica que forneceu a base do Ato de Direitos ao Voto de 1965, o Ministro Hugo Black enfatizou que qualquer tribunal tinha "não apenas o poder, mas o dever de proferir um decreto que eliminaria, na medida do possível, os efeitos discriminatórios do passado, bem como proibiria discriminação semelhante no futuro". Ele estava se referindo ao Judiciário, pois os deveres dessa instituição estavam sendo contestados, mas a obrigação de que ele falou se estende a todos os ramos do governo.

A cumplicidade do Estado na criação do gueto assumiu várias formas. Parte da responsabilidade do Estado deriva do fracasso, durante a maior parte da nossa história, em impedir atos de discriminação e violência que visavam manter pessoas Negras longe dos bairros brancos. Em outros casos, o Estado desempenhou um papel mais ativo, por exemplo, promulgando portarias de zoneamento racial ou aplicando pactos racialmente restritivos. Embora essas práticas tenham sido proibidas – a primeira em 1917, a segunda em 1948 –, elas desempenharam um papel crucial na formação do gueto Negro. Depois, foram substituídas pelas práticas mais sutis, mas igualmente perniciosas, que mencionei anteriormente. Os meios pelos quais a segregação residencial foi estabelecida e mantida nos Estados Unidos – descritos com mais detalhes no importante livro de Douglas S. Massey e Nancy A. Denton, *American Apartheid*, de 1993 – são tão sinistros e seus efeitos tão duradouros quanto a segregação de Jim Crow no Sul, especialmente quando associados às políticas econômicas e sociais tradicionais deste país.

D) AÇÃO AFIRMATIVA NO ENSINO SUPERIOR

VIII

AÇÃO AFIRMATIVA COMO ESTRATÉGIA PARA A JUSTIÇA[297]

O problema que a ação afirmativa busca remediar é estrutural. Durante seus primeiros cem anos, este país adotou um sistema de escravização definido em termos raciais; durante seus cem anos seguintes, a estrutura de castas do país foi mantida por um sistema estrito de segregação conhecido como Jim Crow.

Em 1954, um chacoalhão veio da Suprema Corte, e começamos o longo e penoso processo de reforma estrutural. Muitas instituições e agências participaram desse processo, moldando e implementando uma ampla variedade de soluções. Tendo suas raízes no final da década de 1960, a ação afirmativa surgiu como uma dessas estratégias.

A princípio, a ação afirmativa contemplava uma certa medida de classificação racial no processo de recrutamento. Pessoas Negras foram especificamente convidadas a se candidatar a posições que

297 FISS, Owen. "Affirmative action as a strategy for justice". *Philosophy & Public Policy*, vol. 17, 1997, p. 37.

tradicionalmente eram reservadas para pessoas brancas. Foi dito a elas que as portas estavam abertas. Logo, no entanto, a estratégia assumiu um significado diferente e mais nítido – o de tratamento preferencial. No processo de alocação de oportunidades escassas, pessoas Negras deveriam receber um "*plus*" na avaliação de suas candidaturas na esperança de que isso as capacitasse a obter uma parcela maior dessas posições privilegiadas.

Muitas justificativas foram oferecidas para essa vantagem. Alguns veem a ação afirmativa como uma forma de diversificar a vida na esfera pública, de criar uma ampla variedade de pontos de vista – por exemplo, nas instituições de ensino superior. Sob essa visão, a ação afirmativa é necessária para remediar os efeitos deletérios da segregação que são sentidos por pessoas brancas e Negras: um certo isolamento cultural. Outros veem a ação afirmativa como um exercício de justiça compensatória. É um esforço para retificar os erros do passado dando a pessoas Negras uma vantagem adicional – o *plus* – no processo alocativo. Acho que ambas as justificativas são insuficientes.

A justificativa da diversidade parece superficial, pois lhe falta a força normativa necessária para justificar os custos inevitavelmente implicados em um sistema de tratamento preferencial. A justificativa tem pouco apelo quando saímos do contexto universitário, por exemplo, para o reino dos trabalhadores da produção ou trabalhadores de estradas. Mesmo no contexto universitário, a diversidade parece uma justificativa incompleta. Sozinha, a justificativa carece de um padrão ou base para escolher que tipos de diversidade devemos favorecer – por que, por exemplo, devemos dar um *plus* a pessoas Negras, mas não aos membros de minorias religiosas?

A justificativa da justiça compensatória vacila por causa da falta de identidade entre as vítimas do erro e as/os destinatárias/os do tratamento preferencial, e entre as/os perpetradoras/es do erro e aquelas/es que arcam com o custo do remédio. A justificativa também deixa inexplicado o porquê de um *plus* no processo alocativo, e assim um aumento na participação das posições privilegiadas da sociedade, ser a compensação apropriada para os erros do passado.

Essas duas defesas de ações afirmativas – diversidade e justiça compensatória – surgiram nas lutas ferozes da década de 1970 e são o padrão hoje, mas eu as vejo como simples racionalizações criadas para apelar ao eleitorado mais amplo.

Penso na ação afirmativa em outros termos. Na minha opinião, a ação afirmativa deve ser vista como um meio que busca erradicar a estrutura de castas alterando a posição social do grupo mais subordinado do nosso país. Ao dar aos membros desse grupo subordinado uma parcela maior das posições premiadas da sociedade, melhoramos a posição relativa desse grupo e, ao fazê-lo, fazemos uma pequena, mas determinada contribuição para eliminar a estrutura de castas. A ordem social dos grupos raciais é alterada.

A justificativa estrutural, assim como a teoria da compensação, constitui uma teoria da justiça. Em um sistema de castas, não apenas os grupos sociais são hierarquicamente ordenados, mas a filiação a um grupo é determinada com base em critérios atributivos e a filiação de alguém ao grupo subordinado coloca um teto em suas oportunidades e chances de vida. O imperativo para erradicar tal estrutura social pode ser uma expressão da autocompreensão e aversão de uma comunidade ao tipo de sociedade que é dividida e ordenada por casta.

Alternativamente, o imperativo para a reforma pode ser baseado em preocupações individualistas; eliminar a casta pode ser visto como uma precondição essencial para a autoatualização dos indivíduos que formam o grupo subordinado.

Como a teoria da justiça compensatória, a lógica estrutural se baseia na história, só que o faz de uma maneira diferente. Na teoria compensatória, a história conta como uma razão normativa, enquanto nas mãos da/o estruturalista, a história é apenas factual.

A escravização e Jim Crow não são as razões para o remédio, mas, em vez disso, fornecem a dinâmica causal particular que produziu a estrutura social que precisa ser remediada. A ação afirmativa se preocupa com o presente, com a eliminação de qualquer forma de casta que exista aqui e agora. Ela busca remediar não os erros do passado, mas a situação intolerável em que este país se encontra hoje. Como tal, a estratégia se estenderia não apenas a pessoas Negras, mas a qualquer grupo atualmente subordinado na sociedade. Por exemplo, imigrantes que chegaram recentemente a este país e não sofreram injustiças passadas nas mãos da sociedade dos Estados Unidos seriam elegíveis para ação afirmativa se, na ausência da estratégia, tais imigrantes constituíssem um grupo subordinado.

Embora eu acredite que a ação afirmativa deva ser vista como uma estratégia de justiça, embora mais um meio de justiça distributiva, em vez de corretiva, reconheço que essa estratégia inegavelmente enfrenta seus próprios desafios. Para as pessoas Negras que obtêm as posições privilegiadas, uma dúvida é criada na mente de algumas, incluindo, às vezes, na das próprias vencedoras, sobre se elas estariam onde estão sem o tratamento preferencial. Para as/os candidatas/os brancas/os rejeitadas/os, há a frustração do desejo de não poder frequentar escolas específicas ou obter empregos específicos. Além disso, essas/es candidatas/os sofrem uma mágoa que as pessoas Negras conhecem muito bem – a mágoa que vem do julgamento desfavorável com base em um critério não relacionado ao mérito individual e sobre o qual elas não têm controle.

Essas queixas são de fato genuínas; são erros que nunca devem ser esquecidos e nunca devem ser banalizados. Não devemos concluir, no entanto, que, ao identificar ou localizar esses erros, fornecemos uma razão suficiente para impor ou rejeitar um programa corretivo com propósitos tão transcendentes quanto os da ação afirmativa. Em um mundo imperfeito, uma grande transformação não pode ser alcançada sem dor e sacrifício, sem mesmo uma medida de injustiça.

Pedir tais sacrifícios é algo extraordinário, mas apropriado, desde que duas condições sejam satisfeitas. A primeira é que a causa envolvida seja tão nobre e tão digna a ponto de justificar o sofrimento individual que ela inflige. A segunda é que não haja outra maneira. Para apoiar a ação afirmativa, apesar de seus danos, devemos acreditar, como o Ministro Blackmun disse uma vez, que não podemos mitigar ou erradicar a casta sem esse sistema de preferências – que, em última análise, não podemos superar o racismo sem levar a raça em consideração.

PARTE III

ANTISSUBORDINAÇÃO SEM LIMITES

A presente seção é intitulada "Antissubordinação Sem Limites". Os artigos que a compõem mostram como, ao longo dos anos, a aplicação do princípio se expandiu para áreas outras que não a desigualdade racial. Em "O Imigrante como Pária", Fiss argumenta que a Cláusula de Proteção Igualitária também deve limitar leis e políticas que têm como efeito a subordinação de imigrantes – tema que, atualmente, é de especial relevância. Em "Liberdade de Expressão e Estrutura Social", Fiss argumenta que a ideia de "liberdade" que deve guiar entendimentos sobre liberdade de expressão deve ser interpretada à luz de uma concepção de igualdade focada em estruturas sociais de poder, em vez de autorrealização de indivíduos. Em um mundo desigual, Fiss argumenta que o papel do Estado na promoção da liberdade de expressão não pode se limitar à não intervenção; o Estado deve tomar medidas positivas para modificar o *status quo* – conforme dita a teoria da antissubordinação. "Liberdade de Expressão e Estrutura Social" não é apenas informado pela teoria da antissubordinação – o argumento ali desenvolvido também a informa, na medida em que expande a aplicação do princípio para ações privadas. "Feminismo e Antissubordinação", por sua vez, mostra como a perspectiva da igualdade focada em *status* permeia e dá força a argumentos jurídicos voltados à igualdade de gênero. A teoria da antissubordinação, no entanto, é também ilimitada de outras formas: ela tem impactos na forma como Fiss conceptualiza a possibilidade e a desejabilidade de o Direito ser um veículo para transformação social – como mostra "Feminismo e Antissubordinação" –, a relação entre Direito, Justiça e Moralidade pública – como em "A Morte do Direito?" – e a função e a forma que a adjudicação deve ter em uma sociedade comprometida com transformações sociais – argumento desenvolvido em "As Bases Sociais e Políticas da Adjudicação".

IX

O IMIGRANTE COMO PÁRIA[298]

A imigração é uma questão de preocupação para todas as nações do mundo, mas tem um significado especial para os Estados Unidos, porque somos uma nação de imigrantes. No século XVIII, a maior parte do continente pertencia a tribos indígenas e mexicanos que viviam nos Estados do Oeste, mas, das 270 milhões de pessoas que agora constituem os Estados Unidos, apenas um número muito pequeno pode traçar suas raízes a esses grupos. O país agora é amplamente povoado por pessoas cujos ancestrais imigraram para ele. Alguns vieram acorrentados, mas a maioria veio por escolha, para evitar fomes e guerras ou simplesmente em busca de melhoria econômica e social.

Até hoje, as portas dos Estados Unidos permanecem abertas. No ano passado (1997), quase um milhão de imigrantes foram admitidos para residência permanente. Esse número é muito menor do que o número daqueles que querem imigrar, e sem dúvida, menos pessoas do que o país pode sustentar econômica ou socialmente, mas tenho um certo orgulho do fato de que admitimos tantos quantos admitimos

---

298 FISS, Owen. "The immigrant as pariah". *Boston Review*, 1998.

e que, desde a década de 1960, o preconceito racial e étnico evidente foi minimizado em nossa política de imigração. A cota de origens nacionais foi abolida, e hoje temos programas de imigração específicos projetados para promover a diversidade entre os admitidos.

Essas características do Direito prestam homenagem à nossa história como uma nação de imigrantes. O que é novo, e em desacordo com essa história, é que temos imposto cada vez mais desvantagens aos imigrantes, principalmente aos imigrantes ilegais, mas até mesmo àquelas/es que estão legalmente presentes.

Desvantagens políticas *vs.* desvantagens sociais

Uma forma de desvantagem – vamos chamá-la de política – está profundamente enraizada em nossa cultura e me parece aceitável. Aqui estou pensando principalmente em leis que restringem a/os cidadã/os o direito de votar. Em sua essência, tornar-se cidadã/o naturalizada/o envolve afirmar sua lealdade à Constituição, e tal afirmação parece um requisito inquestionável para participar dessas atividades, como votar, que são responsáveis por sustentar ou implementar os princípios políticos que definem a nação.

Em um ponto da nossa história, alguns Estados permitiram que estrangeiros votassem. Também é verdade que muitos imigrantes que residem no país por um longo tempo podem realmente sentir uma lealdade semelhante à Constituição ou aos princípios políticos sob os quais vivem. Contudo, enquanto a naturalização permanecer uma opção viável e razoavelmente econômica, como de fato é nos Estados Unidos – no ano passado, mais de um milhão de imigrantes se tornaram cidadãs/ãos –, parece sensato que o Direito exija a conclusão do processo formal de afirmação.

A forma mais problemática de desvantagem é social, em oposição à política. Nos últimos anos, as desvantagens sociais aumentaram e assumiram três formas diferentes: (a) barreiras ao emprego; (b) exclusões de escolas públicas; e (c) negações de direitos estatutários, como vale-refeição ou serviços médicos, rotineiramente fornecidos a pessoas pobres pelo Estado de Bem-Estar Social.

Muitas dessas desvantagens foram impostas pelos Estados e podem ser vistas como um ajuste fiscal para o federalismo. Nos Estados Unidos, tanto a formulação quanto a implementação da política de imigração estão nas mãos do governo federal. Os serviços sociais são geralmente fornecidos pelos Estados, e vários Estados, principalmente Califórnia e Texas, impuseram ônus sociais a estrangeiros ilegais como uma forma de se protegerem financeiramente do fracasso do governo federal em policiar adequadamente as fronteiras. O número de imigrantes ilegais é estimado em cerca de cinco milhões e quase três milhões residem nos Estados que fazem fronteira com o México.

Nos últimos meses, um juiz distrital federal em Los Angeles derrubou uma lei da Califórnia que negava quase todos os serviços estaduais, incluindo assistência médica, a imigrantes ilegais – a notória Proposta 187, adotada por referendo popular em 1994. O Tribunal de Los Angeles concluiu que essa lei interfere na jurisdição exclusiva sobre imigração reservada ao governo federal pela Constituição. Essa decisão pode não sobreviver a uma apelação e, em qualquer caso, não forneceu proteção contra decretos federais análogos, alguns dos quais seguiram de perto a lei da Califórnia.

Medidas federais já impediam imigrantes ilegais de trabalhar, mas, em 1996, o Congresso promulgou uma medida muito mais severa, superando até mesmo a Proposta 187. Como parte de sua agenda de reforma do bem-estar, o Congresso negou certos benefícios, incluindo cupons de alimentação e apoio financeiro para pessoas idosas ou com deficiência, a todas/os as/os imigrantes, legais ou ilegais. De fato, a lei até cortou os benefícios de imigrantes legalmente admitidas/os nos Estados Unidos antes da data da promulgação, 22 de agosto de 1996.

Esse recurso retroativo incomum provou ser demais para o Congresso, e o órgão logo repensou. Em agosto de 1997, o Congresso promulgou uma medida para restaurar certos benefícios a enfermas/os e idosas/os que tinham sido admitidos nos Estados Unidos antes de 22 de agosto de 1996, e em junho de 1998, promulgou uma medida fornecendo cupons de alimentação para categorias selecionadas de imigrantes – crianças, idosas/os e pessoas com deficiência – legalmente admitidos nos Estados Unidos antes da mesma data.

Essas emendas amenizaram um pouco a dureza do Ato de Bem-Estar Social de 1996, mas o regime básico introduzido por essa lei – nenhum benefício de bem-estar para imigrantes, mesmo aquelas/es legalmente admitidas/os – permanece intacto e trouxe à tona muitas questões de Direito e Política relacionadas à imigração. Isso levantou, para mim, com urgência e clareza especiais, a questão de se decretos que impõem desvantagens sociais a imigrantes podem ser compatíveis com a Constituição, particularmente a disposição que garante a todas as pessoas – não a todos as/os cidadã/os, mas a todas as pessoas – proteção igualitária das leis.

A norma constitucional

Ao abordar essa questão, advogadas/os e comentaristas se voltaram para a regra agora familiar que proíbe a discriminação arbitrária. Essa regra surgiu no último século como um glossário sobre proteção igualitária e, de fato, foi usada como uma poderosa ajuda para a proteção de minorias e mulheres. A tentação de usar essa regra para proteger imigrantes é, portanto, grande, mas tal esforço parece equivocado.

As leis que impõem desvantagens sociais a imigrantes realmente parecem estar em desacordo com a Constituição, mas apenas por causa da estratificação social que tendem a produzir, não porque violam o princípio da antidiscriminação. A garantia constitucional de igualdade proíbe não apenas a discriminação, mas também leis que criam ou perpetuam estruturas sociais semelhantes a castas e, por essa razão, põe em xeque o Ato de Bem-estar Social de 1996 e medidas semelhantes.

A antidiscriminação é essencialmente individualista. Ela garante justiça individual na concessão de uma oportunidade escassa, digamos, um emprego, e exige que candidatas/os individuais sejam selecionadas/os com base em critérios que sejam funcionalmente relacionados a algum propósito legítimo da instituição. O princípio recebe efeito prático no Direito por meio da construção de uma pequena lista de critérios – os chamados critérios suspeitos – que presumivelmente não estão relacionados a nenhum propósito desse tipo. Raça é o paradigma, porque assumimos que a raça de um indivíduo nunca, ou quase nunca, está funcionalmente relacionada à busca de qualquer propósito legítimo. Essa suposição sobre a irrelevância da raça sustenta e dá vitalidade contínua ao agora famoso aforismo do Juiz Harlan, "nossa Constituição é daltônica".

Nos últimos anos, muitas/os passaram a questionar a presunção geral sobre a irrelevância da raça. Descobrimos que uma certa medida de consciência racial, como exemplificado por ações afirmativas e remédios de dessegregação escolar, é necessária para erradicar o legado da escravização e do sistema Jim Crow. Como resultado, ficamos incomodadas/os com a antidiscriminação como a única estratégia para lidar com a desigualdade racial. No caso de imigrantes, contudo, a inadequação da antidiscriminação parece ainda mais gritante porque não podemos nos envolver em nenhuma presunção geral sobre a irrelevância da alienação, que é comumente empregada em uma ampla variedade de processos legais, muitos dos quais parecem de validade inquestionável. De fato, traçar uma distinção entre estrangeiras/os e cidadãs/os, ou imigrantes ilegais e legais, é essencial para o esforço de qualquer nação soberana para determinar sua própria filiação. É essencial para a própria existência da nação como uma comunidade.

Embora nenhum julgamento geral possa ser feito quanto à irrelevância da alienação, pode haver casos particulares em que ela é de fato irrelevante. Nesses casos, um tribunal pode concluir que a alienação não serve a nenhum fim legítimo, mas, sim, se trata de uma expressão de ódio ou antipatia por imigrantes, ou, nas palavras da doutrina jurídica contemporânea, uma expressão de um *animus*. Essa versão altamente contextualizada do princípio da antidiscriminação pode ser semelhante à que agora é aplicada a pessoas com deficiência, mas seria qualitativamente diferente daquela que, ao longo dos anos, protegeu pessoas Negras ou mulheres. Para esses grupos, a antidiscriminação teve um alcance quase universalista. Ainda mais, em contraste com a regra usada para proteger pessoas Negras ou mulheres, a versão particularizada da antidiscriminação agora proposta para imigrantes seria desprovida de qualquer efeito. Raramente invalidaria uma lei.

Não há como negar que, como uma questão puramente psicológica, o sentimento anti-imigrante é generalizado nos Estados Unidos, mas essa não é a questão. Um estatuto nunca deve ser julgado com base na motivação real, pois então a validade da lei dependeria de uma investigação das mentes de quem legisla – nunca um esforço fácil ou bem-vindo para um ramo coordenado do governo. Tal investigação também exigiria algum método para agregar as boas e más motivações e poderia produzir resultados anômalos. Um estatuto seria derrubado se fosse o produto de um processo político no qual o *animus* entrou, mas o mesmo estatuto seria permitido se o Legislativo tivesse uma motivação diferente, mais benigna. Por essas razões, as leis devem ser julgadas com base no propósito social objetivamente concebido, não na motivação real, e dessa perspectiva seria difícil desafiar uma lei que impõe desvantagens a imigrantes como uma discriminação arbitrária. Um propósito social legítimo quase sempre pode ser imaginado.

Uma decisão judicial

Para demonstrar por que a antidiscriminação é inadequada nesse contexto, e para estabelecer a base para a mudança para uma abordagem mais estrutural, é necessário abordar um caso decidido pela Suprema Corte em 1983, *Plyler vs. Doe*. Este caso envolveu uma regulamentação do Texas negando a crianças que eram imigrantes ilegais a admissão gratuita em escolas de ensino fundamental e médio. Todas as crianças nascidas nos Estados Unidos, mesmo aquelas de pais que estão ilegalmente presentes, são, em virtude da Décima Quarta Emenda, cidadã/os dos Estados Unidos. No entanto, se crianças que nasceram no exterior imigrarem para os Estados Unidos ilegalmente, sozinhas ou, mais plausivelmente, com seus pais, elas próprias seriam consideradas imigrantes ilegais. Foram essas crianças que a lei do Texas buscou excluir das escolas locais.

Ninguém negaria que, como uma questão puramente histórica, havia muito *animus* anti-imigrante no Texas quando a legislatura estadual promulgou a lei contestada em *Plyler*. Também parece justo dizer que esse ódio ou medo desempenhou um papel na dinâmica causal que produziu a regulamentação. No entanto, a lei do Texas não poderia ser invalidada sob o princípio da antidiscriminação porque poderia ser racionalmente justificada como meio de servir a um propósito social legítimo, especificamente para desencorajar o influxo de imigrantes ilegais. É possível argumentar que havia outras maneiras de atingir esse fim; por exemplo, aumentar as barreiras na fronteira ou aumentar as sanções da lei criminal para entrada ilegal, embora nenhuma dessas medidas estivesse disponível para o Texas em oposição ao governo federal. Mas o princípio da antidiscriminação em si não exige que o Estado selecione os melhores meios disponíveis para a busca de um fim legítimo. A antidiscriminação promete justiça individual, não eficiência estatal, e é satisfeita se o critério para distinguir entre indivíduos estiver funcionalmente relacionado, mesmo se de maneira fraca, a um fim legítimo.

Para regular a escolha de meios pelo Estado, outra teoria era necessária, e o Tribunal que julgou *Plyler* a encontrou na regra que proíbe o estado de criar, nos termos do Juiz Brennan, uma "subclasse de pessoas não alfabetizadas". Nessa leitura, a Cláusula de Proteção Igualitária proíbe não apenas a discriminação, mas também a criação de uma estrutura próxima à casta. Ela proíbe a criação de grupos social e economicamente desfavorecidos que são forçados a viver à margem da sociedade, alienados, sempre em risco, vistos aos olhos do grupo dominante como inferiores.

Nos últimos quinze anos, *Plyler* se manteve direito válido, mas houve algum debate quanto ao escopo da decisão e seu princípio subjacente. Parte dessa controvérsia foi alimentada por certas passagens da opinião de Brennan para o Tribunal que são mais voltadas para a antidiscriminação do que para a antissubordinação. Também foi levantada uma questão sobre se o caso se limita à proteção de crianças. Brennan falou comoventemente sobre as crianças, e um dos Ministros cujo voto foi necessário para o julgamento – o Ministro Powell – viu as crianças em idade escolar como as principais vítimas da lei do Texas e fez de sua alegada inocência a base para a intervenção. É certo que essas crianças estavam ilegalmente presentes nos Estados Unidos, mas foram trazidas para cá por seus pais e, portanto, Powell raciocinou, não eram responsáveis por nenhuma irregularidade.

Essa preocupação com "vítimas inocentes" é um tema constante e penetrante na racionalidade jurídica do Ministro Powell. Ela surgiu de forma mais dramática em seu esforço para colocar limites em programas de ação afirmativa em nome da antidiscriminação e isso não é de se admirar – ela participa do individualismo que dá vida ao princípio da antidiscriminação. No contexto familiar, no entanto, esse individualismo parece especialmente equivocado, já que é muito difícil alocar responsabilidade dentro dessa unidade social. É verdade que os pais podem ter tomado a decisão de cruzar a fronteira, mas podem ter feito isso para melhorar as chances de vida de seus filhos. Assim, embora as crianças não tenham escolhido entrar, podem ter sido a razão para a entrada ilegal e, portanto, responsáveis por ela. A escolha não é a única base para alocar responsabilidade, especialmente dentro da família.

Também acho difícil entender por que a validade constitucional do regulamento do Texas deve depender da alegada inocência das vítimas. Sob o princípio da antidiscriminação, a culpa do grupo excluído pode ser relevante, na suposição (questionável) de que é permitido a um governo alocar benefícios apenas a pessoas "moralmente dignas/os" ou àquelas/es que não são culpadas/os de irregularidades. No entanto, a culpa não tem relevância sob o princípio da antissubordinação, pois o que esse princípio testa não é a justiça de uma regra alocativa, mas a estrutura social que tal regra cria. Ninguém, inocente ou não, deve ser transformado pelo Estado em pária da maneira que a exclusão das escolas o faria.

Para dar substância a essa intuição, imagine um sistema de educação pública no Texas que administrasse um programa de alfabetização de adultas/os para toda a comunidade, mas que barrasse estrangeiras/os ilegais. O grupo alvo escolheu entrar ilegalmente e, portanto, é responsável por seu *status*. Eles não são, nos termos de Powell, "inocentes", mas eu insistiria que o mesmo resultado de *Plyler* deveria se aplicar. Excluir estrangeiras/os ilegais desse programa as/os desfavorece severamente econômica e socialmente e cria o mesmo perigo que moveu o Tribunal em *Plyler* – criar uma subclasse de pessoas não alfabetizadas. O fato de elas/es terem violado a lei ao virem para cá é irrelevante para essa conclusão.

Outras pessoas que buscaram limitar *Plyler* enfatizaram que o caso envolvia educação elementar e secundária. Eles se inspiraram nas concordâncias dos Ministros Blackmun e Marshall, mas falharam em articular qualquer base de princípios para limitar o caso dessa forma. Em algumas Constituições estaduais, a educação elementar e secundária é destacada para proteção especial. A Constituição federal não tem, no entanto, nenhuma provisão especial para educação, e há muito tempo se sustenta – em uma decisão à qual Blackmun aderiu, mas da qual Marshall divergiu – que tal direito não está implícito. O julgamento em *Plyler* não pressupôs que houvesse um direito constitucional federal à educação. Como *Brown vs. Board of Education*, a ênfase estava no significado funcional em oposição ao formal da educação pública, e o que poderia significar para um grupo de pessoas ser excluído dela.

Uma abordagem estrutural

Uma vez que assumimos essa perspectiva funcional, podemos entender bem por que o princípio da antissubordinação deve ir além da educação e proteger contra a exclusão de todos os tipos de programas estatais, cupons de alimentação, moradia pública ou tratamento médico. A não alfabetização é uma desvantagem grave na sociedade moderna, mas talvez não mais do que estar desnutrido ou sem-teto ou doente e precisar de atenção médica. O Estado rotineiramente responde a essas necessidades de suas/eus cidadãs/os e, nesse contexto, a exclusão de imigrantes tem um efeito severamente subordinante para o grupo.

Isso também acontece com as leis que proíbem imigrantes ilegais de trabalhar. Essas leis geralmente operam impondo sanções criminais a empregadoras que contratam estrangeiras/os ilegais. Mais uma vez, os Estados fronteiriços foram os principais impulsionadores nesse domínio e, em 1976, a Suprema Corte confirmou uma lei da Califórnia que penalizava quem contratava estrangeiras/os ilegais. A Corte concluiu que tal lei está dentro da autoridade dos Estados porque se relaciona a questões de interesse apenas local. Em 1986, o governo federal interveio e impôs sua própria proibição geral. Hoje, as leis que proíbem o emprego de imigrantes ilegais são uma parte familiar do cenário jurídico e são consideradas de validade inquestionável. No entanto, elas devem ser vistas como tendo o mesmo efeito subordinante que a lei condenada em *Plyler*, a qual, lembre-se, também era destinada a estrangeiras/os ilegais. Essas leis forçam imigrantes ilegais a sobreviverem de maneira precária e, portanto, a viverem à margem da sociedade – sem educação, sem assistência social, sem trabalho.

Ao questionar leis que excluem imigrantes de programas educacionais e de assistência social e as/os impedem de trabalhar, não estou questionando sub-repticiamente a validade das leis que regulam a admissão. Para os propósitos atuais, estou assumindo, pelo argumento, que essas leis são justas e, além disso, que a disponibilidade de empregos, benefícios de assistência social e educação pública pode fornecer incentivos para entrada ilegal. Meu ponto não é subverter o processo de admissão ou abrir as fronteiras de outra forma, mas, sim, insistir que as leis relativas à admissão não podem ser aplicadas ou implementadas de maneiras que transformariam imigrantes em párias. As leis de admissão não podem ser sustentadas pela imposição de desvantagens sociais.

De uma perspectiva puramente individualista, isso pode parecer estranho. Se confrontadas/os com a escolha entre deportação ou uma vida nos Estados Unidos sem educação, assistência social ou trabalho, imigrantes individuais podem muito bem escolher a última. Indivíduos podem muito bem preferir viver uma existência marginal nos Estados Unidos a retornar ao país de onde vieram, e pode haver razões boas e suficientes para essa escolha.

Esse fato – se é um fato – pode ter muita relevância para a teoria da escolha racional, mas não para a interpretação adequada da Constituição, pois esta não é um conjunto de regras para maximizar o bem-estar individual em alguma escala global. Em vez disso, é uma declaração sobre como uma sociedade deseja se organizar e proíbe a subordinação, mesmo a subordinação "voluntária", porque tal prática desfiguraria a sociedade. Nesse aspecto, o princípio da antissubordinação da Décima Quarta Emenda é análogo à proibição da escravização da Décima Terceira Emenda, que impede não apenas a escravização forçada, mas também a venda de si mesmo ou a escolha de se tornar uma pessoa escravizada. Ambas as emendas buscam impedir o surgimento de práticas sociais que estejam em desacordo com o igualitarismo ao qual a Constituição aspira. Não devemos subordinar imigrantes para preservar nossa sociedade como uma comunidade de iguais.

A Constituição não condena todas as distinções entre pessoas. A subordinação produzida pelas leis que impõem desvantagens sociais aos imigrantes é, no entanto, de outro caráter, pois o que está implícito não é simplesmente fazer uma distinção entre pessoas, mas, sim, criar um tipo diferente de estrutura social completamente: implica uma estratificação ou degradação adicional, ou nas palavras do Juiz Brennan, "levanta o espectro de uma casta permanente". Nem todas/os as/os imigrantes são pobres; nem todas/os as/os imigrantes ilegais são pobres; mas as leis em questão cobram seu preço de pessoas pobres e agravam as desvantagens que vêm da pobreza. Essas leis isolam ainda mais imigrantes pobres dos grupos dominantes na sociedade e as/os tornam vulneráveis. As/os imigrantes que normalmente contam com o trabalho, ou com o uso das escolas públicas, ou que às vezes precisam recorrer à assistência social correm o risco de se tornarem párias.

Em alguns casos, o processo de degradação é facilitado por outros marcadores como raça. Embora o Tribunal de *Plyler* não tenha pontuado esse fato, ele sabia muito bem que imigrantes ilegais visadas/os pela regulamentação do Texas eram do México e, portanto, sofriam da degradação que todas as pessoas não brancas sofrem nos Estados Unidos. Mas a raça parece ser apenas um fator agravante, não essencial para o dano de acordo com o Tribunal. Mesmo que imigrantes ilegais não fossem do México, ou da Ásia, ou da África, mas fossem do Canadá, ou da Irlanda, ou mesmo de vários países do norte da Europa, existiria o perigo de que essas pessoas – não definidas por raça ou mesmo origem nacional, mas por sua designação legislativa ou cultural como imigrantes – fossem isoladas dos grupos dominantes na sociedade e tratadas como inferiores. Elas se tornariam a nova subclasse.

Vulnerabilidade política

Uma regra que proteja imigrantes contra desvantagens sociais pode parecer inconsistente com minha disposição de aceitar desvantagens políticas, pois negar o direito de voto a estrangeiras/os também pode isolá-las/os e torná-las/os vulneráveis ao grupo dominante. Reconheço que, como uma questão puramente moral, as desvantagens políticas e sociais podem ser indistinguíveis, mas da perspectiva da Constituição há uma diferença crucial (comparável àquela que exigiu duas emendas constitucionais separadas para esclarecer a questão racial – a Décima Terceira aboliu a escravização, a Décima Quinta conferiu o direito de voto a pessoas Negras). As desvantagens sociais são inconstitucionais porque criam uma estrutura social que é inconsistente com a concepção de comunidade incorporada na Constituição. As deficiências políticas, em contraste, não são inconsistentes com essa concepção de comunidade; na verdade, como eu disse no início, elas são uma expressão dela. As restrições políticas repousam na ideia de que a nação é uma comunidade, não apenas um território geograficamente delimitado, e como qualquer organização voluntária desse tipo requer regras de filiação e investe o poder de governança naquelas/es legalmente admitidas/os como membros.

Por essas razões, eu faria uma distinção no âmbito constitucional entre desvantagens sociais e políticas. É possível reconhecer a distinção entre cidadã/o e não cidadã/o no âmbito político sem transformar a/o última/o em um pária. A legitimidade das desvantagens políticas não legitima desvantagens sociais. Na verdade, a própria permissão da desvantagem política – restringindo o direito de votar aos cidadãos – é uma razão boa e suficiente, constitucionalmente ou mesmo como uma questão de teoria democrática, para o Judiciário examinar com uma medida saudável de ceticismo o trabalho dos corpos eleitos na medida em que afeta imigrantes.

Nos últimos trinta ou quarenta anos, certos grupos, as pessoas Negras acima de tudo, receberam uma proteção especial do Judiciário. Nem todas as leis que desfavorecem esses grupos foram invalidadas – longe disso –, mas os tribunais não as deixaram permanecer válidas sem realizar uma investigação rigorosa sobre se elas podem ser conciliadas com o princípio constitucional relevante (comumente, o da antidiscriminação). Até certo ponto, essa atenção especial pode ser vista como uma medida de justiça corretiva, como uma expiação implícita pelos erros reconhecidamente cometidos contra afro-americanas/os no passado. Imigrantes não podem facilmente apelar para considerações de justiça corretiva. Como uma categoria abstrata, imigrantes há muito tempo são sujeitas/os a abusos, mas como um povo concreto, são, em sua maioria, recém-chegadas/os. Por outro lado, o grupo tem muito direito de reivindicar o benefício da justificativa mais instrumental para a solicitude judicial – a impotência política.

Imigrantes que não são cidadã/os são uma minoria numérica. Algumas/ns podem contar com cidadã/os nacionais para expressar suas preocupações, mas isso é excepcional. Na maioria das vezes, elas/es encontram grandes dificuldades em formar coalizões que são o esteio da política, já que todas/os as/os outros podem ganhar ao evitá-las. Nesse sentido, estrangeiras/os, como pessoas Negras, são uma minoria discreta e insular, mas sua impotência tem outra dimensão mais dramática: o voto é negado a elas/es. Elas/es são excluídas/os, aberta e formalmente, do processo eleitoral e, por essa razão, têm uma reivindicação muito especial à proteção do Judiciário.

Em vez de justificar desvantagens sociais, portanto, as desvantagens políticas que os imigrantes sofrem se colocam como uma razão poderosa pela qual a única instituição que está acima da briga política – os tribunais – deve se certificar, de maneira mais intensa, de que a vida de imigrantes não seja mais difícil do que precisa ser. A Constituição nega à maioria o poder de transformar qualquer grupo em um pária, e o fardo recai adequadamente sobre o Judiciário para fazer dessa regra, para tomar emprestada uma frase que Brennan cunhou em outro contexto, uma verdade viva.

X

LIBERDADE DE EXPRESSÃO E ESTRUTURA SOCIAL[299]

A liberdade de expressão é um dos aspectos mais notáveis e celebrados do Direito Constitucional dos Estados Unidos. Ela ajuda a definir quem somos como nação. O princípio está enraizado no texto da própria Constituição, mas foram as decisões da Suprema Corte ao longo do último meio século (ou mais) que, na minha opinião, nutriram esse princípio, deram a ele muito de sua forma atual e são responsáveis por grande parte de sua energia e alcance. Essas decisões deram origem ao que Harry Kalven chamou de Tradição da Liberdade de Expressão.

Ao falar de uma Tradição, Kalven e, antes dele, Llewellyn[300] e T. S. Eliot[301] aspiram a uma perspectiva abrangente. Tudo está

---

299 FISS, Owen. "Free speech and social structure". *Iowa Law Review*, vol. 71, 1986, p. 1405.

300 LLEWELLYN, Karl. *The Common Law tradition*: deciding appeals. Toronto: Little Brown & Co., 1960.

301 ELIOT, T. S. "Tradition and the individual talent". *In*: _____. *Selected prose of T. S. Eliot*. Nova York: Harcourt Brace Jovanovich, 1975, p. 37 (publicado inicialmente em 1919).

incluído – nada é deixado de fora, nem as divergências, nem mesmo as decisões anuladas. Há, no entanto, uma forma, um direcionamento ou uma substância para a Tradição. Não é uma enciclopédia ou dicionário, mas, sim, um entendimento compartilhado. Aqueles que falam de uma Tradição de Liberdade de Expressão tentam ver todas as decisões e abstrair delas uma compreensão do que significa liberdade de expressão – o que está no centro e o que está na periferia, o que está além da proteção da Primeira Emenda e o que está incluído, para onde o Direito está indo etc. O todo tem uma forma. A forma não é fixa todo o tempo, já que cada nova decisão ou opinião é incluída dentro da Tradição e, portanto, contribui para reconfigurar o significado do todo. Mas a Tradição também atua como uma força restritiva em decisões presentes e futuras. A Tradição é o pano de fundo contra o qual juízas/es escrevem. Ela define as questões; fornece os recursos pelos quais juízas/es podem confrontar essas questões; e também cria os obstáculos que devem ser superados. Ela orienta o julgamento.

Acredito que seja útil ver as decisões de liberdade de expressão da Suprema Corte como uma Tradição, e estou tentado a celebrar essa Tradição da mesma forma que Kalven faz. O título de seu manuscrito (ainda não publicado) é *A Worthy Tradition*. Mas, para mim, isso é apenas parte da história. Também me parece que a Tradição é falha em alguns aspectos importantes – de forma tão substantiva que, para mim, talvez seja necessário começar de novo (se isso for possível).

Minhas preocupações surgiram pela primeira vez nos anos 1970 – um dos poucos períodos em que os Estados Unidos se perguntavam em voz alta se capitalismo e democracia eram compatíveis. No mundo político, essas dúvidas estavam ligadas a Watergate e à eventual renúncia do Presidente Richard Nixon. O evento precipitante foi a invasão da Sede Nacional Democrata, mas quando o processo de *impeachment* terminou, percebemos o quão completamente o poder econômico começou a corromper nossa política. O Congresso respondeu com o Ato de Reforma da

Campanha de 1974,[302] impondo limites em contribuições e despesas e estabelecendo um esquema para o financiamento público de eleições. A tensão entre capitalismo e democracia também foi um assunto especial de preocupação para a academia, como evidenciado pela excitação e controvérsia geradas pela publicação em 1977 do livro *Politics and Markets*, de Charles Edward Lindblom.[303] Lindblom tentou mostrar que, ao contrário da teoria democrática clássica, a política não era uma esfera autônoma de atividade, mas era, de fato, moldada e controlada pelos interesses econômicos dominantes. Como consequência dessa "circularidade", as questões mais importantes da estrutura econômica e social – o que Lindblom chamou de "grandes questões" – permaneceram à margem da política. Eleitoras/es não estavam realmente considerando a viabilidade contínua do capitalismo, a justiça das distribuições de mercado ou a estrutura dentro da qual o trabalho organizado tinha permissão para agir, por causa do controle exercido por interesses corporativos sobre a agenda política (ou assim Lindblom formulou sua hipótese).[304]

Enquanto acadêmicas/os liam e debatiam o livro de Lindblom, e enquanto políticas/os tentavam dar sentido ao caso Watergate, a Suprema Corte se deparou com uma série de casos que exigiam dela o exame da relação entre poder político e econômico. A Corte foi questionada se era permitido a um Estado demandar que mídia impressa apresentasse pontos de vista diversos,[305] e se a Comissão Federal de Comunicações (FCC) era obrigada a fornecer a críticas/

---

302 Emendas ao Ato Federal de Campanhas Eleitorais de 1974, Pub. L. No. 93-443, 88 Stat. 1263 [coficiado em 2 U.S.C. §§ 431-434, 437-439, 453, 455, 5 U.S.C. § 1501-1503, 26 U.S.C. §§ 2766, 6012, 9001-9012, 9031-9042 (1982)].

303 LINDBLOM, Charles E. *Politics and markets*: the world's political-economic systems. Nova York: Basic Books, 1977.

304 LINDBLOM, Charles E. *Politics and markets*: the world's political-economic systems. Nova York: Basic Books, 1977, pp. 201-221.

305 *Miami Herald Publishing Co. vs. Tornillo*, 418 U.S. 241 (1974).

os da guerra do Vietnã acesso às redes de TV.[306] Em outro caso, o Ato de Reforma de Campanha de 1974 foi atacado;[307] e, em outro, um estatuto de Massachusetts que limitava as despesas corporativas em um referendo sobre o imposto de renda foi desafiado.[308] Ativistas políticos, sem fundos para comprar espaço ou tempo na mídia, buscaram acesso aos *shopping centers* para transmitir sua mensagem ao público e também recorreram aos tribunais para esse propósito.[309] É certo que questões desse tipo já haviam sido apresentadas à Corte antes, mas, nos anos 1970, elas surgiram com maior frequência e urgência e pareciam dominar a pauta da Primeira Emenda na Corte.

Esses casos apresentaram ao Tribunal questões extremamente difíceis, talvez as mais difíceis de todas as questões da Primeira Emenda, e, portanto, era possível prever divisões. Também era possível prever algumas reviravoltas falsas. O que me assustou, no entanto, foi o padrão de decisões: o capitalismo quase sempre venceu. O Tribunal decidiu que um estatuto que concedia acesso à mídia impressa para aqueles que desejassem apresentar visões diferentes era inválido; que a FCC não precisava conceder acesso à mídia eletrônica para anúncios editoriais; que os gastos políticos de pessoas ricas em campanhas não poderiam ser limitados; e que grandes *shopping centers* que constituem os centros cívicos dos Estados Unidos suburbano não precisam fornecer acesso a distribuidores de panfletos. A democracia promete autodeterminação coletiva – uma liberdade para o povo decidir seu próprio destino – e pressupõe um debate sobre questões públicas que seja (para usar a fórmula clássica do Juiz Brennan) "desinibido, robusto e aberto".[310] As decisões

306 *Columbia Broadcasting Sys. vs. Democratic Nat'l Comm.*, 412 U.S. 94 (1973).

307 *Buckley vs. Valeo*, 424 U.S. 1 (1976).

308 *First Nat'l Bank of Boston vs. Bellotti*, 435 U.S. 765 (1978).

309 *Lloyd Corp. vs. Tanner*, 407 U.S. 551 (1972).

310 *New York Times Co. vs. Sullivan*, 376 U.S. 254, 270 (1964).

sobre liberdade de expressão dos anos 1970, no entanto, pareciam empobrecer, em vez de enriquecer, o debate público e, portanto, ameaçavam uma das precondições essenciais para uma democracia efetiva. E o fizeram de uma forma bastante sistemática.

Minha primeira inclinação foi ver essas decisões como a incorporação de um conflito entre liberdade e igualdade. Eu vi as decisões dos anos 1970 como parte do programa da Corte, em grande medida (e agora, ao que parece, ironicamente) constituído por Nixon, para estabelecer uma nova prioridade para a liberdade e pôr fim à cruzada igualitária da Suprema Corte nos anos anteriores. A ideia era a de que, nesses casos de liberdade de expressão, como em *Rodriguez*,[311] a Corte não estava disposta a empoderar pessoas pobres ou menos favorecidas se isso significasse sacrificar a liberdade de expressão de alguém. Refletindo, no entanto, o problema parecia mais profundo e complicado. Eu vi que a questão não era simplesmente um conflito entre igualdade e liberdade, mas, também e mais importante, um conflito entre duas concepções de liberdade. A batalha travada não era apenas liberdade x igualdade, mas liberdade x liberdade, ou para colocar a questão de outra forma, não apenas entre a Primeira Emenda e a Cláusula de Proteção Igualitária, mas uma batalha dentro da própria Primeira Emenda. Também vim a entender que o Tribunal não estava promovendo uma concepção peculiar ou pervertida de liberdade, mas estava de fato trabalhando bem dentro da Tradição da Liberdade de Expressão. O Tribunal não estava substituindo grosseiramente a liberdade empresarial (ou a propriedade) pela liberdade política;[312] pessoas ricas e donas de capital de fato venceram, mas apenas porque tinham avançado reivindicações de liberdade política que facilmente se encaixavam dentro da Tradição recebida. Dinheiro foi considerado discurso – tanto quanto manifestações.

---

311 *San Antonio Indep. School Dist. vs. Rodriguez*, 411 U.S. 1 (1973).

312 Mas ver DORSEN, Norman; GORA, Joel. "Free speech, property, and the Burger Court: old values, new balances". *Supreme Court Review*, 1982, p. 195.

Com o tempo, me convenci de que as dificuldades que o Tribunal encontrou nos casos de liberdade de expressão dos anos 1970 poderiam, em última análise, ser atribuídas a inadequações na própria Tradição da Liberdade de Expressão. O problema era a Tradição, não o Tribunal. A Tradição não impôs os resultados – nenhum conjunto de precedentes tem a capacidade de fazer isso. É possível argumentar que havia espaço para uma/m artesã/o ágil e determinada/o trabalhando dentro da Tradição chegar a conclusões diferentes em um ou dois desses casos, ou talvez em todos eles. Mas, no geral, parecia que a Tradição orientou os juízas/es na direção errada e forneceu ampla base para aquelas/es que formavam a maioria alegarem, genuinamente, que estavam protegendo a liberdade de expressão quando, na verdade, estavam fazendo algo de caráter diferente, muito mais ambíguo. Isso significava que as críticas teriam que ser direcionadas não apenas ao Tribunal Burger, mas a algo maior: a um conjunto de doutrinas poderosamente arraigadas, mas finalmente inadequadas.

I

Na maior parte, a Tradição da Liberdade de Expressão pode ser entendida como uma proteção do/a orador/a da esquina. A pessoa sobe em um palanque em uma esquina de alguma cidade grande, começa a criticar a política governamental e então é presa por violação da paz. Nesse cenário, a Primeira Emenda é concebida como um escudo, como um meio de proteger a oradora/r individual de ser silenciada/o pelo Estado.

O litígio da Primeira Emenda começou a ocupar a atenção da Suprema Corte durante a Primeira Guerra Mundial, uma época em que o escudo constitucional era bastante fraco. A/ oradora/r da esquina podia ser presa/o com a menor provocação. Essas primeiras decisões foram abertamente criticadas, mas essas críticas – eloquentes e às vezes heroicas – permaneceram dentro da estrutura estabelecida e buscaram apenas expandir as fronteiras da liberdade de forma incremental; buscaram colocar mais restrições à polícia e dar cada vez mais proteção à/ao oradora/r da esquina. As críticas progressistas alcançaram seus primeiros sucessos durante a década de 1930, nas mãos da Corte Hughes, mas sua reivindicação final veio na Corte Warren: foi somente então que o escudo em torno da/o oradora/r se tornou compatível com uma democracia.

O que emergiu amplamente desse processo histórico é uma regra contra a regulamentação de conteúdo – ela agora se destaca como o cerne da Tradição da Liberdade de Expressão. A polícia não pode prender a/o oradora/r só porque não gosta do que está sendo dito. Regulamentações de tempo, lugar e maneira são permitidas – a/o oradora/r não pode ficar no meio da rua –, porém a intervenção não deve ser baseada no conteúdo do discurso ou no desejo de favorecer um conjunto de ideias em detrimento de outro. Com certeza, o Tribunal permitiu que a polícia interviesse em certas circunstâncias com base no conteúdo, como quando a/o oradora/r está prestes a incitar uma multidão. No entanto, mesmo assim, o Tribunal procurou garantir que a polícia interviesse apenas no último momento possível, ou seja, antes que a multidão fosse desencadeada. Na verdade, durante a maior parte deste século, os estudos sobre a Primeira Emenda consistiram em grande parte em um debate sobre o teste de "perigo claro e presente" e o chamado "teste de incitação", em um esforço para encontrar uma fórmula verbal que melhor identifique o último momento possível para intervenção.[313] A suposição comum de todas/os aquelas/es que participaram desse debate – finalmente explicitada na decisão de 1969 em *Brandenburg vs. Ohio*,[314] talvez o ponto culminante desses debates e, em muitos aspectos, a declaração final da Corte

313 Ver, por exemplo, GUNTHER, Gerald. "Learned hand and the origins of modern First Amendment Doctrine: some fragments of History". *Stanford Law Review*, vol. 27, 1975, p. 719; KALVEN, Harry. "Professor Ernst Freund and Debs vs. United States". *University of Chicago Law Review*, vol. 40, 1973, p. 235.

314 395 U.S. 444 (1969).

Warren sobre o assunto – é que a polícia não deve intervir quando a/o oradora/r está apenas envolvida/o na expressão geral de ideias, por mais impopulares que essas ideias possam ser.[315]

Eu seria o primeiro a reconhecer que houve algo nobre e inspirador na jornada de cinquenta anos de transformação do entendimento da liberdade de expressão. Um corpo de doutrina que protege totalmente a/ oradora/r de esquina é, claro, uma realização digna de nota; as batalhas para garantir essa proteção foram duramente travadas e seu resultado estava longe de ser certo. O problema, no entanto, é que hoje não há esquinas, e o conjunto doutrinário atual é insensível às condições da sociedade moderna.

Sob a Tradição, a liberdade de expressão garantida pela Primeira Emenda equivale a uma proteção da autonomia – é o escudo em torno da oradora/r. A teoria que anima essa proteção, que agora domina o campo,[316] enquadra o propósito subjacente da Primeira Emenda em termos sociais ou políticos: o propósito da liberdade de expressão não é a autorrealização individual, mas, sim, a preservação da democracia e o direito de um povo, como povo, de decidir que tipo de vida deseja viver. A autonomia é protegida não por seu valor intrínseco, como um kantiano poderia insistir, mas, sim, como um meio ou instrumento de autodeterminação coletiva. Permitimos que as pessoas falem para que outras possam votar. A fala permite que as pessoas votem de forma inteligente e livre, cientes de todas as opções e em posse de todas as informações relevantes.

A suposição crucial dessa teoria é que a proteção da autonomia produzirá um debate público que será, para usar a frase poderosa

---

315 395 U.S. 444, pp. 447-449 (1969).

316 Veja, por exemplo, BOLLINGER, Lee. "Free speech and intellectual values". *Yale Law Journal*, vol. 92, 1983, p. 438. A amplitude do apoio é indicada por adeptos tão diversos quanto Kalven e Bork. Veja BORK, Robert H. "Neutral principles and some First Amendment problems". *Indiana Law Journal*, vol. 47, 1971, p. 1.

mais uma vez, "desinibido, robusto e aberto". A Tradição assume que, ao deixar os indivíduos sozinhos, livres das mãos ameaçadoras do Estado, uma consideração completa e justa de todas as questões surgirá. A premissa é que a autonomia levará a um rico debate público. Da perspectiva da esquina da rua, essa suposição pode parecer plausível o suficiente. Mas, quando nossa perspectiva muda, como insisto que deve, da esquina da rua para, digamos, a rede de televisão CBS, essa suposição se torna altamente problemática. Autonomia e rico debate público – os dois valores da liberdade de expressão – podem divergir e se tornar antagônicos.[317] Quando trazemos a CBS para o centro, a autonomia pode ser insuficiente para garantir um rico debate público. Estranhamente, pode até se tornar destrutiva desse objetivo.

Alguns reconhecem a mudança de paradigmas e a obsolescência da esquina, mas, ainda assim, veriam a CBS como um fórum – uma esquina eletrônica.[318] Eles exigiriam acesso à rede como se fosse apenas mais um fórum e insistiriam que o direito de acesso não deveria seguir a incidência de propriedade. Essa visão nos aproxima de uma compreensão verdadeira do problema da liberdade de expressão na sociedade moderna, pois revela como a liberdade de falar depende dos recursos à disposição de alguém, e nos lembra de que hoje são necessários mais do que um palanque, uma boa voz e o talento para manter uma audiência. Por outro lado, essa visão é incompleta: ignora o fato de que a CBS não é apenas um fórum, mas também uma oradora, e, portanto, subestima o

---

317 Sobre os dois valores da liberdade de expressão, veja as observações de BRENNAN, J. "Address". *Rutgers Law Review*, vol. 32, 1979, p. 173. Para uma opinião informada por essa perspectiva, veja *Richmond Newspapers vs. Virginia*, 448 U.S. 555, 584-589 (1980) (Ministro Brennan, concordando com o julgamento). Veja também BLUM, Jeffrey. "The divisible First Amendment: a critical functionalist approach to freedom of speech and electoral campaign spending". *New York University Law Review*, vol. 58, 1983, p. 1273.

318 Ver, por exemplo, BARRON, Jerome. *Freedom of the press for whom?* The right of access to mass media. Bloomington: Indiana University Press, 1973.

desafio que é imposto à Tradição recebida pela mudança de paradigmas. Para mim, a CBS é uma oradora e, nessa capacidade, torna a Tradição mais problemática. Como porta-voz, a CBS pode reivindicar a proteção da autonomia garantida pela Tradição; ainda assim, o exercício dessa autonomia pode não enriquecer, mas, sim, empobrecer o debate público e, desse modo, frustrar as aspirações democráticas da Tradição.

Ao pensar na CBS como uma oradora e reivindicar para ela o benefício da Tradição, presumo que a autonomia protegida pela Tradição não precisa ser confinada a indivíduos. Ela pode se estender a instituições. A autonomia não é valorizada por causa do que ela faz pelo desenvolvimento de uma pessoa (autoatualização), mas, sim, por causa da contribuição que ela faz para nossa vida política, e essa contribuição pode ser feita por indivíduos ou organizações. A Associação Nacional para o Progresso de Pessoas Negras NAACP), o Partido Nazista, a CBS e o First National Bank of Boston têm tanto direito à autonomia garantida pela Tradição quanto um indivíduo, e nenhum propósito útil seria atendido reduzindo essa ideia de autonomia institucional à autonomia dos vários indivíduos que (em qualquer ponto do tempo) gerenciam ou trabalham dentro da organização.

Implícito nesse compromisso de proteger a autonomia institucional está o entendimento de que as organizações têm pontos de vista e que esses pontos de vista não são menos dignos da proteção da Primeira Emenda do que os de indivíduos. O ponto de vista de uma organização não é redutível às visões de nenhum indivíduo, mas é, em vez disso, o produto de uma interação complexa entre personalidades individuais, estruturas organizacionais internas, o ambiente em que a organização opera etc. O ponto de vista de uma organização como a CBS ou o First National Bank of Boston pode não ter um perfil tão nítido quanto o da NAACP ou do Partido Nazista (provavelmente é uma das razões pelas quais pensamos em uma rede como um fórum), mas esse ponto de vista é, no entanto, real, penetrante e comunicado quase infinitamente. Não se limita à anunciada "Mensagem Editorial", mas se estende à transmissão do sitcom *Love Boat* também. No programa ou comercial comum, uma visão do mundo é projetada, o que, por sua vez, tende a definir e ordenar nossas opções e escolhas.

Dessa perspectiva, a proteção da autonomia da CBS por meio da regra de não regulamentação de conteúdo parece ser boa. A liberdade da CBS de dizer o que deseja pode enriquecer o debate público (entendido generosamente) e, assim, contribuir para o cumprimento das aspirações democráticas da Primeira Emenda. O problema, no entanto, é que isso pode funcionar de outra forma também, pois, quando a CBS acrescenta algo ao debate público, algo também é retirado. O que é dito determina o que não é dito. A decisão de preencher um horário nobre da televisão com *Love Boat* necessariamente implica uma decisão de não transmitir uma crítica à política externa de Reagan ou um documentário sobre uma das "grandes questões" durante o mesmo horário. Podemos, portanto, ver que a chave para cumprir os propósitos finais da Primeira Emenda não é a autonomia, que tem uma relação muito incerta ou ambígua com o debate público, mas, sim, o efeito real de uma transmissão: no geral, isso enriquece o debate público? A fala é protegida quando (e somente quando) o faz, e precisamente porque o faz, não porque seja um exercício de autonomia. Na verdade, a autonomia não acrescenta nada e, se necessário, pode ter que ser sacrificada, para garantir que o debate público seja suficientemente rico para permitir uma verdadeira autodeterminação coletiva. O que a frase "liberdade de expressão" na Primeira Emenda se refere é a um estado social de coisas, não à ação de um indivíduo ou instituição.

O risco imposto à liberdade de expressão pela autonomia não se limita a situações em que é exercida pela CBS ou por outras mídias, mas ocorre sempre que a fala acontece em condições de escassez, ou seja, sempre que a oportunidade de comunicação é limitada. Em tais situações, uma declaração necessariamente deslocará outra. Com a esquina da rua, o elemento de escassez tende a ser mascarado; quando pensamos na esquina da rua, normalmente assumimos que cada oradora/r terá sua vez e que a atenção do público é virtualmente ilimitada. De fato, é por isso que é uma história tão atraente. Mas, na política, a escassez é a regra e não a exceção. As oportunidades de fala tendem a ser limitadas, seja pelo tempo ou espaço disponível para comunicação ou por nossa capacidade de digerir ou processar informações. Isso é claro e óbvio no caso da mídia de massa, que desempenha um papel decisivo na determinação de quais questões são debatidas e como o são, mas também é verdade em outros contextos. Em um referendo ou eleição, por exemplo, há todos os motivos para se preocupar com a campanha publicitária montada pelos ricos ou poderosos, porque os recursos à disposição deles permitem que preencham todo o espaço disponível para o discurso público com sua mensagem. Tocar música ambiente no sistema de endereços públicos de um *shopping center* enche as mentes daqueles que se reúnem ali. Ou considere a compra de livros por uma biblioteca, ou o *design* de um currículo escolar. A decisão de adquirir um livro ou incluir um curso necessariamente implica a exclusão de outro.

Se alguém tem alguma visão clara do que deve ser incluído no debate público, como Marcuse,[319] esse alguém tem uma base para determinar se o debate público que resultará do exercício da autonomia permitirá uma verdadeira autodeterminação coletiva. Tal linha de base substantiva torna a vida mais fácil, mas não é essencial. Mesmo sem ela, há todos os motivos para se preocupar com a qualidade do discurso público sob um regime de autonomia. Pois a proteção da autonomia resultará em um debate que carrega a marca daquelas forças que dominam a estrutura social. No mundo de Thomas Jefferson, composto de indivíduos que são iguais uns aos outros, isso pode não ser uma questão de grande preocupação, pois pode-se dizer

---

319 MARCUSE, Herbert. "Repressive tolerance". *In*: WOLFF, Robert Paul; MOORE, Barrington; MARCUSE, Herbert. *A critique of pure tolerance*. Boston: Beacon Press, 1969, p. 81.

que a estrutura social, assim como o processo político formal, é em si democrática. Mas hoje temos todos os motivos para nos preocupar, pois vivemos em um mundo mais distante da democracia que Jefferson contemplou do que do mundo da/o oradora/r de esquina.

O medo que tenho sobre a distorção do debate público sob um regime de autonomia não está de forma alguma ligado apenas ao capitalismo. Ele surge sempre que o poder social é distribuído de forma desigual: o capitalismo é apenas um entre muitos sistemas sociais que distribuem o poder de forma desigual. Eu também acho errado, mesmo em um contexto capitalista, reduzir o poder social ao poder econômico e atribuir a distorção do debate público inteiramente a fatores econômicos; estruturas burocráticas, personalidades, clivagens sociais e normas culturais têm um papel a desempenhar na formação do caráter do debate público. Contudo, acho justo dizer que, em uma sociedade capitalista, a proteção da autonomia produzirá, no geral, um debate público dominado por aqueles que são economicamente poderosos. O mercado – mesmo aquele que opera de forma suave e eficiente – não garante que todas as visões relevantes sejam ouvidas, mas apenas aquelas que são defendidas pelos ricos, por aqueles que podem tomar emprestado de outros ou por aqueles que podem montar um produto que atrairá anunciantes ou assinantes suficientes para sustentar o empreendimento.

A CBS não é um monopólio e compete com algumas outras redes (e mídias menos poderosas) pela atenção do público. O fato de gerentes da CBS serem (até certo ponto indeterminado) guiadas/os por considerações de mercado não diminui de forma alguma o risco de que a proteção da autonomia – deter a mão da polícia – não produza o tipo de debate pressuposto pela teoria democrática. O mercado é, em si, uma estrutura de restrição que tende a canalizar, guiar e moldar como essa autonomia será exercida. Da perspectiva de um debate livre e aberto, a escolha entre *Love Boat* e *Fantasy Island* é trivial. A esse respeito, a CBS e o resto da mídia de transmissão ilustram, por exemplo, não por exceção, a condição de todas as mídias em uma sociedade capitalista. É verdade que a

CBS e as outras redes operam sob uma licença do governo ou sob condições de escassez de espectro. Mas os perigos dos quais falo não se limitam a esses casos, pois distorções do debate público surgem de fatores sociais, e não legais ou técnicos.

Indivíduos podem ser "livres" para começar um jornal de uma forma que não são "livres" para começar uma estação de TV, porque, no último caso, precisam de capital e aprovação do governo, enquanto para o jornal, precisam apenas de capital. Mas esse fato não fechará a lacuna entre autonomia e debate público; não garantirá que, sob os princípios da autonomia, o público ouvirá tudo o que deve. O licenciamento pode distorcer o mercado de alguma forma especial, porém mesmo o mercado sonhado pelos economistas deixará sua marca no debate público, não apenas em questões que afetam diretamente a existência contínua do mercado, mas em uma gama muito mais ampla de questões (embora seja frequentemente difícil prever a forma e a direção da distorção). Não é de se admirar que tendamos a identificar a Tradição da Liberdade de Expressão com a proteção do "mercado de ideias".

II

O liberalismo clássico pressupõe uma dicotomia nítida entre Estado e cidadã/o. Ele nos ensina a ser cautelosos com o Estado e equipara liberdade a governo limitado. A Tradição da Liberdade de Expressão se baseia nessa visão do mundo quando reduz a liberdade de expressão à autonomia e define autonomia como a ausência de interferência do governo. A desconfiança do liberalismo em relação ao Estado é representada pelo antagonismo entre o policial e a/o oradora/r de palanque e pela suposição de que o policial é o inimigo da fala. Sob a Tradição recebida, a liberdade de expressão se torna um fio – talvez o único restante[320] – de um apelo mais geral por

320 Ver COASE, Ronald H. "The market for goods and the market for ideas". *American Economic Review*, vol. 64, 1974, p. 384; DIRECTOR, Aaron. "The

um governo limitado. Seu apelo foi grandemente aprimorado por nosso compromisso histórico com o liberalismo.

Nada do que eu disse pretende destruir a distinção pressuposta pelo liberalismo clássico entre Estado e cidadã/o, ou entre o público e o privado. Em vez disso, ao pedir para mudarmos nosso foco da esquina para a CBS, quero sugerir que não estamos lidando com esferas hermeticamente fechadas. A CBS não é um ator estatal nem uma cidadã privada, mas uma mistura de ambos. A CBS é de propriedade privada e suas/eus funcionárias/os não recebem seus cheques diretamente do tesouro estadual. Também é verdade, no entanto, que a propriedade central da CBS – a licença – foi criada e conferida pelo governo. Ela dá à CBS o direito de excluir pontos de vista de seu segmento das ondas de rádio. Além disso, a CBS se vale de vantagens conferidas pelo Estado de uma forma mais geral, por meio, por exemplo, das leis de incorporação e tributação. Também se pode dizer que a CBS desempenha uma função pública: educação. A CBS é, portanto, uma combinação do público e do privado, o que também é verdade para a mídia impressa, assim como para corporações, sindicatos, universidades e organizações políticas. Hoje, o mundo social é amplamente constituído por entidades que participam tanto do público quanto do privado.

Uma mudança da esquina para a CBS nos obriga a reconhecer o caráter híbrido das principais instituições sociais; começa a quebrar algumas das dicotomias entre público e privado pressupostas pelo liberalismo clássico. Também torna inútil o jogo classificatório de decidir se a CBS é "realmente" privada ou "realmente" pública, pois a mudança convida a uma reavaliação dos papéis estereotipados retratados no pequeno drama da Tradição. Não podemos mais identificar a polícia com o mal e a/o cidadã/o com o bem. O estado de coisas protegido pela Primeira Emenda pode ser tão

---

parity of the economic market place". *The Journal of Law and Economics*, vol 7, 1964, p. 1.

facilmente ameaçado por cidadãs/os privadas/os quanto por uma agência do Estado. Uma corporação operando com capital privado pode ser uma ameaça à riqueza do debate público quanto uma agência governamental, pois cada uma está sujeita a restrições que limitam o que diz ou o que permitirá que outros digam. O Estado tem o monopólio do uso legítimo da violência, mas esse tipo peculiar de poder não é necessário para coibir e restringir o debate público. Gerentes de programação não precisam prender alguém (legalmente ou não) para ter esse efeito, mas apenas escolher um programa em vez de outro, e embora essa escolha não seja totalmente livre, mas limitada pelo mercado, isso não limita a ameaça que ela representa à integridade do debate público. Em vez disso, é a fonte do problema. Todas as chamadas mídias privadas operam dentro da mesma estrutura de restrição, o mercado, que tende a restringir e confinar as questões que são publicamente transmitidas.

Assim como não é mais possível assumir que o setor privado é todo "liberdade", não podemos mais assumir que o Estado é todo "censura". Essa também é uma das lições da mudança da/o oradora/r de esquina para a CBS. Ela nos lembra que, no mundo moderno, o Estado pode enriquecer tanto quanto restringir o debate público: o Estado pode fazer isso, em parte, por meio do fornecimento de subsídios e outros benefícios. Aqui estou pensando não apenas no papel do governo no licenciamento da CBS, mas também e mais significativamente nas dotações governamentais para a televisão e rádio públicas, universidades públicas e privadas, bibliotecas públicas e sistemas educacionais públicos. Essas instituições trazem ao público questões e perspectivas que, de outra forma, provavelmente seriam ignoradas ou menosprezadas por instituições que são de propriedade privada e restringidas pelo mercado. Elas fazem uma enorme contribuição para o discurso público e devem desfrutar dos mesmos privilégios que oferecemos às instituições que se baseiam em capital privado (e, é claro, devem estar sujeitas às mesmas limitações).

Também podemos olhar além do fornecimento de subsídios e considerar se o Estado pode enriquecer o debate público regulando de forma semelhante à da polícia. A CBS ensina que esse tipo de ação governamental – mais uma vez, baseada no conteúdo – pode ser necessária para proteger nossa liberdade. O poder da mídia de decidir o que transmite deve ser regulado porque, como vimos por meio de uma compreensão da dinâmica do deslocamento, esse poder sempre tem uma dupla face: ele subtrai do debate público no exato momento em que o enriquece. Da mesma forma, os gastos de atores políticos podem ter que ser contidos para garantir que todas as opiniões sejam ouvidas. Até o momento, reconhecemos ambivalentemente o valor da regulamentação estatal desse caráter em nome da fala – temos uma doutrina de justiça para a mídia de transmissão e leis limitadas de financiamento de campanha. Mas essas medidas regulatórias estão hoje em apuros e, em qualquer caso, mais, não menos, é necessário. Também deve haver leis exigindo que proprietárias/os das novas arenas públicas – os *shopping centers*, por exemplo – permitam o acesso de panfletárias/os. Um compromisso com um rico debate público permitirá, e às vezes até exigirá, que o Estado aja dessas maneiras, por mais elementares e repressivas que possam parecer à primeira vista. A autonomia será sacrificada, e a regulamentação de conteúdo, às vezes, permitida, mas apenas na suposição de que o debate público possa ser enriquecido e nossa capacidade de autodeterminação coletiva aprimorada. Os riscos dessa abordagem não podem ser ignorados, e em alguns momentos eles parecem alarmantes, mas só podemos começar a avaliá-los quando pesamos na balança os custos ocultos de um regime irrestrito de autonomia.

No cerne da minha abordagem está a crença de que a estrutura social contemporânea é tão inimiga da liberdade de expressão quanto a polícia. Alguns podem partir dessa premissa para um ataque à própria estrutura social – concentrações de poder devem ser esmagadas em átomos e espalhadas de uma forma que agradaria a Jefferson. Tal abordagem propõe um remédio que vai diretamente à fonte do problema, mas certamente está além do nosso alcance, como uma questão social ou legal, e talvez até mesmo como uma questão ética. A Primeira Emenda não requer uma revolução. Pode exigir, no entanto, uma mudança em nossa atitude sobre o Estado. Devemos aprender a reconhecer o Estado não apenas como um inimigo, mas também como um amigo da expressão; como qualquer ator social, ele tem o potencial de agir em ambas as capacidades e, usando o enriquecimento do debate público como valor, devemos começar a discriminar entre elas. Quando o Estado age para melhorar a qualidade do debate público, devemos reconhecer suas ações como consistentes com a Primeira Emenda. Além disso, quando, em algumas ocasiões, ele falha, podemos com confiança exigir que o Estado aja assim. O dever do Estado é preservar a integridade do debate público; assim como um/a grande professor/a, seu papel não é doutrinar ou promover a "Verdade", mas, sim, salvaguardar as condições para a verdadeira e livre autodeterminação coletiva. Ela/e deve agir constantemente para corrigir a distorção da estrutura social, mesmo que seja apenas para garantir que o *status quo* seja protegido, porque acreditamos que é o melhor, não porque é a única coisa que sabemos ou que temos permissão para saber.

É possível questionar se a abordagem estrutural (moderada) que estou defendendo realmente representa uma ruptura com a Tradição da Liberdade de Expressão, pois alguns traços de uma atitude acolhedora em relação ao Estado podem ser encontrados dentro da Tradição. Um é o caso *Red Lion*, que sustentou a doutrina da imparcialidade e a regulamentação do conteúdo para um orador como a CBS.[321] Essa decisão não se encaixa na estrutura geral da Tradição tomada como um todo e nunca foi suficientemente racionalizada. Tem sido algo anormal, desculpado, mas nunca justificado, com base no fato de que as emissoras são licenciadas pelo governo. Nunca cresceu, como um precedente adequadamente justificado poderia, para permitir que um Estado impusesse uma obrigação de imparcialidade semelhante

321 *Red Lion Broadcasting Co. vs. FCC*, 395 U.S. 367 (1969).

aos jornais ou para permitir que a doutrina da imparcialidade e tudo o que ela implica se tornasse obrigatória em vez de apenas permitida. Não é de pouca importância para mim que Kalven (e vários outros estudiosos da Primeira Emenda que trabalham dentro da Tradição) assinaram memoriais em *Red Lion* do lado da mídia.[322] Há, no entanto, um outro aspecto da doutrina da Primeira Emenda que evidencia uma atitude acolhedora em relação ao Estado e que está mais firmemente entrincheirada e mais adequadamente justificada. Estou agora me referindo ao que Kalven chamou de "veto da/o provocadora/r".[323]

Esta doutrina tem suas raízes na divergência do Ministro Black em *Feiner vs. New York*,[324] mas agora é uma parte estabelecida da Tradição. Ela reconhece que, quando uma multidão fica irritada com uma/m oradora/r e põe em risco a ordem pública ao ameaçá-la/o, o policial deve agir para preservar a oportunidade de um indivíduo falar. O dever do policial é conter a multidão. Em tal situação, uma ação forte do Estado é bem-vinda, e a doutrina do veto pode, portanto, aparecer como uma cunha de abertura para meu apelo por uma reversão de nossas suposições comuns sobre o Estado, ao mesmo tempo permitindo que o Tribunal trabalhe dentro da Tradição. Após uma inspeção mais detalhada, no entanto, isso me parece uma ilusão, e que uma ruptura mais radical com o passado seja necessária.

Primeiro, o veto da/o provocadora/r não requer um abandono da visão de que liberdade de expressão é relacionada a autonomia,

---

322 Estão incluídos: Archibald Cox e Herbert Wechsler (o advogado para o *New York Times* em *New York Times Co. vs. Sullivan*). Ver petição dos reclamados em *Radio Television News Directors Ass'n* e petição para o reclamado em *Columbia Broadcasting System in Red Lion Broadcasting Co. vs. FCC*, 395 U.S. 367 (1967).

323 KALVEN, Harry. *The Negro and the First Amendment*. Chicago: University of Chicago Press, 1965, pp. 140-145

324 340 U.S. 315 (1951).

mas explica que a intervenção do Estado é necessária para tornar a autonomia da/o oradora/r "real" ou "efetiva". A pessoa no palanque deve ter uma chance real de falar. Em contraste, a abordagem que estou defendendo não está preocupada com a autonomia da/o oradora/r, real ou efetiva, mas com a qualidade do debate público. É orientada para a/o ouvinte. A intervenção é baseada no desejo de enriquecer o debate público e, embora o conceito de autonomia "real" ou "efetiva" possa ser tão esticado a ponto de abranger toda a gama de intervenções necessárias para enriquecer o debate público, a qualidade manipuladora de tal estratégia logo se tornará aparente quando a extensão e a abrangência da intervenção forem reconhecidas. Também é difícil ver o que se ganha com tal estratégia: autonomia, em sua versão inflada, permaneceria como o valor-chave, mas, note que enquanto, na Tradição, ela operava como uma resposta à intervenção governamental, sob essa estratégia, serve como uma justificativa para tal intervenção. Autonomia seria salva, mas teria um uso diferente.

Segundo, embora a doutrina do veto da/o provocadora/r acolha o braço forte do Estado, ela o faz apenas em raras ocasiões, quando a violência está prestes a estourar, e então apenas para desviar a ação policial da/o oradora/r para a multidão. A regra geral é que o Estado não deve intervir, mas quando necessário, deve ir atrás de alguém que não seja a/o oradora/r. Em contraste, a abordagem estrutural contempla a intervenção do Estado em uma base muito mais regular e sistemática. Um exemplo primordial de tal intervenção é, mais uma vez, a doutrina da igualdade de oportunidade de apresentação de opiniões, um conjunto variado e elaborado de regulamentações e arranjos institucionais que evoluíram ao longo de várias décadas. Outras instâncias desse tipo de intervenção podem ser encontradas em leis federais e estaduais que regulam contribuições e despesas de campanha, ou nas leis de alguns Estados que criam acesso a *shopping centers* privados para atividades políticas. Essas leis implicam uma forma de intervenção do Estado que é mais regular e mais difundida do que aquela contemplada pela prisão ocasional da/o provocadora/r.

Terceiro, quando a polícia prende as/os provocadoras/es, nenhum interesse de grande importância parece estar em risco. O governo está interferindo na liberdade das/os provocadoras/es, mas elas/es não são objetos de muita simpatia. As/os provocadoras/es são obstrucionistas que estão menos transmitindo uma ideia e mais impedindo outra pessoa de fazê-lo. Elas/es são definidas/os de forma bidimensional, como pessoas que se recusam a respeitar os direitos de outras. Sim, elas terão sua chance no palanque, se é isso que querem, mas devem esperar sua vez. A questão parece ser de tempo. No entanto, as leis que dividiram a Suprema Corte na última década e que a abordagem estrutural busca defender colocam em risco interesses que são mais substanciais do que aqueles representados pelas/os provocadoras/es.

No mínimo, as leis em questão envolvem uma limitação de direitos que muitas vezes acreditamos estar vinculados à propriedade privada – o direito de excluir pessoas da terra que você possui ou de usar o dinheiro que você ganha da maneira que achar melhor. Em alguns casos, os riscos são ainda maiores: a própria liberdade de expressão. As leis em questão ameaçam a liberdade de um indivíduo ou instituição de dizer o que quiser e fazê-lo precisamente por causa do conteúdo do que está sendo dito. Um ramo da doutrina da justiça requer uma rede para cobrir "questões públicas" e outro requer uma "apresentação equilibrada". Em ambos os casos, um julgamento é exigido pela agência governamental sobre o que constitui uma "questão pública" e se a apresentação é "equilibrada". Por necessidade, deve-se prestar atenção ao que está sendo dito e ao que não está sendo dito. Da mesma forma, leis que regulam gastos políticos para impedir que os ricos dominem completamente o debate também exigem algum julgamento sobre quais opiniões devem ser ouvidas. Isso também é verdade quando o Estado atua por meio de estratégias afirmativas, como quando concede subsídios a candidatas/os, compra livros ou define um currículo.

Da perspectiva da autonomia, esses perigos são especialmente agudos e apresentam o que talvez seja uma razão decisiva contra a intervenção. No entanto, mesmo se mudarmos a perspectiva, há boas razões para nos preocuparmos, e em um grau maior do que quando a/o provocadora/r é silenciada/o. O propósito declarado da intervenção governamental e da regulamentação de conteúdo pode ser enriquecer o debate, mas pode ter precisamente o efeito oposto. Pode tender a estreitar as escolhas e informações disponíveis ao público e, assim, agravar a distorção do debate causada pela estrutura social. Na realidade, há boas razões para suspeitar que esse possa ser o caso, pois, como sugerido pela ideia de circularidade de Lindblom, a estrutura social tem tanta probabilidade de deixar sua marca na ação governamental (especialmente de caráter legislativo ou administrativo) quanto de deixar sua marca na qualidade do debate público.

A presença desses perigos é suficiente para distinguir a abordagem que estou defendendo do veto da/o provocadora/r e da Tradição geral da qual ele faz parte, mas uma questão ainda permanece: esses perigos são suficientes para rejeitar a abordagem estrutural por completo e retornar à Tradição recebida e à proteção da autonomia? Os perigos são simplesmente grandes demais? Quando a intervenção do governo ameaça o que pode ser considerado um valor comum, representado pela interferência nos direitos de propriedade, então, a resposta parece claramente "não". A liberdade de expressão não é um luxo. Sacrifícios são necessários e, embora haja limites para o sacrifício (como disse o Ministro Jackson, a Constituição não é um "pacto suicida"),[325] a liberdade de expressão está suficientemente perto do cerne da nossa estrutura constitucional para justificar inclinar a balança a seu favor. A esse respeito, o estruturalista pode tomar emprestado com confiança o processo de equilíbrio ponderado utilizado por progressistas para proteger a fala no interesse da autonomia.

325 *Terminiello vs. Chicago*, 337 U.S. 1, 37 (1949) (Ministro Jackson, divergindo) ("[S]e o Tribunal não temperar sua lógica doutrinária com um pouco de sabedoria prática, ele converterá a Declaração de Direitos em um pacto suicida").

Tradicionalmente, a liberdade de expressão é protegida mesmo que cause inconveniência, congestionamento etc., e não vejo razão pela qual a mesma regra não possa ser aplicada a debates públicos posteriores, em que o Estado aparece como um amigo e não como um inimigo da liberdade de expressão.

Essa perspectiva poderia ajudar em vários casos que frustraram a Corte nos anos 1970. Uma lei que criasse acesso a um *shopping center* poderia interferir nos direitos de propriedade dos proprietários e causar uma perda de vendas (ao afastar aqueles que não gostam de ser incomodados pela política), mas, esses interesses poderiam ter que ser sacrificados para cumprir as aspirações democráticas que fundamentam a Primeira Emenda. Para usar uma das frases que inspiraram os progressistas dos anos 1950 e 1960 e que deram à Tradição muito de sua vitalidade, a liberdade de expressão é uma "liberdade preferida".[326] A única diferença é que, sob a abordagem estrutural, o enriquecimento do debate público é substituído pela proteção da autonomia e a liberdade de expressão opera como uma justificativa e não como um limite à ação do Estado. O mesmo processo de equilíbrio ponderado, com a hierarquia de valores que ele implica, é utilizado, embora a perspectiva tradicional sobre as relações entre o Estado e a liberdade seja invertida. A noção de "liberdades preferenciais" ou equilíbrio ponderado é, no entanto, de pouca ajuda quando os interesses sacrificados ou ameaçados pela ação do Estado não são "comuns", como conveniência ou despesa, mas também são baseados na Primeira Emenda. Então, por assim dizer, a Primeira Emenda aparece em ambos os lados da equação: o Estado pode estar buscando enriquecer o debate público, mas pode, na verdade, estar empobrecendo-o.

---

326 Ver McKAY, Robert B. "The preference for freedom". *New York University Law Review*, vol. 34, 1959, p. 1182.

Esse perigo é apresentado pela doutrina da imparcialidade e é isso – não a conversa sobre violação da autonomia institucional – que torna a doutrina tão problemática. A doutrina busca aumentar o debate público forçando as emissoras a cobrirem eventos públicos e apresentar lados opostos de uma questão; mas, simultaneamente, restringe o debate impedindo a mídia de dizer o que de outra forma poderia dizer (em resposta às pressões do mercado ou para promover as visões políticas dos gerentes ou patrocinadores financeiros etc.). A esperança é que o debate público seja enriquecido, mas o medo é que ele possa funcionar na direção oposta, seja diretamente, forçando as redes a cobrirem questões que não são importantes, ou indiretamente, desencorajando-as de correrem riscos e minando as normas de independência profissional. Leis federais e estaduais que restringem gastos políticos dos ricos ou corporações também podem ser contraproducentes. Essas leis buscam aumentar o debate público ao permitirem que toda a gama de vozes seja ouvida, garantindo que as ideias dos menos ricos também sejam ouvidas. Mas, ao mesmo tempo, essas leis podem corrigir demais, distorcendo o debate em favor de uma visão ou posição e, dessa forma, violar as aspirações democráticas da primeira emenda.

Não acredito que esse perigo de contraprodutividade da Primeira Emenda surja em todas as instâncias em que o Estado intervenha para aumentar o debate público, como é evidente na minha discussão dos casos de *shopping centers* (coloquei o deslocamento de música de fundo pelas canções de protesto de lado). Contudo, acreditando, como acredito, que a escassez é a regra e não a exceção no discurso político, e que, em tais situações, um ato comunicativo desloca outro, devo reconhecer que esse perigo de contraprodutividade está quase sempre presente. Também reconheço o quão real esse perigo realmente é, pois, como Lindblom ensina, o Estado não é autônomo. Nós nos voltamos para ele porque é a única esperança, o único meio de corrigir a influência distorcida da estrutura social no debate público, e, ainda assim, há todas as razões do mundo para temer que o Estado não seja tão "público" quanto parece, mas esteja, na realidade, sob o controle das mesmas forças que dominam a estrutura social. De fato, escolhi a CBS (em vez de, digamos, o *shopping center*) como o novo paradigma e insisti que ela fosse vista como uma oradora (em vez de um fórum), de forma a sublinhar, em vez de minimizar, o caráter problemático da intervenção estatal. A CBS desestabiliza a Tradição, mas também atua como um lembrete doloroso para o estruturalista de que, sempre que o Estado acrescenta algo ao debate público, também pode estar tirando algo dele. A esperança contra a esperança é que, na análise final, estaremos em melhor situação do que sob um regime de autonomia.

O fardo de se proteger contra o perigo da contraprodutividade da Primeira Emenda recairá em grande parte sobre o Judiciário. Juízases são as/os guardiãs/ões finais dos valores constitucionais e, devido aos arranjos institucionais que regem a estabilidade e o salário e às normas profissionais que os isolam da política, elas/es provavelmente serão mais independentes das forças que dominam a estrutura social contemporânea (o mercado) do que outras/os funcionárias/os do governo. O fardo de proteger a Primeira Emenda é delas/es e, sob a abordagem estrutural, provavelmente será excruciante. Juízas/es estão acostumados a sopesar valores conflitantes, mas o conflito aqui é especialmente problemático porque os valores parecem ser de importância e caráter semelhantes. Não podemos insistir casualmente que os tribunais permitam que as agências políticas experimentem ou assumam riscos, como fazemos quando algo como eficiência produtiva ou conveniência administrativa está em jogo, pois os males a serem sofridos são qualitativamente iguais aos benefícios a serem obtidos. Nem podemos nos confortar com doutrinas de deferência que geralmente pedem aos tribunais que respeitem as prerrogativas de agências legislativas ou administrativas. Essas agências podem ser tão cativas das forças que dominam a estrutura social quanto o próprio discurso público. E não vejo mais razão nesse contexto do que na área de discriminação[327] para reverter para uma abordagem que enfatiza os motivos ou a "boa-fé" da agência estatal envolvida: do ponto de vista da democracia, o que importa não é o que a agência está tentando fazer, mas o que ela de fato fez. Para avaliar a validade da intervenção estatal, o Tribunal revisor deve perguntar, direta e inequivocamente, se a intervenção de fato enriquece em vez de empobrecer o debate público.

Essa não é uma pergunta fácil, especialmente quando procedemos, como devemos, sem a orientação de Marcuse sobre que visões devem ser permitidas em uma democracia. As aspirações democráticas da Primeira Emenda exigem um debate robusto sobre questões de importância pública e, como tal, exigem normas de processo, traídas tanto pela imposição de resultados particulares quanto pela falha em garantir condições significativas de debate. Ao construir as normas necessárias, no entanto, podemos encontrar ajuda na velha noção de que é mais fácil identificar uma injustiça do que explicar o que é justiça. Na área racial,[328] procedemos dessa forma negativa, tentando identificar efeitos inadmissíveis ("desvantagem de grupo", "impacto desproporcional" etc.), sem um compromisso com um estado final específico. Suspeito que é assim que devemos proceder no domínio da Primeira Emenda também. Na verdade, as noções de "afogamento"[329] ou "dominação",[330] utilizadas pelo Ministro White em várias ocasiões para explicar como o poder social ou econômico sob um regime de autonomia pode distorcer o debate público, me parecem indicar essa direção.

---

327 FISS, Owen. "Inappropriateness of the intent test in equal protection cases". *Federal Rules of Decision*, vol. 74, 1977, p. 276 (considerações apresentadas na Annual Judicial Conference, Second Judicial Circuit of the United States, em 11 de setembro de 1976).

328 Ver FISS, Owen. "Groups and the equal protection clause". *Philosophy & Public Affairs*, vol. 5, nº 2, 1976, p. 107.

329 *Red Lion Broadcasting Co. vs. FCC*, 395 U.S. 367, 387 (1969).

330 *First Nat'l Bank of Boston vs. Bellotti*, 435 U.S. 765, 809-812 (1978) (Ministro White, divergindo).

Elas são, é claro, apenas um começo, e talvez um pequeno começo, e não devemos ter ilusões sobre quão longa e difícil é a jornada que nos espera.

Realismo não é, no entanto, o mesmo que pessimismo, e nessas questões, eu tendo a ser otimista. Acredito na razão e nos métodos deliberados e incrementais da lei: os tribunais não são mais incapacitados de dar conteúdo ao enriquecimento da ideia do debate público do que a qualquer outro (incluindo autonomia). Também acredito na importância – não na urgência – da jornada que a/o estruturalista nos convidou a fazer. A menos que paremos com o encantamento agora bastante cansativo da fórmula de Brennan e comecemos a explicar precisamente o que queremos dizer quando falamos de um debate que é "desinibido, robusto e amplamente aberto", e a avaliar várias intervenções e estratégias à luz de sua contribuição para esse fim, nunca estabeleceremos a precondição efetiva de uma verdadeira democracia.

III

Não espero que todos compartilhem meu otimismo. Posso entender alguém que reconhece como a estrutura social e a proteção da autonomia podem distorcer o debate público, mas acredita (por algum motivo) que as investigações solicitadas por uma nova abordagem são muito difíceis ou muito perigosas. Eu argumentaria com essa posição, mas a entenderia. Seria um reconhecimento da condição trágica em que vivemos – sabemos o que a liberdade requer, mas achamos muito difícil ou muito perigoso agir em seu nome. Mas essa não tem sido a postura do bloco dominante da Corte Burger nos casos de liberdade de expressão dos anos 1970, e é por isso que acredito que uma reação mais forte do que mera discordância é apropriada. O Tribunal não apresentou, por exemplo, sua decisão de invalidar a lei de Massachusetts que limita os gastos políticos corporativos como uma tragédia, em que, por um lado, reconheceu como a "dominação" que White descreveu poderia interferir nos valores da Primeira Emenda, mas, por outro, explicou que pode ser muito perigoso ou muito difícil até mesmo considerar a possibilidade de medidas corretivas pelo Estado. Em vez disso, o Ministro Powell anunciou a decisão da Corte como uma vindicação plena e triunfante dos valores da Primeira Emenda. É essa postura, acima de tudo, que acho mais preocupante, e que me levou a me perguntar se a verdadeira fonte do problema não são os juízes, mas, sim, a Tradição.

Alguns dos juízes reconheceram a divergência entre autonomia e rico debate público, e foram preparados para honrar e promover o valor do debate público às custas da autonomia. De vez em quando, estão preparados para trabalhar de forma paciente e disciplinada para garantir que a intervenção em questão realmente enriqueça, em vez de empobrecer, o debate público. Em seus melhores momentos, eles estão atentos a questões de desenho institucional e ao perigo da contraprodutividade da Primeira Emenda. Aqui estou pensando especialmente nos Ministros White e Brennan, embora até eles, às vezes, tropecem sob o peso da Tradição. O método da maioria prevalecente, talvez melhor tipificado pelo trabalho do Ministro Powell, mas de forma alguma confinado a ele, é, no entanto, de outro caráter inteiramente. Para eles, tudo é autonomia – como se estivéssemos de volta à esquina e como se a função da Primeira Emenda fosse simplesmente parar o policial. O método deles é a Tradição.

Uma parte desse método é ver uma ameaça à autonomia sempre que o Estado age de forma regulatória. Por exemplo, Powell temia que uma lei que exigisse acesso a um *shopping center* pudesse comprometer os direitos de liberdade de expressão das/os proprietárias/os.[331] Tal autonomia seria comprometida, argumentou o Ministro Powell, porque haveria um risco de que as opiniões de ativistas políticos fossem atribuídas a elas/es. Diante do fato de

331 *PruneYard Shopping Center vs. Robins*, 447 U.S. 74, 96-101 (1980) (Ministro Powell, concordando em parte e no dispositivo).

que ativistas obtiveram acesso por força da lei e sob condições que fornecem acesso a todos, e que, em qualquer caso, proprietárias/os poderiam se proteger contra o risco de atribuição postando placas que neguem apoio às opiniões defendidas, o Ministro Powell levou sua busca por autonomia a um nível ainda mais absurdo. Ele insistiu que ser forçado a postar uma isenção de responsabilidade poderia ser uma violação da autonomia garantida pela Primeira Emenda.[332] (Por alguma razão estranha, o Ministro White aderiu a essa opinião).

Outra parte do método da maioria predominante é tratar a autonomia como algo quase absoluto e como o único valor da Primeira Emenda. O enriquecimento do debate público seria um subproduto agradável de um regime de autonomia (eles também citam a fórmula de Brennan), mas o que a Primeira Emenda ordena é a proteção da autonomia – individual ou institucional – e se essa proteção não enriquece o debate público, ou de alguma forma o distorce, que assim seja. Certamente, a doutrina da igual oportunidade de expressar opiniões é tolerada, porém, em grande parte, por respeito ao precedente, ou uma deferência à vontade legislativa ou administrativa, e é distinguida por motivos bastante fatídicos. O Tribunal deixou claro que a FCC é livre para abandoná-la e, em qualquer caso, a doutrina e a regulamentação do conteúdo que ela implica não devem ser estendidas à mídia impressa (e, presumivelmente, a outras mídias eletrônicas que não exigem uma alocação do escasso espectro eletromagnético). Restrições em contribuições financeiras a candidatas/os são permitidas mais uma vez por deferência ao precedente e como uma forma de conter a corrupção, mas restrições em gastos são invalidadas como interferência na autonomia supostamente garantida pela Primeira Emenda. Essas são as decisões que deram aos anos 1970 seu caráter especial. Refletindo o poder total da Tradição recebida, repetidamente, a Corte declarou: "[O] conceito de que o governo pode restringir a

---

332 *PruneYard Shopping Center vs. Robins*, 447 U.S. 74, p. 99 (1980) (Ministro Powell, concordando em parte e no dispositivo).

fala de alguns elementos de nossa sociedade para aumentar a voz relativa de outros é totalmente estranho à Primeira Emenda".[333]

Autonomia é uma ideia especialmente voltada para o Estado agindo de forma regulatória – é o escudo contra a polícia. Quando o Estado age afirmativamente, digamos, por meio de provisões de subsídios ou benefícios, a Tradição não tem muito a dizer. Como resultado, durante esse mesmo período, a Corte Burger foi, para meu alívio, mais tolerante com essa intervenção estatal, mas essa tolerância foi alcançada ao preço da coerência. O Tribunal não tem um padrão para orientar sua revisão. Em vez de perguntar se a ação em questão enriquece o debate, os juízes tentaram reformular a questão em termos da Tradição recebida. Em um caso de biblioteca escolar, o Ministro Brennan se viu obrigado a caracterizar a censura – uma tentativa transparente de restringir o debate – como uma violação da autonomia e uma violação da regra contra a regulamentação de conteúdo.[334] Isso o levou a fazer uma distinção insustentável entre a remoção e a aquisição de livros e a investigar os motivos do conselho escolar – um tipo de inquérito para o qual, como ele demonstrou em outros contextos, não tem inclinação alguma. Mesmo assim, ele não conseguiu garantir a maioria.

Nesse caso, e em outros que envolveram o Estado em alguma capacidade que não a de policial, Brennan e seus aliados enfrentaram uma discordância aguda do Ministro Rehnquist, na qual ele tornou explícita a distinção entre quando o Estado age como soberano (polícia) e quando age em outras capacidades (por exemplo, como educador, empregador, financiador).[335] Para a última categoria, Rehnquist defendeu um padrão que deixa o Estado com discrição quase total. A esse respeito, ele fala pelos

---

333 Ver, por exemplo, *First Nat'l Bank of Boston vs. Bellotti*, 435 U.S. 765, 790-91 (1978) (citando *Buckley vs. Valeo*, 424 U.S. 1, 48-49 (1976)).

334 *Board of Educ. vs. Pico*, 457 U.S. 853 (1982).

335 *Board of Educ. vs. Pico*, 457 U.S. 853, pp. 908-910 (1982).

outros e, em um caso,[336] garantiu a maioria e escreveu a opinião prevalecente (à qual Brennan se juntou – um fato que ele lamentou mais tarde).[337] Parece-me, no entanto, que o que a Primeira Emenda exige nesses casos não é indiferença, mas um compromisso por parte da Corte de fazer tudo o que puder para apoiar e encorajar o Estado em esforços para enriquecer o debate público, para eliminar aquelas restrições de seus programas de subsídios que estreitariam e restringiriam o debate público e, se necessário, até mesmo exigir que o Estado continue e embarque em programas que enriqueçam o debate.[338] O problema das soluções e os limites da competência institucional podem, em última instância, fazer com que juízas/es – mesmo alguém tão forte em sua concepção de cargo quanto Brennan – recuem de um empreendimento tão ambicioso, mas tal falta de coragem ou de exercício de prudência deve ser reconhecida pelo que é: um compromisso, e não uma reivindicação da Primeira Emenda e de suas mais profundas aspirações democráticas.

Quando subsídios estão envolvidos, o Tribunal permite que o Estado aja – o Tribunal está dividido, e as opiniões são incoerentes, mas a Primeira Emenda não é vista como uma barreira à ação do Estado. Quando confrontado com medidas regulatórias, no entanto, como tetos e limites em gastos políticos, o Tribunal vê uma ameaça à autonomia conforme definido pela Tradição e reage de uma forma muito mais direta e muito mais restrita: o Estado é constrangido. Ao reagir assim, juízas/es dão expressão à Tradição e ao nosso compromisso de longa data com os princípios do liberalismo clássico e seu apelo por um governo limitado. Elas/es também dão expressão ao clima político atual, que é definido por sua hostilidade ao Estado ativista. Hoje, a abolição da doutrina da igualdade de oportunidade de expressar opiniões pode ser

---

336 *Regan vs. Taxation With Representation of Washington*, 461 U.S. 540 (1983).

337 Ver *FCC vs. League of Women Voters*, 104 S. Ct. 3106, 3128 (1984).

338 Ver *Columbia Broadcasting Sys. vs. Democratic Nat'l Comm.*, 412 U.S. 94, 170-204 (1973) (Ministro Brennan, divergindo).

considerada apenas mais uma instância de "desregulamentação". Parece-me, no entanto, que há muito a lamentar nessa postura do Tribunal e da Tradição sobre a qual ela se baseia.

A Tradição pressupõe um mundo que não existe mais e que está além da nossa capacidade de recordar – um mundo em que o principal fórum político é a esquina da rua. A Tradição ignora as múltiplas maneiras pelas quais o Estado participa da construção de todas as coisas sociais e como a estrutura social contemporânea, se deixada por si mesma, distorce o debate público. Ela também faz com que as escolhas que enfrentamos pareçam muito fáceis. A Tradição recebida não leva em conta o fato de que, para servir ao propósito final da Primeira Emenda, às vezes, é necessário "restringir a fala de alguns elementos da nossa sociedade para aumentar a voz relativa de outros", e, a menos que o Tribunal permita e às vezes até exija que o Estado o faça, nós, como povo, nunca seremos verdadeiramente livres.

XI

FEMINISMO E ANTISSUBORDINAÇÃO[339]

Certa vez, De Tocqueville comentou sobre a tendência incomum das/os estadunidenses de dar às controvérsias políticas e sociais um caráter jurídico.[340] Essa observação, feita há mais de um século e meio, continua sendo verdadeira hoje, talvez mais do que nunca, e é confirmada pelo peculiar envolvimento da nossa sociedade com o feminismo.

O feminismo é o conjunto de crenças e ideias que fazem parte do amplo movimento social e político para alcançar maior igualdade de gênero. Como sua ideologia dominante, o feminismo dá forma e direção ao movimento e, é claro, é moldado por ele.

Algumas advogadas, por exemplo, Catharine MacKinnon, desempenharam um papel quase arquitetônico no pensamento feminista dos Estados Unidos. Outras contribuíram por meio de atividades

---

339 FISS, Owen. "What is feminism?" *Arizona State Law Journal*, vol. 26, 1994, p. 413.

340 TOCQUEVILLE, Alexis de. *Democracy in America*. vol. 1. Coord. Phillips Bradley. Nova York: Alfred A. Knopf, 1945, p. 280.

profissionais mais tradicionais. As ações judiciais para obter maior igualdade de gênero lotam os tribunais, e os estatutos que buscam o mesmo fim são agora comuns. O feminismo também tem sido de grande importância nas recentes lutas pelo poder na Suprema Corte.

Ruth Bader Ginsburg, a primeira indicada do Presidente Clinton para a Suprema Corte, na verdade, a primeira indicada por um Presidente democrata nos últimos 25 anos, fez sua carreira lutando pelos direitos das mulheres. Da mesma forma, as batalhas de confirmação de dois indicados republicanos recentes – Clarence Thomas e Robert Bork – foram, em grande parte, centradas em questões feministas. No outono de 1991, a nação foi tomada pelas alegações de assédio sexual apresentadas contra Clarence Thomas por Anita Hill em sua audiência de confirmação. A derrota de Robert Bork no Senado em 1987 – um dos eventos mais importantes da história constitucional contemporânea – deveu-se em grande parte à sua posição em dois casos que são fundamentais para o feminismo: *Griswold vs. Connecticut*[341] e *Roe vs. Wade.*[342] *Griswold* estabeleceu um direito constitucional à privacidade e protegeu o acesso a contraceptivos, e *Roe* se baseou em *Griswold* para anular as leis que criminalizavam o aborto.

O feminismo também passou a desempenhar um papel importante na academia jurídica. Quase todas as faculdades de Direito dos Estados Unidos têm cursos sobre o assunto. Esses cursos são extremamente populares e provocam discussões e argumentos que se espalham pelos corredores. Cerca de uma dúzia de periódicos jurídicos dedicados exclusivamente ao feminismo foram lançados na última década. Até mesmo periódicos jurídicos não especializados, como *Yale Law Journal* ou *Harvard Law Review*, publicam regularmente artigos sobre o assunto. Esses cursos e periódicos apresentam o feminismo não apenas como uma ideologia política, mas como uma

---

341 381 U.S. 479 (1965)
342 410 U.S. 113 (1973).

Teoria do Direito, e eu me arrisco a dizer que o feminismo pode ser a Teoria do Direito mais central da década de 1990. O feminismo é a fonte e o local das discussões teóricas mais interessantes e exigentes que ocorrem atualmente na academia jurídica.

Neste artigo, estabeleci para mim a tarefa de descrever e analisar o feminismo como uma teoria jurídica. Esse esforço será prejudicado pelas dificuldades usuais enfrentadas por qualquer pessoa inocente o suficiente para tentar extrair uma única teoria de uma literatura tão rica e variada como a do feminismo. Assim como as duas teorias jurídicas mais proeminentes nas últimas duas décadas, *Law and Economics* e *Critical Legal Studies* (CLS), analisadas em um artigo anterior meu,[343] o feminismo tem significados diferentes para pessoas diferentes. Muitas vezes são feitas distinções entre "feministas radicais", "feministas culturais ou relacionais", "feministas liberais" e "feministas socialistas".[344] Essas distinções são tão significativas quanto as diferenças entre os ramos radical e moderado do CLS ou as escolas de Law and Economics de Chicago e New Haven.[345]

O feminismo é tão variado quanto qualquer conjunto de pensamentos. No entanto, ele apresenta uma dificuldade especial, pois não engloba uma teoria, mas duas. Em um nível, o feminismo

343 FISS, Owen. "The death of the Law?" *Cornell Law Review*, vol. 72, 1986, p. 1, traduzido e publicado aqui.

344 Para uma visão geral útil das muitas vertentes do feminismo contemporâneo, ver, em geral, JAGGAR, Alison. *Feminist politics and human nature*: an overview of the feminist movement and its various facets. Totowa: Rowman and Littlefield, 1983; MARCUS, Isabel *et al.* "Feminist discourse, moral values, and the law – a conversation". *Buffalo Law Review*, vol 34, 1985, p. 11.

345 Para uma comparação entre as escolas de Direito e Economia de Chicago e New Haven, ver FISS, Owen. "The death of the Law?" *Cornell Law Review*, vol. 72, 1986, p. 7. Para uma discussão que contrasta o trabalho de acadêmicos de estudos jurídicos críticos radicais com o de seus adeptos mais moderados, como Frank Michelman e Peter Gabel, ver FISS, Owen. "The law regained". *Cornell Law Review*, vol. 74, 1989, pp. 245 e 250-251.

é uma teoria sobre igualdade. Em outro nível, mais abstrato ou geral, é uma teoria sobre a objetividade do Direito. Cada um desses níveis do feminismo representa um profundo desafio às tradições políticas e jurídicas estabelecidas. Ao mesmo tempo, eles estão em conflito um com o outro. O igualitarismo do feminismo está em guerra com sua epistemologia radical, e devemos reconhecer que, no final, algum nível terá de ceder lugar ao outro.

I

O período moderno do Direito Constitucional dos Estados Unidos começou em 1954, quando a Suprema Corte proferiu sua decisão no caso *Brown vs. Board of Education.*[346] Nesse caso, a Suprema Corte declarou inconstitucional um sistema de educação que segregava estudantes Negras/os e brancas/os de acordo com a raça. Ainda mais importante, a Suprema Corte recolocou a igualdade dentro da ordem constitucional. Durante a maior parte de nossa história, a liberdade foi vista como o valor supremo, dominando e quase excluindo todos os outros. Mas *Brown* ressaltou a importância da igualdade, até mesmo a ponto de justificar o sacrifício de certas liberdades individuais, como a liberdade de associação.[347]

Brown marcou o início de uma nova era na política, bem como no Direito Constitucional, e colocou em movimento uma série de mudanças radicais na sociedade dos Estados Unidos. Por um período de vinte anos, aproximadamente de 1954 a 1974 – e com força especial na década de 1960 –, a Suprema Corte e o movimento dos direitos civis mantiveram um diálogo intenso e poderoso. Repetidas vezes, a Suprema Corte foi chamada a elaborar o

---

346 347 U.S. 483 (1954)

347 Ver, em geral, WECHSLER, Herbert. "Toward neutral principles of Constitutional Law". *Harvard Law Review*, vol. 73, 1959, p. 1.

ideal constitucional de igualdade e a criar soluções que lhe dessem conteúdo prático.[348]

Em meados da década de 1970, o movimento pelos direitos civis havia perdido a maior parte de seu ímpeto, nos tribunais e em outros lugares.[349] A maré havia mudado. Muitas/os continuaram a lutar por mais igualdade para pessoas Negras, mas seus esforços eram desesperados e defensivos, tentando manter os ganhos do passado. Naquele exato momento, no entanto, o movimento das mulheres começou a se enraizar nos círculos jurídicos e, em 1973, estabeleceu uma base de apoio constitucional decisiva no caso *Roe vs. Wade*. O caminho a seguir não era linear nem ininterrupto, mas, no final da década de 1970 e na década de 1980, o movimento das mulheres cresceu em poder e apoio, enquanto o movimento dos direitos civis recuava, e hoje, o primeiro está na vanguarda da luta pela igualdade.

Há alguns elementos libertários no feminismo. Alguns veem *Roe vs. Wade* como uma vitória da liberdade, dando a cada mulher o direito de escolher se quer fazer um aborto e o direito de controle sobre seu corpo. Essa interpretação de *Roe vs. Wade* encontra amplo apoio na retórica da Suprema Corte e tem grande influência nos círculos políticos. No entanto, ela não faz muito sentido como questão de teoria constitucional. A Constituição não confere a nenhum indivíduo uma liberdade absoluta em nenhum domínio; ela exige apenas que o Estado justifique cada violação da liberdade. Se não houvesse outras preocupações envolvidas, como a igualdade, o desejo do Estado de proteger a vida do feto poderia muito bem ser

---

348 Ver, por exemplo, *Keyes vs. School Dist. No. 1*, 413 U.S. 189 (1973); *Swann vs. Charlotte-Mecklenburg*, 402 U.S. 1 (1971); *Griggs vs. Duke Power*, 401 U.S. 424 (1971); *Gaston County vs. United States*, 395 U.S. 285 (1969); *Green vs. New Kent County*, 391 U.S. 430 (1968); *Katzenback vs. Morgan*, 384 U.S. 641 (1966); *South Carolina vs. Katzenback*, 383 U.S. 301 (1966).

349 Ver, em geral, *Washington vs. Davis*, 426 U.S. 229 (1976); *Milliken vs. Bradley*, 418 U.S. 717 (1974).

suficiente para restringir a decisão de interromper uma gravidez. A decisão da Suprema Corte no caso *Roe vs. Wade* faz sentido constitucional somente se trouxermos à tona uma compreensão do significado do direito de escolher o aborto para a posição social das mulheres: como um meio de promover sua igualdade.[350]

Em sua compreensão da igualdade, as feministas percorreram uma jornada teórica paralela à do movimento pelos direitos civis.[351] O feminismo começou com um ataque à discriminação; ele condenou as políticas ou práticas através das quais mulheres têm uma oportunidade escassa negada simplesmente por causa de seu gênero. As feministas proclamaram uma regra "cega a gênero" (análoga ao "daltonismo constitucional") e exigiram que as pessoas não fossem julgadas ou discriminadas com base em seu gênero.[352] Essa vertente do feminismo – conhecida como "feminismo liberal" – foi a posição dominante do feminismo durante os anos 1970, mas à medida que o movimento amadureceu, ele assumiu um objetivo mais ambicioso – acabar com a subordinação das mulheres como grupo.[353] Feministas agora estão preocupadas principalmente com a hierarquia, não com a discriminação, e entendem a igualdade em termos do que chamarei de princípio da antissubordinação – um princípio que condena as práticas que têm o efeito inevitável de criar ou perpetuar uma posição de subordinação para determinados grupos desfavorecidos.

---

350 Ver, por exemplo, GINSBURG, Ruth Bader. "Some thoughts on autonomy and equality in relation to Roe vs. Wade". *North Carolina Law Review*, vol. 63, 1985, pp. 375 e 382-383.

351 Ver, em geral, FISS, Owen. "Groups and the equal protection clause". *Philosophy & Public Affairs*, vol. 5, nº 2, 1976, p. 107.

352 Ver, em geral, BROWN, Barbara *et al.* "The Equal Rights Amendment: a constitutional basis for equal rights for women". *Yale Law Journal*, vol. 80, 1971, p. 871.

353 A transição e o uso pelas feministas do Direito desenvolvido no contexto dos direitos civis podem ser vistos mais claramente em MacKINNON, Catharine A. *Sexual harassment of working women*: a case of sex discrimination. New Haven: Yale University Press, 1979.

Dentro dessa nova estrutura, feministas condenam a discriminação, mas por motivos muito especiais. Elas não condenam a discriminação apenas porque ela implica um tratamento injusto a alguns indivíduos identificáveis, mas, sim, por causa de seu papel na subordinação das mulheres como um grupo e na criação e perpetuação de uma hierarquia de gênero. Além disso, elas veem a discriminação – escolher entre candidatas/os concorrentes com base no gênero – como apenas um entre muitos processos sociais responsáveis pela ordenação hierárquica dos gêneros. É certo que muitas feministas, inclusive as mais radicais, ainda apresentam seus argumentos em termos de discriminação, mas vejo isso simplesmente como uma estratégia retórica destinada a tornar sua posição mais palatável para aqueles que estão imersos na tradição da antidiscriminação. A antissubordinação, e não a antidiscriminação, é a meta definidora do movimento, como pode ser visto ao examinar suas demandas mais ambiciosas e controversas – aquelas que colocam o feminismo no centro das preocupações acadêmicas e estabelecem sua identidade como um corpo de pensamento distinto.

Considere, por exemplo, a exigência de que as mulheres recebam tratamento preferencial no emprego. Inicialmente, é preciso enfatizar que as feministas propuseram várias estratégias para melhorar a proporção de empregos ou cargos obtidos pelas mulheres e que algumas dessas estratégias podem se apoiar confortavelmente no princípio da antidiscriminação. Por exemplo, as feministas atacaram certos critérios de emprego que desfavorecem as mulheres, como requisitos de altura ou regras que tratam a gravidez como deficiência, com base no fato de esses critérios não estarem relacionados ao desempenho no trabalho e, portanto, serem o equivalente funcional de gênero.[354] Aqui, também, podemos ver o princípio da antidiscriminação em ação.

---

354 FISS, Owen. "An uncertain inheritance". *In*: ZUCKERMAN, Harriet; COLE, Jonathan R.; BRUER, John T. (Coord.). *The outer circle*: women in the scientific community. Nova York: Norton, 1991, p. 259.

O princípio da antidiscriminação parece menos adequado, entretanto, quando feministas aumentam suas exigências e atacam os chamados critérios de seleção meritocráticos, argumentando que tais critérios devem ser modificados ou deixados de lado e que uma preferência entre candidatas/os concorrentes deve ser dada às mulheres simplesmente como uma forma de aumentar sua participação nos empregos concedidos. Em um caso de Santa Clara, a Suprema Corte apoiou esse argumento, permitindo que uma agência governamental local modificasse seus critérios de seleção padrão (quatro anos como trabalhador/a de manutenção de estradas) e considerasse o gênero das/os candidatas/os como critério a uma vaga de despachante rodoviária/o.[355] Os critérios de seleção meritocráticos, como os usados pela autoridade local em Santa Clara, estão presumivelmente relacionados ao desempenho e não perpetuam a discriminação do passado, de modo que seu uso não pode ser considerado uma forma proibida de discriminação. Mas esses critérios efetivamente colocam as mulheres em desvantagem competitiva e reduzem a parcela de empregos que elas poderiam obter.

O princípio da antidiscriminação não só é incapaz de fornecer a base teórica para tal desafio e para a insistência de que oportunidades escassas sejam concedidas às mulheres por serem mulheres, como também pode, de fato, proibir tal sistema de preferências. O princípio da antidiscriminação se concentra na justiça do tratamento dos indivíduos, e qualquer homem rejeitado por um processo de seleção que favorece as mulheres com base no gênero poderia alegar que foi tratado injustamente. É claro que o princípio da antidiscriminação poderia ser modificado para justificar a discriminação quando o objetivo for melhorar a posição geral das mulheres como grupo, mas isso, praticamente, elimina a diferença entre os princípios da antidiscriminação e da antissubordinação.

---

355 *Johnson vs. Transportation Agency*, 480 U.S. 616, 640-642 (1987).

O debate sobre o papel das mulheres na criação dos filhos oferece outra ilustração da centralidade do princípio da antissubordinação no pensamento feminista moderno. O entendimento social contemporâneo dominante continua a atribuir às mulheres a responsabilidade primária pelo cuidado dos filhos, fundindo, assim, as funções biológicas e sociais no processo de reprodução.[356] As feministas reconhecem que cuidar dos filhos pode ter valor intrínseco e é de enorme importância social, mas elas se opõem ao entendimento social que assume, de modo automático, que a responsabilidade pelo cuidado dos filhos pertence às mulheres. A base funcional desse entendimento está longe de ser clara, especialmente na sociedade moderna, e, de qualquer forma, é vista pelas feministas – que condenam a "instituição da maternidade"[357] – como uma importante fonte de desvantagem. As responsabilidades da maternidade tendem a manter as mulheres em casa, incapazes de obter a experiência e as qualificações necessárias para os cargos de maior prestígio e recompensa na sociedade. A maternidade também dificulta que mulheres ocupem esses cargos quando são qualificadas. Um número cada vez maior de mulheres sai de casa para assumir empregos remunerados, mas delas ainda se espera – por suas famílias e pela cultura em geral, embora talvez não por seus chefes – que deem prioridade aos filhos quando houver conflito entre trabalho e família.

Devido ao seu foco na alocação justa de oportunidades escassas entre um grupo de candidatas/os concorrentes, o princípio da antidiscriminação não alcança prontamente uma prática tão sutil e generalizada como a imposição cultural de deveres de cuidado às mulheres. Em certo sentido, a divisão de trabalho por gênero – homens vão trabalhar enquanto mulheres ficam em casa com as crianças

---

356 Ver, em geral, DINNERSTEIN, Dorothy. *The Mermaid and the Minotaur*: sexual arrangement and human malaise. Nova York: Harper & Row, 1976.

357 Ver RICH, Adrienne. *Of woman born*: motherhood as experience and institution. Nova York: Norton, 1976, p. 13.

– pode ser entendida como reflexo de uma decisão alocativa dentro da família, mas essa alocação é mais o resultado de um entendimento social difuso do que dos mecanismos pressupostos pelo paradigma da discriminação: uma escolha deliberada por alguma autoridade identificável, como um empregador ou um funcionário de admissão em uma universidade, por exemplo. O princípio da antissubordinação, por outro lado, não se limita à regulamentação do tipo de processo alocativo que é o foco especial do princípio da antidiscriminação. Ele abrange qualquer prática ou instituição que prejudique as mulheres e, portanto, tem sido usado para apoiar o aumento da disponibilidade de controle de natalidade e de creches, bem como para exigir que os empregadores ofereçam licença de paternidade.

A antissubordinação também é a justificativa para uma parte crucial do programa feminista – chamado de "valor comparável" ou "equidade salarial" – que busca obter salários iguais para mulheres no contexto de um mercado de trabalho que permanece amplamente segregado por gênero.[358] O valor comparável não ataca todas as diferenças salariais, algumas das quais podem ser atribuídas a requisitos de habilidades mais elevados (que um grande número de mulheres pode não ser capaz de satisfazer devido às responsabilidades domésticas ou à exclusão total dos programas de treinamento). A preocupação, em vez disso, é com os diferenciais em que os empregos são funcionalmente equivalentes ou comparáveis. Paradigmática é a prática de pagar às secretárias – em sua maioria, mulheres – metade do salário dos motoristas de caminhão, embora o valor do trabalho de cada função seja, conforme medido por algum padrão abstrato, o mesmo.

358 Ver WEILER, Paul. "The wages of sex: the uses and limits of comparable worth". *Harvard Law Review*, vol. 99, 1986, pp. 1728-1729; ver também RHODE, Deborah L. *Justice and gender*: sex discrimination and the law. Cambridge: Harvard University Press, 1989; BECKER, Mary E. "Barries facing women in the wage-labor market and the need for additional remedies: a reply to Fischel and Lazear". *University of Chicago Law Review*, vol. 53, 1986, pp. 934-937; RHODE, Deborah L. "Occupational inequality". *Duke Law Journal*, 1988, pp. 1207-1208.

O que explica esses diferenciais? Em alguns casos, os empregadores excluem totalmente as mulheres dos empregos com salários mais altos, por exemplo, motorista de caminhão, apenas porque são mulheres – uma prática economicamente insensata que também pode ser erradicada como uma forma grosseira de discriminação. A lei não permite que os empregadores satisfaçam seu próprio gosto, ou o de seus funcionários, pela discriminação.[359] Um empregador também pode ser responsabilizado, de acordo com o princípio da antidiscriminação, pelos vestígios de práticas excludentes do passado, refletidas na hostilidade e no assédio que as mulheres podem encontrar quando tentam entrar em uma categoria de trabalho anteriormente reservada aos homens. Nesses casos, os tribunais podem concordar que esses empregos permanecem efetivamente fechados para as mulheres e que a responsabilidade por essa situação recai sobre os empregadores devido ao seu papel na exclusão das mulheres da categoria de emprego em primeiro lugar.[360]

Imagine, no entanto, uma situação em que o empregador, formal e efetivamente, mantém abertos todos os empregos com salários mais altos, mas, devido a pressões sociais, as mulheres são ensinadas, de maneiras sutis e variadas, a evitar esses empregos e a se candidatar apenas aos empregos com salários mais baixos. As mulheres são canalizadas para funções como secretárias, não como motoristas de caminhão. É claro que a remuneração mais alta do chamado "trabalho masculino" provavelmente neutraliza essas pressões sociais perniciosas, pois fornece um motivo para que todos se candidatem a esse trabalho. Mas não devemos subestimar a força das pressões sociais que perpetuam papéis de gênero arraigados. Como todos reconhecem, o dinheiro é apenas

359 Ver FISS, Owen. "A Theory of fair employment laws". *University of Chicago Law Review*, vol. 38, 1971, pp. 235 e 249-253.

360 Ver SCHULTZ, Vicki. "Telling stories about women and work: judicial interpretations of sex segregation in the workplace in Title VII cases raising the lack of interest argument". *Harvard Law Review*, vol. 103, 1990, pp. 1749 e 1831-1832.

um entre muitos fatores que levam as pessoas a se candidatarem a um emprego em vez de outro.

As feministas têm atacado os processos de socialização que levam a essa canalização e têm pressionado por programas educacionais que libertem as mulheres dos limites dos estereótipos que explicam essa canalização e são reforçados por ela. No entanto, essas mudanças levam tempo e não podem oferecer uma solução para uma geração anterior de mulheres que se encontram presas a empregos com salários mais baixos. Como resultado, as feministas também têm insistido em aumentos salariais para esses empregos de menor remuneração e, ao fazê-lo, expressam uma exigência de valor comparável, uma exigência que só pode ser justificada em termos de antissubordinação, não de antidiscriminação.

Os empregadores que enfrentam essa demanda não estão discriminando com base no sexo; não estão escolhendo funcionários nem determinando suas taxas de pagamento com base no sexo. Eles estão simplesmente concordando ou tirando proveito de um mercado de trabalho que é estruturado por pressões sociais mais amplas e que lhes permite manter um diferencial de remuneração entre empregos funcionalmente equivalentes. O empregador está agindo como a maioria dos empresários, mas é responsabilizado porque o diferencial de remuneração resultante prejudica as mulheres – certamente aquelas que atualmente ocupam os cargos de menor remuneração, talvez as mulheres, em geral.

Por fim, podemos ver o princípio da antissubordinação em ação nos aspectos do programa feminista preocupados em erradicar certas práticas sociais, como assédio sexual, trabalho sexual e pornografia, que frequentemente reduzem as mulheres a objetos sexuais.[361] A alegação aqui não é que a transformação das mulheres em objetos sexuais seja discriminação, embora, mais

---

361 Ver MacKINNON, Catharine A. *Feminism unmodified*: discourses on life and law. Cambridge: Harvard University Press, 1987, pp. 50-52; e MacKINNON,

uma vez, essa locução seja usada algumas vezes. Em vez disso, muitas feministas contestam esse tipo de objetificação porque ela diminui o valor ou o lugar das mulheres na sociedade ("as mulheres existem para o prazer sexual dos homens"), ou é responsável pela subordinação das mulheres em outras esferas da vida social ("as mulheres são mantidas em empregos com salários mais baixos para atender aos interesses ou desejos sexuais dos homens"). É possível dizer também que a pornografia, por exemplo, erotiza a subordinação das mulheres e, pior ainda, provoca ou incita a violência contra as mulheres.

Ao usar o princípio da antissubordinação dessas várias maneiras, o feminismo continua o trabalho do movimento dos direitos civis e nele se baseia. Em sua essência, o princípio da antissubordinação constitui um ataque às estruturas sociais – tão evidentes na escravização e na segregação decretada por Jim Crow – que ordenam as pessoas e os grupos aos quais elas pertencem de acordo com critérios descritivos. Ele condena essas estruturas hierárquicas porque elas impedem a autorrealização individual e violam as concepções de comunidade baseadas nessa ideia. A luta em favor das pessoas Negras nos Estados Unidos deu ao princípio da antissubordinação grande parte de seu apelo, e as feministas se basearam nessa experiência em sua própria luta. No entanto, também é verdade que muitas das dificuldades que o princípio da antissubordinação criou para o movimento dos direitos civis agora atormentam o movimento feminista.

Uma dificuldade surge da natureza do princípio antissubordinação como tendo grupos como ponto focal. O princípio da antissubordinação exige que a importância social e a legalidade de uma prática sejam medidas em termos do impacto da prática no grupo como um todo. Inevitavelmente, entretanto, algumas mulheres assumem uma posição radicalmente discordante sobre a importância

---

Catharine A. *Toward a feminist theory of the state*. Cambridge: Harvard University Press, 1989, p. 127.

até mesmo de algumas das práticas mais problemáticas. Algumas mulheres, por exemplo, não acham nada censurável ver ou produzir pornografia, ou até mesmo no trabalho sexual. Como essas opiniões devem ser conciliadas com outros programas políticos?

Em um nível, as feministas se esforçam ao máximo para respeitar as escolhas e os interesses de cada mulher e para dar espaço a elas no esforço maior de garantir a igualdade para as mulheres. Mas, ao mesmo tempo, feministas são cautelosas com as preferências ou desejos individuais que possam reforçar práticas ou instituições consideradas prejudiciais às mulheres como um grupo. Consequentemente, algumas feministas desconsideram ou explicam essas preferências ou desejos com base na teoria de que são atípicos ou artifícios das relações de poder existentes – em outras palavras, que são o produto da "falsa consciência", para usar um termo que já esteve na moda. Outra/os argumentam que essas preocupações individuais são uma base insuficiente para justificar as práticas contestadas – que o mais importante é o bem-estar do grupo. Todas essas réplicas são muito fortes, mas não há como negar que muitos aspectos do programa feminista dividem até mesmo as mulheres. Além disso, a orientação de grupo do princípio da antissubordinação vai contra a ideologia individualista que sustenta grande parte da Política e do Direito Constitucional.

Outra dificuldade é que o princípio da antissubordinação prevê um papel importante para o Estado. É certo que o ataque feminista às leis de aborto ou às leis que restringem o acesso ao controle de natalidade é "antiestatista", mas isso não deve induzir ao erro. Feministas estão interessadas em abortos subsidiados tanto quanto estão interessadas na descriminalização do aborto. Elas podem denunciar o Estado por ter se tornado um agente de opressão, mas, ao mesmo tempo, contam com ele como um aliado em potencial na luta pela igualdade. As feministas percebem que são necessários exercícios afirmativos do poder do Estado para erradicar um fenômeno social tão arraigado e teimoso como a hierarquia de gênero e contemplam um programa mais amplo de ativismo estatal que inclui, além do aborto subsidiado, maior disponibilidade de contraceptivos, creches, licenças pré-natal e de maternidade/paternidade, esquemas de equiparação de empregos, proteção contra violência doméstica e assédio sexual e regulamentação da pornografia.

Alguns elementos desse programa envolvem custos consideráveis e, portanto, são motivo de preocupação especial em uma época de orçamento limitado. Algumas formas de ativismo estatal, como a regulamentação da pornografia, entram em conflito com normas constitucionais específicas, como a liberdade de expressão. Em um nível mais geral e mais teórico, no entanto, o programa feminista causa preocupação porque envolve um afastamento do papel do Estado contemplado pela filosofia liberal sobre a qual este país é frequentemente considerado fundado.

O liberalismo pressupõe uma dicotomia acentuada entre o Estado e a sociedade e absolve o Estado de qualquer responsabilidade pela maior parte do que acontece na esfera social. De fato, o pensamento liberal, em sua forma mais pura, trata toda intromissão do Estado na esfera social e qualquer regulamentação da interação entre cidadãs/os com grande desconfiança, e limita estritamente o Estado a restringir apenas a conduta individual que viola algum princípio moral que seja quase universalmente aceito. Essa visão não pode ser facilmente conciliada com o tipo de ativismo estatal que as feministas imaginam. A intervenção que elas pedem é de natureza estrutural, tentando alterar as instituições sociais básicas, como a família e o mercado, e não se baseia na constatação de que o indivíduo contra o qual o poder do Estado é acionado cometeu um erro específico. Assim, encontramos várias feministas, como Zillah Eisenstein ou Catharine MacKinnon, desafiando os princípios fundamentais do liberalismo e tentando construir uma nova teoria para o Estado: uma carta para a atividade estatal comprometida com a busca da igualdade.[362]

---

362 Ver, em geral, EISENSTEIN, Zillah R. *Feminism and sexual equality*: crisis in liberal America. Nova York: Monthly Review Press, 1984; MacKINNON, Catharine A. *Toward a feminist theory of the state*. Cambridge: Harvard

II

Os Estados Unidos passaram por muitas mudanças na década de 1970. Uma delas envolveu a transferência do Poder Judiciário para um grupo mais conservador de Ministros da Suprema Corte. A Suprema Corte que proferiu a decisão no caso *Brown vs. Board of Education* e acompanhou sua implementação se desintegrou quando alguns de seus líderes, como Earl Warren, Hugo Black e William O. Douglas, se aposentaram. Em seu lugar, os Presidentes Nixon e Ford nomearam pessoas consideravelmente menos simpáticas às reivindicações igualitárias, e esse padrão só foi reforçado nos anos 1980 pelas nomeações levadas a cabo por Reagan e Bush.

Essa mudança de alinhamento no mais alto nível do Judiciário federal teve muitas consequências. Por um lado, prejudicou o movimento pelos direitos civis, que, devido aos números absolutos (pessoas Negras constituem apenas 12% da população), dependia muito da liderança de uma instituição muito distante do controle popular. As mudanças na Suprema Corte também forçaram o movimento das mulheres a ampliar seu apelo e a recorrer ao Legislativo, além dos tribunais, para promover sua agenda igualitária. Em termos mais gerais, as mudanças de pessoal na Suprema Corte e a consequente mudança na doutrina da igualdade levaram a um certo desencanto com o Direito entre muitos juristas, especialmente nas faculdades de Direito. Na década de 1960, estudantes viam a Suprema Corte como uma fonte de inspiração, como uma indicação de como o Direito poderia ser utilizado para servir aos ideais mais elevados da nação. Durante a década de 1970, o feitiço foi quebrado. O cinismo e a desconfiança – o que Paul Ricoeur chamou de "a hermenêutica da suspeita"[363] – tornaram-se a ordem do dia.

University Press, 1989. Ver também OLSEN, Frances E. "The family and the market: a study of ideology and legal reform". *Harvard Law Review*, vol. 96, 1983, p. 1497.

363 RICOEUR, Paul. *Freud and philosophy*: an essay in interpretation. New Haven: Yale University Press, 1970, pp. 26-36.

Possivelmente, a manifestação mais significativa desse cinismo na academia jurídica foi o movimento CLS. Ele surgiu no final da década de 1970 e causou um grande alvoroço, porque desmascarou a pretensão do Direito de ser compreendido objetivamente pela justiça. Juristas do CLS alegavam que "Direito é Política" e, com isso, não queriam dizer apenas que a Política tem uma influência importante sobre o Direito, por exemplo, por meio de nomeações judiciais, mas, sim, que o desenvolvimento do Direito é contínuo, se não redutível, aos exercícios de vontade e poder políticos. Esses autores argumentavam que todas as estruturas normativas, especialmente as do Direito, estão repletas de uma "contradição fundamental", um conflito entre o desejo de intimidade e a desconfiança dos outros.[364] Como resultado desse conflito, todas as estruturas normativas apontam em duas direções e, portanto, são radicalmente indeterminadas com relação aos deveres ou conclusões que impõem. Não há respostas certas no Direito, nem jamais poderia haver.[365] Em vez disso, o Direito é simplesmente Política, em uma roupagem formal.

No final da década de 1970 e durante boa parte da década de 1980, acadêmicos do CLS desempenharam um papel de destaque nos debates teóricos das faculdades de Direito dos Estados Unidos. Centenas de pessoas participaram de conferências anuais. Professoras/es foram contratadas/os em algumas das principais faculdades de Direito do país, como Harvard e Stanford. O interesse de alunas/os era insaciável. Hoje, a situação é muito diferente. Estudantes perderam um pouco o entusiasmo. Não há novas contratações para o corpo docente. O trabalho das/os acadêmicas/os do CLS praticamente não encontra interesse nos círculos filosóficos dos Estados Unidos. Muitos de seus princípios centrais, incluindo a

364 KENNEDY, Duncan. "The structure of Blackstone's Commentaries". *Buffalo Law Review*, vol. 28, 1979, pp. 205 e 211-214.

365 Consulte FISS, Owen. "The death of the Law?" *Cornell Law Review*, vol. 72, 1986, p. 7.

contradição fundamental e a tese da indeterminação, foram renunciados, mesmo por aqueles que os propuseram pela primeira vez.[366] CLS está morto, e todos os olhos se voltaram agora para a Teoria Feminista do Direito.

O feminismo faz parte da mesma tradição cética do CLS, mas desenvolveu sua própria crítica do Direito. Uma das formas de crítica feminista – às vezes chamada de "feminismo cultural ou relacional" e, em grande parte, decorrente do trabalho de Carol Gilligan[367] – é relativamente branda. Ela não ataca a objetividade do Direito, como fez o CLS, mas afirma que a preocupação exclusiva do Direito com a justiça e a centralidade dos direitos individuais deve ser complementada com outra perspectiva: a ética do cuidado. Por uma questão puramente sociológica, a ênfase na ética do cuidado aumenta o valor das mulheres porque, embora essa ética não pertença apenas às mulheres, acredita-se que seja mais comum entre elas ou mais identificada com as qualidades femininas estereotipadas. A ética do cuidado também tem sido vista como tendo implicações jurisprudenciais. Especificamente, tem sido utilizada como base para reexaminar muitas das noções que há muito tempo dominam o Direito, como o ideal do contraditório ou, especialmente, o compromisso de proteger os direitos individuais.

---

366 Consulte FISS, Owen. "The law regained". *Cornell Law Review*, vol. 74, 1989, p. 247; KENNEDY, Duncan; GABEL, Peter. "Roll over Beethoven". *Stanford Law Review*, vol. 36, 1984, pp. 1 e 15-17.

367 Ver, em geral, GILLIGAN, Carol. *In a different voice*: psychological theory and women's development. Cambridge: Harvard University Press, 1982. Algumas pessoas que se baseiam no trabalho da Professora Gilligan não gostam do termo "feminismo cultural" e preferem se ver como pertencentes a uma escola de "feminismo relacional". Ver NEDELSKY, Jennifer. *Relational feminism confronts the problem of evil.* Manuscrito não publicado, arquivado com a autora, 1994. Assim como as feministas culturais, as feministas relacionais enfatizam a ética do cuidado proclamada por Gilligan e veem as mulheres como tendo uma etiologia da tendência das mulheres de valorizar mais o cuidado do que os homens. Essa tendência, elas insistem, não decorre da biologia – o fato de as mulheres terem a capacidade de gerar filhos –, mas é socialmente construída.

Essas noções eram um dos alvos favoritos d/asos acadêmicas/os do CLS e, muitas vezes, eram descartadas como artifícios liberais;[368] agora são criticadas em termos semelhantes por feministas como Carrie Menkel-Meadow ou Robin West, que as denunciam como excessivamente individualistas ou insuficientemente relacionais.[369]

Uma crítica mais completa do Direito pode ser atribuída ao trabalho de Catharine MacKinnon. Ela questiona a objetividade do Direito e tenta mostrar, por exemplo, que as regras aparentemente neutras ou imparciais da lei, como a doutrina do consentimento na lei de violência sexual, ou as regras de proteção ao direito de produzir e consumir pornografia, não são neutras ou imparciais de forma alguma.[370] A alegação de justiça da lei é uma farsa – tudo é interesse e poder. Nesse esforço para desmistificar o Direito, a crítica de MacKinnon se sobrepõe mais plenamente ao CLS do que a de Gilligan e outras feministas relacionais. Entretanto, ela difere do CLS em dois aspectos importantes. Enquanto os juristas críticos argumentam, em grande parte, que o Estado de Direito reflete os interesses econômicos dominantes, MacKinnon argumenta que a lei reflete um "ponto de vista masculino". E enquanto a crítica ao Direito, para os acadêmicos do CLS, era seu próprio fim, para as feministas radicais, como MacKinnon, há outro ponto mais substantivo para a crítica, a saber, a promoção da igualdade, que denota um ânimo reconstrutivo.

---

368 Ver, por exemplo, SIMON, William H. "The Ideology of advocacy: procedural justice and professional ethics". *Wisconsin Law Review*, 1978, p. 29, TUSHNET, Mark. "An essay on rights". *Texas Law Review*, vol. 62, 1984, p. 1363.

369 Ver MENKEL-MEADOW, Carrie. "Portia in a different voice: speculations on a women's lawyering process". *Berkeley Women's Law Journal*, vol. 1, 1985, pp. 39 e 60-62; WEST, Robin. "Jurisprudence and Gender". *University of Chicago Law Review*, vol. 55, 1988, pp. 1 e 1-4.

370 Ver MacKINNON, Catharine A. *Feminism unmodified*: discourses on life and law. Cambridge: Harvard University Press, 1987; MacKINNON, Catharine A. *Toward a feminist theory of the state*. Cambridge: Harvard University Press, 1989.

O CLS era uma tradição de esquerda. Politicamente, seus adeptos aspiravam a uma maior igualdade, esperando, como diziam, a destruição de todas as hierarquias.[371] Em termos de doutrina ou teoria proposta, no entanto, o CLS era totalmente negativista e acatava a tenacidade de sua crítica – toda estrutura normativa, mesmo aquelas que os próprios acadêmicos do CLS poderiam propor, poderia ser desconstruída pela contradição fundamental.[372] O feminismo, contudo, busca ir além do negativismo do CLS e, como resultado, atribui ao igualitarismo um papel muito mais substantivo em sua estrutura teórica. Para MacKinnon, a igualdade não é simplesmente uma motivação, mas, sim, parte da teoria.

Enquanto seu igualitarismo distingue o feminismo do CLS, a presença de uma crítica distingue o feminismo de outros movimentos igualitários, como o movimento pelos direitos civis dos anos 1960 e do início dos anos 1970. A crítica levou muitos a falarem de uma "jurisprudência feminista", um termo que não tem equivalente no contexto dos direitos civis. Tomado em sua forma radical ou cultural, o feminismo é único, porque busca combinar uma teoria de igualdade com uma crítica do Direito. Para muitos, essa é uma fonte especial do apelo do feminismo. Mas sou um pouco cético quanto a esse ponto. Em minha opinião, a crítica do feminismo à objetividade do Direito carece de fundamentos teóricos adequados e, em alguns aspectos, está em desacordo com a beleza e força do seu igualitarismo.

A crítica do Direito derivada do trabalho de Carol Gilligan esbarra no simples fato de que não há nada intrinsecamente individualista na justiça ou nos direitos ou mesmo no procedimento contraditório. Podemos fazer com que a justiça seja tão relacional

---

371 KENNEDY, Duncan. *Legal education and the reproduction of hierarchy*: a polemic against the system. Cambridge: Afar, 1983.

372 Consulte KELMAN, Mark. *A guide to Critical Legal Studies*. Cambridge: Harvard University Press, 1987, p. 17.

ou atenciosa quanto quisermos.[373] Os grupos, afinal, podem e têm usado o processo contraditório e a linguagem dos direitos para promover seus interesses.[374] A crítica de MacKinnon, por outro lado, é mais poderosa e tem maior influência na academia atualmente, em parte porque responde mais diretamente ao sentimento de desencanto com o Direito que é tão predominante. Mas ela também é vulnerável. Por um lado, MacKinnon não oferece nenhum argumento teórico para sua negação da objetividade do Direito, e é difícil ver como ela poderia apresentar tal argumento. Qualquer argumento que pudesse oferecer necessariamente afirmaria ser objetivo e, portanto, estaria em tensão com uma posição que nega a objetividade. Por que, é justo perguntar, seria possível alcançar a objetividade em um domínio (saber que a lei objetiva não é possível), mas não em qualquer outro (avançar a lei objetiva)?

Também é possível questionar se a negação da objetividade é consistente com a afirmação da igualdade. CLS evitou qualquer programa afirmativo porque tal programa seria inconsistente com sua crítica. MacKinnon e outras feministas radicais tentam evitar o impasse do CLS e oferecem um programa afirmativo, baseado na igualdade, mas, ao fazê-lo, minam sua negação da objetividade. Elas condenam a hierarquia de gênero alegando que esta ofende a igualdade e, como estão apelando para a justiça e não para o interesse, devem tratar a igualdade como um valor objetivo. Até certa medida, a Professora MacKinnon reconhece esse ponto, mas

---

373 Ver McCLAIN, Linda C. "'Atomistic man' revisited: liberalism, connection, and feminist jurisprudence". *Southern California Law Review*, vol. 65, 1992, pp. 1171-1174. Uma feminista relacional apresentou seu argumento em termos de "direitos", embora tenha insistido que os "direitos" sejam entendidos de uma nova maneira: não como limites, mas como relacionamentos. Consulte NEDELSKY, Jennifer. *Relational feminism confronts the problem of evil*. Manuscrito não publicado, arquivado com a autora, 1994; e NEDELSKY, Jennifer. "Reconceiving rights as relationship". *Review of Constitutional Studies/Review d'Études Constitutionelles*, vol. 1, 1993.

374 Ver, em geral, FISS, Owen. "Groups and the equal protection clause". *Philosophy & Public Affairs*, vol. 5, nº 2, 1976.

apenas para suavizá-lo em um parêntese, quando ela admite que "a igualdade de gênero é considerada, pelo menos nominalmente, como um ideal social consensual".[375] A verdade inescapável – reconhecida por acadêmicas/os do CLS, mas não por certas feministas – é que a negação da objetividade se presta a um relativismo ético que é inconsistente com um programa afirmativo que reivindica justiça ou que se baseia em um ideal social como a igualdade.

Embora a negação da objetividade por parte das feministas radicais seja profundamente preocupante em termos teóricos, uma dúvida mais limitada e historicamente fundamentada sobre a imparcialidade do Direito não o é. Essa crítica poderia ser baseada no simples mas perturbador fato de que, durante a maior parte de nossa história, as mulheres foram excluídas do processo de criação e interpretação do Direito, uma exclusão que provavelmente tornaria a alegada neutralidade do Direito uma pretensão ou farsa, mascarando os interesses daqueles que o criaram, ou seja, os homens. Essa dúvida historicamente fundamentada sobre o Direito não é pouca coisa; ela lança uma ampla sombra cética sobre a doutrina recebida[376] e pode ser suficiente para sustentar o amplo apoio obtido por ramos mais radicais do feminismo. Mas a crítica historicamente fundamentada é, em termos qualitativos, diferente de sua contraparte teoricamente fundamentada, pois,

---

375 MacKINNON, Catharine A. *Toward a feminist theory of the state*. Cambridge: Harvard University Press, 1989, p. xii. A passagem completa diz o seguinte: "Este livro também não é um tratado sobre a moral. Não se trata de certo e errado ou do que eu acho que é bom ou ruim pensar ou fazer. É sobre o que é, o significado do que é e a maneira como 'o que é' é imposto. É um argumento teórico em forma de crítica que avança em uma nova direção; não avança um ideal (a igualdade de gênero é considerada, pelo menos nominalmente, como um ideal social aceito) ou um plano para o futuro". Minha opinião sobre a objetividade do Direito é apresentada em FISS, Owen. "Objectivity and interpretation". *Stanford Law Review*, vol. 34, 1982, p. 739.

376 Veja, por exemplo, VANDERVELDE, Lea S. "The gendered origins of the Lumley Doctrine: binding men's consciences and women's fidelity". *Yale Law Journal*, vol. 101, 1992, p. 775.

pelo menos, admite a possibilidade de um Direito objetivo e, assim, torna o feminismo coerente do ponto de vista filosófico – como uma reivindicação de justiça, não de interesse. É claro que, para alguns, o Direito objetivo pode continuar sendo apenas isso, uma possibilidade teórica, uma aspiração e nada mais, mas ocasionalmente é possível encontrar, em casos como *Roe vs. Wade* ou talvez na afirmação mais recente dessa decisão no caso *Casey*,[377] uma possibilidade teórica transformada em realidade concreta. A crítica histórica permite que as feministas adotem *Roe vs. Wade* não apenas como uma boa política, mas também como um bom Direito – refletindo um entendimento verdadeiro e adequado da igualdade.

Reformulado nesses termos, o feminismo, mesmo em suas versões mais radicais, pode ser visto como uma expressão da mesma hermenêutica da suspeita que deu ao CLS grande parte de seu apelo durante os anos 1970 e 1980, mas que, no entanto, permite uma visão mais afirmativa da lei. A crítica histórica admite que é preciso desconfiar se a justiça foi alcançada, mas, ainda assim, reconhece que a justiça é possível e que vale a pena lutar. De fato, a crítica historicamente fundamentada pode muito bem promover, em vez de impedir, o igualitarismo do movimento, da mesma forma que a compreensão da história do racismo nos Estados Unidos e as origens específicas das leis do regime Jim Crow nos forçaram a reexaminar criticamente a doutrina de "separados, mas iguais". É certo que apresentar a crítica feminista como mais historicamente do que teoricamente fundamentada enfraquece um pouco sua pretensão de ser uma "Teoria do Direito", pelo menos como esse termo é tradicionalmente entendido. O feminismo será visto menos como uma teoria sobre o Direito, ou sobre a integridade do Direito, do que como uma teoria sobre a igualdade. Mas talvez essa não seja uma perda a ser lamentada. Embora parte do *glamour* frequentemente associado ao mais abstrato tenha desaparecido,

---

377 *Planned Parenthood vs. Casey*, 112 Ct. 2791 (1992).

um feminismo fundamentado em uma crítica histórica parece mais autêntico e totalmente digno de admiração e atenção. Assim como o movimento pelos direitos civis que o precedeu e do qual extrai grande parte de sua inspiração, o feminismo será visto como um corpo sistemático de pensamento sobre um dos ideais mais elevados do Direito e como um esforço determinado para transformar essa ideia em realidade concreta.

XII

A MORTE DO DIREITO?[378]

Os anos 1970 foram uma época eletrizante e única nas faculdades de Direito nos Estados Unidos. O período foi marcado pela ascensão de dois movimentos jurisprudenciais que encheram salas de aula e periódicos acadêmicos com uma energia e entusiasmo impressionantes. Só se falava em teoria.

Um dos movimentos é o Critical Legal Studies (CLS), que, durante o final dos anos 1970 e 1980, se enraizou profundamente em duas das mais prestigiosas escolas de Direito do país, Harvard e Stanford. Esse movimento se tornou o assunto de uma série de artigos hostis em uma ampla variedade de periódicos populares e até mesmo em jornais nacionais.[379] Foi considerado, em grande parte, responsável pela turbulência institucional que desestabilizou

---

378 FISS, Owen. "Death of the law". *In*: _____. *The Law as it could be*. Nova York: New York University Press, 2003.

379 MENAND, Louis. "Radicalism for Yuppies". *The New Republic*, 17 mar. 1986, pp. 20-23; FRUG, Jerry. "Henry James, Lee Marvin, and the Law". *New York Times*, 16 fev. 1986, § 7, p. 1; LACAYO, Richard. "Critical Legal Times at Harvard". *Time*, 18 nov. 1985, p. 87; TRILLIN, Calvin. "A reporter at large: Harvard Law". *New Yorker*, 26 mar. 1984, pp. 53-83.

a Faculdade de Direito de Harvard na década de 1980. O CLS também provocou uma resposta enervante e amplamente divulgada por Paul Carrington, então reitor de Duke, que argumentou, em 1984, que os membros do movimento não têm lugar na escola de Direito moderna.[380]

O movimento CLS gerou uma resistência feroz e às vezes equivocada. Como compartilho o igualitarismo que inspira grande parte do movimento, lamento isso. No entanto, não vou recuar em minhas críticas a esse movimento, como prefigurado em "Objectivity and Interpretation"; em vez disso, tentarei fortalecer e ampliar essa crítica. Tentarei colocar CLS em uma estrutura cultural e intelectual maior e tentarei vinculá-los ao outro movimento jurisprudencial, Law and Economics, que surgiu quase contemporaneamente.

O sucesso do movimento Law and Economics não é do tipo que gera artigos para jornais populares, mas é importante ter em mente que ele surgiu mais ou menos na mesma época que o CLS e se tornou ainda mais firmemente entrincheirado na academia jurídica. Em meados da década de 1980, dificilmente, uma grande faculdade de Direito não tinha um/a economista em tempo integral em seu corpo docente; Yale tinha dois, assim como cinco ou seis advogados que tinham treinamento considerável em economia e que conscientemente se definiam como praticantes de Law and Economics. Para meu constrangimento (não tenho gosto pelo expurgo de Carrington), o CLS estava virtualmente sem representação no corpo docente de Yale durante a década de 1980. Vários dos principais profissionais de Law and Economics – Richard Posner, Frank Easterbrook, Ralph Winter e Robert Bork – foram nomeados para o Tribunal Federal pelo Presidente Ronald Reagan,

380 CARRINGTON, Paul D. "Of Law and the river". *Journal of Legal Education*, vol. 34, 1984, p. 222. Para correspondência abordando o artigo de Carrington, veja MARTIN, Peter W. "Of Law and the river; and of nihilism and academic freedom". *Journal of Legal Education*, vol. 35, 1985, p. 1.

alcançando, assim, um nível de poder que está muito, muito além do alcance de qualquer acadêmico do CLS.

Os praticantes de Law and Economics tendem a se comportar de maneira mais comedida; sua missão está mais de acordo com as tradições da academia do que a das/os acadêmicas/os de CLS. A política dos dois movimentos também tende a ser diferente. Law and Economics é um movimento da direita, enquanto CLS é da esquerda. Apesar dessas diferenças, no entanto, e outras que tentarei elaborar, o que me parece ainda mais significativo é o quanto eles compartilham. Ambos os movimentos podem ser entendidos como uma reação a uma jurisprudência, confiantemente abraçada pela Ordem dos Advogados na década de 1960, que retratava a adjudicação como o processo de interpretação e fortalecimento da moralidade pública. Tanto Law and Economics quanto CLS estão unidos em sua rejeição da noção de Direito como ideal público. Uma escola proclama "Direito como eficiência", a outra, "Direito como política". No entanto, nenhuma das duas está disposta a fazer justiça nos seus próprios termos e a aceitar a adjudicação como um acordo institucional no qual os funcionários públicos procuram elaborar e proteger os valores que temos em comum.

Direito como eficiência

Law and Economics tem uma dimensão descritiva e, como tal, pode ser entendido como uma continuação da tradição científica social no Direito que começou com Roscoe Pound e os realistas. Busca-se uma descrição padronizada da jurisprudência. A hipótese mais proeminente gerada por tal investigação afirma que o Direito é eficiente ou, mais particularmente, que, ao definir ou moldar direitos, juízas/es tendem a criar regras que maximizam a satisfação total das preferências. A carreira acadêmica de Richard Posner foi feita passando por um conjunto de decisões judiciais após o outro – delitos, contratos, propriedade e assim por diante –, em um esforço de mostrar como cada decisão pode ser entendida em termos tão instrumentais.[381] Ele começou com o Direito Privado, mas não foi tão confinado, e viu tudo como servindo à eficiência.

A hipótese da eficiência sempre pareceu fraca. As evidências reunidas não foram totalmente convincentes;[382] as exceções pareciam quase tão importantes quanto o que pretendia ser o padrão. Embora uma história possa ser contada sobre como uma regra específica (por exemplo, a regra de que um empregador não é responsável pelos ferimentos causados por um funcionário a outro funcionário devido a negligência) serve à eficiência,[383] também parece possível contar uma história semelhante sobre a regra oposta. Ainda mais importante, nenhuma explicação foi dada sobre como o Direito poderia funcionar da maneira maravilhosa proposta por Posner,[384] ou seja, que ele sempre, ou, pelo menos, geralmente, produziria o resultado eficiente. Um mecanismo explicativo era necessário para tornar a hipótese plausível (e, portanto, compensar o trabalho empírico de má qualidade). Também era necessário dar à hipótese algum poder preditivo e, assim, cumprir as mais altas aspirações científicas dessa escola. Posner e seus colegas alegaram não apenas que a lei era eficiente, mas que o *seria*.

Em um *workshop* em Yale no final da década de 1970, Posner foi pressionado sobre esse ponto. Perguntaram a ele como um conjunto de decisões judiciais poderia ser entendido como um instrumento para maximizar a satisfação total das preferências, quando juízas/es responsáveis por essas decisões não eram treinadas/

---

301 POSNER, Richard A. *The economic analysis of Law*. Boston: Little, Brown, 1972.

382 Olhando de perto, a hipótese da "lei como eficiência" nem sequer se sustenta na única área em que parece plausível. Ver TREBILCOCK, Michael J. *The Common Law of restraint of trade*: a legal and economic analysis. Toronto: Carswell, 1986.

383 POSNER, Richard A. "A theory of negligence". *Journal of Legal Studies*, vol. 1, 1972, p. 29.

384 PRIEST, George L. "The new scientism in legal scholarship: a comment on Clark and Posner". *Yale Law Journal*, vol. 90, 1981, p. 1291.

os em economia, não justificavam suas decisões nesses termos e não davam muitas evidências de que sequer pensavam sobre tais questões. Na verdade, parecia que juízas/es pensavam em tudo, menos na maximização. Posner respondeu descrevendo o trabalho de um colega que buscava explicar o comportamento dos ratos em termos de maximizar sua satisfação. O que era crítico, Posner insistiu, era que os ratos se comportavam "como se" a maximização de sua satisfação fosse seu objetivo, e não era importante para a validade de tal explicação que os ratos realmente pensassem sobre maximização, economia ou, nesse caso, qualquer outra coisa.

Para muitos, a analogia parecia ambiciosa demais, se não totalmente ofensiva, mas o ponto teórico geral levantado por Posner foi bem aceito. Explicações do tipo "como se" podem ter validade preditiva e não exigem autorreflexão ou qualquer tipo de consciência. É possível dizer que juízas/es estão agindo "como se" estivessem tentando maximizar a satisfação das preferências, embora se possa supor que nunca pensaram nesses termos. Explicações do tipo "como se" exigem, no entanto, a identificação de alguma dinâmica (por exemplo, uma estrutura de incentivos) que explicaria o comportamento em questão e tornaria a hipótese empírica plausível, ou mesmo crível. No caso dos ratos, havia o queijo; para juízas/es, não havia explicação sobre o motivo de poderem se comportar "como se" estivessem maximizando a satisfação total das preferências. Nenhuma razão foi dada para duvidarmos da justificativa que juízas/es ofereceram para seu comportamento.

Subsequentemente, Posner se afastou de uma explicação do tipo "como se", em direção ao que poderia ser chamado de uma explicação baseada nos *objetivos sensatos*. De acordo com essa teoria, elaborar regras para maximizar a satisfação das preferências é a única coisa "sensata" (ou "racional") que os juízes podem fazer. Posner postulou dois tipos de regras – aquelas que maximizam e aquelas que redistribuem – e, então, assumiu ainda que os tribunais não podem efetivamente redistribuir e que as legislaturas podem. Sob essas circunstâncias, a única coisa "sensata" que um tribunal poderia fazer seria promulgar regras que maximizassem a satisfação total das preferências e fossem, nesse sentido, eficientes. Como Posner colocou,

> os tribunais podem fazer muito pouco para afetar a distribuição de riqueza em uma sociedade, então, pode ser sensato para eles se concentrarem no que podem fazer, que é estabelecer regras que maximizem o tamanho do bolo econômico, e deixar que o problema da divisão seja tratado pelo Legislativo com seus poderes muito maiores de tributação e gastos.[385]

Essa frase vem de um artigo escrito depois de Posner ter se tornado juiz e, como tal, tem valor biográfico especial. Em um artigo anterior, ele apresentou uma teoria semelhante para explicar o comportamento das partes litigantes. Elas provavelmente lutarão por regras eficientes nos tribunais, Posner alegou, porque essa é a única coisa sensata que podem fazer: "Ao fazer isso, elas aumentam a riqueza da sociedade; elas obterão uma parte dessa riqueza aumentada; e não há norma alternativa que renderia uma parte maior".[386]

Cada passo nesse argumento é contestável: a divisão de regras feitas por juízas/es em dois (e apenas dois) tipos, as alocações de competências entre várias instituições, a suposição de que todos nós fazemos o que é "sensato", e assim por diante. Em um dos grandes eufemismos de sua longa e distinta carreira, Posner disse sobre seu próprio esforço para fornecer o mecanismo explicativo necessário: "Alguns dos elos da cadeia são obscuros".[387] Para nossos propósitos, no entanto, o que deve ser enfatizado é que uma teoria

---

385 POSNER, Richard A. "Wealth maximization and judicial decision-making". *International Review of Law and Economics*, vol. 4, 1984, p. 131.

386 POSNER, Richard A. "The ethical and political basis of the efficiency norm in common law adjudication". *Hofstra Law Review*, vol. 8, 1980, p. 505.

387 POSNER, Richard A. "Wealth maximization and judicial decision-making". *International Review of Law and Economics*, vol. 4, 1984.

de "objetivos sensatos" nunca seria suficiente para um positivista completo, especialmente um economista. As teorias científicas não são construídas sobre alegações sobre o que é a coisa "sensata" ou "racional" para alguém fazer; em vez disso, elas exigem uma identificação ou descrição dessas características observáveis do ambiente que, de modo sistemático, levam as pessoas a se comportarem como o fazem (independentemente do que dizem sobre suas crenças ou qualquer outra coisa). Isso é algo que Posner e seus colegas nunca forneceram.

A teoria dos "objetivos sensatos" falha em fornecer o mecanismo explicativo necessário para dar à hipótese do "Direito como eficiência" validade preditiva, ou mesmo credibilidade descritiva. Nesse sentido, ela não nos leva mais longe do que a conversa de Posner sobre ratos e explicações do tipo "como se". No entanto, a teoria dos "objetivos sensatos" avança nossa compreensão do movimento Law and Economics em geral, pois deixa abundantemente claro que a hipótese da eficiência repousa, de modo amplo, em uma suposição normativa – que juízas/es devem decidir casos de uma forma que sirva à eficiência. Tal suposição normativa não pode, é claro, salvar uma empreitada que pretende ser descritiva e preditiva – a pretensão do cientificismo deve ser abandonada – mas essa suposição pode se sustentar por si só e, de fato, deu origem ao que pode ser considerado um segundo ramo do Law and Economics, um normativo, que acabou se tornando predominante.

O objetivo desse segundo ramo – o normativo – do Law and Economics não é descrever ou explicar como as decisões judiciais foram realmente tomadas ou prever como serão tomadas, mas, em vez disso, orientá-las. Ele descreve os conceitos normativos que juízas/es empregam – por exemplo, igualdade ou razoabilidade – como uma confusão sem esperança de intuições, e oferece uma estrutura intelectual para ordenar essas intuições e dar-lhes conteúdo. Essa estrutura é o mercado. De acordo com esse ramo, os conceitos normativos do Direito devem ser interpretados e aplicados de forma a tornar o poder judicial um instrumento para aperfeiçoar o mercado.

O ramo normativo do Law and Economics relativiza todos os valores. Valores são reduzidos a preferências, e todas as preferências são assumidas como tendo uma reivindicação igual de satisfação. A luta entre vizinhas/os no caso típico de incômodo (para dar um exemplo que é, ao mesmo tempo, central para a análise econômica do Direito e mais palatável a ela) não é um conflito entre paz e recreação, que são entendidas como valores públicos que devem ser harmonizados e ordenados; em vez disso, trata-se de conflito entre aquelas/es que preferem usar a terra para recreação e aquelas/es que preferem paz e sossego. Não há como, além disso, julgar uma preferência como mais digna do que a outra, assim como não há como julgar a preferência por um sabor de sorvete em detrimento de outro. Qualquer escolha entre os dois seria arbitrária ou, para usar o jargão dessa escola, meramente uma questão de "distribuição" (o que significa que a escolha não depende de nenhum critério universalmente aceitável, mas, em vez disso, equivale a favorecer os interesses de um grupo em detrimento de outro).

Tendo assim reduzido todos os valores a preferências, e tendo estabelecido que uma escolha entre preferências seria arbitrária, segue-se, então, que as instituições sociais podem ter um propósito e apenas um propósito, que é maximizar a satisfação total das preferências. Na situação comum, barganha e troca são presumivelmente os melhores meios para atingir esse fim. Os indivíduos sabem melhor quais são suas preferências e quanto valem, e assim eles devem ser livres para barganhar uns com os outros para obter os meios (ou condições) de satisfazê-las – por exemplo, trocar dinheiro por sorvete. A troca ocorrerá somente quando as posições de ambas as partes forem melhoradas. Dessa forma, trocas livres entre indivíduos nos mantêm avançando em direção ao objetivo de maximizar a satisfação das preferências.

Com a transação comercial comum, digamos, entre um varejista e um cliente, a contribuição das trocas de mercado para a satisfação das preferências parece clara e óbvia. O que o novo

Law and Economics fez, sob a liderança de Ronald Coase,[388] foi perceber um papel para a troca de mercado mesmo em contextos não comerciais – como em casos de incômodos. Em uma disputa envolvendo incômodo, o argumento é que os desejos das partes não poderiam ser totalmente satisfeitos porque havia um conflito, mas uma troca poderia maximizar o valor total realizável; ou o clube esportivo barulhento que destrói a tranquilidade do bairro poderia comprar os proprietários adjacentes (o que deixaria ambas as partes em melhor situação – uma com o jogo, as outras com o dinheiro), ou a barganha poderia funcionar inversamente se o custo fosse menor para mover o clube do que para comprar os proprietários.

Sob essa perspectiva, o Direito parece ter dois propósitos. Um é fornecer as condições necessárias para uma negociação eficaz (demarcar direitos de propriedade, garantir que as negociações sejam aplicadas, prevenir fraudes etc.). O Direito é um pano de fundo indispensável para o mercado. Uma segunda missão surge apenas quando a negociação falha ou não é possível, como quando muitas pessoas estão envolvidas. Em tal caso, frequentemente descrito como um em que há "custos de transação", a lei assume um papel mais ativo, servindo como um suplemento em vez de um pano de fundo para o mercado. Ela corrige a falha do mercado. O propósito do Direito ou da adjudicação em particular é remover os obstáculos à troca e, se isso não for possível, replicar o resultado do mercado. O resultado justo é aquele que reúne as partes para a troca ou dá a elas aproximadamente o que teriam recebido se tivessem conseguido negociar.

Para alguns teóricos, principalmente em Chicago, o papel do Direito como uma instituição que suplementa e, portanto, aperfeiçoa o mercado dessa segunda maneira é menor, pois eles assumem que a falha de mercado (por causa de, digamos, altos custos de

388 COASE, Ronald H. "The problem of social cost". *Journal of Law and Economics*, vol. 3, 1960, p. 44.

transação) é uma exceção esporádica. O Law and Econmics se tornou meramente um servo do *laissez faire*, embora talvez com um toque especial. O Direito não é apenas desnecessário, mas, como enfatizado por Harold Demsetz[389] e pelos outros que desenvolveram o *insight* essencial de Coase, também é redundante: não importa como o caso seja decidido, desde que a barganha permaneça possível, uma troca entre as partes após o julgamento maximizará a satisfação das preferências e nos aproximará da alocação eficiente de recursos.

Em contraste com a escola de Chicago, algumas/ns adeptas/os do Law and Economics (originalmente baseadas/os em New Haven) contemplam um papel maior para o Estado e para a adjudicação. Elas/es veem falhas de mercado em quase todos os lugares. Reconhecem o poder do paradigma de mercado, no qual todos os valores são tratados como relativos e a satisfação máxima das preferências é o fim de todas as instituições sociais, mas insistem que a necessidade de instituições suplementares é onipresente. Por meio dos argumentos mais engenhosos, são capazes de abraçar tanto o mercado quanto o Estado ativista.

A escola de New Haven está, em meu julgamento, mais próxima da verdade do que a escola de Chicago, especialmente se o foco mudar, como invariavelmente acontece, de casos de incômodo para os grandes casos de Direito Público atuais. Os "custos de transação" no caso típico de dessegregação são impressionantes, se me permitem um eufemismo. Parece-me, no entanto, que o problema é mais profundo e que todas/os as/os praticantes do Law and Economics – estejam elas/es em New Haven ou Chicago – estão no caminho errado. A questão não é quantidade, mas qualidade: não é que um papel maior para o Direito deva ser assumido, mas, sim, que seu papel deva ser entendido em termos qualitativamente

389 DEMSETZ, Harold. "When does the rule of liability matter?" *Journal of Legal Studies*, vol. 1, 1972, p. 13.

diferentes. O papel do Direito não é aperfeiçoar nem replicar o mercado; em vez disso, é fazer aquelas escolhas que as/os adeptas/os do Law and Economics alegam serem apenas arbitrárias, ou seja, uma mera questão de distribuição. O dever de juízas/es não é servir ao mercado, mas determinar se ele deve prevalecer.

Essa descrição do Direito reflete práticas reais – como nós pensamos e falamos sobre o Direito. Também reflete a autocompreensão do Judiciário. Juízas/es não se veem como instrumentos de eficiência, mas, sim, como engajadas/os em um processo de tentar entender e proteger os valores incorporados no Direito. Mas, como você deve se lembrar, neste momento, a reivindicação do Law and Economics é normativa, não descritiva: na qualidade de declaração sobre qual deve ser o propósito do Direito, o princípio da eficiência não é derrotado pela simples (e bem-aceita) objeção de que ele contradiz as práticas sociais reais ou a autocompreensão de juízas/es ao descrever o Direito em termos grosseiramente instrumentais (como um meio de satisfazer preferências). A reivindicação normativa do Law and Economics pode ser derrotada apenas desafiando sua primeira premissa, a saber, que todos os valores são relativos. E eu fico feliz em desafiar essa premissa. Não acredito que todos os valores sejam redutíveis a preferências e que todos tenham igual reivindicação de satisfação. Valores são valores.

Os proponentes do Law and Economics querem que acreditemos que o caso típico de incômodo, ou, nesse caso, um caso como *Brown vs. Board of Education*, é simplesmente um conflito sobre preferências e que surge porque as preferências de todas as partes não podem ser totalmente satisfeitas. Eles atribuem a juízas/es a tarefa de tentar elaborar algum esquema para maximizar a satisfação dessas preferências conflitantes. Parece-me, no entanto, que o conflito perante o Tribunal é de um caráter completamente diferente – não um conflito decorrente de uma divergência de preferências ou gostos, mas um entre os vários compromissos éticos implícitos naquele corpo de entendimentos compartilhados conhecido como Direito. Dessa perspectiva, a tarefa atribuída ao Judiciário não deve ser elaborar esquemas para maximizar a satisfação das preferências; em vez disso, deve ser dar significado e expressão concretos aos valores tornados autoritativos pela lei. Juízas/es devem ordenar, interpretar e estabelecer um regime de poder estatal para proteger esses valores.

O direito do Judiciário de dar significado aos nossos valores públicos não se baseia na perícia moral das pessoas que, por acaso, ocupam cargos, mas nas normas processuais que simultaneamente restringem e liberam aqueles que exercem o poder judicial –juízas/es são isoladas/os do processo político e são obrigadas/os a se envolver em um tipo especial de diálogo sobre o significado desses valores. Esse diálogo é árduo e desgastante, às vezes quase além dos poderes de qualquer um, mas é uma parte essencial do processo pelo qual uma moralidade evolui e retém seu caráter público.

Direito como política

Assim como o Law and Economics, o CLS começa enfatizando a abertura dos conceitos normativos operados pelo Judiciário. O propósito aqui, no entanto, não é positivo, mas negativo. Acadêmicas/os do CLS não tentam transcender a incerteza – elas/es se deleitam com ela. Em vez de impor uma estrutura intelectual a todas as intuições conflitantes adotadas dentro desses conceitos normativos, essas/es acadêmicas/os aceitam essa abertura ou (para usar seu termo favorito) indeterminação como algo dado. Consequentemente, argumentam, não pode haver padrões para restringir juízas/es ou para determinar se uma decisão é correta como uma questão de direito. Para voltar ao exemplo do Law and Economics, não há base para dizer que um uso da terra é mais razoável do que outro; ou, para passar para os casos de Direito Público que têm sido muito mais centrais para o CLS, não há base para dizer que uma interpretação judicial da Cláusula de Proteção Igualitária ou Devido Processo é mais verdadeira do que outra. O propósito desse exercício é negar a afirmação distintiva de que o Direito é uma forma de racionalidade.[390] O Direito não é o que parece – objetivo e capaz de produzir respostas certas; em vez disso, é simplesmente política, em outra roupagem. Juízas/es falam da maneira que falam porque essa é a convenção de sua profissão e é necessária para manter seu poder, mas sua retórica é toda uma farsa.

Os realistas jurídicos dos Estados Unidos das décadas de 1920 e 1930 também tinham a intenção de desmistificar o Direito, insistindo que a sua reivindicação ao determinismo e objetividade era uma farsa, mas sua crítica visava libertar o Direito do passado (em particular, de seu compromisso com o *laissez faire*). Sua crítica foi um prelúdio para que o Direito se tornasse um instrumento eficaz de boa política pública. Há uma vertente do feminismo que também busca desmascarar o Direito – mostrar como a posição privilegiada dos homens na profissão jurídica tende a distorcer a lei, e como conceitos ou princípios que soam neutros frequentemente serviram como um manto para o patriarcado. Essas feministas, como os realistas, são movidas por uma visão afirmativa – se não liberdade, então uma igualdade verdadeira e substantiva – e elas apreciam como o Direito pode ser utilizado para promover essa visão. Mas isso não é alinhado com o CLS.[391] Acadêmicas/os do CLS se distinguem de feministas e realistas jurídicos de uma geração anterior pela pureza de seu negativismo. Quando insistem em "Direito como política", elas/es querem dizer algo bem diferente e mais niilista do que realistas ou feministas. Elas/es querem desmascarar o Direito, mas não fazer dele um instrumento efetivo

---

390 UNGER, Roberto Mangabeira. "The Critical Legal Studies Movement". *Harvard Law Review*, vol. 96, 1983, p. 561, publicado como livro pela Harvard University Press em 1986. Para mais informações sobre o Critical Legal Studies, ver KAIRYS, David (Coord.). *The politics of law*: a progressive critique. Nova York: Pantheon Books, 1982; *Stanford Law Review*, vol. 36, 1984: "Critical Legal Studies Symposium".

391 De fato, o Professor Frug se refere ao feminismo apenas como uma "fonte" de Critical Legal Studies. Ver FRUG, Jerry. "Henry James, Lee Marvin, and the Law". *New York Times*, 16 fev. 1986, p. 1.

de boa política pública ou igualdade. O objetivo de sua crítica é a crítica. Acadêmicos do CLS percebem que qualquer estrutura normativa criada para suplantar o Direito estaria sujeita à mesma crítica que eles usaram para atacar o Direito.

Alguns tentaram ir mais longe. Tentaram construir um programa afirmativo e explicar no que o Direito poderia se tornar, uma vez desmascarado, mas em cada caso o programa afirmativo oferecido é bastante vazio e pouco atraente. De fato, acaba sendo outra forma de negativismo. Um desses programas foi proposto por Duncan Kennedy,[392] geralmente considerado o Abbie Hoffman do movimento.[393] O programa de Kennedy contempla uma forma particularizada de adjudicação, em que os juízas/es olham para a totalidade das circunstâncias e simplesmente tomam uma decisão, sem a orientação de regras ou princípios (que, é claro, seriam vulneráveis à crítica), mas com uma compreensão completa de sua posição histórica e uma disposição para assumir total responsabilidade por suas decisões. Outro programa dito afirmativo foi proposto por Roberto Unger, cujo trabalho considero ser a verdadeira inspiração do movimento.[394] Ele nos exorta a usar o poder judicial como um instrumento de desestabilização – de derrubar qualquer estrutura que exista no momento – não como um meio de nos aproximar do nirvana (que, dadas as distorções das estruturas sociais existentes, não pode ser especificado), mas

---

392 KENNEDY, Duncan. "Distributive and paternalist motives in contract and tort law, with special reference to compulsory terms and unequal bargaining power". *Maryland Law Review*, vol. 41, 1982, p. 638. Para um relato mais completo e recente das opiniões de Kennedy sobre a adjudicação, ver KENNEDY, Duncan. *A critique of adjudication*: fin de siècle. Cambridge: Harvard University Press, 1997.

393 GRANETZ, Marc. "Duncan the Doughnut". *The New Republic*, 17 mar. 1986, p. 22.

394 UNGER, Roberto Mangabeira. "The Critical Legal Studies Movement". *Harvard Law Review*, vol. 96, 1983.

como uma forma de revelar nossa capacidade de transcender o contexto particular em que nos encontramos.

Críticas que não têm uma visão do que pode substituir o que é destruído me parecem politicamente desagradáveis e politicamente irresponsáveis. Alguns sugerem que tais medos são injustificados. Eles alegam que a adjudicação tem um lugar nesses chamados programas afirmativos e que, pela primeira vez, ela se tornará "responsável", "inteligível" e "democrática". Mas isso é simplesmente um jogo de palavras. Claro, eu teria que aceitar a crítica e viver com suas consequências políticas, por mais desagradáveis que fossem, se eu pensasse por um momento que a crítica era intelectualmente convincente. Mas, na verdade, não é. A liberdade de juízas/es postulada pelo CLS, e que serve como sua premissa central, simplesmente não existe. Os conceitos do Direito podem ser abertos, no sentido de que não se pode chegar a um julgamento por um simples processo de dedução, mas não é isso que o Direito ou a objetividade exigem, ou mesmo a que aspiram. O que é necessário é que juízas/es sejam limitadas/os em seus julgamentos, e de fato, o são.

Quando leio um caso como *Brown vs. Board of Education*, por exemplo, o que vejo não é o poder irrestrito de juízas/es de dar vazão aos seus desejos e interesses, mas, sim, funcionárias/os públicas/os situados dentro de uma profissão, limitadas/os a todo momento pelas normas e convenções que definem e constituem essa profissão. Há mais a julgar do que simplesmente confrontar as palavras nuas da Décima Quarta Emenda, que ordena que "nenhum estado deve (...) negar a qualquer pessoa dentro de sua jurisdição a proteção igualitária das leis". Juízas/es começam com o histórico legislativo da emenda e um conjunto de casos que serviram para dar sentido ao compromisso da emenda com a igualdade racial. Guiadas/os por anos de treinamento e experiência, leem casos anteriores e sentem para que lado o Direito está se movendo. Elas/es consideram o papel do Estado, e o lugar da educação pública em particular, na vida da nação e pesam as evidências desenvolvidas no julgamento sobre o impacto das práticas segregadoras. Elas/es também sabem o que constitui uma boa razão para distinguir *Plessy vs. Ferguson* ou para decidir o caso de uma forma ou de outra.

Juízas/es são disciplinadas/os no exercício de seu poder. Elas/es são pegas/os em uma rede de chamadas regras disciplinares que, como uma gramática, definem e constituem a prática de julgar e são tornadas autoritativas pela comunidade interpretativa da qual fazem parte. Essas regras disciplinares fornecem os padrões para determinar se alguma decisão é certa (ou errada) e para justificá-la (ou contestá-la). Elas restringem o julgamento, não o determinam. É claro, o desacordo ainda pode ocorrer, como tem ocorrido ao longo da história. No entanto, o desacordo – pelo menos em proporções modestas – não é destrutivo do Direito. Em vez disso, é propulsor dele: o desacordo é uma parte essencial de qualquer empreendimento moral colaborativo dentro de uma sociedade complexa e mutável.

Nesse relato de adjudicação, reconheço que estou fazendo uma suposição empírica sobre a riqueza do sistema jurídico deste país. Estou assumindo que nossa cultura jurídica é suficientemente desenvolvida e texturizada para produzir um corpo de regras disciplinares que restringem juízas/es e fornecem os padrões para avaliar seu trabalho. Essa suposição está, é claro, aberta a um desafio factual, como qualquer afirmação empírica deve estar. Proponentes do CLS não estão preparados, no entanto, para discordar de mim nesses termos (mundanos). Pois sua afirmação não é que, como uma questão factual, em algum sistema jurídico específico ou em alguma fase histórica, juízas/es não são restringidas/os pela lei, mas, sim, que a lei, por sua natureza, nunca pode fornecer a restrição necessária para atingir a objetividade. Sua ideia não é que não haja uma resposta certa, mas, sim, que nunca pode haver uma resposta certa. Para apoiar uma afirmação tão ambiciosa e extravagante, a maioria dos proponentes do CLS recorre à teoria da "contradição fundamental" de Duncan Kennedy[395] (embora alguns, como Gerald Frug[396] e Sanford Levinson,[397] acreditem – de forma bastante falsa – que a chave pode ser encontrada na obra de Jacques Derrida, Paul de Man, Stanley Fish, Hillis Miller e outros teóricos literários de tendência desconstrutiva).

De acordo com a teoria de Kennedy da "contradição fundamental", todos os conceitos normativos são infectados com um conflito que não pode ser resolvido. Eles se desconstroem em duas (ou mais) forças, impulsos ou desejos antitéticos e concorrentes, como o desejo pelos outros e o medo dos outros. Tão infectado com tais contradições, um conceito normativo (ou qualquer regra, princípio ou padrão gerado a partir dele) não pode agir como uma restrição a juízas/es, pois sempre oferece a quem julga uma escolha. Juízas/es podem favorecer um significado ao invés de outro e, no entanto, apenas dizer que está (honestamente) aplicando a regra. A "contradição fundamental" cria uma liberdade, uma escolha e, portanto, torna tudo indeterminado, ou seja, incapaz de restringir juízas/es ou fornecer quaisquer padrões de avaliação. Ela cria essa liberdade quase como uma questão de necessidade lógica. Não há nada contingente, limitado ou empírico sobre a "contradição fundamental". Não é mera "tensão".

Não há prova ou mesmo argumento em favor da "contradição fundamental": o Professor Kennedy apenas afirma sua

---

395 KENNEDY, Duncan. "The structure of Blackstone's Commentaries". *Buffalo Law Review*, vol. 28, 1979, p. 209. Para suas reflexões posteriores sobre a contradição fundamental, ver GABEL, Peter; KENNEDY, Duncan. "Roll over Beethoven". *Stanford Law Review*, vol. 36, 1984, p. 1.

396 FRUG, Jerry. "Henry James, Lee Marvin, and the Law". *New York Times*, 16 fev. 1986, p. 28.

397 LEVINSON, Sanford. "Law as literature". *Texas Law Review*, vol. 60, 1982, p. 373. Para a resposta, ver FISH, Stanley. "Interpretation and the pluralist vision". *Texas Law Review*, vol. 60, 1982, p. 495. Ver também WEISBERG, Richard H. "Text into theory: a literary approach to the Constitution". *Georgia Law Review*, vol. 20, 1986, p. 939.

existência no meio de uma análise extremamente longa do índice dos *Comentários de Blackstone*. Nem tenho certeza se a existência ou validade da "contradição fundamental" pode ser provada ou demonstrada, dado seu escopo universal. Operando muito como um axioma moral, ele, em última análise, repousa em um apelo à experiência comum. Em resposta, sempre se pode apelar a uma compreensão diferente dessa mesma experiência e afirmar, com igual fervor, que as estruturas normativas do Direito não estão crivadas de "contradições fundamentais". Estou preparado para fazer exatamente isso. Além disso, posso salientar que os riscos são maiores do que parecem à primeira vista. O que está em questão quando se começa a trilhar o caminho da "contradição fundamental" não é simplesmente o Direito, mas também a moralidade ou, nesse caso, qualquer prática ou instituição que se baseie ou incorpore estruturas normativas. Não há como confinar a "contradição fundamental" ao Direito. Tudo o que é normativo deveria ir embora. Nunca pode haver uma resposta certa na moral, assim como certamente nunca pode haver uma resposta certa no Direito.

Alguns alegaram o contrário, e, uma vez, o Professor Frank Michelman – que não é um membro do movimento, mas é atraído por ele – insistiu que, embora nunca pudesse haver uma resposta certa no Direito, poderia haver (e, de fato, deveria haver) respostas certas na moral.[398] Essa visão não consegue explicar a amplitude total da "contradição fundamental". Também parece estar em desacordo com as intuições comuns. Dado o aparato institucional do Direito e os entendimentos compartilhados que unem e animam a profissão, acho que é muito mais provável que haja respostas certas no Direito do que na moral. Claro, a moralidade não requer "a compulsão de uma regra transcendente", para usar uma frase

398 Isso ocorreu no curso da discussão de seu artigo, MICHELMAN, Frank. "Justification (and justifiability) of law in a contradictory world". *In*: PENNOCK, J. Roland; CHAPMAN, John (Coord.). *Nomos XXVIII*: justification. Nova York: New York University Press, 1986, p. 71.

de Michelman,[399] mas o Direito também não; ela requer apenas julgamento restrito. Uma insistência no contrário e uma tentativa de descrever o Direito em outros termos, como "transcendente", "mecânico" ou "unitário" me parece uma tentativa forçada de restringir a crítica do CLS ao Direito e de dar credibilidade a uma Teoria do Direito que não se baseia em nenhuma teoria fantasiosa sobre a "contradição fundamental" ou qualquer outra coisa, mas em uma vertente especial de utopia, que aspira corretamente a uma igualdade verdadeira e substantiva, porém falha em conceder um lugar adequado para os arranjos institucionais necessários para tornar esse ideal realidade.

O Direito como razão pública

Os movimentos CLS e Law and Economics diferem em muitos aspectos importantes – suas políticas, as complexidades de seus argumentos, a definição de sua missão acadêmica e, claro, suas peculiaridades. Descrever "Direito como eficiência" é bem diferente de descrevê-lo como "política". Acredito, no entanto, que esses movimentos têm algo em comum, e o que eles compartilham é tão importante quanto suas diferenças. Tentei mostrar que ambos partem de uma rejeição do Direito como uma personificação de uma moralidade pública e, portanto, têm uma linha de base comum. O CLS nega que exista tal moralidade (ou, nesse caso, qualquer tipo de moralidade) quando argumenta que todas as nossas estruturas normativas incorporam uma contradição irresolúvel. O Law and Economics ataca a noção de Direito como moralidade pública também, mas não por meio da "contradição fundamental". Ele o faz porque considera todos os valores como relativos e reivindica para si o que Bork, em um gesto que banaliza a jurisprudência dos

399 MICHELMAN, Frank. "The meanings of legal equality". *In*: McARDLE, Frank E. (Coord.). *The Cambridge Lectures 1985*: selected papers based upon lectures delivered at the Conference of the Canadian Institute for Advanced Legal Studies. Montreal: Éditions Y. Blais, 1987.

anos 1960, chama de "Cláusula de Gratificação Igual".[400] Segundo o Law and Economics, a ideia de uma moralidade pública mais uma vez se torna insustentável, porque os valores são transformados em preferências, e cada preferência é considerada como tendo uma reivindicação igual de satisfação.

Dessa perspectiva, não é nenhuma surpresa que tanto o Law and Economics quanto o CLS tenham alcançado sua ascendência nos Estados Unidos no mesmo período da história. Nem é surpreendente que esse período tenha sido a década de 1970, uma época de diferenças e desacordos, na qual a ênfase não estava no que compartilhávamos – nossos valores e ideais públicos –, mas em como diferíamos e o que nos dividia. Embora, na década de 1960, tenhamos empreendido a Segunda Reconstrução, tentado construir a "Grande Sociedade" e sido atraídos para o Direito como ideal público, na década seguinte, nos refugiamos na política do egoísmo. Todas as questões normativas se tornaram subjetivas. A perspectiva de entender e nutrir uma moralidade comum parecia sem esperança.

Localizar esses dois movimentos jurisprudenciais dentro de um contexto histórico específico também pode nos ajudar a entender como o Direito pode ser recuperado. O Direito foi ameaçado pela desintegração de valores públicos na sociedade em geral, e seu futuro só pode ser assegurado pela reversão desses processos sociais. Para proteger o Direito, devemos olhar além dele. Nunca seremos capazes de responder totalmente ao negativismo do CLS ou ao instrumentalismo bruto do Law and Economics até que um processo regenerativo se estabeleça, até que os amplos processos sociais que alimentaram e nutriram esses movimentos sejam revertidos. Os argumentos analíticos totalmente internos ao Direito podem nos levar apenas até certo ponto. Deve haver algo mais – uma crença em valores públicos e a disposição de agir sobre eles.

---

400 BORK, Robert H. "Neutral principles and some First Amendment problems". *Indiana Law Journal*, vol. 47, 1971, p. 10.

De onde virá essa crença? Ao falar de uma moralidade pública e da responsabilidade do Judiciário de dar significado e expressão a esses valores, sou sustentado por uma visão histórica, a saber, a década de 1960 e o papel que o Direito desempenhou na luta pela igualdade racial. Mas, para uma geração nascida depois de *Brown*, depois de Ole Miss, depois de Birmingham, depois do Freedom Summer e depois de Selma, essa visão não funciona. Ela não é combatida, mas apenas tolerada como uma lembrança pitoresca e até tocante de um tempo passado.

O Movimento Feminista, à medida que ganhou força na década de 1980, provocou memórias poderosas dessa experiência histórica. O feminismo mobilizou uma nova geração de estudantes de Direito e buscou um reexame dos arranjos sociais existentes. Mas, para que o feminismo se torne, como o movimento dos direitos civis antes dele, o instrumento de regeneração social que o Direito aguarda, nós – tanto os portadores da causa, como a comunidade criticada – não devemos encarar as questões de gênero como uma questão de interesses individuais ou de preferências de um grupo; em vez disso, devemos reconhecer a reivindicação da igualdade de gênero como uma expressão dos ideais e valores que temos em comum.[401]

Além disso, é difícil saber como uma crença em valores públicos pode ser regenerada. Tal processo de regeneração social depende de eventos que estão além do nosso controle e são até difíceis de imaginar. Parece-me, no entanto, que o próprio Direito pode ter um papel importante a desempenhar nesse processo, pois ele parece ser tão gerador de valores públicos quanto dependente deles. A Corte Warren e o processo transformador que precipitou na sociedade americana não apenas pressupunham uma crença na existência de valores públicos, mas também eram responsáveis por ela. A decisão

---

401 FISS, Owen. "What is feminism?" *Arizona State Law Journal*, vol. 26, 1994, traduzido neste livro.

do Tribunal no caso *Brown* presumiu que a Constituição incorporava um compromisso com a igualdade racial, e que esse valor era tão real e tão importante a ponto de justificar a movimentação de montanhas (ou quase). Também gerou e nutriu um compromisso com a igualdade racial que transcendia em muito o Direito.

Uma apreciação do Direito como uma força geradora de nossa vida pública não torna a tarefa que enfrentamos mais fácil. Na verdade, ela agrava a complexidade e a magnitude do nosso desafio, pois sugere que estamos presos em um círculo: o Direito é, infelizmente, tanto agente quanto objeto. No entanto, uma compreensão da força geradora do Direito pode nos tornar agudamente conscientes dos perigos representados pelo Law and Economics e CLS e, assim, fortalecer nossa determinação de resistir a eles. Precisamos da moralidade pública para ter o Direito, é verdade, mas, ainda mais, precisamos do Direito para ter uma moralidade pública. É claro, ele existirá mesmo que os dois movimentos jurisprudenciais dos quais falei floresçam, no sentido limitado de que haverá pessoas que usarão túnicas pretas e decidirão casos, porém será um tipo muito diferente de Direito. Para Kennedy, a adjudicação será inteiramente particularista; para Posner, será totalmente instrumental. Em nenhum dos casos será capaz de sustentar ou gerar uma moralidade pública. Será um Direito sem inspiração. Isso significará a morte do Direito, como o conhecemos ao longo da história e como o admiramos.

XIII

AS BASES SOCIAIS E POLÍTICAS DA ADJUDICAÇÃO[402]

Adjudicação é o processo pelo qual os valores incorporados em um texto legal autoritativo, como a Constituição, recebem significado e expressão concretos. No meu julgamento, essa sempre foi a função da adjudicação, claramente adotada e legitimada pelo Artigo III da Constituição e coerente com o papel dos tribunais sob o *common law*. Mas, na era dos direitos civis, surgiu uma nova forma de adjudicação.

Essa nova forma de adjudicação é amplamente definida por duas características. A primeira é a consciência de que a ameaça básica aos nossos valores constitucionais não é representada por indivíduos, mas pelas operações de organizações de grande porte, as burocracias do Estado moderno. Segundo, esse novo modo de litígio reflete a percepção de que, a menos que as organizações que ameaçam esses valores sejam reestruturadas, essas ameaças aos valores constitucionais não podem e não serão eliminadas. Para esse

---

402 FISS, Owen. "The Social and political foundations of adjudication". *In*: ______. *The Law as it could be*. Nova York: New York University Press, 2003.

esforço reconstrutivo, o universo tradicional de remédios legais, ou seja, a responsabilidade civil ou criminal, são inadequados. A injunção (ordem judicial de executar certos atos) é o remédio preferido. Não é utilizada, no entanto, como um dispositivo para interromper algum ato discreto, como poderia ter sido em outras épocas, mas, em vez disso, como o meio formal pelo qual juízas/es direcionam a reconstrução de uma organização burocrática.

Esse novo modo de litígio, que chamo de "reforma estrutural", representa um avanço importante na compreensão da sociedade moderna e do papel da adjudicação. O caráter burocrático do Estado moderno e as dimensões públicas do poder judicial são devidamente reconhecidos. Também é importante reconhecer, no entanto, que este novo modo de litígio levanta uma série de problemas. Um problema é o do instrumentalismo. Simplificando, a questão apresentada é como fazer o trabalho de reforma estrutural e como fazê-lo bem. Um segundo problema, e o assunto principal da minha preocupação, é a questão da legitimidade: a reforma estrutural é uma tarefa apropriada para o Judiciário?

As questões instrumentais são de enorme importância e dificuldade, e devem receber a devida atenção, mas acredito que a questão da legitimidade é primária. Digo isso, em parte, porque acredito que os ditames da legitimidade impõem limitações aos meios que os tribunais podem usar para atingir seus objetivos. Um comprometimento cego com a eficácia corretiva, uma preocupação exclusiva com as questões instrumentais, pode muito bem colocar em questão a legitimidade de todo o empreendimento judicial. Também sou movido pelas circunstâncias históricas a abordar as questões de legitimidade primeiro.

A reforma estrutural surgiu como uma forma distinta de litígio constitucional em grande parte em resposta aos ditames de *Brown vs. Board of Education* e aos problemas de dessegregação escolar no início dos anos 1960. No final dos anos 1960 e no início dos anos 1970, o escopo da reforma estrutural foi ampliado para incluir polícia, cárceres, hospitais psiquiátricos, instituições para pessoas com deficiências intelectuais, agências de promotoria, moradia pública e emprego público. Seu escopo se tornou tão amplo quanto o próprio Estado moderno. A história tomou um rumo diferente no final dos anos 1970, no entanto, e a reforma estrutural foi atacada; desde então, sua legitimidade tem sido sujeita a desafios profundos e perturbadores. Os desafios dos quais falo não se limitam à reforma estrutural, ou a qualquer modo particular de adjudicação, mas se estendem aos anos 1960 em geral e à concepção de poder estatal implícita naquela época.

Dois modelos de adjudicação

As características distintivas da reforma estrutural podem ser melhor compreendidas contrastando-a com um modelo de adjudicação que há muito tempo domina a literatura e nosso pensamento e que é frequentemente utilizado como o padrão para julgar a legitimidade de todas as formas de adjudicação. Esse modelo é chamado de resolução de disputas e, como explicado em "The Forms of Justice", é associado a uma história de duas pessoas no estado de natureza que reivindicam, cada uma, uma única propriedade. Elas discutem o problema, chegam a um impasse e então recorrem a uma terceira parte, um estranho, para resolver sua disputa. Os tribunais são vistos como a institucionalização desse estranho, e a adjudicação, o processo pelo qual o poder judicial é exercido. Embora esta história não seja utilizada como um argumento para a primazia da resolução de disputas, mas apenas como uma ilustração, ela reflete várias premissas das quais esse modelo depende. A reforma estrutural desafia essas premissas.

Primeiro, a resolução de disputas reflete um universo sociologicamente empobrecido, que não leva em conta grupos sociais e instituições burocráticas. Não há espaço na história para as entidades sociológicas tão familiares ao litígio contemporâneo. Grupos sociais, como pessoas encarceradas ou pacientes em um hospital, não têm lugar nessa narrativa. Nem há reconhecimento da existência de grupos que transcendem instituições, como minorias raciais ou grupos de pessoas com deficiência cujas identidade social e realidade são tão seguras em nossa sociedade quanto o indivíduo no estado de natureza. Além disso, não há espaço na história para o sistema escolar público, o cárcere, o hospital psiquiátrico ou a autoridade habitacional. O mundo é composto exclusivamente de indivíduos.

A estrutura adversarial do processo de resolução de disputas reflete esse viés individualista; um vizinho é colocado contra o outro enquanto juízas/es ficam entre eles como árbitras/os passivas/os. O processo estrutural, por outro lado, desafia essa forma triádica. Não duas, mas muitas partes estão envolvidas, e os grupos ou organizações reconhecidas como partes estarão, provável e internamente, divididos sobre as questões que estão sendo julgadas. O antagonismo não é binário. Em vez disso, em um processo estrutural, encontramos uma série de interesses e perspectivas concorrentes organizados em torno de uma série de questões e uma única agência decisória, a/o juíza/z.

A resolução de disputas também implica uma unidade de funções na estrutura adversarial; a autora é simultaneamente a vítima, a beneficiária da reparação e a porta-voz. Da mesma forma, a parte ré individual funciona como a infratora, como aquela que arca com as despesas e problemas relacionados à reparação, e também como porta-voz de seus interesses. O processo estrutural implica uma fragmentação desses papéis, em grande parte, porque entidades sociológicas são introduzidas. Normalmente, encontramos porta-vozes, como procuradoras/es ou associações de classe, que não são vítimas nem beneficiárias/os, mas que representam interesses e perspectivas importantes de grupos que são vítimas ou, alternativa e supostamente, beneficiárias/os da ação judicial. Olhando para o assunto do lado da ré, também deve ser notado que a reforma estrutural envolve uma mudança no conceito de infrator/a, entendido em qualquer sentido individualista; a função do processo não é punir ou julgar a conduta de alguns indivíduos, mas eliminar ameaças aos valores constitucionais colocadas por qualquer agente, incluindo a burocracia. O tribunal é, portanto, capaz de pensar em termos totalmente prospectivos e colocar o ônus da reparação em uma instituição que não poderia ser considerada uma infratora, mesmo em um sentido metafórico, mas é a mais capaz de salvaguardar os valores em questão.

Além de alterar a estrutura de partes, a introdução de entidades sociológicas no processo estrutural muda e complica a natureza do processo de reparação. Em contraste com a situação de resolução de disputas, na qual um indivíduo é vítima e porta-voz, bem como beneficiário de um decreto judicial, a tarefa de reparação é muito mais complexa quando a vítima ou beneficiário é um grupo social. No mínimo, juízas/es terão que determinar se os grupos de vítimas e beneficiários devem ser coextensivos; também terão que desenvolver critérios para incluir e excluir indivíduos dentro desses grupos. Da mesma forma, se a parte ré não for um indivíduo que está buscando a terra de seu vizinho, mas for uma organização burocrática que, em virtude de sua própria estrutura, representa uma ameaça aos valores constitucionais, logo, uma reparação como a de emitir uma proibição visando a algum ato discreto não responde à natureza da ameaça. A tarefa de reparação requer a reestruturação da organização, um empreendimento complexo e difícil, totalmente alheio ao modelo de resolução de disputas e que exige uma medida de atividade por parte de quem julga que é inconsistente com a imagem de juízas/es como árbitras/os passivas/os.

Segundo, a resolução de disputas privatiza valores. No estado de natureza hipotético, no qual a história da resolução de disputas prevalece, não há valores ou objetivos públicos, apenas os desejos privados dos indivíduos, nesse caso, o desejo por propriedade. Postulamos que a/o juíza/z estranha/o resolve uma disputa de propriedade entre vizinhas/os, mas a história nem mesmo revela como a/o juíza/z resolve a disputa, apenas que ela é resolvida. De acordo com esse esquema, a/o juíza/z poderia até resolver a disputa jogando uma moeda. O valor público servido pelo Judiciário precisa ser apenas o mínimo de evitar a violência por meio do uso de um mecanismo do acordo. A/o juíza/z pode resolver a disputa de acordo com qualquer conjunto de regras que, no futuro, minimizaria as disputas ou maximizaria a satisfação de fins privados.

O litígio estrutural não começa com indiferença ou ignorância dos valores públicos. Em vez disso, o litígio estrutural prossegue dentro da estrutura de uma constituição; e a Constituição que é vindicada por *Brown vs. Board of Education* é uma que faz muito mais do que simplesmente estabelecer uma forma de governo. Ela identifica um conjunto de valores como igualdade, liberdade, proibição de punição cruel e incomum, devido processo, segurança e liberdade de expressão. Esses valores transcendem os fins privados implícitos pelo modelo de resolução de disputas e informam e limitam a função do nosso governo. Eles permanecem como o cerne da nossa moralidade pública e servem como fundamentos substantivos do litígio estrutural. A função social do litígio contemporâneo não é resolver disputas, mas, sim, dar significado concreto a essa moralidade dentro do contexto do Estado burocrático.

Uma terceira suposição da história da resolução de disputas, refletindo seu individualismo ou sua indiferença aos valores públicos, é que, sem a intervenção de tribunais ou outras agências governamentais, a sociedade está em um estado de harmonia natural. Conforme sugerido pelo próprio conceito de disputa, a história assume que o objeto da adjudicação é um evento anormal que perturba um mundo de outra forma satisfatório. Também sugere que a função da adjudicação é restaurar o *status quo*. O litígio estrutural, por outro lado, nega essa suposição e reflete a dúvida sobre se o *status quo* é, de fato, justo. Ele se baseia no ceticismo sobre a distribuição existente de poder e privilégio na sociedade americana. Ele não considera que, de partida, talvez nenhum dos vizinhos deva ter direito à propriedade.

Esse ceticismo ajuda a explicar por que os requisitos para iniciar um processo estrutural foram reduzidos. Em um caso estrutural, os requisitos de alegação se tornaram simplificados, ficando mais permissivos, e as objeções de irrelevância, menos decisivas. Esses desenvolvimentos refletiram uma crescente desconfiança daquela premissa da história de resolução de disputas que postula um *status quo* harmonioso e justo; na reforma estrutural, a necessidade de intervenção judicial não é mais considerada uma aberração.

Dúvidas sobre a justiça do *status quo* também se refletem na natureza especial do processo de reparação. O objetivo da resolução de disputas é fazer as coisas voltarem ao normal; o remédio é curto e discreto, uma vez que simplesmente se compromete a restabelecer o mundo que existia antes da disputa. Mas esta claramente não é uma concepção válida do remédio no litígio estrutural, pois o objetivo deste modelo é criar um novo *status quo*, um que esteja mais de acordo com nossos ideais constitucionais. A reestruturação de um sistema carcerário ou escolar não pode ser entendida como uma tentativa de retornar a um mundo que existia antes de alguma disputa; representa uma tentativa de construir uma nova realidade social. A reparação pode ter que durar quase tanto quanto a realidade social que tenta criar.

Finalmente, o modelo de resolução de disputas isola institucionalmente o Judiciário. Os tribunais não são retratados como parte integrante de um governo. As/os vizinhas/os em conflito pedem que qualquer estranha/o resolva sua disputa. Esse relato mítico do processo pelo qual os tribunais são criados implica que os tribunais podem ser entendidos separadamente do sistema maior de governo. Também sugere que a legitimidade dos tribunais é derivada do consentimento da cidadania em um sentido específico da instituição. As/os vizinhas/os concordam em levar a disputa ao tribunal e acatar seu resultado. Na sociedade moderna, a conexão com o consentimento no sentido específico da instituição é preservada, mas em formas mais sutis. Lon Fuller, por exemplo, tentou fundar a legitimidade da adjudicação no direito de participação no processo, uma forma altamente individualizada de consentimento.[403] Outros, como John Ely, refletindo a tradição de *Corolene Products*, tentaram fundar a legitimidade na capacidade dos tribunais de representar os desfavorecidos, como um meio de aperfeiçoar o processo político pelo qual a sociedade americana consente com o seu governo.[404]

Na minha opinião, os tribunais não devem ser vistos isoladamente, mas, sim, como uma fonte coordenada de poder governamental e como parte integrante do sistema político maior. A democracia, de fato, nos compromete com o consentimento como a base da legitimidade, mas esse consentimento não é concedido separadamente a instituições individuais. O consentimento democrático se estende ao sistema de governança como um todo. A legitimidade de cada instituição dentro do sistema não depende do consentimento das pessoas que estão sujeitas a ela, seja no sentido individualizado ou coletivo, mas, sim, da competência de uma instituição para desempenhar uma função social dentro desse sistema. Nos Estados Unidos, a legitimidade dos tribunais e o poder que eles exercem na reforma estrutural ou, nesse caso, em qualquer tipo de litígio constitucional, é fundada na competência única do Judiciário para desempenhar sua função social distinta, que é, como já sugeri, dar significado concreto e aplicação aos valores públicos incorporados na Constituição.

Não é necessário, ao falar dessa competência, atribuir a juízas/es a sabedoria de filósofas/os. A capacidade de dar significado aos valores públicos não depende de alguma *expertise* moral pessoal, mas do processo que limita seu exercício de poder. Uma característica desse processo é o diálogo que juízas/es devem conduzir; elas/es devem ouvir todas as queixas, ouvir uma ampla gama de interesses, responder e, também, assumir a responsabilidade individual pelo

403 FULLER, Lon L. "The forms and limits of adjudication". *Harvard Law Review*, vol. 92, 1978, p. 353.

404 ELY, John Hart. *Democracy and distrust*: a theory of judicial review. Cambridge: Harvard University Press, 1980.

que dizem. Julgadoras/es também devem permanecer independentes dos desejos ou preferências do corpo político e dos concorrentes particulares perante o tribunal.

A competência do Judiciário e, portanto, sua legitimidade, dependem da adesão a essas duas qualidades do processo – diálogo e independência –, não da disposição do povo em consentir com resultados específicos ou da capacidade do povo de nomear ou remover os indivíduos que ocupam o cargo público. O consentimento do povo é necessário para legitimar o sistema político, do qual o Judiciário é parte integrante, e a capacidade do povo de responder a decisões judiciais, digamos, por meio de emendas constitucionais, preserva o caráter consensual do sistema como um todo. Uma dependência mais rigorosa e particularizada do consentimento popular privaria o Judiciário de sua independência e, portanto, de sua competência para dizer o Direito.

As fontes de resistência

O modelo de resolução de disputas está em desacordo com a realidade social e política da sociedade moderna e, ainda assim, se recuperou da relativa invisibilidade na década de 1960 para desfrutar de uma popularidade renovada desde meados da década de 1970. Esse ressurgimento não pode ser atribuído à poesia um tanto banal da história da resolução de disputas, nem mesmo a algum desejo nostálgico que ela possa evocar por um mundo simplificado demais. O ressurgimento é, acredito, um resultado das contradições internas engendradas pela reforma estrutural e do surgimento de uma visão da vida social que privatiza todos os fins.

No cerne da reforma estrutural está a concepção do Judiciário como uma fonte coordenada de poder governamental que deriva sua legitimidade de um processo distinto. A autoridade de julgadoras/es para dar significado aos valores constitucionais decorre de sua independência e da sua disposição de se envolver em um diálogo especial sobre esse significado. Julgadoras/es envolvidas/

os na reforma estrutural invocam a autoridade interpretativa que todas/os as/os juízas/es tradicionalmente possuem e que é derivada do processo pelo qual exercem o poder. Ao mesmo tempo, a dimensão corretiva distintiva da reforma estrutural prejudica a capacidade do Poder Judiciário de aderir aos ditames do processo que é a fonte de sua legitimidade e, como consequência, surgem questões quanto à adequação dessa tarefa para o Poder Judiciário.

Uma ameaça óbvia à integridade do processo judicial, que foi minimizada em "The Forms of Justice", mas que se tornou uma preocupação crescente para mim, é a burocratização do Judiciário. Parece haver uma tendência crescente, particularmente pronunciada no contexto estrutural, de que juízas/es se cerquem de uma série de instituições adjuntas – *experts*, assistentes – que começam a compor uma nova burocracia sob os auspícios judiciais. Donald Horowitz sugere que esse fenômeno está vinculado a uma lei sociológica que prevê que o Judiciário espelhará o caráter essencial das instituições que busca regular ou controlar.[405] Eu, por outro lado, suspeito que a burocratização do Judiciário pode ter causas menos grandiosas, porém mais tratáveis: excesso de trabalho, necessidade de conhecimento especializado ou desejo das/os juízas/es de se isolarem da crítica e do escrutínio públicos. Essas causas podem ser superadas, e devem ser, porque a burocratização do poder judicial, ao longo do tempo, destruirá o caráter distintivo do diálogo que há muito tempo é central para a função judicial: será difícil acreditar que juízas/es estejam realmente ouvindo ou respondendo às queixas ou assumindo a responsabilidade individual pela resposta.

A reforma estrutural também representa uma ameaça à independência judicial. Isso surge em parte por causa do relacionamento especial entre julgadoras/es e instituição recém-reconstruída. O litígio estrutural envolve o Judiciário na reconstrução

---

405 HOROWITZ, Donald L. "The judiciary: umpire or empire?" *Law and Human Behavior*, vol. 6, 1982, p. 140.

de uma instituição em andamento e, como juízas/es atuam como arquitetas/os e engenheiras/os estruturais nesses projetos, elas/es provavelmente perderão seu distanciamento da instituição. A instituição reconstruída será vista em grande parte como uma criação judicial. Como resultado, a/o juíza/z pode muito bem ver os desafios à instituição recém-reconstruída como desafios à sua autoridade.

A ameaça à independência também surge porque as ambições corretivas da reforma estrutural tornam as manobras políticas inevitáveis. Juízas/es não são onipotentes e, dadas as aspirações complexas e de longo alcance da solução estrutural e a dependência dessa solução na cooperação de um número infinito de indivíduos e agências, o perigo está sempre presente de que juízas/es comprometam tanto as soluções quanto os direitos para atingir objetivos corretivos; em outras palavras, elas/es podem moderar seu idealismo pelo que é realista. Elas/es se tornarão adaptáveis. A posse vitalícia pode continuar a proporcionar independência nominal, mas o simples desejo humano de ser eficaz pode efetivamente comprometer essa independência.

Essas dinâmicas tensionam a ideia de reforma estrutural, mas eu insistiria que elas não tornam esse modelo de adjudicação incoerente ou além do alcance do poder judicial. O zelo é uma qualidade pessoal que deve ser temperada, mas não abandonada. Embora os limites do ofício judicial devam ser reconhecidos, seria um erro renunciar às ambições de reparação implícitas na ideia de reforma estrutural, pois elas decorrem de uma percepção verdadeira da natureza da realidade social e do compromisso inteiramente admirável do Judiciário em fazer essa realidade ser compatível com os valores incorporados na Constituição.

Juízas/es excessivamente zelosas/os não são a única ameaça à legitimidade da reforma estrutural. Uma ameaça mais básica e mais difundida surge de fontes externas ao processo judicial, incluindo uma que se estende à política em geral. Uma vez que, como sugeri, os tribunais devem ser vistos como uma fonte coordenada de poder governamental, não seria de todo surpreendente encontrar o Judiciário sujeito às forças que estão afetando o poder governamental em geral. De fato, isso ocorreu. O ressurgimento do modelo de resolução de disputas não foi um fenômeno isolado, mas ocorreu dentro de um contexto político maior caracterizado por um interesse renovado em economia de mercado e teorias de *laissez-faire* e, mais geralmente, por uma reafirmação da teoria do contrato social. No cerne de cada fenômeno estava uma crença renovada no caráter privado de todos os fins.

Acredito que seja significativo que a história de vizinhas/os brigando por terras ocorra no estado de natureza, porque foi no estado de natureza que o contrato social foi formado. Também podemos ver que a teoria do contrato social compartilha as premissas da resolução de disputas – ela também carece de uma sociologia, os fins são privados, o poder é legitimado por meio do consentimento individualizado e, pelo menos de acordo com a versão de John Locke do contrato social, a harmonia natural geralmente é a regra. O conceito de governo consagrado pela teoria do contrato social e preeminente durante grande parte do século XIX – o chamado "Estado vigia noturno"[406] – é o análogo à concepção minimalista do poder judicial implícito no modelo de resolução de disputas. O principal fim do Estado é a segurança: desenvolver aquelas condições que permitirão que indivíduos privados se envolvam no comércio e satisfaçam suas próprias necessidades.

Os Estados Unidos do século XX, particularmente nas décadas seguintes ao New Deal e à Segunda Guerra Mundial, viram o surgimento de um tipo de Estado inteiramente diferente; o Estado havia se tornado um participante ativo em nossa vida social, fornecendo serviços essenciais e, de outra forma, estruturando

---

406 A frase é de NOZICK, Robert. *Anarchy, State, and utopia*. Oxford: Basil Blackwell, 1974.

os próprios termos de nossa existência. Para legitimar essa concepção de poder estatal, tivemos que desenvolver uma teoria de consentimento que é radicalmente diferente do consentimento individualista e unânime exaltado pela tradição do contrato social. Também tivemos que desenvolver uma concepção de vida social que seja suficientemente rica e proposital para tornar inteligíveis as intervenções generalizadas e quase contínuas de um Estado comprometido em melhorar o bem-estar de seus cidadãos. Essa foi, em grande parte, a realização da era dos direitos civis.

O surgimento e a legitimação do Estado ativista na década de 1960 são paralelos ao surgimento e à legitimação dessa nova forma de litígio que chamei de reforma estrutural. De fato, é possível ir mais longe, como meu colega Bruce Ackerman insistiu em uma conversa, e identificar uma base teórica comum para as duas concepções de poder governamental. Assim como o modelo de resolução de disputas compartilha as premissas da teoria do contrato social e do "Estado vigia noturno", a reforma estrutural e o Estado ativista moderno compartilham uma teoria política comum. Ambos levam em conta as realidades sociológicas, refletem o ceticismo quanto à justiça do *status quo* e representam um uso afirmativo do poder governamental. Ambos são baseados na crença na existência e importância dos valores públicos e no reconhecimento da necessidade de traduzir esses valores em realidade social por meio do uso do poder governamental. A igualdade era a peça central do litígio dos anos 1960, assim como era para a ação legislativa e executiva daquela época, mas a igualdade tinha apenas um significado representativo; ela representava uma maneira inteira de olhar para a vida social. Ela enfatizava o que chamei de valores públicos – aqueles valores que definem uma sociedade e dão a ela sua identidade e coerência interna. Os direitos eram vistos como a personificação concreta desses valores e, como tal, eram uma expressão de nossa comunalidade em vez de nossa individualidade.

Desde a década de 1970, sentimos dúvidas crescentes sobre a existência de valores públicos – tudo são interesses individuais ou, na melhor das hipóteses, moralidade individual – e o modelo de resolução de disputas de adjudicação, como o "Estado vigia noturno", acomoda essas dúvidas. Ambos oferecem um refúgio fácil para quem nega ou minimiza o papel dos valores públicos em nossa vida social e a necessidade de poder governamental para concretizar esses valores. O problema é que se recuarmos, se aceitarmos a privatização de todos os fins ou negarmos ao governo o poder de concretizar os valores que podem ser considerados públicos, empobreceremos nossa existência social e minaremos importantes arranjos institucionais. O Judiciário ficaria sem os meios para se proteger contra as ameaças representadas pelas burocracias do Estado moderno, e a Constituição seria degradada. A Constituição seria vista não como a personificação de uma moralidade pública, mas, simplesmente, como um instrumento de organização política – distribuindo poder e prescrevendo os procedimentos pelos quais esse poder deve ser exercido. Devemos e podemos resistir a tal desenvolvimento, mas, para isso, precisamos, primeiro, redescobrir o significado e o valor da nossa vida pública.

REFERÊNCIAS BIBLIOGRÁFICAS

"Introdução: revolução através do Direito"

ALEXANDER, Lawrence A. "Equal protection and the irrelevance of 'groups'". *Issues in Legal Scholarship*, vol. 2, nº 1, 12 ago. 2002.

BALKIN, Jack M.; SIEGEL, Reva B. "The American Civil Rights tradition: anticlassification or antisubordination". *Issues in Legal Scholarship*, vol. 2, nº 1, 2002.

BRITTON-PURDY, Jedediah; KAPCZYNSKI, Amy; GREWAL, David Singh. "Law and political economy: toward a manifesto". *LPE Blog*, 6 nov. 2017.

COOMBS, Mary I. "Outsider scholarship: the law review stories". *University of Colorado Law Review*, vol. 63, 1992.

CRENSHAW, Kimberlé. "Demarginalizing the intersection of race and sex: a black feminist critique of antidiscrimination theory, feminist theory and antiracist politics". *University of Chicago Legal Forum*, 1989.

______. "Mapping the margins: intersectionality, identity politics, and violence against women of color". *Stanford Law Review*, vol. 43, nº 6, 1991.

CULP JUNIOR, Jerome M.; HARRIS Angela P.; VALDES, Francisco. "Subject unrest". *Stanford Law Review*, vol. 55, 2003.

DIMOULIS, Dimitri. *Direito de igualdade*: antidiscriminação, minorias sociais, remédios constitucionais. São Paulo: Alameda, 2021.

FISS, Owen. "Against settlement". *In*: ______. *The Law as it could be*. Nova York: New York University Press, 2003.

______. "Another equality". *Issues in Legal Scholarship*, vol. 2, nº 1, 2002.

______. "As bases políticas e sociais da adjudicação". *In*: ______. *Um novo processo civil*: estudos norte-americanos sobre jurisdição, Constituição e sociedade. Trad. Daniel Porto Godinho da Silva e Melina de Medeiros Rós. São Paulo: Revista dos Tribunais, 2004.

______. "Foreword: the forms of justice". *Harvard Law Review*, vol. 93, nº 1, 1979.

______. "Objectivity and interpretation". *Stanford Law Review*, vol. 34, 1982.

______. "The Social and political foundations of adjudication". *Law and Human Behavior*, vol. 6, 1982.

______. *Pillars of Justice*: lawyers and the liberal tradition. Cambridge: Harvard University Press, 2017.

GARCÍA, Helena Alviar; SIERRA, Isabel C. Jaramillo. *Feminismo y critica jurídica*: el análisis distributivo como alternativa al legalismo liberal. Bogotá: Universidad de los Andes, 2012.

HARRIS, Angela P. "From precarity to positive freedom: ClassCrits at seven". *Southwestern Law Review*, vol. 44, nº 4, 2015.

______. "Race and essentialism in Feminist Legal Theory". *Stanford Law Review*, vol. 42, nº 3, 1990.

HARRIS, Angela P.; PAMUCKU, Aysha. "The Civil Rights of health: a new approach to challenging structural inequality". *UCLA Law Review*, vol. 67, 2020.

KAPCZYNSKI, Amy. "The right to medicine in the age of neoliberalism". *Humanity*: An International Journal of Human Rights, Humanitarianism, and Development, vol. 10, 2019.

KARST, Kenneth. "Sources of status-harm and group disadvantage in private behavior". *Issues in Legal Scholarship*, vol. 2, nº 8, 2002.

MacKINNON, Catharine A. "Substantive equality: a perspective". *Minnesota Law Review*, vol. 96, 2011.

MATSUDA, Mari J. "I Thou and the way to peace". *Issues in Legal Scholarship*, article 6, 2002.

______. "Looking to the bottom: critical legal studies and reparations". *Harvard Civil Rights-Civil Liberties Law Review*, vol. 22, 1987.

MOREIRA, Adilson José. *Pensando como um negro*: ensaio de hermenêutica jurídica. São Paulo: Contracorrente, 2019.

MOREIRA, Adilson José. *Racismo recreativo*. São Paulo: Sueli Carneiro; Polén, 2019.

______. *Tratado de Direito Antidiscriminatório*. São Paulo: Contracorrente, 2020.

PENTEADO, Taís. "Terceirizadas, Centered: A Critical Analysis of Outsourcing and Gender and Racial Hierarchies in Brazil". *Yale Journal of Law and Feminism*, v. 34, p. 246, 2022.

______."Undoing gender equality doctrine in Brazilian labor jurisprudence". *Journal of Law and Political Economy*, 2025.

______. *Antisubordination as bundle*: retheorizing the principle from the Brazilian jurisprudence and practice. São Paulo: FGV, 2025. (Tese de Doutorado em Direito).

REYES, Estefanía Esparza. "Algunas reflexiones críticas sobre el derecho a la igualdad como no discriminación em Chile". *Revista Mexicana de Derecho Constitucional*, vol. 40, 2019.

______. *La igualdad como no subordinación*: una propuesta de interpretación constitucional. Cidade do México: Tirant lo Blanch, 2018.

SABA, Roberto. *Más allá de la igualdad formal ante la ley*: ¿qué les debe el Estado a los grupos desavantajados? Madrid: Siglo XXI, 2016.

SIEGEL, Reva B. "Equality talk: antisubordination and anticlassification values in constitutional struggles over Brown". *Harvard Law Review*, vol. 117, 2004.

______. "Reasoning from the body: a historical perspective on abortion regulation and questions of equal protection". *Stanford Law Review*, vol. 44.

TUSHNET, Mark. "The return of the repressed: groups, social welfare rights, and the equal protection clause". *Issues in Legal Scholarship*, vol. 2, nº 2, 2002.

VALDES, Francisco; BENDER, Steven W. *LatCrit*: from critical legal theory to academic activism. Nova York: New York University Press, 2021.

WEST, Robin. "Groups, equal protection and law". *Issues in Legal Scholarship*, vol. 2, nº 8, 2002.

Uma outra igualdade: teoria da antissubordinação e o potencial transformador do Direito

ALEXANDER, Michelle. *The New Jim Crow*: mass incarceration in the age of colorblindness. Nova York: New Press, 2010.

AMAR, Vikram David; CAMINKER, Evan. "Constitutional Sunsetting: Justice O'Connor's closing comments in Grutter". *Hastings Constitutional Law Quarterly*, vol. 30, 2003.

BARRON, Jerome. *Freedom of the press for whom?* The right of access to mass media. Bloomington: Indiana University Press, 1973.

BAYLES, Michael D. "Reparations to wronged groups". *Analysis*, vol. 33, 1973.

BECKER, Mary E. "Barries facing women in the wage-labor market and the need for additional remedies: a reply to Fischel and Lazear". *University of Chicago Law Review*, vol. 53, 1986.

BELL, Derrick. "Diversity's distractions". *Columbia Law Review*, vol. 103, 2003.

BERLIN, Ira. *Slaves without masters*: the free Negro in the Antebellum South. Nova York: Pantheon Books, 1974.

BICKEL, Alexander M. "The original understanding and the segregation decision". *Harvard Law Review*, vol. 69, nº 1, 1955.

BITTKER, Boris I. "The case of the checker-board ordinance: an experiment in race relations". *Yale Law Journal*, vol. 71, 1962.

______. *The case for Black reparations*. New York: Random House, 1973.

BLACK, Charles L. "Prefácio: 'ação do estado', proteção igualitária e Proposição 14 da Califórnia". *Harvard Law Review*, vol. 81, 1967.

______. "The lawfulness of the segregation decisions". *Yale Law Journal*, vol. 69, 1960.

BLUM, Jeffrey. "The divisible First Amendment: a critical functionalist approach to freedom of speech and electoral campaign spending". *New York University Law Review*, vol. 58, 1983.

BOLLINGER, Lee. "Free speech and intellectual values". *Yale Law Journal*, vol. 92, 1983.

BORK, Robert H. "Neutral principles and some First Amendment problems". *Indiana Law Journal*, vol. 47, 1971.

BRENNAN, J. "Address". *Rutgers Law Review*, vol. 32, 1979.

BREST, Paul. "Palmer vs. Thompson: an approach to the problem of unconstitutional legislative motive". *Supreme Court Review*, 1971.

_____. *Processes of constitutional decisionmaking*. Boston: Little, Brown & Co., 1975.

BROWN, Barbara *et al.* "The Equal Rights Amendment: a constitutional basis for equal rights for women". *Yale Law Journal*, vol. 80, 1971.

CAHN, Edmund. "Jurisprudence". *New York University Law Review*, vol. 30, 1955.

CARRINGTON, Paul D. "Of Law and the river". *Journal of Legal Education*, vol. 34, 1984.

CASPER, Gehard. "Jones vs. Mayer: Clio, bemused and confused muse". *Supreme Court Law Review*, 1968.

COASE, Ronald H. "The problem of social cost". *Journal of Law and Economics*, vol. 3, 1960.

_____. "The market for goods and the market for ideas". *American Economic Review*, vol. 64, 1974.

COWAN, J. L. "Inverse discrimination". *Analysis*, vol. 33, 1973.

DAHRENDORF, Ralf. *Class and class conflict in industrial society*. Stanford: Stanford University Press, 1959.

DEMSETZ, Harold. "When does the rule of liability matter?" *Journal of Legal Studies*, vol. 1, 1972.

DINNERSTEIN, Dorothy. *The Mermaid and the Minotaur*: sexual arrangement and human malaise. Nova York: Harper & Row, 1976.

DIRECTOR, Aaron. "The parity of the economic market place". *The Journal of Law and Economics*, vol 7, 1964.

DIVER, Colin S. "From equality to diversity: the detour from Brown to Grutter". *University of Illinois Law Review*, 2004.

DORSEN, Norman; GORA, Joel. "Free speech, property, and the Burger Court: old values, new balances". *Supreme Court Review*, 1982.

DUNCAN, Otis Dudley. "Inheritance of poverty or inheritance of race". *In*: MOYNIHAN, Daniel P. (Coord.). *On understanding poverty*: perspectives from the social sciences. Nova York: Basic Books, 1968.

EDITORIAL BOARD. "The effects of segregation and the consequences of desegregation: a social science statement". *Minnesota Law Review*, vol. 37, 1953.

EISENSTEIN, Zillah R. *Feminism and sexual equality*: crisis in liberal America. Nova York: Monthly Review Press, 1984.

ELIOT, T. S. "Tradition and the individual talent". *In*: ______. *Selected prose of T. S. Eliot*. Nova York: Harcourt Brace Jovanovich, 1975.

ELY, John Hart. "The constitutionality of reverse racial discrimination". *University of Chicago Law Review*, vol 41, nº 4, 1974.

______. *Democracy and distrust*: a theory of judicial review. Cambridge: Harvard University Press, 1980.

ESKRIDGE JR., William N. "Reneging on History? Playing the Court/Congress/President Civil Rights game". *California Law Review*, vol. 79, 1991.

FAIRMAN, Charles. *Oliver Wendell Holmes Devise History of The Supreme Court*. vol 4: Reconstruction and Reunion 1864-1888, part one. Nova York: [s.n.], 1971.

FISH, Stanley. "Interpretation and the pluralist vision". *Texas Law Review*, vol. 60, 1982.

FISS, Owen. "A Theory of fair employment laws". *University of Chicago Law Review*, vol. 38, 1971.

______. "Affirmative action as a strategy for justice". *Philosophy & Public Policy*, vol. 17, 1997.

______. "An uncertain inheritance". *In*: ZUCKERMAN, Harriet; COLE, Jonathan R.; BRUER, John T. (Coord.). *The outer circle*: women in the scientific community. Nova York: Norton, 1991.

______. "Another equality". *Issues in Legal Scholarship*, vol. 2, 2004.

______. "Death of the law". *In*: ______. *The Law as it could be*. Nova York: New York University Press, 2003.

______. "Dombrowski". *Yale Law Journal*, vol. 86, 1977.

______. "Free speech and social structure". *Iowa Law Review*, vol. 71, 1986.

______. "Groups and the equal protection clause". *Philosophy & Public Affairs*, vol. 5, nº 2, 1976.

______. "Inappropriateness of the intent test in equal protection cases". *Federal Rules of Decision*, vol. 74, 1977.

______. "Racial imbalance in the public schools: the constitutional concepts". *Harvard Law Review*, vol. 78, 1965.

______. "School desegregation: the uncertain path of the law". *Philosophy & Public Affairs*, vol. 4, 1974.

______. "The accumulation of disadvantages". *California Law Review*, vol. 106, 2018.

______. "The death of the Law?" *Cornell Law Review*, vol. 72, 1986.

______. "The immigrant as pariah". *Boston Review*, 1998.

______. "The jurisprudence of busing". *Law and Contemporary Problems*, vol. 39, 1975.

______. "The law regained". *Cornell Law Review*, vol. 74, 1989.

______. "What is feminism?" *Arizona State Law Journal*, vol. 26, 1994.

______. "What should be done for those who have been left behind?" *In*: ______. *A way out*: America's ghettos and the legacy of racism. Princeton: Princeton University Press, 2009 [2003].

______. "The law of narrow tailoring". *University of Pennsylvania Journal of Constitutional Law*, vol. 23, 2021.

FLACK, Horace E. *The adoption of the Fourteenth Amendment*. Gloucester: Mass., 1908.

FRANK, John P.; MUNRO, Robert F. "The original understanding of 'equal protection of the laws'". *Columbia Law Review*, vol. 50, 1950.

FRANKLIN, John Hope. *From slavery to freedom*: a history of Negro Americans. 3ª ed. Nova York: Alfred A Knopf, 1967.

FRUG, Jerry. "Henry James, Lee Marvin, and the Law". *New York Times*, 16 fev. 1986.

FULLER, Lon L. "The forms and limits of adjudication". *Harvard Law Review*, vol. 92, 1978.

GABEL, Peter; KENNEDY, Duncan. "Roll over Beethoven". *Stanford Law Review*, vol. 36, 1984.

GALANTER, Marc. "Equality and 'protective discrimination' in India". *Rutgers Law Review*, vol. 16, 1962.

______. "The Problem of group membership: some reflections on the judicial view of Indian society". *Journal of the Indian Law Institute*, vol. 4, 1962.

GETMAN, Julius G. "The emerging constitutional principle of sexual equality". *Supreme Court Law Review*, 1972.

GILLIGAN, Carol. *In a different voice*: psychological theory and women's development. Cambridge: Harvard University Press, 1982.

GILLON, Steven M. *Separate and unequal*: the Kerner Commission and the unraveling of American liberalism. Nova York: Basic Books, 2018.

GINSBURG, Ruth Bader. "Some thoughts on autonomy and equality in relation to Roe vs. Wade". *North Carolina Law Review*, vol. 63, 1985.

GLAZER, Nathan; MOYNIHAN, Daniel (Coord.). *Ethnicity*: theory and practice. Cambridge: Harvard University Press, 1975.

GORDON, Miton M. *Assimilation in American life*: the role of race, religion, and national origins. Nova York: Oxford University Press, 1964.

GRANETZ, Marc. "Duncan the Doughnut". *The New Republic*, 17 mar. 1986.

GREENAWALT, Kent. "Judicial scrutiny of 'benign' racial preference in Law School admissions". *Columbia Law School*, vol. 75, 1975.

GUNTHER, Gerald. "Foreword: in search of evolving doctrine on a changing Court – a model for a newer equal protection". *Harvard Law Review*, vol. 86, nº 1, 1972.

______. "Learned hand and the origins of modern First Amendment Doctrine: some fragments of History". *Stanford Law Review*, vol. 27, 1975.

HOPKINS, Daniel; MEREDITH, Marc; MORSE, Michael; SMITH, Sarah; YODER, Jesse. "Voting but for the law: evidence from Virginia on photo identification requirements". *Journal of Empirical Legal Studies*, vol. 14, 2017.

HOROWITZ, Donald L. "The judiciary: umpire or empire?" *Law and Human Behavior*, vol. 6, 1982.

JAGGAR, Alison. *Feminist politics and human nature*: an overview of the feminist movement and its various facets. Totowa: Rowman and Littlefield, 1983.

JAMES, Joseph B. *The Framing of the Fourteenth Amendment*. Champaign: University of Illinois Press, 1956.

KAIRYS, David (Coord.). *The politics of law*: a progressive critique. Nova York: Pantheon Books, 1982.

KALMAN, Laura. *The long reach of the Sixties*: LBJ, Nixon, and the making of the contemporary Supreme Court. Nova York: Oxford University Press, 2017.

KALVEN, Harry. "Professor Ernst Freund and Debs vs. United States". *University of Chicago Law Review*, vol. 40, 1973.

______. *The Negro and the First Amendment*. Chicago: University of Chicago Press, 1965.

KAPLAN, John. "Segregation litigation and the schools – part II: the general Northern problem". *Northwestern University Law Review*, vol. 58, 1963.

KARST, Kenneth. "Invidious discrimination: Justice Douglas and the return of the 'Natural-Law-Due-Process Formula'". *UCLA Law Review*, vol. 16, 1969.

______. "Legislative facts in constitutional litigation". *Supreme Court Review*, 1960.

KELMAN, Mark. *A guide to Critical Legal Studies*. Cambridge: Harvard University Press, 1987.

KENNEDY, Duncan. "Distributive and paternalist motives in contract and tort law, with special reference to compulsory terms and unequal bargaining power". *Maryland Law Review*, vol. 41, 1982.

______. "The structure of Blackstone's commentaries". *Buffalo Law Review*, vol. 28, 1979.

______. *A critique of adjudication*: fin de siècle. Cambridge: Harvard University Press, 1997.

______. *Legal education and the reproduction of hierarchy*: a polemic against the system. Cambridge: Afar, 1983.

KENNEDY, Duncan; GABEL, Peter. "Roll over Beethoven". *Stanford Law Review*, vol. 36, 1984.

KLOPF, Gordon J.; LASTER, Israel (Coord.). *Integrating the urban schools*. Nova York: Teachers College Press, 1963.

KURLAND, Philip B. "Foreward: equal in origin and equal in title to the legislative and executive branches of the government". *Harvard Law Review*, vol. 78, 1964.

LACAYO, Richard. "Critical Legal Times at Harvard". *Time*, 18 nov. 1985.

LEBRON, Christopher J. *The making of Black Lives Matter*: a brief history of an idea. Nova York: Oxford University Press, 2017.

LEVINSON, Sanford. "Law as literature". *Texas Law Review*, vol. 60, 1982.

LINDBLOM, Charles E. *Politics and markets*: the world's political-economic systems. Nova York: Basic Books, 1977.

LIU, Goodwin. "Racial justice in the age of diversity". *California Law Review*, vol. 106, 2018.

LLEWELLYN, Karl. *The Common Law tradition*: deciding appeals. Toronto: Little Brown & Co., 1960.

MacKINNON, Catharine A. *Feminism unmodified*: discourses on life and law. Cambridge: Harvard University Press, 1987.

______. *Sexual harassment of working women*: a case of sex discrimination. New Haven: Yale University Press, 1979.

______. *Toward a feminist theory of the state*. Cambridge: Harvard University Press, 1989.

MARCUS, Isabel *et al*. "Feminist discourse, moral values, and the law – a conversation". *Buffalo Law Review*, vol 34, 1985.

MARCUSE, Herbert. "Repressive tolerance". *In*: WOLFF, Robert Paul; MOORE, Barrington; MARCUSE, Herbert. *A critique of pure tolerance*. Boston: Beacon Press, 1969.

MARTIN, Peter W. "Of Law and the river; and of nihilism and academic freedom". *Journal of Legal Education*, vol. 35, 1985.

McKAY, Robert B. "The preference for freedom". *New York University Law Review*, vol. 34, 1959.

MENAND, Louis. "Radicalism for Yuppies". *The New Republic*, 17 mar. 1986.

MENKEL-MEADOW, Carrie. "Portia in a different voice: speculations on a women's lawyering process". *Berkeley Women's Law Journal*, vol. 1, 1985.

MICHELMAN, Frank. "Justification (and justifiability) of law in a contradictory world". *In*: PENNOCK, J. Roland; CHAPMAN, John (Coord.). *Nomos XXVIII*: justification. Nova York: New York University Press, 1986.

______. "The meanings of legal equality". *In*: McARDLE, Frank E. (Coord.). *The Cambridge Lectures 1985*: selected papers based upon lectures delivered at the Conference of the Canadian Institute for Advanced Legal Studies. Montreal: Éditions Y. Blais, 1987.

NAGEL, Robert F. "Legislative purpose, rationality, and equal protection". *Yale Law Journal*, vol. 82, 1972.

NEDELSKY, Jennifer. "Reconceiving rights as relationship". *Review of Constitutional Studies/Review d'Études Constitutionelles*, vol. 1, 1993.

NICKEL, James W. "Preferential policies in hiring and admissions: a jurisprudential approach". *Columbia Law Review*, vol. 75, 1975.

NOZICK, Robert. *Anarchy, State, and utopia*. Oxford: Basil Blackwell, 1974.

OLSEN, Frances E. "The family and the market: a study of ideology and legal reform". *Harvard Law Review*, vol. 96, 1983.

ORFIELD, Myron. "Milliken, Meredith, and Metropolitan segregation". *UCLA Law Review*, vol. 62, 2015.

PEKELIS, Alexander. "Full equality in a free society: a program for Jewish action". *In*: KONVITZ, Milton (Coord.). *Law and social action*. Ithaca, N.Y.: Cornell University Press, 1950.

POLLAK, Louis H. "Racial discrimination and judicial integrity: a reply to Professor Wechsler". *University of Pennsylvania Law Review*, vol. 108, 1959.

POSNER, Richard A. "A theory of negligence". *Journal of Legal Studies*, vol. 1, 1972.

______. “The ethical and political basis of the efficiency norm in common law adjudication”. *Hofstra Law Review*, vol. 8, 1980.

______. “Wealth maximization and judicial decision-making”. *International Review of Law and Economics*, vol. 4, 1984.

______. *The economic analysis of Law*. Boston: Little, Brown, 1973.

POST, Robert. “Fashioning the legal constitution: culture, courts, and law”. *Harvard Law Review*, vol. 117, 2003.

PRIEST, George L. “The new scientism in legal scholarship: a comment on Clark and Posner”. *Yale Law Journal*, vol. 90, 1981.

PRIMUS, Richard. “Equal protection and disparate impact: round three”. *Harvard Law Review*, vol. 117, 2003.

______. “The future of disparate impact”. *Michigan Law Review*, vol. 108, 2010.

READ, Frank T.; McGOUGH, Lucy S. *Let them be judged*: the judicial integration of the deep South. Metuchen: Scarecrow Press, 1978.

REISMAN, David. “Democracy and defamation: control of group libel”. *Columbia Law Review*, vol. 42, 1942.

RHODE, Deborah L. *Justice and gender*: sex discrimination and the law. Cambridge: Harvard University Press, 1989.

______. “Occupational inequality”. *Duke Law Journal*, 1988.

RICH, Adrienne. *Of woman born*: motherhood as experience and institution. Nova York: Norton, 1976.

RICOEUR, Paul. *Freud and philosophy*: an essay in interpretation. New Haven: Yale University Press, 1970.

ROTHSTEIN, Richard. *The color of law*: a forgotten history of how our government segregated America. Prince Frederick: Recorded Books, 2017.

SCHULTZ, Vicki. “Telling stories about women and work: judicial interpretations of sex segregation in the workplace in Title VII cases raising the lack of interest argument”. *Harvard Law Review*, vol. 103, 1990.

SENNETT, Richard; COBB, Jonathan. *The hidden injuries of class*. Nova York: Knopf, 1972.

SHEEHAN, Daniel. “Disparate impact liability under the fair housing act after inclusive communities”. *Journal of Affordable Housing*, vol. 25, nº 3, 2017.

SHER, George. "Justifying reverse discrimination in employment". *Philosophy & Public Affairs*, vol. 4, 1975.

SHERMAN, Mark. "Justice: changing course on the bench is not weakness". *AP News*, 23 set. 2016. Disponível em: https://apnews.com/93476b06b78c409393f38df4d5d507b7. Acessado em: 29.05.2025.

SHINER, Roger A. "Individuals, groups and inverse discrimination". *Analysis*, vol. 33, 1973.

SIEGEL, Reva B. "From colorblindness to antibalkanization: an emerging ground of decision in race equality cases". *Yale Law Journal*, vol. 120, 2011.

______. "The constitutionalization of disparate impact – Court-centered and popular pathways: a comment on Owen Fiss's Brennan Lecture". *California Law Review*, vol. 106, 2018.

SIMON, William H. "The Ideology of advocacy: procedural justice and professional ethics". *Wisconsin Law Review*, 1978.

STEPHANOPOULOS, Nicholas O. "Disparate impact, unified law". *Yale Law Journal*, vol. 128, 2019.

TAYLOR, Paul W. "Reverse discrimination and compensatory justice". *Analysis*, vol. 33, 1973.

TenBROEK, Jacobus. *Equal under law*. Nova York: Collier Books, 1965.

TOCQUEVILLE, Alexis de. *Democracy in America*. vol. 1. Coord. Phillips Bradley. Nova York: Alfred A. Knopf, 1945.

TOKAJI, Daniel P. "Applying Section 2 to the New Vote Denial". *Harvard Civil Rights – Civil Liberties Law Review*, vol. 50, 2015.

TOKAJI, Daniel P. "The new vote denial". *South Carolina Law Review*, vol. 57, 2006.

TREBILCOCK, Michael J. *The Common Law of restraint of trade*: a legal and economic analysis. Toronto: Carswell, 1986.

TRILLIN, Calvin. "A reporter at large: Harvard Law". *New Yorker*, 26 mar. 1984.

TUSHNET, Mark. "An essay on rights". *Texas Law Review*, vol. 62, 1984.

TUSSMAN, Joseph; TenBROEK, Jacobus. "The equal protection of the laws". *California Law Review*, vol. 37, 1949.

UNGER, Roberto Mangabeira. "The Critical Legal Studies Movement". *Harvard Law Review*, vol. 96, 1983.

UNITED STATES COMMISSION ON CIVIL RIGHTS. *Civil Rights U.S.A. Public Schools, Cities in the North and West.* Washington: Greenwood Press, 1962.

VAN DYKE, Vernon. "Justice as fairness: for groups?" *American Political Science Review*, vol. 69, 1975.

VANDERVELDE, Lea S. "The gendered origins of the Lumley Doctrine: binding men's consciences and women's fidelity". *Yale Law Journal*, vol. 101, 1992.

WEILER, Paul. "The wages of sex: the uses and limits of comparable worth". *Harvard Law Review*, vol. 99, 1986.

WEISBERG, Richard H. "Text into theory: a literary approach to the Constitution". *Georgia Law Review*, vol. 20, 1986.

WEST, Robin. "Jurisprudence and Gender". *University of Chicago Law Review*, vol. 55, 1988.

NOTAS

A Editora Contracorrente se preocupa com todos os detalhes de suas obras! Aos curiosos, informamos que este livro foi impresso no mês de setembro de 2025, em papel Pólen Natural 80 g/m^2.